XINHUA TONGXUNSHE SHI

新华通讯社史

第一卷

新华通讯社史编写组

新华出版社

图书在版编目（CIP）数据

新华通讯社史. 第1卷/新华通讯社史编写组
——北京：新华出版社，2010.11（2023.4 重印）
ISBN 978－7－5011－9390－5

Ⅰ.①新… Ⅱ.①新… Ⅲ.①新华通讯社—历史 Ⅳ.①G219.22

中国版本图书馆 CIP 数据核字（2010）第 178585 号

新华通讯社史（第一卷）

作　　者：	新华通讯社史编写组		
出 版 人：	匡乐成	出版统筹：	许　新
责任编辑：	黄春峰　赵怀志　林郁郁	封面设计：	刘宝龙

出版发行：新华出版社
地　　址：北京石景山区京原路 8 号　　邮　　编：100040
网　　址：http://www.xinhuapub.com
经　　销：新华书店、新华出版社天猫旗舰店、京东旗舰店及各大网店
购书热线：010－63077122　　中国新闻书店购书热线：010－63072021
照　　排：新华出版社照排中心
印　　刷：河北鑫兆源印刷有限公司
成品尺寸：170mm×240mm　　1/16
印　　张：33.25　　字　　数：450 千字
版　　次：2010 年 11 月第一版　　印　　次：2023 年 4 月第三次印刷
书　　号：ISBN 978－7－5011－9390－5
定　　价：90.00 元

图书如有印装问题请与出版社联系调换：010－63073969

目 录

第一章 在中央革命根据地创建的红中社
  （1931年11月—1937年1月） ……………………（1）
  导言………………………………………………………（1）
  第一节 红中社成立的背景和经过…………………………（3）
    一、红军武装斗争的胜利和革命根据地的发展
    二、"一部半电台"起家，红军抄收新闻电讯
    三、红中社在"一苏"大会开幕当天诞生
  第二节 红中社的性质和任务 ………………………………（10）
    一、传播新闻，发挥通讯社作用
    二、《红色中华》报创刊
    三、建立新闻电台，编印参考刊物
    四、面向工农大众出版《工农报》
  第三节 红中社的宣传报道 …………………………………（20）
    一、苏维埃政权建设和苏维埃代表大会的报道
    二、红军军事斗争和革命根据地反"围剿"的报道
    三、中央革命根据地经济、文化等建设事业的报道
    四、抗击日本帝国主义侵略的宣传报道
    五、红中社的国际报道
    六、红中社与《红色中华》报宣传报道中的错误
  第四节 红中社新闻的传播和影响 …………………………（60）
    一、红中社新闻在革命根据地的传播

1

二、国统区和国民党军中中共电台抄收红中社新闻情况

三、红中社新闻在海外的传播

第五节 红中社的机构、人员与优良传统 …………(74)

一、红中社的机构和人员

二、红中社的艰苦奋斗作风

第六节 红中社的通联工作和经营管理 …………(89)

一、《工农通讯员》和通联工作

二、经营管理工作

第七节 从瑞金到陕北 …………………………(98)

一、在苏区坚持出版《红色中华》报

二、在瓦窑堡恢复新闻广播和报纸出版

三、红中社在志丹

四、西安分社及其作用

第二章 在抗战烽火中成长的新华社
（1937年1月—1945年8月） …………(113)

导言 ……………………………………………(113)

第一节 初到延安的新华社 ……………………(115)

一、红中社改名为新华社

二、新华社的组织机构及人员构成

三、新华社初期的业务发展

第二节 社报体制的变化与新华社机构的调整 …………(122)

一、新华社与《新中华报》分开，成为独立的组织机构

二、《今日新闻》：抗战时期的参考报纸

三、中共中央机关报《解放日报》的创办

四、新华社与《解放日报》并肩战斗

第三节 新华社抗战时期的宣传报道 ……………(137)

一、宣传中国共产党的抗日纲领和各项政策主张

二、报道中国人民英勇抗战的事迹

三、反映抗日民主根据地的建设成就

四、揭露敌人的暴行和汉奸、投降派的阴谋活动

五、介绍世界反法西斯战争的胜利进程

六、对国民党反共活动的宣传反击战

七、争取民主反对独裁的报道

八、关于中共七大的报道

第四节　新华社报道业务的新发展…………………………（189）

一、外文翻译工作的改进和校对制度的建立

二、编辑工作水平的不断提高

三、参考报道发展的新阶段

四、开创口语广播事业

五、早期的对外宣传工作及创建英文广播

六、新华社通讯网的建设

七、新闻广播的统一和加强分社管理

第五节　战斗在敌后的新华分社……………………………（213）

一、敌后分社的建立与发展

二、丰富多彩的报道业务活动

三、新华社在反"扫荡"中牺牲的烈士

第六节　延安整风运动中的《解放日报》与新华社……（227）

一、延安整风运动的背景

二、《解放日报》改版和新华社工作的改进

三、报社、新华社内部的整风运动

第七节　通信技术工作的改进………………………………（234）

一、收讯工作的加强

二、广播业务的拓展

三、通报台的建立与发展

四、克服困难，自力更生

第八节　延安时期新华社的优良传统和作风……………（242）

一、坚持无产阶级新闻的党性原则

二、深入实际，深入群众，调查研究

　　三、严肃的工作态度，严谨的工作作风

　　四、艰苦奋斗、自力更生的创业精神

第九节　迎接抗战胜利的到来……………………………(255)

　　一、传播胜利喜讯

　　二、驳斥蒋介石的"命令"

第三章　解放战争时期的大发展
（1945年8月—1949年10月）……………………(261)

导言………………………………………………………(261)

第一节　抗日战争胜利后的新华社…………………………(263)

　　一、加强总社编辑部和发展分社

　　二、重庆谈判与争取和平、反对内战的报道

　　三、新华社的元旦指示信和电讯要简练的公开信

　　四、社长博古因飞机失事遇难

第二节　揭露国民党统治危机和开展第二条战线的宣传

　　　　………………………………………………(280)

第三节　新华社战时体制的建立……………………………(284)

　　一、中共中央提出全党办通讯社

　　二、新华社、解放日报社的改组

　　三、廖承志任新华社社长

　　四、建立特派记者机制

　　五、口语广播的恢复发展

第四节　新华社的战斗转移…………………………………(295)

　　一、召开战备会议，保证广播不中断

　　二、延安撤退

　　三、太行山区的临时总社

　　四、新华总社在太行

　　五、转战陕北的"四大队"

六、平山县胜利会师

　　　七、新华广播电台在转移中播音

第五节　解放区群众运动和土地改革的报道……………（327）

　　　一、解放区群众运动的报道

　　　二、土地改革的报道

　　　三、土地改革宣传中的错误

第六节　反对"客里空"运动……………………………（334）

　　　一、建立好的作风

　　　二、开展反"客里空"运动

第七节　解放战争时期的军事报道………………………（340）

　　　一、自卫战争的报道

　　　二、从记者团到野战分社

　　　三、全面内战爆发，战略防御阶段的军事报道

　　　四、战略进攻阶段的军事报道

　　　五、分化瓦解蒋军和俘虏政策的报道

　　　六、毛泽东写稿退敌兵

　　　七、战略决战阶段的报道

　　　八、渡江作战及解放南京、上海的报道

　　　九、解放太原和向全国进军的报道

　　　十、战火中的摄影报道

第八节　为革命献身的新闻烈士…………………………（442）

第九节　通信技术事业的发展……………………………（447）

　　　一、成立电务处，电台实行集中管理

　　　二、革命形势发展，技术条件改善

　　　三、新中国成立前夕技术设备初具规模

第十节　新华社的后勤保障………………………………（453）

　　　一、行政管理体制的改革

　　　二、转战陕北时期

　　　三、艰苦工作在太行

四、西柏坡后勤事业大发展

　　五、从香山到北平城

第十一节　最早建立的一批境外分社……………………(460)

　　一、香港分社

　　二、伦敦分社

　　三、布拉格分社

　　四、平壤分社

第十二节　西柏坡的"小编辑部"…………………………(470)

　　一、胡乔木负责集训

　　二、紧张的工作，严格的训练

第十三节　党中央的关怀……………………………………(475)

　　一、毛泽东与新华社

　　二、周恩来与新华社

　　三、刘少奇与新华社

第十四节　迎接新中国的诞生………………………………(488)

　　一、新华总社迁至北平

　　二、调整机构和培养干部

　　三、向国家通讯社转变

　　四、新民主主义革命思想的宣传

　　五、新的政治协商会议和开国大典的报道

附录：新华社大事记（1931年11月7日——1949年10月1日）
……………………………………………………………(505)

后记 ……………………………………………………………(516)

再版后记 ………………………………………………………(520)

第一章

在中央革命根据地创建的红中社

（1931年11月—1937年1月）

导　言

中国共产党领导中国人民为挽救民族危亡、争取人民解放，进行了艰苦卓绝的斗争。大革命失败后，以毛泽东为主要代表的中国共产党人经过艰难探索，终于找到了领导中国革命走向胜利的道路，提出了建立农村根据地、以农村包围城市、武装夺取政权的思想。随着农村革命根据地的巩固、扩大和发展，中共中央决定，以赣南闽西革命根据地为依托建立苏维埃中央政府。

1931年11月7日，中华苏维埃第一次全国代表大会在江西瑞金隆重开幕。为了适应宣传上的需要，红色中华通讯社（简称"红色中华社"、"红中通讯社"或"红中社"）同日宣告成立。红中社一开始就作为中国革命事业的一部分，在革命战争的环境中成长壮大。

红中社通过无线电台播发新闻，受权发布苏维埃中央政府的重要文告和法令，报道红军的战报和根据地建设的消息，也报道来自国民党统治区的消息和国际新闻。同年12月11日，中华苏维埃共和国临时中央政府机关报《红色中华》创刊以后，红中社和《红色中华》报两块牌子一个机构，同时担负播发新闻和出版报纸的任务。当时各革命根据地的报刊、红军部队的报刊以及国民党统治区的中共地下党编印的报刊大量刊登了红中社播发的新闻，各革命根

江西瑞金革命旧址。

据地电台传发的消息,也登载在《红色中华》报上。红中社同时抄收中外通讯社的新闻电讯,并根据这些材料编印《无线电材料》(后改名《无线电日讯》),提供苏区中央局、苏维埃临时中央政府和红军领导机关参阅。这一刊物是新华社《参考消息》的前身。红中社和《红色中华》报的新闻报道宣传革命主张、鼓舞革命士气、团结人民、打击敌人，作为中国共产党和苏维埃中央政府的耳目喉舌，发挥了重要作用。

1934年10月，中央红军开始长征。红中社停止播发新闻，部分原工作人员随军参加长征。部分人员留在苏区坚持斗争，由瞿秋白主持继续编辑出版《红色中华》报，至1935年1月停刊。

1935年10月，中央红军到达陕北。红中社11月在瓦窑堡恢复新闻广播，《红色中华》报和参考刊物同时复刊。

1936年12月西安事变以后，根据当时斗争的需要，在西安建立了新华社历史上的第一个分社。

1937年1月，为适应建立抗日统一战线的新形势，中共中央决定，《红色中华》报改名为《新中华报》，红中社改名为新中华社，简称新华社。

第一节　红中社成立的背景和经过

中国共产党在长期的革命斗争中一向重视宣传工作。随着中国工农红军的建立和革命根据地的发展壮大，急需冲破国民党的封锁，把党和红军的消息传播出去。同时，由于在反"围剿"斗争中缴获了国民党军的无线电台，为通讯社的建立提供了必要的物质条件和技术条件。随着中华苏维埃共和国临时中央政府的成立，红色中华通讯社应运而生。

一、红军武装斗争的胜利和革命根据地的发展

1929年1月，为了打破国民党军对井冈山革命根据地的"围剿"，毛泽东、朱德、陈毅率红四军主力进军赣南，建立了赣南革命根据地。随后三进闽西，建立了闽西革命根据地。1930年春，赣南、闽西分别成立工农民主政府。红四军与红三军、红十二军合编为中国工农红军第一军团，不久红一军团又与红三军团组成红一

方面军，朱德任总司令，毛泽东任总前委书记兼总政委。

1930年10月到1931年9月，蒋介石接连调集重兵，向中央革命根据地（又称中央苏区）发动了三次"围剿"，企图消灭红军主力和中央革命根据地。第一次"围剿"蒋介石调集了约10万兵力，红军"集中优势兵力，各个击破"，歼灭国民党军第十八师和第五十师1万余人。第二次"围剿"蒋介石调集了约20万兵力，红军横扫700余里，五战连捷，歼敌3万余人。1931年6月，蒋介石自任"围剿"军总司令，调集约30万兵力发动第三次"围剿"，红军"避敌主力，打其虚弱"，灵活穿插，声东击西，共毙伤、俘虏国民党军3万余人。

三次反"围剿"的胜利推动苏维埃运动和根据地建设加快发展，革命形势出现了新局面。赣南和闽西两大根据地连成一片，形成了以瑞金为中心的比较巩固的中央革命根据地。它包括赣南和闽西的21个县，拥有250万人口，面积5万平方公里，主力红军发展到5万人。同时，建立了江西、福建两个省的苏维埃政府和县区乡各级红色政权。

在毛泽东、朱德领导红军创建中央革命根据地的同时，彭德怀、滕代远、黄公略等领导创建了湘赣边和湘鄂赣边革命根据地；方志敏、邵式平等领导创建了赣东北革命根据地；彭湃、古大存等领导创建了广东东江革命根据地；杨善集、王文明等领导创建了琼崖革命根据地；贺龙、周逸群等领导创建了湘鄂边和湘鄂西革命根据地；吴光浩、戴克敏等领导创建了鄂豫皖边革命根据地；邓小平、张云逸、韦拔群等领导创建了广西左右江等革命根据地。这些红色区域遍布赣、闽、湘、鄂、粤、豫、皖、桂各省，形成星火燎原之势。

随着三次反"围剿"的胜利和革命根据地的扩大，革命宣传工作日益发挥重要的作用，简单的革命标语、口号逐步转变为以报纸为载体的比较系统的宣传。各个根据地当时陆续创办了一批报纸、刊物，其中有党和政府的机关报，也有军队、工会、共青团和其他革命团体的报刊。这些报刊主要刊载当地苏维埃政权的政令和革命斗争的经验，以及反映群众生活、劳动生产、对敌人斗争等新闻和文章。由于国民党对根据地的封锁，这些报刊缺少根据地以外的消息。为了宣传革命的统一主张，介绍国内和国际革命斗争的情况，介绍各个根据地的斗争经验，从中共中央到苏维埃地方政府，都需要一个能够完成这一任务的新闻机构。

二、"一部半电台"起家，红军抄收新闻电讯

1930年岁末和1931年初，红军第一方面军在第一次反"围剿"战斗中缴获两件不同寻常的战利品，这就是红军历史上有名的"一部半电台"。

12月30日，红军部队在第一次反"围剿"的龙冈战役中全歼国民党军第十八师两个旅和一个师部，活捉师长张辉瓒。这次战役中，红军缴获了一部电台，原电台人员王铮、刘寅以及李仁忠、吴如生、韦文宫、刘盛炳、李家驹、李国梁等获得解放并加入了红军。当时因为红军战士不懂无线电台的用场，

1930年12月30日红军部队在反"围剿"战斗中缴获的收报机。

在缴获过程中把电台的发报机部分砸坏了，一部电台只剩下"半部"。事情反映到毛泽东那里，他立即指示，各部队打扫战场时必须十分重视装备和器材，对于不懂的东西不得自行拆毁，必须妥送总部。随后，红军在1月3日追歼国民党军第五十师谭道源部的战斗中，又缴获了一部完整的15瓦电台。两次缴获使红军有了"一

部半电台"的器材装备（一部发报机、两部收讯机和两套电源）。

　　有了这一部半电台和操作电台的人员，1931年1月10日，红一方面军在江西宁都小布组建起红军的第一个无线电队。王诤任队长，冯文彬任政委。后来，中共中央又派伍云甫、曾三、涂作潮从上海来中央革命根据地，加强了无线电队的力量。

　　王诤（左）、刘寅（右），是中国工农红军无线电通信事业的开创者。红中社成立初期，播发新闻的工作就是由他们领导的红军电台完成的。中为王子纲，曾在鄂豫皖苏区抄收过红中社新闻。

　　当时其他红军部队还没有无线电台，因而不能在红军中进行无线电通信。无线电队便利用这部电台抄收国民党中央社的新闻电讯，截抄国民党军队的军事电报，翻译后供红军领导人参阅。一次，毛泽东看了电讯稿以后，高兴地对王诤说："你们送来的材料太好了，让我们开了眼界，这是没有报纸的报纸啊！"[①] 红军电台的建立，为红军领导人及时了解国内外情况和敌军动向，制定正确

---

　　① 《通信兵历史资料综述（土地革命时期）》第54页，通信兵史编审委员会办公室1986年10月编。

的作战方针，提供了极大的便利。

为了培训更多的无线电通信技术人员，1931年1月28日，红一方面军总部由朱德、毛泽东签署《调学生学无线电的命令》。《命令》称：为使中央苏区与其他各特区，一、三军团与红军其他军团的通信灵便，"使我们能容易得到外面的以至国外的政治消息"，现在要积极地准备扩充无线电队的组织，使各军团都有，要求各部队"选调可造就的青年到总部无线电队来学习"。[①] 2月初，第一期无线电训练班开学，共有报务学员12名、机务学员5名，都是各部队遵照《命令》要求选调的优秀青年。王净、刘寅、吴如生、韦文宫等任教员。朱德参加开学典礼并讲话，勉励学员努力学习。毛泽东对训练班也非常关心，亲自给学员作时事政治报告。

经过4个月的学习，第一期训练班学员结业，紧接着又开办了第二期。这些学员毕业后，有的留在中央革命根据地，有的分配到湘赣、湘鄂赣、鄂豫皖等革命根据地，后来成为红军电台和红中社新闻电台的骨干力量。

1931年5月，在第二次反"围剿"战斗中，红军缴获了国民党军第二十八师师长公秉藩的指挥电台。这部电台功率100瓦，是当时功率最大的电台。随后又缴获15瓦电台两部，同时又有一批国民党军的无线电通信人员加入红军。在第三次反"围剿"作战中，红军又先后缴获无线电台6部。随着电台数量和人员的增加，红军陆续建立起6个无线电分队，分布在苏区中央局、红一方面军总部和部分主要部队。从此，红军总部与各主要部队之间建立了无线电联络。当时的无线电通信应用莫尔斯（Morse）电码。莫尔斯电码由点（最小的单位）和划（长度为点的三倍）两种符号组成。不同数目的点与划的组合代表26个英文字母、数字及标点符号。收报时，报务员通过耳机收听代表"点"和"划"的"滴答"声，记录下来。发报时，则通过人工击键的方式将中英文文字变成"滴

[①] 原载《第二次国内革命战争时期军事文献》（一）。

滴答答"的无线电信号播发出去。

1931年9月，中央革命根据地用公秉藩的100瓦指挥电台与上海中共中央沟通了无线电联络。不久，又与湘鄂西、鄂豫皖、湘赣等革命根据地建立了无线电通信联系。

红军电台的创立和革命根据地无线电通信网的发展，为红中社的建立提供了必要的人员和物质条件。

三、红中社在"一苏"大会开幕当天诞生

在红军壮大和苏维埃区域发展的背景下，根据共产国际要求和中共中央指示，中共苏区中央局决定在瑞金召开全国苏维埃第一次代表大会（简称"一苏"大会），成立中华苏维埃临时中央政府，统一领导各革命根据地及全国红军的行动，推翻帝国主义和国民党的统治，建立全国的苏维埃政权。

1931年11月7日，中华苏维埃第一次全国代表大会在江西瑞金隆重开幕。会场设在叶坪村的谢氏祠堂内。出席大会的代表，分别来自中央革命根据地和闽西、赣东北、湘赣、湘鄂赣、湘鄂西、琼崖等革命根据地，以及白区的全国总工会、海员总工会，还有红军各部队等共计610人。上午在广场举行了盛大的阅兵典礼。下午开幕式在谢氏祠堂举行。在雷鸣般的掌声中，项英致开幕词，中共苏区中央局代理书记毛泽东向大会作《政治问题报告》。晚上举行提灯晚会，演戏、放烟火庆祝。

"一苏"大会开了14天，20日闭幕。大会讨论并通过了宪法大纲、土地法、劳动法、红军问题、经济政策等重要法令；选出毛泽东、项英、张国焘、周恩来、朱德、瞿秋白、任弼时、刘少奇等63人为中央执行委员，组成中央执行委员会，为全国代表大会闭幕后的最高政权机关；并于中央执行委员会之下设人民委员会，为中华苏维埃共和国中央行政机关。11月27日，中央执行委员会举行第一次会议，选举毛泽东为中央执行委员会主席和人民委员会主席，项英、张国焘为副主席；选举产生中央政府各部门的人民委

第一章
在中央革命根据地创建的红中社

1931年11月7日，中华苏维埃第一次全国代表大会在江西瑞金开幕，红色中华通讯社当天成立，并通过无线电台播发新闻。图为大会选举的情形。

员，并发表对外宣言，宣告中华苏维埃共和国临时中央政府成立。

大会设有秘书处，由王观澜负责编辑出版《中国工农兵苏维埃第一次全国代表大会日刊》。这是一份油印的四开小报，每天一期，刊载大会活动、代表发言、大会致国内外电、收到的贺电、大会决议等。

为了报道大会的盛况，扩大中国共产党和工农红军的影响，大会召开前就积极筹备对外新闻广播（文字）。筹备工作由王诤、刘寅、曾三等承担。新闻广播电台设在离会场约七八十米远的一户老乡家里，土墙瓦房，堂屋没有窗户，特地从后墙上开了一扇窗，把天线伸出去高高地架到屋顶上。新闻稿件则由负责宣传工作的王观澜提供。11月7日夜里，电台以红色中华通讯社的名义首次播发新闻，报道了"一苏"大会胜利召开的消息。向全国播发新闻的电台，就是红军缴获的那部公秉藩的指挥电台。

红中社对外播发新闻的呼号是"CSR"（即 Chinese Soviet Radio，中华苏维埃无线电台的缩写）。这个呼号一直被新华社沿用20

多年，至1956年改用汉字模写广播为止。

红中社的建立，打破了国民党对中央革命根据地的新闻封锁，宣告了中国共产党领导下的一个新型通讯社的诞生。从此，中国共产党及其所代表的中国劳苦大众的声音，以及改变中国历

江西瑞金的红色中华通讯社电台旧址。

史进程的伟大革命的消息，通过红中社发出的电波，越过万水千山，传向全中国、全世界。

第二节 红中社的性质和任务

红色中华通讯社是中华苏维埃共和国临时中央政府的直属通讯社，主要工作是通过无线电台向外播发新闻，同时抄收国内外通讯社的新闻电讯，编印参考材料供领导参阅。

一、传播新闻，发挥通讯社作用

红中社成立之初没有专门播发新闻的电台。先是通过中央军委电台，后来是通过苏维埃中央政府电台播发新闻。由于发报能力有限，初期每天只能播发二三千字的新闻，后来逐渐增加。播发稿件

的内容主要有：受权发布的中华苏维埃共和国临时中央政府的文件，包括声明、宣言、通电、文告、法律、法规；革命根据地建设的新闻和红军部队的战斗捷报；也播发一些根据电台抄收的国民党中央社等媒体新闻电讯选编的国民党统治区消息和国际新闻。

红中社播发的第一批新闻，是"一苏"大会通过的《中华苏维埃第一次全国代表大会告全中国工人与劳动民众书》《中华苏维埃共和国临时中央政府对外宣言》和大会召开的消息。大会期间，还先后播发了大会通过的《反对日本帝国主义出兵满洲通电》《致苏联共和国电》《致职工国际电》《致德国工人电》《致反帝团体电》以及《中华苏维埃共和国土地法令》《中华苏维埃共和国劳动法》《中华苏维埃共和国关于经济政策的决定》等法律文件。

红中社成立初期，抄收红中社新闻的单位较少。由于史料大多已经湮没，能够确认初期抄收红中社电讯的单位主要有最早与中央革命根据地建立了无线电联系的上海中共中央秘密电台和湘赣、湘鄂西、鄂豫皖等根据地的电台。红中社11月7日成立当天播发的《中华苏维埃第一次全国代表大会告全中国工人与劳动民众书》和11月9日播发的《中华苏维埃共和国临时中央政府对外宣言》，11月27日出版的中共中央机关刊物《红旗周报》第24期上作了刊登。

此后出版的《红旗周报》上经常可以看到来自中央革命根据地的新闻，既有苏维埃中央政府的法令、文告，也有革命根据地建设新闻和红军战斗捷报。

1932年11月15日出版的《红旗周报》第52期刊登了红中社播发的《中央苏区通讯》，报道了"闽西红军独立7师，于上月26日击溃周志群部于安远市，缴获人枪各50余。""杭、武地方武装于上月中趁武城中白军调防时，包围白匪两连，缴枪200余支。"以及"江西公略县之罗家澳游击队渡赣河袭击白匪，缴获长短枪20支，俘匪数十"等中央革命根据地红军胜利的消息。该新闻最后说:"红军胜利的消息,苏维埃区域的情况,想为全国工农劳苦群众及革命的学生知识分子所愿知道的,苏维埃中央政府电台自即日起决定每日公开拍发,将苏区一切工作情况,红军消息,介绍给工农群众,白区新闻电台与群众,各苏区有无线电台的,请直接按时收听,更广为宣传。"

随着红军队伍和红色根据地的不断壮大,中央革命根据地与各根据地的无线电联系逐步建立,抄收红中社电讯的单位越来越多,红中社的新闻也越来越多地被登载在各地的报纸上。

此外,在国民党统治区和国民党军队中,不仅中共地下组织的电台抄收红中社电讯,国民党情报机关也抄收和研究红中社新闻。红中社的新闻报道为宣传革命主张、鼓舞革命士气、团结人民、打击敌人发挥了重要的作用。

二、《红色中华》报创刊

中华苏维埃临时中央政府成立时,中国共产党在中央革命根据地还没有一个机关报,党和政府的许多决议无法与广大群众公开见面。根据1931年11月1日至5日中央革命根据地党的第一次代表大会通过的《党的建设问题决议案》的精神,苏维埃临时中央政府的机关报《红色中华》于12月11日创刊了。《红色中华》报与红中社一套人马,两块牌子。红中社成立仅仅一个多月,它的编辑工作人员又担负起了出版报纸的任务。

据红中社早期工作人员王观澜回忆:"12月11日,又创办了《红色中华》报。这是中央工农民主政府的机关报。""当时,报与社是一回事,一个组织机构,叫红色中华社,简称红中社。先有通讯社,后有报纸。"[①] 另据任质斌回忆:"红中社的工作内容是:(一)出版《红色中华》报……是四开大小的报纸,铅印,由中央

---

① 王观澜:《红中社的创建》,原载《新华社回忆录》第13页,新华出版社1986年出版。

印刷厂印刷,用的纸张是苏区自己生产的毛边纸……(二)编印'参考消息'(每日电讯)……(三)播发新闻。每天以红中社名义发几条新闻出去,用无线电明码向全国广播,内容是报道苏区建设消息、红军捷报或苏维埃中央政府的声明、宣言等。""红中社就做这几件事。报纸与通讯社是合一的。因此,说'社'是'报'兼差的,或者说'报'是'社'办的,都可以。反正,报与社是一家。"①

《红色中华》报在《发刊词》中,阐述了办报的宗旨和任务:"发挥中央政府对于中国苏维埃运动的积极领导作用,达到建立巩固而广大的苏维埃根据地,创造大规模的红军,组织大规模的革命战争,以推翻帝国主义国民党的统治,使革命在一省或几省首先胜利,以达到全国的胜利。"

《发刊词》指出当前的工作是:"第一要组织苏区广大工农劳苦群众积极参加苏维埃政权。这不但要引导工农群众对于自己的政权,尽了批评、监督、拥护的责任,还要能热烈的参加苏维埃政权的工作,了解苏维埃国家的政策、法律、命令,及一切决议。能运用自己的政权,达到镇压反革命的阶级,实现自己阶级的利益与要求。

"第二要指导各级苏维埃的实际工作,纠正各级苏维埃在工作中的缺点与错误,目前改造苏维埃,特别是建立乡苏维埃,以及纠正过去土地革命及现时肃反工作的非阶级路线,对于经济政策的忽视与错误等都成为目前建设苏维埃的急要工作,须要以自我批评的精神,检阅工作的成功与缺点,找出正确的方法,指示各级苏维埃有计划有日程地进行工作,以建立巩固而有工作能力的苏维埃政权。

"第三要尽量揭破帝国主义国民党军阀及一切反动政治派别进

---

① 任质斌:《回忆红中社》,原载《新华社回忆录》第14—15页,新华出版社1986年出版。

1931年12月11日《红色中华》报创刊号。

攻革命欺骗工农的阴谋，与反动统治的内部冲突崩溃，及一切政治内幕，介绍苏区非苏区红军斗争，工农革命运动的消息，使工农劳苦群众，懂得国际国内的政治形势，与必要采取的斗争的方法，而成为扩大苏维埃运动的勇敢的战士。"

《发刊词》阐明的上述《红色中华》报的方针和任务，同时也是红中社的方针和任务。

《红色中华》报创刊时为周刊，四开，由中央印刷厂铅字印刷。从第 49 期起改为三日刊，自第 148 期又改为周三刊（其间也有脱期）。除创刊号为两个版外，一般四到八个版，最多时为十个版。

《红色中华》报的第一任主笔，由中华苏维埃共和国中央执行委员会任命内务人民委员周以栗担任，编辑有王观澜、李伯钊等。

1933 年 1 月 27 日起，《红色中华》报改为中国共产党苏区中央局、中国共产主义青年团苏区中央局、中华苏维埃中央政府、全总苏区执行局合办的中央机关报。

红中社编辑人员很少，初期仅两三个人。1933 年 4 月 1 日，红中社成立编委会，主任沙可夫，后为瞿秋白。编委先后有任质斌、徐名正、韩进、谢然之（后叛变）等。

编委会成员除负责编报外，每天都有一人处理对外新闻广播的稿件，主要是选择材料。材料来源为：关于红军战报的，由中革军委参谋部供给；关于革命根据地建设的，由苏维埃中央政府各部供给；关于白区斗争的，由苏区中央局秘书处供给。此外，还从新闻台抄收到的国民党中央社的电讯中，选择可用的编写成消息。它们都用"红中社电"或"红中社讯"的电头，交中央局的电台发出。

苏区中央局和苏维埃中央政府对红色中华社极为重视。初期项英管过一段报纸的工作，毛泽东、博古（秦邦宪）、张闻天、周恩来等也经常指导和过问报社的工作，为《红色中华》报撰写社论、专论。每当红中社记者前往采访时，他们都热情接待，耐心回答记者提出的问题或提供材料。国民党第二十六路军在宁都起义后，毛泽东还特意带起义军将领赵博生、董振堂等到红中社参观。

《红色中华》报内容丰富多彩，版面有"社论""要闻""专电""临时中央政府文告""苏维埃建设""党的生活""中央苏区消息""工农通讯""赤色战士通讯""突击队""问题与解答""法令解释"

"红色小词典""红角""铁锤""工农民主法庭"等栏目；并办有文艺副刊"赤焰"，专门刊登革命根据地文艺工作者创作的话剧、诗歌、小说等。此外，《红色中华》报还经常刊登漫画、图表。每逢重要的革命纪念日或有重大政治事件发生、红军取得重大胜利，则出版"特刊"或"纪念专号""号外"。

三、建立新闻电台，编印参考刊物

红中社担负的另一重要任务，是抄收国民党中央社及外国通讯社的新闻，编印成内部参考刊物，提供给苏维埃中央政府和红军领导人参阅。

在红中社成立之前，抄收新闻的工作，红军电台一成立就开始了。红中社成立后，这项工作就成为经常性工作持续下来。

中华苏维埃第一次全国代表大会在瑞金召开期间，国民党的第四次全国代表大会也在南京举行，蒋介石11月12日在开幕式上发表长篇讲话，国民党中央社全文播发。红军电台收到后，红中社立即编印成参考材料，发给代表们参阅。这是红中社编印的最早的参考材料之一。

这份参考材料，名为《无线电材料》。顾名思义，即通过无线电台抄收到的材料。这是一份油印的刊物，不定期出版。先由红军电台抄收国民党中央社和一些外国通讯社播发的新闻，再由红中社工作人员进行挑选、翻译和编辑，然后刻写蜡纸，用油印机印刷。读者主要为苏区中央局、苏维埃中央政府、红军领导机关负责同志。每期页数根据抄收新闻的多少而定，一二页至五六页不等，发行四五十份。毛泽东经常在《无线电材料》尚未印出时，就到红中社来看刚收到的中外电讯，了解国内外形势。

1933年初，《无线电材料》改名为《无线电日讯》，每日出版，32开，仍为油印。刊头注明"只供参考之用"，或"供参考用"。每期4至6页或8页。每期末尾均注明编印单位"红色中华社印"，或"红色中华社""红中社"。

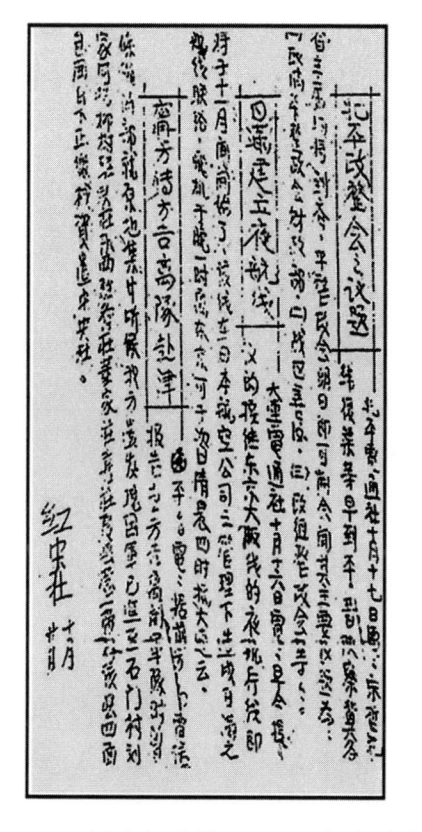

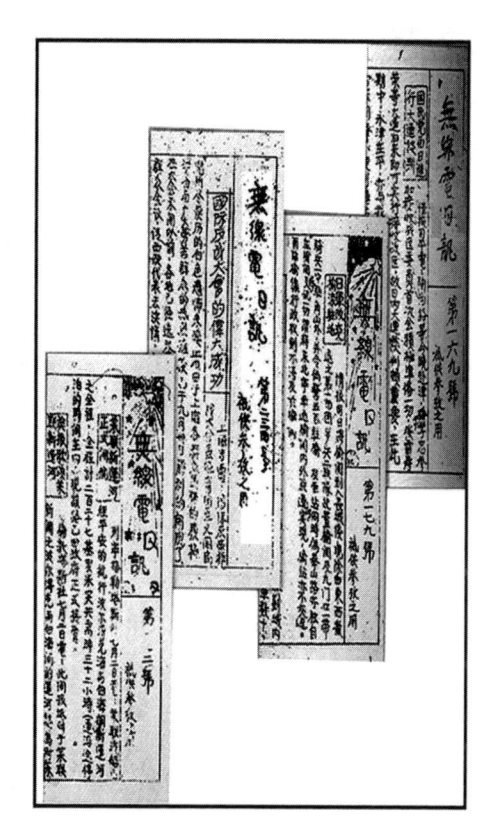

图为红中社于1933年在瑞金编辑发行的《无线电日讯》（原称《无线电材料》）。这就是今天《参考消息》的前身。

《无线电日讯》刊登的国内消息，主要是国民党中央社播发的北平、上海、南京、广州、天津等地的电讯；国际消息注明塔斯社、美联社、电通社、哈瓦斯社、外洋社等电头。内容包含国内重大政治、经济、军事等消息，各地革命斗争的发展，日本加紧侵略中国的形势，美、英、法等国对日本侵略中国的反应，以及当时苏联建设和发展的新闻等。

《无线电日讯》所刊电讯按重要程度排序，不分国际国内，不分栏目。如1933年7月24日的第189号，头条为国内消息《蒋介石召开庐山会议》，为天津电通社电讯，报道何应钦、韩复榘等赴庐山参加会议，指出这次会议"主要的是讨论五次'围剿'，此是

17

完全对付我们的"。7月31日第196号，头条则为国际消息《世界经济会议闭幕了》，为美联社伦敦电讯，报道经过六个星期的辩论，世界经济会议终于闭幕。

初期，红中社不仅没有用于播发新闻的电台，也没有抄收电讯的电台，抄收新闻电讯的工作由军委电台承担。由于抄收新闻电讯的工作量越来越大，1933年5月，原在中革军委总部电台第六分队工作的岳夏（原名罗若遐），受命建立专门抄收新闻电讯的新闻电台，这就是"红色中华新闻台"。

岳夏大学学历，曾在国民党交通部通信团学习，既懂报务，又懂机务。1933年3月初，他受上海地下党派遣，在秘密交通员护送下，经广东汕头、潮州、大浦及福建永定等地进入中央革命根据地，被分配到中革军委总部电台工作。

红色中华新闻台设在瑞金县下肖区"大树下"（地名）的一座破庙内。据岳夏回忆："当时条件是非常艰苦的，一切都靠白手起家。我们的第一部'新闻电台'只有收报机……是用缴获敌人电台的旧零件，自己动手装配起来的。蓄电池和干电池也是从敌人那里缴来的。"[①] 新闻电台行政上归中革军委领导，业务上则受红中社领导。工作人员只有台长岳夏和报务员王茂全两个人。他们轮流值班，每人每天要连续工作十一二个小时。

这部电台是新华社历史上的第一部新闻电台，也是中国共产党和红军历史上的第一部新闻电台。

据岳夏回忆："我们新闻电台的任务是抄收国民党中央通讯社每天播发的电讯。我们收的是明码，抄录下来后，直接送红色中华社，由该社译电员李柱南很快译成中文，然后油印出来，送给党中央、中央军委负责同志参阅。当时，红色中华社的编辑人员先后有沙可夫、任质斌等。党中央对红色中华社和新闻电台的工作是很重

[①] 岳夏：《我党我军的第一部"新闻电台"》，原载《新华社回忆录》第23页，新华出版社1986年出版。

视的。我去送电讯稿时，经常见到当时党中央领导成员之一的博古。我们新闻电台的工作，曾多次受到上级的表扬。"

岳夏在新闻台工作了半年左右便调回军委无线电队，由黄乐天接任新闻台台长。

四、面向工农大众出版《工农报》

1933年，在上海养病的瞿秋白在《关于〈红色中华〉报的意见》一文中提出："除《红色中华》之外，还应当由中央局出版一种《工农报》（像联共中央的《工人报》和《贫农报》），就是真正通俗的、可以普及到能够勉强读得懂最浅近文字的读者群众的。这在苏区，尤其是中央区，现在特别需要，而且也许是可能的了。"①

1934年2月瞿秋白到中央革命根据地后，即把这一设想付诸实施。1934年3月，《工农报》作为中央通讯协会筹备委员会的机关报在瑞金创刊。该报为旬刊，4开4版，铅印。其办报方针是："要用更通俗的文字、更活泼的形式，来反映各方面的最具体的革命斗争情况，以更有力的来教育和组织广大工农群众参加革命斗争和苏维埃建设。"其文字风格则可以概括为：最通俗的、最浅近的、最简明的、最具体的。

创办《工农报》的另一个目的，是推动革命根据地工农兵通讯运动的开展，培养工农兵出身的新闻干部，使学习写作的工农兵有更多的练习机会。1934年3月1日，红中社在《为出版〈工农报〉给各地工农兵通讯员的信》中明确提出：出版《工农报》是"为要更实际的来训练和教育我们的工农兵通讯员，为要更有机会来发表我们的工农兵通讯员所采访到的新闻通讯和文章"。这封信号召工农兵通讯员加紧采访，以保证《工农报》的稿件供应。红中社1934年3月1日出版的《工农通讯员》还刊载署名"然之"的

---

① 《关于〈红色中华〉报的意见》，原载1933年8月7日出版的中共中央机关刊物《斗争》（油印）第50期，署名狄康。

《怎样写〈工农报〉的通讯？》一文，指导通讯员为《工农报》撰写稿件。

关于工农报与红中社的关系，《红色中华社发刊〈工农报〉的计划》做出了清晰的说明：《工农报》是用红色中华社中央通讯协会筹委会的名义出版的，她可以有她自己的单独的编辑委员会，但她必须绝对的接受红中编委会的领导并且应和红中报编辑部建立最密切的关系。工农报的编辑者应该经常的参加红中报的编辑会议（发稿会议），同时红中报的编辑者也应该经常的参加工农报的编辑会议。在稿件方面，工农报如果收到有比较适宜于在红中报上发表的稿子，则应该把这种稿子转给红中报，同时，红中报所收到的稿件如有比较适宜于在工农报上发表的，也应该立即转给工农报。

《工农报》的版面安排大致为：一版主要是红军胜利以及革命根据地革命斗争和建设的重要消息；二版是各革命根据地的通讯；三版主要刊登连环画、短评、故事；四版以白区消息、通讯为主。此外，为了使报纸形式更加活泼、内容更加生动，《工农报》还刊登山歌、笑话、小常识、文字游戏等。

根据《红色中华社发刊〈工农报〉的计划》，在组织机构方面，《工农报》组建了编辑委员会和发行委员会，分别负责报纸编辑与发行事务。但实际上，由于人力不足，《工农报》还无法单独建立发行部，报纸的发行主要依靠中央局发行部。

第三节　红中社的宣传报道

红中社的宣传报道是建立在苏维埃政府工作的基础上的，配合政府的中心工作，积极宣传中国共产党和苏维埃中央政府的方针政策，报道红军作战胜利的捷报和革命根据地开展的扩大红军、征集粮食、经济建设、文化建设、防范和打击反革命破坏等各项工作，介绍革命根据地军民艰苦奋斗、英勇牺牲的英雄事迹，鼓舞根据地人民的革命斗志和信心。

红中社当年的电讯稿已无法查找,今天我们只能从保存下来的《红色中华》报,以及少量其他根据地报刊上的红中社稿件,来分析当年红中社的报道。材料虽少,但仍可清晰地反映出当年红中社报道的面貌和红中社同志们的工作业绩。

一、苏维埃政权建设和苏维埃代表大会的报道

苏维埃中央工农民主政府的成立,使革命根据地的劳苦大众翻身做了主人,参与国家政权的管理。这是中国历史上前所未有的创举。但封建社会制度毕竟在中国统治了数千年,因此,对于苏维埃政权这一新生事物,革命根据地民众还需要有一个逐渐了解、适应的过程。

有鉴于此,红中社发表了大量关于苏维埃政权建设的报道和文章,阐明苏维埃政权建设的重要性,介绍各地苏维埃政权建设的消息和经验,发挥了对苏维埃运动的推动作用。

《红色中华》报也经常以大量版面刊登中共中央和苏区中央局的重要决议、指示,苏维埃中央政府的重要法令、文告,使广大苏区群众、红军官兵得以及时了解党和政府的方针、政策,加深对苏维埃政权的认识。《红色中华》报创刊号登载的《中华苏维埃共和国中央执行委员会布告(第1号)》清楚地阐明:"从今日起,中华领土之内,已经有两个绝对不相同的国家:一个是所谓中华民国,他是帝国主义的工具,是军阀官僚地主资产阶级,用以压迫工农兵士劳苦群众的国家,蒋介石汪精卫等的国民政府,就是这个国家的反革命政权机关。一个是中华苏维埃共和国,是广大被剥削阶级被压迫的工农兵士劳苦群众的国家,他的旗帜是打倒帝国主义,消灭地主阶级,推翻国民党军阀政府,建立苏维埃政府于全中国,为数万万被压迫被剥削的工农兵士及其他被压迫群众的利益而奋斗,为全国真正的和平统一而奋斗。"

《红色中华》报12月18日刊登《中华苏维埃共和国临时中央

政府对外宣言》，指出："它（指临时中央政府——编者注）是中国工农兵以及一切劳苦民众的政权。它是代替帝国主义与中国地主资产阶级的国民党政权的统治并且继续号召与组织全中国劳苦民众起来推翻这一统治的政权。它正式宣布它是世界上唯一的无产阶级的祖国苏联的最好的朋友与同盟者。它的目的是在联合全世界被压迫的人民，推翻世界帝国主义的统治。它反对帝国主义对于殖民地与半殖民地任何侵略，而主张彻底的民族自治。""它主张取消一切帝国主义国家过去同中国地主资产阶级的政府所订立的不平等条约。""它的最后的目的，不但在打倒帝国主义在中国的统治，而且在打倒帝国主义在全世界的统治。"这篇宣言连同苏维埃共和国中央执行委员会的布告及时传递了中华苏维埃共和国诞生和苏维埃中央政府成立的消息，阐明了中华苏维埃共和国的性质。

苏维埃中央政府领导人也在《红色中华》报上撰文，大力宣传苏维埃运动，引导工农群众积极参与苏维埃政权建设。1931年12月18日，《红色中华》报刊载项英写的《地方苏维埃的建设问题》一文，论述建立健全乡苏维埃政府和城市苏维埃政府的重要性，指导基层苏维埃政权开展工作。文章说："没有健全的地方苏维埃，就不能巩固中华苏维埃共和国的基础；没有强大工作能力的地方政权，就不能充分实施苏维埃的一切政纲，围绕千百万工农和劳动群众在自己的周围，去争取苏维埃在全中国的胜利。"

1932年春，福建、江西两省苏区都进行了县、区、乡苏维埃政府普选。通过普选，对苏维埃政府的组织机构和工作进行了整顿。红中社和《红色中华》报对此作了大量的跟踪报道。

毛泽东非常重视苏维埃政权建设的工作。他认为，为建设苏维埃的民主政治，必须十分重视建立和健全苏维埃的选举制度，建立、健全县（市）乡苏维埃代表会议制度。1933年9月6日，《红色中华》报以《今年的选举》为题，刊登毛泽东在南部18县选举运动会议上的报告。报告阐明了巩固政权的极端重要性，精辟地指出："世界上一切革命斗争都是为着夺取政权，巩固政权。而反革

第一章　在中央革命根据地创建的红中社

命的拼死同革命势力斗争，也完全是为着维护他们的政权。"并强调：工农群众夺取政权后，应该坚决地尽一切努力地去巩固已得的政权，使之牢牢掌握在工农阶级的手中。只有坚持这种民主与专政的统一，

1933年9月6日《红色中华》报刊登的毛泽东文章《今年的选举》。

才可能达到建设强有力的工农民主专政的苏维埃国家的目的。同时，他还从苏区实际情况出发，主张适当划小行政区域，以方便人民群众参与苏维埃政权的管理。

1933年10月24日，《红色中华》报以《两年来苏维埃政权的巩固与发展》为题，从苏维埃区域的发展、苏区工农群众生活的改善和红军不断强大并取得胜利三个方面，报道了苏维埃中央政府成立两年来取得的重大成绩。

红中社还积极宣传苏区法制建设的成就，在报纸上发表苏维埃中央政府制定的重要法律法规，如《中华苏维埃共和国宪法大纲》和《中华苏维埃共和国婚姻法》，都曾在《红色中华》报上全文刊登。另外，《红色中华》报刊登的重要法令和决议，还有《中华苏维埃共和国司法程序》《中华苏维埃共和国惩治反革命条例》《关于发行"革命战争公债"条例》《关于工商业投资暂行条例的决议》《关于合作社暂行组织条例的决议》《劳动互助社组织纲要》《苏维埃国有工厂管理条例》《关于修改暂行税则问题》《土地税征收细则》等。它们大多全文刊登或选登，在普及法律知识，推进苏区法

制建设，宣传苏维埃的刑法、民法、婚姻法、经济法方面发挥了作用。

在建设和巩固苏维埃政权的宣传中，红中社还积极报道革命根据地干部艰苦奋斗、勤俭节约和廉洁自律的优良作风。由于国民党反动派的封锁，革命根据地物资匮乏，经济困难。1932年2月17日，《红色中华》报发表社论《发展生产节俭经济来帮助红军发展革命战争》，指出：正当红军在前方进行革命战争的紧张时刻，"后方的同志，除了积极领导群众去参加革命战争，建立巩固的后方外，最重要的就是节俭经济来供给红军，帮助红军去进行革命战争。"号召："各级政府和各群众团体，一切费用都要十二分的节俭，不急用的费不要用，要用的就要节俭，不要浪费一文钱，滥用一张纸，多点一点油，积少成多，就可以节省一大笔经费。我们要知道节减一文钱即是对革命有一文钱的帮助，谁要'浪费一文钱实等于革命的罪人'。"从1933年夏开始，《红色中华》报几乎每期都有苏区各机关、团体、企业、部队、学校开展"节省运动"的报道。

1934年3月13日，《红色中华》报发出号召："为四个月节省八十万元而斗争"，建议从4至7月节省经费80万元。并提出了开展节省运动的9项具体办法，包括：政府工作人员每人每日照规定食米量节省2两；裁减非必要的人员；减少国家企业工作人员的津贴及改善国家企业的管理；节省笔墨纸张；减少运输费，同时改善运输方法；通过减少灯火和交通费、合并伙食单位、减少伙夫等办法节省其他办公费等。

《红色中华》报的这一提议，得到各级政府工作人员和群众团体的热烈响应。苏维埃中央政府劳动部、总务厅、国民经济部、粮食部、土地部、财政部、教育部、发行部、工农检察委员会，以及苏区中央局、全总执行局、少共中央局等纷纷制定相关具体措施。如财政部、教育部、工农检察委员会全体工作人员除每天节省2两米外，还决定自己开荒种菜，减少伙食费开支。工农检察委员会过去有 15 盏灯，现决定二人共一盏，可减少一半。发行部决定 3 月份内节省 19 元（工作人员 16 人）。苏区中央局机关"通信员减少百分之三十五，公差完全取消，挑夫减少百分之十五"；"信封减少百分之七十五，在本埠完全用已经用过的信件或毛边纸自造的信封"；"绝对不开客饭，各机关到中央局吃饭的同志，自带伙食，并加强对伙食的检查与计划，保证伙食绝对不能超过。"

在 3 月 20 日的《红色中华》报上，一封来信引人瞩目。这是中共中央机关陆定一、邓颖超、博古、刘群先、陈云、毛泽覃、罗迈、潘汉年、成仿吾、彭儒、阿金、贾拓夫等 23 位来自白区的同志致《红色中华》的信：

"我们是从白区来的。我们在苏区没有分田，但是我们为着革命战争，使我们能在持久战中取得彻底胜利，愿意：

每天节省 2 两米，使前方红军吃饱饭，好打胜仗；

今年公家不发我们热天衣服，把这些衣服给新战士穿。

我们要求其他白区来的同志，和在苏区分了田的同志，都同我们一起，来响应红色中华的节省号召！"

红中社和《红色中华》报还报道了家在苏区的工作人员"自带伙食办公"的节省运动。

包括江西省苏维埃政府主席刘启耀等在内的、家住苏区的干部，自己从家中带米去办公，而不要公家发伙食费。时任中央土地部副部长的胡海同志，"打头报名写信回家送一月伙食，跟着有以下诸同志报名"。当时广为流传的一首山歌——"苏区干部好作风，自带干粮去办公"，真实地反映了这一情况。

正是因为苏区干部带头，群众积极响应，4 个月的节省运动的成绩："不仅完成了 80 万元计划，而且可以说将近超过一倍即 130 万以上。"节省夏衣方面，仅保卫局系统不领夏衣的就有 2066 人，红军总卫生部各医院不领夏衣的有 5000 人，中央党政机关各部门工作人员，几乎全部不领夏衣。仅这一项，就节省经费三四万元。《红色中华》报所载中央审计委员会的报告中自豪地写道："我们可以夸耀着：只有苏维埃是空前的真正的廉洁政府。"

在倡导勤俭节约、提倡干部廉洁自律的同时，红中社重视发挥舆论监督作用，在反腐肃贪方面作了许多报道。他们在《红色中华》报开辟"突击队""铁锤"等专栏，揭露、批评各级党政机关及工作人员中的官僚主义、贪污浪费等腐败现象。后又增辟"红板""黑板"和"反贪污浪费"等专栏。"红板"褒扬苏维埃工作人员廉洁奉公、积极工作的先进事迹；"黑板"批评消极怠工、立场不坚定的工作人员；"反贪污浪费"则披露贪污浪费案件以及对有关人员的处理结果。

1933年冬至1934年春，红中社报道了中央革命根据地开展的一场声势浩大的反贪污斗争，报道了对原中央总务厅基建工程所主任、瑞金县苏维埃政府财政部会计科长、于都县苏维埃政府主席、于都县苏维埃政府军事部长等贪污大案的处理结果。有关的党政干部分别受到党纪政纪和法律制裁。其中"于都事件"最为严重，涉及面较大，在中央革命根据地引起极大震动。中央人民委员会主席张闻天为此专门撰写了《于都事件的教训》一文，在《红色中华》报发表，向全中央革命根据地党政干部敲响警钟。

1934年1月22日，第二次全国苏维埃代表大会（简称"二苏"大会）在瑞金召开。红中社对大会进行了全面、充分的报道。《红色中华》报从1月22日至2月3日，连续出版了7期《第二次全苏大会特刊》，详尽报道大会的情况。

开幕典礼于1月22日下午2时在沙洲坝临时中央政府大礼堂举行。出席大会的有700多名代表和1500余名旁听代表。毛泽东宣布大会开始并致开幕词。随后，大会选举毛泽东等75人为主席团成员。博古、刘少奇、朱德、何克全（凯丰）分别代表中共中央、全总、红军和少共中央致辞。大会主要议程有：毛泽东作《中央执行委员会对第二次全国苏维埃代表大会的报告》，朱德作《红军建设决议报告》，林伯渠作《经济建设决议报告》，吴亮平作《苏维埃建设决议报告》，通过宪法及各种法令，选举新的中央执行委员会。大会通过了代表们提出的以大会名义致电慰问前方红军战士、致电苏联工人和集体农民、致电慰问东北义勇军等6项建议，并宣读了各地发来的贺电。

毛泽东在报告中全面、系统地总结了中华苏维埃共和国及苏维埃中央政府成立两年多来的施政情况和政权建设经验。其中谈到《红色中华》报和苏区报纸的发展情况："苏区群众文化运动的迅速发展，我们看报纸的发行也可以知道。中央苏区已有大小报纸三四十种，其中如《红色中华》从三千份增至四万份，《青年实话》发行二万八千份，《斗争》只在江西苏区每期至少要销二万七千一百份，《红星》一万七千三百份，证明群众文化水平是迅速提高了。"

《红色中华》报第7期《特刊》刊登了通讯《伟大的闭幕式》，介绍了最后一天会议的具体过程。《特刊》还对大会通过的关于中华苏维埃共和国国徽、国旗、军旗的决定作了报道：中华苏维埃共和国的国徽为在地球形上插交叉的镰刀与锤子，右为谷穗、左为麦穗架于地球形之下和两旁，地球之上为五角星，上书"中华苏维埃共和国"、"全世界无产阶级和被压迫的民族联合起来"；国旗为红色底子，横为五尺，直为三尺六寸，加国徽于其上，旗柄为白色。同时，大会还规定了中国工农红军的军旗制作样式。

1934年2月12日《红色中华》报刊登的《中华苏维埃共和国中央执行委员会布告》说，第二次全国苏维埃代表大会已成功闭幕，大会总结了两年来的经验，提出了今后的历史任务。大会选出了第二届中央执行委员会委员175人，中央执行候补委员36人，并选举毛泽东为中央执行委员会主席，项英、张国焘为副主席；朱德为中央革命军事委员会主席，周恩来、王稼祥为副主席；阮啸仙为中央审计委员会主任；委任董必武为临时最高法庭主席。

二、红军军事斗争和革命根据地反"围剿"的报道

红中社从成立之日起，始终把对红军军事斗争和革命根据地反"围剿"的报道放在重要位置，紧紧围绕武装夺取政权，粉碎国民

党当局的军事围剿，巩固、扩大和保卫革命根据地进行宣传报道。通过报道红军斗争胜利的消息，记录根据地军民在反"围剿"斗争中的战斗业绩，激发全国人民反抗国民党反动统治的决心和信心。

（一）红军攻打"土围子"和宁都起义、国民党军兵变的报道

苏维埃临时中央政府成立后，一部分来不及逃往白区的土豪劣绅、反动官吏，纠集当地的反动势力组织地主武装，裹胁大批贫苦农民，躲进筑有坚固防御工事的土围、山寨或边远山村负隅顽抗。他们残杀苏区干部群众，抢掠财物，充当国民党军队进攻苏区的向导和内应。这些"土围子"是苏维埃区域中的白色据点，严重危害苏维埃政权的巩固和苏区人民生命财产的安全。

第三次反"围剿"胜利后，毛泽东、朱德命红一方面军从兴国东移至闽赣边界，坚决拔除闽西和赣西南一带地主武装盘踞的"土围子"，发动群众，恢复、建立党团组织和苏维埃政权。

在赣南的"土围子"中，于都县是反动势力较为强大且顽固凶悍的一个。红军经过多次攻打，最终将于都县的"土围子"全部打下。1932年2月3日，《红色中华》报刊登消息《于都桥头一带土围全数肃清》，报道："在最近一二月内，工农红军就消灭了几十个土围石寨，把于都桥头一带的白点完全肃清，把豪绅地主的武装缴得干干净净，使广大的苏区，完全打成一片。"

在红军历时数月的打"土围子"、拔"白点"斗争中，共计消灭白色据点200余处。《红色中华》报刊登的《石城红石寨攻下》《古石坑土围攻下》《翰林头一带土围石寨完全肃清》《丁陂土围已打开了》《宁都黄竹寨又攻下》《红军在武平又攻开上潮土围子》《连城红军攻克林地土围》《福建红军攻克大禾土围》等报道，生动地记述了红军攻打"土围子"的经过。

1931年12月14日，蒋介石派往江西进攻红军的国民党第二十六路军官兵1.7万余人，在赵博生、董振堂等率领下，成功举行"宁都起义"，加入红军，改编为中国工农红军第五军团。这次起义不仅使红军增加了一支新生力量，而且在国民党军队中引起强烈震

动和反响。《红色中华》报登载通讯《宁都的大兵暴》，报道了起义的经过："原驻宁都白军廿六路孙连仲部，共有两师，其师长一为李松昆，一为高树勋，当蒋介石把他们从北方调到江西进攻革命，士兵早已不愿意……平时官长压迫很利（厉）害，到了苏区，又受了革命的影响，全部士兵同情革命，其中一部分干部，对革命亦发生同情，加上看了国民党屡次的惨败，看了苏区土地革命，千百万农民都得到了土地，得到了解放……因此，他们由同情革命，选为自己要革命了，一部分的士兵和干部，接受共产党的主义，正式加入共产党，最近看到日本帝国主义出兵瓜分中国，全国反帝运动高涨，国民党政府实行'无抵抗'，对反帝群众，却极力欺骗与镇压，更使他们痛恨国民党投降帝国主义，便决心参加工农革命，于本月14日在宁都举行暴动，和那些反对暴动的反革命分子勇敢的实行巷战，捆绑反动官长数十人……正式打起红旗并发出通电，反对帝国主义，打倒国民党军阀，号召全国白军，以同样暴动方法，与工农群众结合，作彻底反帝反军阀的斗争。因为在共产党领导之下，士兵的勇敢与指挥的灵敏得法，暴动很顺利的完成……现在暴动出来的部队，共一万六七千人，枪支两万以上。"

起义成功之后，瑞金举行了欢迎大会，起义将领由毛泽东等陪同，参观了苏维埃中央工农民主政府的各部门，包括红色中华社。《红色中华》报相继以《欢迎季总指挥的群众大会》《五军团派代表参观各机关》为题刊登了消息。

宁都起义的第二天（12月15日），由于全国抗日浪潮的冲击和国民党内各派系之间矛盾的激化，蒋介石被迫辞去国民政府主席及行政院长职务，宣布"下野"。红中社及时报道了《蒋介石倒台了》的消息。

1932年12月11日，《红色中华》报出版"本报一周年、广暴五周年、宁暴一周年"纪念特刊，刊登社论《今年纪念广州暴动与宁都兵暴的任务》和《纪念广州暴动学习广州暴动经验和教训》《马克思列宁论武装暴动》《纪念宁都兵暴一周年》等文章。李一氓在特刊上发表《论兵暴》一文指出："自宁都暴动的这一年中，中国工农红军的伟大的发展，在许多方面都给国民党反动军队的士兵以一种革命的影响，所以'拖枪（个人的，或成班成排的）到红军来'已经在白军中成为一种潮流，一种运动。更因为如此，我们必须对于白军士兵运动的形式，下一个定义，我们才能了解兵暴在白军士兵运动中的绝顶重要性。"

在这前后，红中社播发了大量有关国民党军起义加入红军或发生兵变的报道，刊登在《红色中华》报上的稿件有《在红军伟大胜利面前白色军队动摇瓦解》《白军投入红军　敌第六师一连哗变》《白军一团投诚红十六军》《白军士兵的日益革命化》《河西白军整营投红军》《福建前十九路军散兵纷纷投入红军》《广昌白军又有一批携械投诚》《满洲里护路军全部兵暴之真相》《白军葛云龙部哗变》《白军刘珍年一部哗变》等。

（二）中央红军和各革命根据地红军战斗的报道

1932年1月，中共临时中央通过《关于争取革命在一省与数省首先胜利的决议》，对革命形势作了过高的估计。在错误战略方针的指导下，苏区中央局作出攻打赣州的决定。2月4日，中央红军围攻赣南重镇赣州。红中社也根据临时中央的精神，对红军的行动作了跟踪报道。2月9日红中社的电讯称："我英勇的工农红军，已将赣州包围，白军恐慌厉害不日可下，粤系军阀独立旅范德星部，奉逆方命令，增援赣城，集中于新城、池江一带，于五日与我军激战，不到二小时，即全部消灭，缴得枪支千余，军用品无算，击毙和俘虏白军甚多，范德星化装潜逃，仅以身免。"

3月2日，红中社又以《红军围攻赣州中　马昆恐慌万状　赣城不日可下》报道："马昆这次孤军死守赣州，意在待援，目下见南下的小军阀陈诚公秉藩部，节节受红军限制，致不敢坚决行动，复加我三军团于廿三日轰炸，爆裂很宽，更加吓得马昆屁滚尿流恐慌万状，我军当日（廿三）因爆炸不好，致未成功，现攻击各部队，更加坚决努力的进行作业，至自团长师长政委亲自下手挖泥排水的，现在各部坑道都是很好成绩，只待不日之总攻令一下，便可把赣州夺取来。"

3月2日的《红色中华》报还刊登了通讯员翰文采写的通讯《赣城附近的工农群众通通起来》，报道赣城附近的工农群众"最近受了更深入的宣传鼓动，特别是看了红军攻赣的力量和决心，所以促起他们毅然决然风起云涌般的起来了，例如'二一八'武装示威，当日虽是满天白雪，遍地寒风，然区区梅林的一乡，就有六七百的英勇群众到会，他如附近的革命委员会都先后建立了，游击队、工会、贫农团亦将普遍建立，并且发动了斗争如打土豪、反富农举报和常捉反动派等等，一到赣城攻克后，当地群众的革命积极性，更必然会潮水般的发动起来。"

围攻赣州的战斗历时33天，终因赣州易守难攻，部队遭到重大伤亡，国民党军持续增援，红军于3月7日被迫撤围。

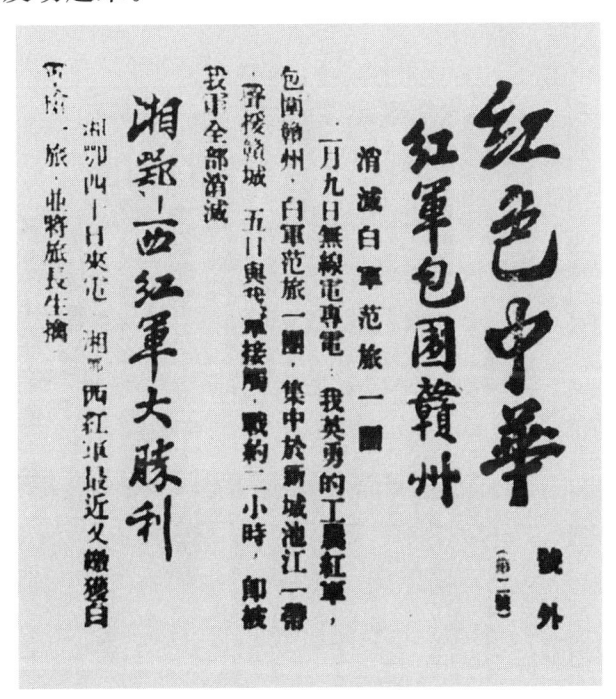

1932年3月，苏区中央局在赣县江口圩召开会议，讨论中央红军主力撤围赣州后的行动方针。毛泽东根据当时形势，提出红军应集中力量向国民党军力量比较薄弱、共产党和群众基础较好且地形条件比

1932年春，红军攻打赣州时《红色中华》报增出的号外。

较有利的赣东北方向发展。但中央局未采纳这一方针，仍坚持红军主力夹赣江而下，夺取赣江流域中心城市。并决定将中央红军第

一、第五军团组成中路军（后改称东路军），在赣江以东活动；将第三军团和湘赣、湘鄂赣根据地的地方武装组成西路军，到赣江以西活动。不久，东路军临时东征福建。毛泽东以苏维埃中央政府主席身份随东路军入闽后，根据当时闽西、闽南地区敌我形势，致电苏区中央局，建议以东路军攻取漳州，发展革命形势。苏区中央局接受了这一建议。

4月13日，红中社播发收到的无线电消息《红军攻下龙岩城》："我红军于十日下午进攻占据龙岩之福建军阀张贞白军，该教导团大部、独立团完全被我红军歼灭，当即将龙岩城占领……此役敌原有兵力九团，且配合新式武器，自被我军消灭大部后，即全退适中，我军现正在追击中。"

《红色中华》报关于红军武装斗争胜利的报道。

4月19日，红军部队在漳州外围歼灭国民党军第四十九师两个旅，俘虏2674人，缴获飞机两架及其他大量军用物资。4月20

《红色中华》报关于红军武装斗争胜利的报道。

日,红军胜利进占漳州城。红中社当天根据前方来电报道:"我红军自占领龙岩城后,即追击前进,十九日与敌张贞全部及陈国辉部,战于天宝、十二岭、榕仔峰及宝林一带,白敌张贞师,大部消灭,小部溃散,俘副旅长一名,旅参谋长一名,兵士数千名,军用品无算。我军自占领南靖天宝后,已于二十日占领漳州。缴获飞机二架并兵工厂全部云。"漳州战役的胜利,巩固了闽西根据地,有助于发展闽南游击战争,在政治上扩大了中国共产党和红军的影响。

8月,中央红军开展了乐安、宜黄战役;10月,相继占领建宁、黎川、泰宁等地区。红中社先后播发了消息。

这一时期,红中社通过与各根据地之间的电讯联系,报道了各地红军巩固、扩大和保卫革命根据地的军事斗争。

1931年12月11日,《红色中华》报创刊号刊登《北方苏区的发展》,报道:"陕北红军第二十四军军长蒲子华,率领红军,配合当地群众，进攻陕北之府谷神木一带，与井岳秀师激战，敌方惶恐万状。"

1932年3月16日，红中社根据各根据地的来电，以《全国红军继续获取大胜利》为题，编发了湘鄂西和鄂豫皖根据地的一组消息，如：

"三月六日红军在京山、天门、潜江交界，消灭进攻洪湖主力徐源泉军之一旅及萧之楚之一部，活捉参谋长一，击毙团长二，缴获机关枪、迫击炮各十余架，步枪千余，乘势恢复甫失之皂市和张截港云。

"日来湘鄂西三军又攻下皂市，消灭敌军两团，活捉在第一次围攻红军中血洗白鹭湖医院、焚烧兵工厂的刽子手徐源泉军一百四十四旅旅长韩昌竣，并击伤四十一师师长张振汉，其战马被我军捉来，明天伪旅长捉来开群众大会处理该反动分子云。"

5月25日，红中社根据来自鄂豫皖红四方面军的电讯，报道红四方面军打了两个大胜仗，缴获步枪15万余支、机关枪190余挺、迫击炮30余门、无线电机7部、飞机1架，并活捉国民党军师长、旅长多名。

6月23日，红中社报道鄂豫皖、湘鄂西红军的捷报："鄂豫皖红军四军团，消灭潢川敌张钫三师，缴械七千余后，现正向罗山前进，破坏京汉路，并消灭新入潢川之白军第八十师马鸿逵部十五路军及第二师为目的，河南之敌消灭后即沿京汉路南下，消灭宋埠黄陂一带之敌。红军七十五师及英山独立师，已先后攻下罗田圻水，消灭白军三十三师大部，并活捉葛云龙，现正进攻麻城宋埠之敌，红军已经获过五次大胜利云。""四川军阀张邦本之郭勋旅，范绍增师之十一旅，及佟、杨等之独立团，于六月三日分四路向湘鄂西苏区进攻，我红军二军团当即开赴潜江与白军第一路张邦本旅激战，当给以迎头痛击，消灭其一部，继于十三日以两支队夹击其第三路范绍增师，于老河口一带，将其全部消灭。十四日又击溃白敌四路佟、杨等全团，其第二路郭勋部闻风逃走，潜江恢复。"

（三）第四次反"围剿"的报道

1932年冬，蒋介石宣布"攘外必先安内"的反动方针，国民党军闽粤赣边区"剿共"总司令部陆续调集40余万兵力，分左、中、右三路对中央革命根据地进行第四次大规模"围剿"。

当时，中共临时中央已从上海迁入中央革命根据地。面对国民党军大规模"围剿"即将开始的严峻形势，临时中央却命令红一方面军进攻国民党军重兵设防的南丰城，以图破坏国民党军的"围剿"。红一方面军在总司令朱德和总政治委员周恩来的指挥下，强攻南丰未果之后，即变强攻为佯攻，以一部兵力迷惑国民党军，主力秘密转移至国民党军右翼宜黄南部，待机歼敌。经过1933年2月28日和3月1日两次激战，将国民党军第五十二、第五十九师几乎全歼。

国民党军不甘心失败，于3月中旬调集兵力直扑广昌，寻找红军主力决战。3月21日，红军在草台岗又歼敌近一个师。至此，国民党军发动的第四次"围剿"即被打破。

红中社对第四次反"围剿"进行了跟踪报道，在《红色中华》报上刊登前方来电和消息、通讯共30多篇。其中部分通过无线电台对外播发。

1933年3月6日，《红色中华》报刊登两条前方来电，对红军歼灭国民党军第五十二、第五十九师，活捉两师师长的战绩作了详细报道。这一期还刊登了《中共少共中央局慰劳方面军电》和《中央政府致前方红军电》。

1933年3月18日、21日、27日、30日，《红色中华》报连载《从火线上来——赤色战士通讯》，报道了中央红军在第四次反"围剿"战斗中取得的战绩和英勇事迹："这次蒋介石的主力部队五十二、五十九两师于二月二十八日三月一日两日内被我英勇红军将其全部消灭，俘虏一万多。""红五军团在历次作战中，一仗比一仗英勇。黄陂蛟湖之役，将要打火那天，五军团的同志都一气跑步四五十里到火线上，没有掉队，接着便是继续不断的向敌冲锋，连夺许多山头，虽然在敌人猛烈炮火下，但战士们仍然奋勇前进，没有一个人感觉疲劳。""部队到达黄陂时就和敌人接触了，枪声一响立即空气就紧张起来了，只听得'跟上跟上'的声音，全体战士均勇敢向前，无有一人落后。此时我军奉命向霍源方面迂回敌人，于是火线也越打越激烈了。在这残酷的战斗中表现着我红军奋勇杀敌的英勇精神，特别堪为模范的，如六十四师一百九十团第三连排长陈德祥同志带两班人冲锋，因左手负伤不能用枪，他就用右手拿马刀杀敌，一刀一个砍死了七八个敌人，好像切瓜一样。又该排二班副班长曹大享同志在冲锋时子弹打尽了，用枪杆子打倒了七八个敌人在地上叫娘爷。"

3月份，红中社根据前方来电陆续编发红军胜利的消息。《红军又获大胜 消灭白军一师一团》的消息说："我红军于廿一日拂晓与反动国民党军的第十一师及第九师的第一团在草台冈黄柏山一带激战，至下午三时左右，我军即把敌全部击溃，并消灭其大部，击毙白军官兵甚多，战利品无算，正在清查之中。我军乘胜猛进，搜索残敌，以期彻底消灭敌人。"

《我红军又获光荣伟大胜利》的报道说："我方面军于廿一日与敌主力之十一第九两师及五十九师残部一团在宜乐一带作了整整一天的血战，把陈诚罗卓英之中心部队第十一师及第五十九师残部一团全部击溃，大部消灭，其师旅长均受重伤，团长营长都被击毙，缴枪俘虏各在六千以上，第九师则被击退，连夜狼狈逃窜，我军现正乘胜追击中。"

《在英勇红军的猛烈炮火下加速着全部粉碎敌人大举进攻》的消息，详细报道了红军痛击国民党军第一、第二纵队的经过："敌人最中心的部队，就是蒋介石的北路两纵队。刚开到苏区边境，我英勇红军，在党的积极进攻路线的领导之下，即于廿一日，给他们的第一纵队，以一个迎头痛击，白军第十一师就在这一战役中全部覆没，第九师及五十九师残部也大部消灭了。是役我军缴获步枪近五千，机枪十架，子弹辎重无算，无线电机一架，俘虏六千余，敌伤亡过半，师旅长均受伤，大半自杀，团营长多被打死，敌九师负创逃遁，仓皇北窜，遗弃米粉及辎重甚多，这样国民党军阀的第一纵队就此全军覆没了。第二纵队因第一纵队的惨败，正想一溜烟就逃脱，却被我方面军的另一部配合着独立师与地方武装到处袭击，受了极大损失，于廿二日才纷纷窜回南丰，沿途被我地方红军跟迹迅速追截，击溃了白军新卅七师等部，叛逆郭炳生即于是役当场击毙。廿七日，我红军又与敌两师之众激战，毙敌甚多。敌人在一败涂地后迅速全部崩溃中，恐慌万分，纷纷向后溃退，现抚河敌军已经全部总退却，我红军全部粉碎敌人大举进攻，建立江西首先胜利的日子，就在眼前了！"

4月20日，《红色中华》报对红军胜利粉碎国民党军第四次"围剿"进行了总结报道："中央苏区主力红军在一九三三年开始的粉碎敌人四次围攻中，连续的取得了空前伟大胜利，一月间击溃敌军第五师、第二十七师、第十四师，及自称铁军第九十师，共消灭敌军九团兵力。二月在摩罗嶂覆灭白军第五十二师全部，五十九师大部，在光泽县消灭周志群一团，共消灭敌人十二团兵力。三月东陂之役，消灭敌人中心部队第十一师全部，第九师一部及第五十九师残部，共消灭敌九团人。总计一二三月共消灭敌人三十团之众。"

这篇报道还描述了红军战士英勇杀敌的情景："当与敌人肉搏的时候，很多战士都是拿着马刀奋勇冲锋而杀退敌人的。尤其是那些受了伤的同志，还能组织鼓励其他战士前进，有的甚至自己仍继续与敌作战，不肯下火线。某师的一个排长周明同志，他在冲锋时负了伤但仍领导红色战士继续冲锋，不久头部又负重伤，仍向敌人打枪。很多战斗员劝他下火线上药，周明同志不肯下火线。他说：'消灭了敌人才下火线！'更有一个政治指导员谭仲生同志负了重伤，仰卧地上，仍鼓励全连冲锋，不要退却，并高呼：'为苏维埃流最后一滴血！'一直到他没有呼吸为止。"

除了中央革命根据地红军胜利的消息外，红中社还陆续报道了湘鄂西、湘鄂赣、鄂豫皖等根据地的消息。

1933年4月8日起,《红色中华》报连续刊登通讯,报道红四方面军粉碎国民党军"围剿"的情况。其中一篇通讯,报道了红四方面军发动黄安、商潢、苏家埠、潢光四次战役取得胜利的经过:"红军为保障与巩固取得的胜利及准备与帝国主义作战(这时候红军正得到十九路军退出上海的消息),决定红军东征。东征第一步肃清了清山铺与独山之敌,陈调元部(三团)死守韩摆渡与苏家埠,建筑巩固工事,凭险死守待援共四十七日,这时蒋介石即令陈调元残部(计三师一混成旅)配合王均之第七师,曾万钟之十二师,由厉式鼎兼代前敌总指挥及代七师师长(王均请假怕死),企图援救韩摆渡与苏家埠之敌向我进攻。这时红军在决不放弃韩苏之敌的条件下准备迎敌。在戚通桥即与敌遇,敌兵力三倍于我(敌共二十七团,我仅九团),终以红军的英勇善战及与地方武装正确的配合,广大农民群众之拥护,被我完全消灭。""红军东征,敌人受到悲惨的失败,又企图在豫南一带骚扰我后方。在赤区大肆抢掠,到处杀人放火,沿商潢路线烧毁九十余里,片瓦无存。这时候红军乘胜回师西征,消灭了新二十师郭子举部(仅逃去一团),消灭了张钫的七十六师(该师仅二旅完全缴械,旅长李万材被虏,另一旅长受伤),及宋天才之七十五师缴械两旅,其副师长兼师参谋长被俘。"

在中央革命根据地取得第四次反"围剿"胜利之后,1933年6月30日,中央革命军事委员会发布命令,决定8月1日为中国工农红军成立纪念日。命令指出:"1927年8月1日发生了无产阶级政党——共产党领导的南昌暴动。这一暴动是反帝的土地革命的开始,是英勇的工农红军的来源。中国工农红军在历年的艰苦战争中,打破了帝国主义国民党的历次进攻,根本动摇了帝国主义国民党在中国的统治,已成了革命高涨的基本杠杆之一,成了中国劳苦群众革命斗争的组织者,是彻底进行民族革命战争的主力。"7月11日,中华苏维埃共和国临时中央政府作出了关于"八一"纪念运动的决议,批准中央革命军事委员会的建议,规定以每年"八一"为中国工农红军成立纪念日。

红中社对以上新闻作了报道。《红色中华》报出版八一特刊，特刊刊载的文章有：洛甫（张闻天）《"八一"与帝国主义战争的危险》、邓颖超《战斗的来庆祝中国工农红军的诞生纪念日》、毛泽东《新的形势与新的任务》、凯丰《战争与青年》、李一氓《南昌暴动的故事》、何长工《井冈山斗争与中国工农红军的创造》等。

（四）第五次反"围剿"的报道

1933 年夏，国民党军队在美、英、德、意等帝国主义的支持下，集中 100 万兵力，对红军和革命根据地进行第五次大规模"围剿"，其中直接进攻中央革命根据地的兵力就有 50 万人。国民党军在这次"围剿"中采取持久作战和"堡垒主义"的策略，企图逐步压缩革命根据地，然后寻求红军主力作战，最后消灭红军。

当时，毛泽东已离开红军领导岗位，中共临时中央主要负责人博古与共产国际派来的军事顾问李德，实际成为这次反"围剿"的最高军事指挥者。他们制定了错误的战略决策，提出"御敌于国门之外"等口号，先是命红一方面军兵分"中央军"和"东方军"两路，同时在江西和福建作战，实行所谓"两个拳头打人"，导致兵力分散，红军完全陷入被动；后又由进攻中的冒险主义变为防御中的保守主义，命令红军"分兵把口"、"全线抵御"，结果从 1934 年 1 月下旬至 4 月，红军在多次战役、战斗中均遭失利。至 1934 年 10 月，中央革命根据地日益缩小，红军不得不开始战略转移，进行长征。

对历时一年的第五次反"围剿"，红中社作了大量报道，除电讯广播外，在《红色中华》报上刊登的各类稿件达 500 多篇。

1933 年 7 月 26 日，《红色中华》报刊登消息《国民党准备五次"围剿"》，报道："蒋介石……准备对苏区红军进行五次'围剿'，最近已开始调遣大批华北军队南下……所有枪弹完全集中南昌，八月中候蒋介石亲自检阅后，开始五次'围剿'，一律用新式武器及飞机轰炸。"这条消息及时将国民党军队即将进行第五次

"围剿"的消息告知了苏区民众。

在同一标题下,《红色中华》报还刊登了红中社收到的两条上海特电,揭露国民党当局正大举招募训练新兵,并向美、英、法、意等国借款购买军火,准备用于五次"围剿"。

8月4日,《红色中华》报全文刊登博古在中央一级党的活动分子会议上所作题为《为粉碎敌人的五次"围剿"与争取独立自由的苏维埃中国而斗争》的报告,进行反"围剿"的政治动员。

8月13日,《红色中华》报全文刊登中共中央《为帝国主义瓜分中国与国民党的五次"围剿"告全国民众书》,号召全国人民紧急行动起来,支援红军粉碎国民党军队的"围剿"。

9月28日黎川失守。中革军委命令东方军从福建地区北上,收复黎川;命中央军攻击和牵制南城、南丰地区之敌,配合东方军行动。10月6日至7日,东方军在黎川东北的洵口、飞鸢与国民党军遭遇,将其大部消灭。红中社报道了这一胜利消息:"本月六日我红军之一部在黎川又大获胜利。首先消灭敌第六师之一团,后来又于七日在石硖洵口一带继续消灭了敌人第五、六、九十六三师共六个团,俘虏枪械及军用品无算。我红军正在乘胜猛追,敌残部亦完全消灭。"

随后《红色中华》报刊登的前线通讯,详细报道了飞鸢、洵口战役的经过:"转战数千里的××军(原文如此),今日已奏凯回师江西了。刚到江西的第一天上午,恰恰吃过午饭,在继续向飞鸢前进中,忽然枪声远远地传来,前卫营与敌人遭遇。好勇敢的战士,立刻就抢夺了敌人的阵地。我们向俘虏问清了敌人的部署后,便登山向敌人的侧翼移动,几十挺机关枪对着敌人扫射,一声冲锋号,就冲到了敌人的身边,手榴弹似暴雨般的向敌人洒去,雪白的刺刀,杀到了敌人的头上,敌人的血染红了我们的刀,敌人的尸体摆满了山腰。这时正是太阳西下,暮色渐浓,敌人便乘此时仓皇的向深林中窜退,而我们乘胜猛追,直追得敌人屁滚尿流,今天的战争便告了一段落。结果击溃了敌人三团,打伤了敌人的团长,所有缴获无从计数。""第二天天还是漆黑的时候,我们便又出发了,一个个都抖擞着精神,向洵口前进。在距洵口两里的地方,前兵已接近了敌人的排哨。那时天渐明了,大山笼罩着浓雾,只影影绰绰瞧见敌人在对面山上运动,不上一点钟敌人的四周已经都摆布着成千成万的红色战士,有的在那里开党内五分钟的会议,有的在那里高唱冲锋杀敌歌。不久,总攻击开始了,不上三十分钟我们的队伍便冲到了敌人身边,特别是我们四五连的动作真是飞快。悬崖峭壁的高山,一个猛冲就拿了上去。炸弹打得好激烈,刺刀拼得有劲,杀得敌人断头断手,粉骨碎身,呜呜的号声、杀声、哎哟声,震动了大地。一霎时,敌人便落花流水地滚了下去,我们顺利的占领了敌人最重要的阵地。"

洵口之战后,博古、李德命令红军向国民党军重兵扼守的据点硝石、资溪桥、浒湾等地进攻,结果连战失利。到11月中旬,红军连续作战近两个月,不仅未能在敌占区或敌我交界区打败国民党军,反因辗转于国民党军的主力和堡垒之间,遭受很大损失,完全陷于被动。

11月20日,驻闽国民党第十九路军联合一部分反蒋势力,发动"福建事变",成立福建"中华共和国人民革命政府"。蒋介石被迫从"围剿"中央革命根据地的北路军中,抽调11个师前去镇压。可惜,博古等领导者未能抓住良机,援助福建人民政府,而是错误决策,命红军继续在内线作战。致使福建人民政府垮台,蒋介石立即将其入闽部队投入对革命根据地的进攻。

在敌强我弱的形势下,红军英勇顽强,不怕牺牲,也取得了一些局部、个别战斗的胜利。红中社作了大量报道。1934年1至4月,《红色中华》报刊登《前方红军击溃敌军一营》《东北红军击溃进犯归化的白匪》《乐安红军阻止白匪前进》等战场消息,共70多篇。

1934年4月中旬,国民党军集中11个师的兵力向广昌进攻,企图打开中央革命根据地的北大门。博古、李德调集红军主力9个师保卫广昌，提出"不让敌人侵占寸土""胜利或者死亡"等口号，准备同国民党军进行"决战"。战斗历时18天，红军损失惨重，广昌最终失守。在广昌保卫战期间，《红色中华》报刊发多篇文章、消息，动员革命根据地民众，鼓舞红军士气。这些文章有中央人民委员会主席张闻天撰写的社论《武装上前线》《死亡或者胜利》、编者评论《为苏维埃政权奋斗到底！》。

4月30日，《红色中华》报在"为土地为自由为苏维埃政权流我们最后的一滴血"的总栏目下，刊登了《武装保卫粤赣苏区！站塘区模范营武装上前线》《大家都要为苏维埃流最后一滴血！连城模范赤少队热烈参战》《一个模范的守堡垒战斗》等报道。

自4月下旬至5月上旬，中央革命根据地外围屏障广昌、筠门岭、建宁、龙冈等地相继失守，中央革命根据地南北两边的大门洞开。这样一来，红军在中央革命根据地内线粉碎国民党军第五次"围剿"的希望彻底破灭了。

5月下旬，博古在瑞金主持召开中共中央书记处会议，专门讨论广昌、筠门岭、建宁等地失守后红军的战略方针，决定将红军主力撤离中央革命根据地，进行战略转移。此后不久，中央书记处会议决定成立由博古、李德、周恩来组成的最高"三人团"，负责筹划红军主力突围转移的重大事项。

为贯彻落实中共中央书记处会议的决定，中央先后颁发了多个有关动员和扩充兵源、壮大队伍、收集作战物资和军饷粮食的文件。红中社积极配合中央的这一部署，开展了宣传动员工作。

1934年6月，国民党军队31个师兵分六路同时向中央革命根据地腹地进攻，目标是攻占红都瑞金。与此同时，国民党军队飞机加强了对瑞金的轰炸，沙洲坝中央政府大礼堂和红军大学附近多次被敌机炸弹击中。

6月底7月初，中央革命根据地在"一切为了保卫苏维埃"、"与敌人五次'围剿'决战"等口号掩护下，开始了突围转移的秘密准备工作。

8月1日，《红色中华》报在头版头条发表了《中华苏维埃共和国中央政府、中国工农红军革命军事委员会为中国工农红军北上抗日宣言》，正式对外宣布："苏维埃政府与工农红军不惧一切困难，以最大的决心派遣了抗日先遣队北上抗日"，"红军北上抗日先遣队愿意同全中国的民众与一切武装力量，联合起来共同抗日，开展民众的民族革命战争，打倒日本帝国主义。"

这一期报纸还在头版刊登了两行通栏大标题："拥护红军北上抗日，全中国的民众总动员起来！为驱除日本帝国主义解放中国而战！"头版中部设置了醒目的"八一前夜抗日红军在各个战线的新胜利"专栏，报道了一组前线红军各部队作战的消息。第二版用大半个版面刊登了《毛泽东同志谈目前时局与红军抗日先遣队》，称"本报记者昨走访中央政府主席毛泽东，访问关于目前时局与红军北上先遣队问题"，毛泽东对当前国内的时局和苏区反"围剿"斗争形势发表了重要讲话。

9月29日，《红色中华》报刊登张闻天撰写的署名社论《一切为了保卫苏维埃》，指出红军将采取一切必要手段，比如大踏步突击到国民党军后方作战等形式，来粉碎国民党军的五次"围剿"，透露了中央红军主力即将突围转移的信息。

10月3日，《红色中华》报发表中共中央、苏维埃中央政府联合发布的《为发展群众的游击战争告全苏区民众》，号召苏区群众拿起武器，组织起来，广泛开展游击战争，保卫自己的土地和家园，并指出："中国共产党中央委员会与苏维埃中央政府在今天——粉碎五次'围剿'残酷的决战关头，最战斗的号召你们起来，最广泛的发展游击战争，以武装自卫，以扰乱和牵制敌人，以帮助和配合主力红军作战，使他容易取得最后的彻底粉碎五次'围剿'的胜利！"号召苏区民众"武装起来，团结本村子本乡本区的群众，组织游击组、游击队，尤其使赤少队、模范赤少队积极行动起来，袭击敌人的堡垒，伏击敌人的行进部队，扑灭敌人游击部队，捉尽敌人侦探采买，断绝敌人的交通联络，使敌人日夜不宁，

坐卧不安,更加上我们的坚壁清野,断绝白军的柴米火食,以及我们瓦解白军,号召他们暴动、拖枪过来的宣传鼓动,我们不但能胜利的保卫了本村本乡,而且我们将使敌人全部溃灭,使苏维埃红旗飘扬全国!"

这是《红色中华》报的第240期,也是在瑞金出版的最后一期。

(五)扩大红军与拥军优属的报道

红中社在报道革命根据地反"围剿"战争的同时,积极宣传革命根据地"扩红"和拥军优属的活动。由于革命战争的需要,1931年12月25日,苏区中央局作出《扩大红军决议案》,要求从1932年1月起开展扩大红军运动,江西和闽西在3个月内扩大红军1.5万人。各地积极响应。1932年1月20日,《红色中华》报题为《工农群众踊跃加入红军》的报道说:"觉悟的工农群众,更由热烈的拥护红军

1934年10月3日,《红色中华》报第240期刊登中共中央、苏维埃中央政府联名发表的《为发展群众的游击战争告全苏区民众》。这是《红色中华》报在瑞金出版的最后一期。

而进到参加红军了。特别是苏维埃政府颁布红军优待条例后，各地工农群众更加踊跃参加红军。最近一月来，自愿加入红军者，几近万人，瑞金一县，最近十数天，亦有数百之多。闻最近各县都设有红军招待处，专为招待各地新加入的红军战士。"

1933年2月8日，苏区中央局提出"在全中国各苏区创造一百万铁的红军"的口号，中央革命根据地掀起了新的"扩红"热潮。5月是"扩大红军冲锋月"，"兴国模范师"全体5161人报名加入红军。这一壮举带动全中央革命根据地兴起了赤卫军整师、整团加入红军的"扩红"热潮。红中社都及时作了报道。

当时，革命根据地到处可见父送子、妻送郎、兄弟争当红军的感人情景。"瑞金云集区坪山乡有三个顶呱呱的妇女：曾来英，谢来发娣，谢玉英，她们听了鼓励大会的报告后，就自动的宣传她老公当红军。结果她老公和其他群众十四名就被她们宣传到补充团去了，并且她们还亲自送她们的老公到区苏维埃去报名。"这一活泼生动的通讯，刊登在6月4日的《红色中华》报上。

1934年1月7日出版的《红色中华》，以《把光荣牌送给优胜的瑞金突击队》为题，用整版篇幅详细报道了瑞金扩红的优异成绩及成功经验。文章一开头就热情写道："瑞金的突击队，由于正确的执行了党中央局的指示，以及由于他本身的极大努力，因此，现在已经完成了中央局所给与他们的扩大1500名红军的任务了！"这篇消息还分析了瑞金突击队超额完成扩红任务的原因。一是开展了对错误倾向的斗争；二是深入发动了群众，调动了群众参军支前的积极性；三是真正运用了布尔什维克的工作方法；四是不断摸索新的经验，以适应扩红的需要。

5月30日《红色中华》报在第一、二版上以整整两版的篇幅，以《瑞金红五月扩大红军突击中的宝贵经验——金维映同志的谈话》为题，发表了她对红中社记者的谈话。该文明确向苏区广大干部、群众指出："他们获得惊人的成绩，是经过了剧烈的斗争，做了艰苦的鼓动与说服群众的工作，具体的了解下面的实际情形，细心的研究了领导艺术,真真(正)能够抓每一个中心的环节去推动突击工作。"因此,瑞金的广大人民群众"真像汹涌澎湃的巨浪一样,时刻准备着涌上前线"。

9月16日《红色中华》报又在第一、二版用了一个半的版面,以《中央军委总动员武装部副部长金维映谈扩红突击队不能迅速完成任务的原因》为题,发表了中央军委总动员武装部副部长金维映就扩大红军动员工作对《红色中华》记者的谈话,分析了当时扩红工作中存在的强迫命令、缺乏细致的政治动员等问题,总结了瑞金在扩红中的经验。

在第五次反"围剿"期间,《红色中华》报除开设不定期专栏"扩大红军"外,还以"捷报""红匾"等形式,报道各县工农群众踊跃加入红军的情况。

1931年11月,中华苏维埃第一次全国代表大会通过《中国工农红军优待条例》。后来又相继颁布《临时中央政府训令第9号——执行红军优待条例的各种办法》《人民委员会对于赤卫军及政府工作人员勇敢参战而受伤残废及死亡的抚恤问题的决议案》。《红色中华》报都全文刊登,宣传苏维埃中央政府优待红军及其家属的政策。

红军与群众心连心。红中社积极报道革命根据地群众热情慰问红军的感人情景。1932年9月27日,《红色中华》报刊登通讯《胜利县十六七万群众慰劳红军伤病员》,报道:"胜利县全县十六七万工农群众的大队慰劳代表一行五六十人,各担着全县群众的慰劳品鸡子、鸡蛋、猪子、草鞋等数十担,手执红旗,音乐扬扬,锣声铛铛,热烈的到医院去",慰问红军伤病员。

1933年3月,在第四次反"围剿"中,红一方面军在宜黄附近取得了胜利。捷报传来,群众欢欣鼓舞。3月21日,《红色中华》报刊登来自第一线的通讯《热情充满了兴国慰劳队》,报道:"兴国慰劳队男女同志近百人,带鞋子、草鞋及其他用品共数十担,一到红军驻地,即狂热的向红军战士作口头的慰问与鼓励,大家说笑唱歌，快乐欢情充满了各个人的心坎。因红军住地的群众对红军的拥护还未达到热烈的高度，慰劳队中的女同志更于深夜中邀集各家老幼妇女，向他们解说敌人大举进攻的形势，以及热烈帮助红军以取得战争胜利的重要，鼓动他们替红军战士洗衣服不要钱，卖米给红军，以及送小菜给红军吃。在慰劳队女同志的热情鼓动下，当地的妇女均由不明白而觉悟，更从惭愧中兴奋起来了。"最后，报道指出："兴国慰劳队这种灼人的热情以及大批的慰劳品，是红军战士极强烈的兴奋剂，无异乎补充红军以大批枪弹，更加在战场上多拼杀一些敌人。"

三、中央革命根据地经济、文化等建设事业的报道

红中社对革命根据地的建设事业，包括经济、文化、卫生、体育等领域的工作情况和所取得的成绩，作了多方面的报道，指导和交流工作经验，发扬成绩，改正缺点，提高效率。

自苏维埃临时中央政府成立后，国民党当局加紧对中央革命根据地实行经济封锁，规定凡粮食、食盐、药品、布匹等生活必需品以及一切可供制造军用品的物资严禁运入革命根据地，而革命根据地各级政府因忙于组织群众支援红军反"围剿"，难以顾及发展经济，致使革命根据地的经济供应一度出现极度匮乏的局面。

发展生产，发展经济，成为革命根据地建设的重点，也是红中社宣传报道的重要内容。

1932年2月10日，《红色中华》报刊登《临时中央政府关于春耕问题的训令》，指出："春天到了，春耕在即，这一问题，是苏区国民经济的主要部分，不但关系苏区工农群众日常生活的需要与改善，同时关系苏区经济的发展与巩固，因为生产增加，是巩固与加强苏区与红军向外发展的力量。"随后，《红色中华》报刊登项英撰写的社论《发展生产，节俭经济来帮助红军发展革命战争》，指出：为使革命战争更顺利的向前发展，必须先积极地发展生产，准备充分的经济，这是一个主要的条件。

1933年4月20日,《红色中华》报刊登署名广澜的通讯《武阳区春耕运动印象记》,记述了瑞金武阳区春耕运动中群众热火朝天的劳动热情:"在武阳区,我们看到麦子长在新开垦的荒土上,洋洋得意地庆祝他们自己的油然繁茂,油菜亦低着头,钦佩他们主人的勤劳。多年没有照顾的荒田荒地,现在忽然改换了他的颜色。他们身上再也不是盖着丛丛的芜草,而是穿上了黄褐色的新衣,准备长出丰盛的收成。满野的肥田草,没有几天便完全砍掉犁起,绿油油的禾秧,长得碧然可爱,清澈的水,源源不断的流入各家的田间。从流血的斗争中获得了土地的农夫农妇,牵着牛儿,肩着耕具,一队队的走到田垄里去,为着布尔什维克的春耕而斗争!""在各乡各村还组织了成年春耕模范队、青年春耕模范队和妇女春耕模范队等,各队之间互订革命竞赛条约,同时各队内又分组比赛,各村各家也实行竞赛,大大的提高了广大群众的劳动热忱。"

1933年5月,为了提高革命根据地的各业生产,扩大对内外贸易,发展革命根据地的国民经济,打破敌人的经济封锁,苏维埃临时中央政府决定:"增设国民经济人民委员部,在省、县两级增设国民经济部。"8日,《红色中华》报刊登了发布这一消息的《中华苏维埃共和国临时中央政府人民委员会训令(第10号)》,指出:各级国民经济部"必须抓住目前经济建设上几个中心工作,为农业与工业生产的发展,粮食的调剂,合作社的扩大,对外贸易处的建立,国有企业的发展,实际的进行起来"。

这年8月12日至15日,中央革命根据地南部17县经济建设大会在瑞金叶坪召开。会议通过了《中央苏区南部十七县经济建设大会的决议》。《红色中华》报对此报道说:"大会认为在开展经济建设的工作中,迅速地推销经济建设公债,广泛地发展合作社运动,努力的进行粮食的调剂与收集工作,扩大对内对外贸易,打破敌人经济封锁,加紧筹款运动,用向地主罚款富农捐款来消灭封建半封建势力的残余,增加国家财政上的收入,是我们当前的战斗任务。"并报道了会议提出的积极推销300万元经济建设公债的目标,要求各县分三期完成任务。《红色中华》报还报道了会议提出的一些经济建设具体措施，包括：大力发展合作社、实行粮食调剂、开展对外贸易、筹款、培养干部等。

8月20日至23日，中央革命根据地北部11县经济建设大会在博生县（今宁都县）召开，共有来自江西省万泰、公略，闽赣省建宁、黎川等县的代表参加。《红色中华》报报道：到会代表经过4天热烈的讨论，通过了《竞赛条约》，"8县总共推销公债161万5千元，发展粮食合作社15万2千社员，消费合作社13万7千社员，筹款12万4千元，粮食调剂支局20个，贸易分局5个，谷仓能容14万8千石谷，并一致要求中央政府加发200万经济建设公债。""大会特别提出各县应该坚决反对并打击在这些工作中的强迫命令摊派的官僚主义方式，应该广泛地发动群众，以经济建设的力量来帮助革命战争，粉碎帝国主义、国民党的五次'围剿'。"

南、北部两个经济建设大会的召开，有力地推动了中央革命根据地的经济建设。会后，各省、县、区迅速行动，贯彻落实大会决议精神和大会期间订立的竞赛条约。各级国民经济部门得到健全和加强；培训经济建设干部的工作进展顺利，一批经过培训的干部充实到了各经济工作部门；各种生产合作社、消费合作社和粮食合作社雨后春笋般涌现。中央革命根据地的经济建设出现了一个蓬勃发展的新局面。

1933年12月20日，《红色中华》报对闽浙赣根据地发展经济的情况作了报道："闽浙赣苏区出产棉花很多，各地纺织事业也相当发达，虽然多半是旧式手工业，但是只要加意提倡和施行关税保护制度，是很可以自给，很可以抵制白区布匹的侵入的。过去因为忽视纺织业，以致每年买进白区的布匹四百五十二万元，这是一个很大的损失。估计今年的棉花产量约有十万斤，除去其他用途以外，是可以抽出五万到七万斤棉花来纺纱，总共可织出五万到七万丈棉布的，省苏特计划进行大规模的纺纱运动，已令各地立刻动员十万女工参加这一工作，并向白区大批采购纺织机械，一方面对棉花布匹的支配与消费，均有周密的计划云。"对于闽浙赣根据地各级苏维埃政府重视开展储粮合作运动、省苏维埃计划扩大银行基金以发展经济等情况，《红色中华》报也作了报道。

发展农业生产，是中央革命根据地开展经济建设的首要任务。红中社对春耕、犁作、水利、夏收等都作了比较多的报道。

文化、教育事业是苏维埃政权建议的重要组成部分。积极宣传苏区中央局和苏维埃中央政府关于文化、教育事业的方针、政策，报道革命根据地文化、教育事业发展的情况，也是红中社宣传工作的一个重要部分。

1933年12月17日，兴国县召开文化教育建设大会，讨论该县发展文化、教育事业的具体措施。红中社对此作了报道："代表在大会中详细地把以前教育工作中存在着的缺点和错误逐一的揭发……定出了今后兴国文化教育的建设，如日夜学校、消灭文盲、俱乐部等的建设问题。"

中央革命根据地的文艺活动很活跃，先后建立工农剧社、高尔基戏剧学校等组织，演出团体有蓝衫团、苏维埃剧团等，经常深入工农群众，演出话剧和歌舞。

高尔基戏剧学校是瞿秋白到瑞金后创办的，内分戏剧、舞蹈、歌咏等班，剧团就有三个，经常下乡，到部队、到前线巡回演出，以鼓舞士气，活跃战士生活。逢到群众较集中的赶圩日子，也要前去演出，以密切同群众的关系，宣传党和政府的政策。

1934年4月26日、5月1日、5月7日、5月14日，《红色中华》报连载戈丽（即李伯钊）撰写的《苏维埃剧团春耕巡回表演纪事》，记述了中央苏维埃剧团下乡巡回演出受到热烈欢迎的场景："我们中央苏维埃剧团这次出发巡回表演，经过梅坑、西江、洛口、庄埠、朱蓝埠、会昌、踏岗、武阳等地。我们所表演的除了自己准备好的关于春耕运动必要的表演外，其余都是采集群众生活的实际材料经过剧团集体创作的研究，依靠我们原有的技术的基础，很快就在舞台上出现了……小小圩镇，当着剧团公演时总是挤得水泄不通。老的，小的，男的，女的，晚上打着火把，小的替老的搬着凳子，成群结队的来看，最远的有路隔十五里或二十里的。""在逢市公演那天，田野外的小道上，一队一队的妇女们，有的穿了较新的衣服，有的穿了大花鞋，小女孩打着鲜红的辫子，有的抱着孩子，年老的扶着拐杖，喧喧嚷嚷：'喂！大家去看中央来的文明大戏，蛮好看咯！'……""他们看到《懒二嫂不努力耕田》《小脚妇女积极参加生产》《富农婆压迫和毒打童养媳》《不识字的害处》《奸商富农破坏苏维埃经济》以及揭破反革命欺骗群众反水的《上了他们的当》等剧本和活报时，非常感动，显露出憎恶、喜欢、愤激、痛恨等各种不同表情。戏做完了，他们常常会'还要''还要'的叫起来，我们又添新的表演来满足他们的要求。"

红中社还十分注意群众性卫生防疫运动的报道，介绍卫生防疫知识，教育人们破除陈规陋习，预防疾病。

中央革命根据地重视体育活动，特别是在红军部队中经常开展。1933年，为纪念五卅运动8周年，苏维埃中央政府决定在5月30日举办中央革命根据地第一次体育运动大会，为此专门成立了运动会筹备会，通过红中社发出通电，并在5月8日出版的《红色中华》报上刊登，通电称：在争取完全粉碎帝国主义国民党四次围攻时，发展赤色体育运动，养成工农群众的集团精神与健强体格，适合阶级斗争需要，是非常必需的。因此，决定于"五卅"在赤色首都举行全苏区运动会，向敌人作总示威，要求各苏区于二十五日前派选手热烈出席（伙食自备）比赛。

这次规模盛大的体育运动大会如期在瑞金隆重开幕，比赛激烈精彩，6月4日出版的《红色中华》报报道了运动会的盛况：

当时虽天空阴云密布，小雨纷纷，仍然个个抖擞着自己的精神，未几银角一吹，比赛开始。这一天全是球类竞赛，篮球，足球，排球，网球，球，球，球，满场是球。顺次比赛，一军团队，红校队，中央政府队，国家保卫局队，江西队，无不身强力壮，跳跃敏捷，特别是少共中央局队人才济济，英勇善战，在篮球赛时，竟以三十二比一大败江西队（预赛），二十比〇使保卫局吃了一个鸡蛋（复赛）。同时，红校的足球队亦颇不弱，以二比〇也送给了江西队一枚又大又圆的鸭蛋，一直赛至中午十二点多钟方暂时休息。午饭后，两点钟又开始室中的乒乓球赛，乒乒乓乓，好不热闹！尤以中央政府队选手匹马单人，所向无敌，连胜五军团队与保卫局队，取得最后决赛权。至四点多钟，因各运动员俱已疲乏，第一天的比赛遂暂时结束。第二日，举行最后决赛，少共中央局获得了篮球、网球与乒乓球的锦标，保卫局获得田径赛锦标，红校获得足球锦标。

四、抗击日本帝国主义侵略的宣传报道

1931年9月18日夜，日本驻中国东北的关东军突然袭击中国军队驻地沈阳北大营和沈阳城，发动了震惊全国的九一八事变。事变爆发后，国民党政府采取不抵抗政策，数十万东北军被迫一枪不放地退入关内，日本军队遂得以长驱直入。前后不过四个多月，整个东北被国民党政府断送，沦为日本侵略者的占领地。

红中社成立后，先后播发了中华苏维埃共和国临时中央政府《反对日本帝国主义出兵满洲通电》《为帝国主义瓜分中国与帝国主义大战致全国的通电》《为国民党反动政府出卖中华民族利益告全国民众书》，及时向全国人民宣传了中国共产党的抗日纲领和挽救民族危亡的各项主张。同时，红中社还根据抄收到的日军侵占东北等消息，编印成《无线电材料》，送苏区中央局、中央红军总部机关参阅。从此，号召全国人民武装起来驱逐日本帝国主义、反映各地抗击日本侵略者的斗争，就成为红中社的重要报道任务。

九一八事变后，红中社播发了大量关于日本帝国主义进攻中国、侵占东北三省，以及东北义勇军和抗日联军奋起抗战的消息，并及时播发了《中国共产党为反对日本帝国主义占领锦州号召民族的革命战争的宣言》《中国共产党对于时局的主张》等宣言和声明。这些报道，表明了中国共产党和苏维埃中央政府反对日本帝国主义

侵略中国的坚定立场，深刻揭露了日本帝国主义图谋把中国变为其殖民地的野心。

1932年1月28日，日本侵略军在上海发动进攻，国民党第十九路军奋起抵抗。中国共产党领导全市日本纱厂工人举行罢工，并动员各界群众大力支援十九路军抗战。红中社通过广播和《红色中华》报，先后报道了日军炮击上海、闸北成战场，日军屠杀民众、烧毁房屋，商务印书馆和东方图书馆被毁，上海工人罢工，国民党无条件答复日方要求、下令解散上海抗日会等消息。

3月9日，东北伪"满洲国"成立。红中社陆续播发《日本帝国主义进攻中国的加紧》《日帝计划"巩固"东三省统治，设总司令兼日全权代表，一人指挥一切》《日本帝国主义又占据黑龙江》《日本"公开"承认"满洲国"——东北完全成为日本殖民地》《日本帝国主义布置天津战场》等多篇报道，揭露日本帝国主义为把中国变成其殖民地而采取的一系列严重步骤。

4月21日，《红色中华》报刊登中华苏维埃共和国临时中央政府《关于动员对日宣战的训令》，揭露国民党政府本其投降帝国主义的惯技，接连地将东北及淞沪各地奉送给日本帝国主义，而对于全国人民的反日革命运动，则进行血腥镇压，甚至于强迫自动对日作战的中国士兵撤退，以表示其对帝国主义的忠诚。这份重要文告指出，国民党反动政府已是帝国主义侵略中国的帮凶，它不能指挥全国人民的抗日运动。中央工农民主政府特此正式宣布对日战争，领导工农红军和全中国广大被压迫民众，以民族革命战争驱逐日本帝国主义出中国，反对一切帝国主义实行瓜分中国，以求得中华民族彻底的解放和独立。

5月5日，国民党政府代表与日本签订了屈辱的《淞沪停战协定》。9日，红中社播发中华苏维埃临时中央政府反对停战协定的通电。

9月27日，《红色中华》报刊登多条消息，报道东北各地义勇军壮大抗日力量，与日军展开激战，大批工农群众及青年学生加入义勇军的情况——"北原煤矿工人七千余人，大半投入义勇军"，"蒙边义勇军占领瞻榆县后，即与张海鹏部激战，张部溃退，义勇军获战利品甚多，实力益加雄厚"，"攻锦州义勇军二十四日晨占领大窑沟，日军及守备队败退，缴获机关枪三架，日旗一面，义勇军乘胜进攻营盘"。同时还报道：东三省自九一八事变后，在日本帝国主义的铁蹄蹂躏下，农民不能耕耘，工人没有工作，工农群众的生活痛苦万状。

1933年1月3日，日本侵略军占领山海关。1月28日，《红色中华》报发布《中华苏维埃共和国临时中央政府、工农红军革命军事委员会宣言》。《宣言》指出："这是帝国主义强盗更进一步的完全瓜分中国及奴役整个中国的侵略，这种侵略造成了和平居民的整批残杀，城市与乡村的毁灭，以及痛苦与饥荒的增加。"并宣布："中华苏维埃临时中央政府、工农红军革命军事委员会在中国民众面前宣言：在下列条件之下，中国工农红军准备与任何武装部队订立作战协定来反对日本帝国主义的侵略。（一）立即停止进攻苏维埃区域；（二）立即保证民众的民主权利（集会、结社、言论、罢工、出版之自由等）；（三）立即武装群众、创立武装的义勇军，以保卫中国及争取中国的独立统一与领土的完整。"同日，《红色中华》报配合《宣言》的发布，发表社论《开展民族革命战争，反对日本帝国主义，推翻出卖中国民族利益的国民党统治》，呼吁停止内战，结成抗日同盟。这一期的《红色中华》报还在第三版刊登《日本帝国主义攻占山海关九门口经过》，报道山海关守城士兵英勇抗击日军进攻的情况。

日军攻占山海关后，即进犯热河，继之进攻平津。3月9日，《红色中华》报刊登《中华苏维埃临时中央政府宣言》，谴责日本帝国主义占领热河、进攻平津的侵略行径。6月4日，《红色中华》报刊登《苏维埃中央政府为国民党政府出卖平津宣言》。《宣言》呼吁："全中国的民众们，我们是中国民族的主人翁，我们绝对不容许日本帝国主义与一切帝国主义侵略我们的一寸土地，不容许帝国主义的走狗国民党这样无耻的大胆的出卖中国！我们必须一致团结起来，武装起来，扩大民族的革命战争。"

1934年3月20日，红中社播发电讯《朱德关于东北军南下的谈话》，并在《红色中华》报上刊登。朱德在接受红中社记者采访时指出："蒋介石目前施政方针是牺牲中国的一切民族利益，取得帝国主义的直接的援助，来继续他对于苏区与红军的五次'围剿'。最近蒋介石南京政府公开地决定了内蒙自治，即是把内蒙完全送给日本帝国主义的一种遮眼法。黄河以北的广大区域，实际上已经卖给了日本帝国主义，所以张学良的东北军在那里的驻扎，已经成为不必要。""我们相信蒋介石这种空前的卖国行动，与他对于全中国唯一反日反帝的苏维埃与红军的进攻，必然会引起全中国民众的有力抗议。"

4月28日，红中社播发电讯《毛泽东同志论日本帝国主义的阴谋》，并在《红色中华》报刊登，报道毛泽东在接受红中社记者采访时，揭露日本外务省4月17日发表的为对华政策致列强的通牒，是"日本帝国主义企图强占中国的最明显的表示"，批评国民党政府的声明书是"卖国言论"，指出"苏维埃中央政府代表全国人民与工农红军，坚决反对日本帝国主义独占中国的企图。"

五、红中社的国际报道

红中社时期的国际新闻报道，完全是靠间接获取国际消息来编发。最初是靠红军电台抄收国民党中央社播发的电讯。红中社建立自己的新闻台后，开始直接抄收中央社的国际消息和外国通讯社的电讯，一部分编印成内部刊物《无线电日讯》供领导同志参阅，一部分改编成新闻公开播发，或供《红色中华》报刊登。

《红色中华》报在《发刊词》中所明确的三大任务之一，就是"使工农劳苦群众，懂得国际国内的政治形势，与必要采取的斗争的方法"。因此，国际报道一直在《红色中华》报占有重要位置。

《红色中华》创刊号以莫斯科和巴黎的电头，登载了3条关于日本企图借机挑衅，苏联《实话报》揭露帝国主义阴谋的消息。此后，基本上每期都有国际报道。所刊登的消息，都是经过改编的塔斯社、路透社、日联社等外国通讯社的电讯，但也有少量编辑撰写的关于国际形势的评论和综述文章。当时国际报道的主要内容有：

九一八事变后苏联及美、英、法等国的反应，如：《英、法主张在东三省设国际军》《苏联反对帝国主义瓜分中国》《法、英、美对东三省事件的反应：日美帝国主义竞争瓜分中国；英帝国主义乘机加紧侵略，指挥藏兵进占西康》《苏联真理报揭穿帝国主义的阴谋：帝国主义争夺瓜分中国》《帝国主义瓜分中国之大战的各帝国主义态度：美国积极与日本争夺，英国表示模糊态度，法国公开与日一起，意比赞同英国》《帝国主义又因瓜分中国争夺起来》《各帝国主义对日本承认"满洲国"的态度》等。

介绍第一个社会主义国家苏联的情况，主要稿件有《苏联新五年计划又将开始，第一个五年计划已完成》《列宁格勒的繁荣兴盛》《苏联煤油业大发展》《苏联第二个伟大的新五年计划》《苏联防止帝国主义进攻》《苏联红军14周年纪念盛况》《苏联三大水电工程计划3年完成》《苏联工农加紧军事训练，为保护无产阶级祖国而奋斗》《苏联文化教育伟大成功——全国无一文盲》《苏联工农生活改善》《苏联全国电气化的大成绩》《社会主义胜利的苏联》等。

关于西方世界的报道，主要有：《美帝国主义财政大穷国》《美国银行大倒闭》《法日帝国主义缔结密约之内幕》《大战紧张中：各帝国主义态度、利害不同，矛盾尖锐》《美、法经济危机深入：美国预算差25万万金元，法国预算不敷七十万万法郎》《美国经济危机深入，总统胡佛出席参院演讲增税》《美国经济恐慌深入》《德国要求与法国军备平等，法国坚决反对》《美国总统选举——民主党罗斯福当选，一贯帝国主义政策》《大战危险日益紧逼，英美冲突极尖锐化，美国正在讨论世界大战的前景》等。

世界各国工人运动、革命运动的报道，主要有：《美国人民在共产党领导下准备举行大暴动，警察用毒瓦斯屠杀群众》《美国失业工人大示威》《荷兰纺织工人大罢工》《法国失业工人大示威》《保加利亚首都学生大骚动》《世界失业工人剧增——资本主义的罪恶》《德国工人举行反对帝国主义进攻苏联示威》《"五·一"劳动节各资本主义国家内工人斗争情形》《比利时煤矿工人继续罢工》《英国棉工反对资本家减薪》《英国失业工人在伦敦大示威》《智利革命群众袭击兵营》《西班牙革命危机日益成熟》《日本革命运动迅速发展,统治阶级极力镇压》《荷兰国会开幕,共产党高呼打倒君主》等。

《红色中华》报在创刊一周年之际,对一年来的宣传报道工作进行了总结。关于国际报道,总结指出:"国际政治经济知识的缺乏,是苏区内的普遍现象,我们已开始在这方面努力,想把帝国主义进攻苏联及苏联的社会主义建设、帝国主义殖民地的革命、帝国主义内部的无产阶级革命斗争,以及帝国主义间的矛盾、冲突及资本主义经济恐慌的这些主要国际政治经济状况,作有系统的传达。但是因为材料的关系,使我们只能作甚至不能详细的片段消息,这是正在极图补救的。"

六、红中社与《红色中华》报宣传报道中的错误

由于王明"左"倾路线在革命根据地的贯彻推行,作为中华苏维埃中央政府的直属新闻机关的红中社及其报纸,在报道中不能不执行其方针、路线、政策、措施,宣传了一些错误的口号和主张,给革命事业和革命根据地建设带来有害的影响。

红中社的错误,主要体现在对于过"左"的土地政策、工商业政策、劳动政策和肃反政策的宣传上,虽然这些政策是中共临时中央、苏区中央局、苏维埃中央政府制订和颁布的,但经过红中社的报道并在《红色中华》上刊登,有的还加以阐述和评论,助长了这些错误的发展。

如查田运动中"左"倾错误的宣传,从1931年春起,中央革命根据地的土地斗争就受到王明"左"倾路线的严重干扰,推行"地主不分田,富农分坏田"等错误的土地政策,并将这些错误政

策写入"一苏"大会通过的《土地法》草案。

1933年1月博古等来到中央革命根据地后,下令在全中央革命根据地开展大规模的查田运动。"左"倾错误在运动中迅速占了上风,各地出现了乱划阶级成分、严重侵犯中农利益、消灭富农经济的现象,如将中农上升为富农、将富农上升为地主加以打击,在查阶级成分时上溯至二、三代甚至三、四代,因而将一些贫农定为破产地主而没收其财产,有的贫农出身的干部、党员被开除工作、开除党籍。尤为严重的是,执行"左"倾路线的领导者还将查田运动与肃反运动及"洗刷"阶级异己分子联系在一起,将大量新查出的"地主富农分子"洗刷出革命队伍,致使苏区群众产生反感,甚至引起恐慌。不少地方查田运动因此难以继续进行。

1934年3月20日,《红色中华》报第一版全文刊登了《人民委员会训令中字第一号——关于继续开展查田运动的问题》。同日,《红色中华》报还配合刊登署名文章,题为《继续开展查田运动与无情的镇压地主富农的反攻》。这些做法,使查田运动中的"左"倾错误进一步发展起来。

又如反"罗明路线"的宣传,声势浩大。1933年初,中共临时中央因白区工作在"左"倾路线领导下遭受严重损失,被迫由上海迁入中央革命根据地。1月21日,中共闽粤赣省委代理书记罗明从闽西实际情况出发,写了一份《对工作的几点意见》递交省委。《意见》转到临时中央后,引起博古等人的不满。2月25日,博古主持苏区中央局会议,作出《关于闽粤赣省委的决定》,认为闽粤赣省委内一小部分同志中,形成了以罗明为首的机会主义路线,决定"在党内立刻开展反对以罗明同志为代表的机会主义路线的斗争","立刻撤销罗明同志省委代理书记及省委驻杭永岩全权代表工作","立刻召集省的临时代表会议",改组省委机关。

《红色中华》报在这场所谓的反"罗明路线"斗争中,发表了一些批判文章。据杨尚昆回忆:这些文章,"是为反'罗明路线'制造舆论的。临时中央对所谓'右倾主要危险'的毛泽东的不满由来已久。第三次反'围剿'胜利后，中央认为形势'已经与三次战争时不同了'，苏区中央局和红军'应该采取积极的进攻策略'，扩大苏区，攻打中心城市。毛主席认为这是轻视强敌、不顾革命主观力量的冒险主义。宁都会议后，毛主席虽然被迫离开军队，但在广大干部中的威望仍很高，成为临时中央推行'进攻路线'的主要障碍。反'罗明路线'实际的目的是打击支持毛主席的干部，消除它的政治影响"。

后来，反"罗明路线"的斗争进一步升级，开始批判"江西的罗明路线"，对象是邓小平、毛泽覃、谢唯俊、古柏四位，撤了他们的职。以后，又反"军队中的罗明路线"。1933年9月28日黎川失守。这实际上是执行"左"倾路线的领导者错误军事指挥的结果。但博古等人却借此指责萧劲光犯了"退却逃跑"的错误，将他打成"罗明路线在军队中的代表"，下令将他抓起来，判处5年徒刑。1934年1月13日，《红色中华》报对审判萧劲光作了详细报道。当时，在江西、福建、湘赣三个根据地内，凡是对推行"进攻路线"不积极、不支持、不满意的干部一律遭受打击，"残酷斗争，无情打击"达到高峰。

肃反扩大化的宣传。中央革命根据地在肃反运动中长期存在着严重的扩大化错误。1933年1月，博古等人到瑞金后，使王明"左"倾路线直接在中央革命根据地全面推行。在肃反问题上，指令各地加紧肃反工作，严厉镇压"反革命"，致使中央革命根据地肃反扩大化的错误迅速升温。

《红色中华》报刊登了许多关于坚决整肃所谓AB团、改组派、社会民主党等反革命派别的指示、决定和报道。1931年12月28日，《红色中华》报刊载中华苏维埃共和国中央执行委员会训令第6号，宣布："过去当揭破反革命的组织AB团、社会民主党、改组派，及一切反革命派别的时候，各地各级苏维埃政府很坚决地逮捕审讯，处置了许多反革命分子，给这些反革命以致命的打击，使苏维埃政权得到巩固，这种工作的主要方向，是完全正确的。"1933年3月18日，《红色中华》报刊登中央执行委员会训令第21

号《关于镇压内部反革命问题》。训令列举了发生在苏区的一些"反革命的破坏行动"。这一期《红色中华》报还配发了署名社论《消灭苏区内外的敌人》。

在肃反扩大化的过程中，制造了不少冤假错案。季振同、黄中岳是宁都起义的功臣，起义后中革军委任命季振同为红五军团总指挥，黄中岳为红五军团第十五军军长。1932年春，季、黄加入中国共产党。但因一时难以完全适应红军的艰苦斗争生活，二人对革命队伍中的一些制度和做法持不同看法。1932年三四月间，季振同表示自己难以适应红军中的工作，希望到苏联学习，得到中共中央的同意。就在此时，国民党军队方面对季振同进行策反。季将此事报告了红五军团政治委员萧劲光，萧又上报苏区中央局。黄中岳受季振同影响，思想一度有些动摇，想离开部队另谋去处，并没有任何实际的"拖枪""反水"行为。然而，季、黄仍被以"反革命罪"逮捕，在1934年10月红军主力长征前夕被秘密处决。

1932年8月4日和30日，《红色中华》报连续以较大篇幅报道最高法庭开审"季黄反革命案"，指控"季振同、黄中岳等勾结军阀蒋介石、冯玉祥、陈济棠、张贞等阴谋叛变，并与军阀张贞里应外合，企图消灭红军，以挽救反动统治。""参加宁暴根本就是投机的。""随时隐藏着再做军阀梦、毁灭红五军团和宁暴光荣历史的反革命企图。"

另外，红中社的报道中还宣传了一些不切实际的口号。

第四节　红中社新闻的传播和影响

红中社通过无线电台同各革命根据地和国民党统治区的部分中心城市保持了密切的联系。红中社播发的新闻源源不断登载在各个根据地的报刊上以及一些白区的地下报刊上。各个根据地和部分白区的重要新闻，也通过电台汇集到红中社，又由红中社刊登在《红色中华》报上，并传播到更广泛的地区，被各根据地的报纸所刊用。

一、红中社新闻在革命根据地的传播

红中社的新闻来源和新闻传播范围，主要是各个革命根据地。

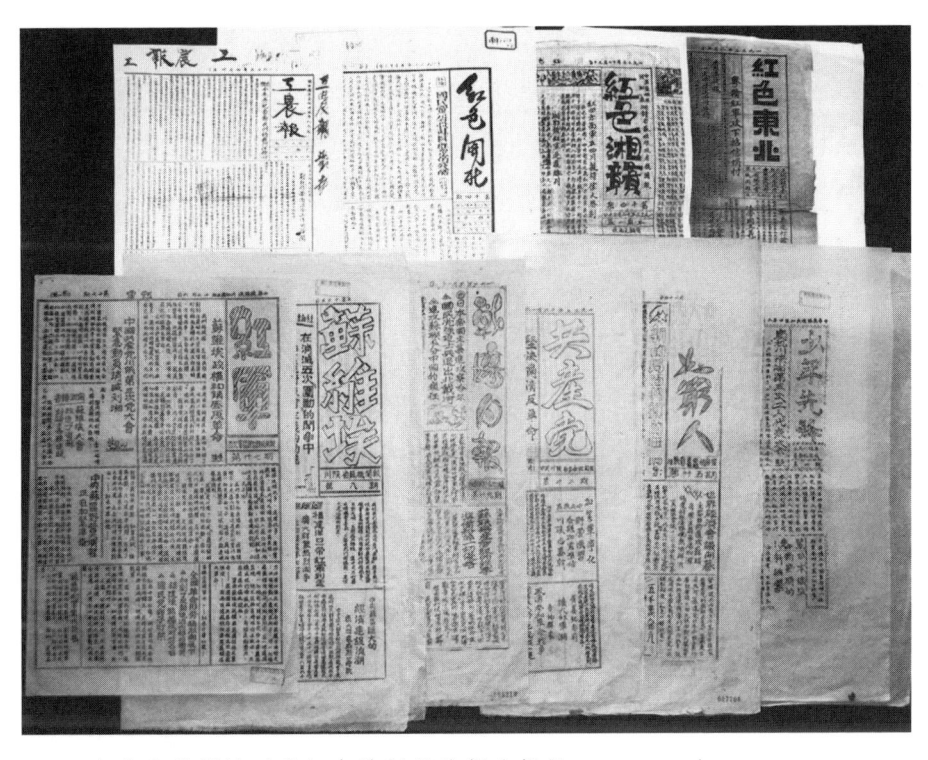

各革命根据地刊登红中社新闻的部分报纸。

红中社成立前后，全国已建立了十多个革命根据地。这些革命根据地为了宣传中国共产党、苏维埃政府和红军的政策主张，推动武装斗争和政权建设，大多出版了自己的报刊。随着中央革命根据地与各根据地无线电联系的逐步建立，一方面，各根据地红军胜利的消息和苏维埃政权建设等方面的新闻通过无线电台汇集到红中社；另一方面，红中社播发的新闻也越来越多地被登载在各根据地的报纸上。当年登载红中社新闻较多的报纸主要有湘赣根据地的

《红色湘赣》，湘鄂赣根据地的《红旗》报，湘鄂西根据地的《工农日报》，闽浙赣根据地的《红色东北》，鄂豫皖根据地的《鄂豫皖苏维埃报》，以及后来川陕根据地的《共产党》等。当时中央革命根据地与各根据地之间的新闻传播，是通过红中社完成的。

(一) 红中社新闻在鄂豫皖和川陕革命根据地的传播

鄂豫皖革命根据地位于湖北、河南、安徽三省交界地区，是土地革命战争时期中国共产党领导的第二大革命根据地。1930年6月，鄂豫皖边区第一届苏维埃代表大会召开，成立了边区苏维埃政府，所以亦称鄂豫皖根据地。1931年2月，中共鄂豫皖特委和革命军事委员会成立，曾中生任书记兼军委主席。5月，成立中共鄂豫皖苏区中央分局，张国焘任书记兼军委主席。11月，组成中国工农红军第四方面军。

1931年10月初，上海中共中央派宋侃夫和徐以新从上海到鄂豫皖根据地。不久红四方面军在黄安战役中全歼国民党军队赵冠英的第六十九师，缴获了一部较完整的电台，又在商潢战役中歼灭了国民党军队张钫的一个师，缴获了一部完整的电台。鄂豫皖革命根据地和红四方面军第一部电台便在新集（今河南新县）南门外的钟家畈诞生，电台负责人是宋侃夫。据宋侃夫回忆，电台首先同中央革命根据地电台沟通了联络，发出的第一份电报报告了鄂豫皖根据地的兵力情况，第二份电报报告了黄安战役、商潢战役的胜利。

红中社收到鄂豫皖来电后，在1932年1月6日出版的《红色中华》报刊登了消息《鄂豫皖红军攻克黄安　打死白军师长赵冠英》。

鄂豫皖革命根据地是当时各根据地中第一个与中央革命根据地沟通无线电联络的。这条鄂豫皖红军取得黄安战役、商潢战役胜利的来电，是当时红中社收到的第一份来自革命根据地的消息。1932年1月20日出版的《红色中华》报又刊登了鄂豫皖根据地电台发出的《鄂豫皖红军大胜利》的消息，进一步报道了红军攻克黄安的详细经过。

第一章
在中央革命根据地创建的红中社

自此，红中社不断收到来自鄂豫皖根据地的消息，并在《红色中华》报上作了刊登。如《红军四军团大发展》《红军四军团连占安徽苏埠青山》《鄂豫皖红军大获胜利》《鄂豫皖红军空前大胜利》《鄂豫皖红军六次大胜利》《鄂豫皖红军击溃敌人三师》等。

1932年8月，国民党调集大军对鄂豫皖根据地发动了第四次"围剿"。红四方面军主力突围西征，跋山涉水到达川陕边区，于1933年2月成立了以袁克服为书记的中共川陕省委和以熊国炳为主席的川陕省苏维埃政府。

川陕革命根据地建立后，红四方面军在噶阳坝扩建了一个电台（第三台），并成立了电务处，宋侃夫任电务处长兼第三台台长，川陕革命根据地和红四方面军电台又重新开始了与红中社的联络。据电台工作人员马文波回忆，当时每天下午和晚上抄收中央革命根据地新闻台红色中华社和南京国民党中央社播发的新闻，每天抄收8小时。

从1933年1月起，带有"红色中华社电"或"红中社电"的新闻便源源不断地在中共川陕省委会机关报《共产党》、川陕省苏维埃政府机关报《苏维埃》、西北军区政治部机关报《红军》、川陕省委省苏机关报《川北穷人》、少共川陕省委会机关报《少年先锋》等川陕革命根据地的报纸上落地。

据目前查阅到的川陕革命根据地和红四方面军报纸刊登的署有"红色中华社电"或"红中社电"的红中社新闻就有近百条。列举部分如下：

中共川陕省委会机关报《共产党》第20期刊登《苏区共产主义教育运动开展》等3条红中社播发的新闻；第22期刊登《中央苏区野营演习各县加紧准备》等2条红中社新闻；第33期刊登《苏区中央局号召扩大红军突击运动》《苏联社会主义建设第二个五年计划的第一年计划已顺利完成》等7条红中社新闻；第43期刊登《闽赣游击队胜利》等3条红中社新闻。

川陕省苏维埃政府机关报《苏维埃》第8期刊登《中央苏区巨

大的经济建设浪潮广大群众热烈筹款》《中央苏区准备盛大的庆祝十月革命节》等5条红中社新闻；第11期刊登《中央苏区苏维埃大学庆祝红军伟大胜利》《北韩铁路归并满铁是日本帝国主义进攻苏联的军事布置之一》等4条红中社新闻；第20期刊登《每节少一个铜元帮助革命战争》等3条红中社新闻。

川陕省委省苏机关报《川北穷人》第25期刊登了《日使有吉来华与汪精卫谈判》《中央苏区地方武装配合红军行动》等红中社新闻。

西北革命军事委员会政治部出版的《战场日报》第29期刊登《日本帝国主义进攻察哈尔》《国民党又断送南天门　日军继续猛进》等4条红中社新闻。

西北军区政治部机关报《红军》第27期刊登《全国革命形势猛烈开展下加剧了反动统治内部的冲突》《闽浙赣省苏维埃大会改造了省苏讨论了各种问题》等5条红中社新闻；第50期刊登《全国工人斗争高涨开滦煤矿五矿总同盟罢工》等红中社新闻；第98期用两个版全文刊登红中社播发的由毛泽东等签发的《中华苏维埃共和国中央政府中国工农红军革命军事委员会为中国工农红军北上抗日宣言》。

少共川陕省委会机关报《少年先锋》第30期刊登《全世界发财人开会为了整穷人》《日本强盗对苏联的新挑衅》等红中社新闻；第31期刊登《蒋介石准备进攻红军根据地》《闽赣边区游击队击溃大刀会匪》等红中社新闻；第35期刊登《我湘鄂赣红军大胜利》等红中社新闻。

从以上报纸采用红中社稿件的情况来看，一般每期采用红中社的新闻两三条，多则七八条。红中社新闻不仅数量多，而且刊登在头版的多。从采用红中社新闻的内容来看，国内新闻主要涉及中央革命根据地的消息和湘鄂赣等其他革命根据地的消息、红军战况和全国形势等；国际消息的内容有苏联社会主义建设的发展、日本侵占亚洲的情况等。国际新闻的来源主要靠红中社供稿。

（二）红中社新闻在湘赣革命根据地的传播

湘赣革命根据地是在井冈山根据地的基础上发展起来的。1929年1月，朱德、毛泽东率领红军第四军主力向赣南、闽西挺进后，留在井冈山革命根据地的部分红军和各县赤卫队进一步斗争，扩大了根据地。1931年7月，根据中共苏区中央局决定，赣江以西根据地合并为湘赣省。10月，成立以王首道为书记的中共湘赣省省委和以袁德生为主席的省苏维埃政府，并相继建立十几个县的苏维埃政府。1932年2月，湘赣革命根据地红军独立第一、第三师合编为红军第八军。1933年6月，任弼时任湘赣省委书记。

1932年10月，蔡会文、萧克奉中央命令来湘赣根据地，带来一部无线电台。1933年五六月间，中共中央又派江文携带一部电台，随任弼时到湘赣根据地工作，湘赣军区成立了无线电中队，阎知非任中队长，江文任政治委员。电台的任务除担负军事通信联络、侦察敌情外，主要就是把湘赣根据地红军胜利和苏维埃运动发展的消息及时报告给中央革命根据地，然后刊登在《红色中华》报上，并坚持每天抄收红中社新闻，登载在湘赣根据地的报纸上。

湘赣根据地电台成立后不久，湘赣红军取得了占领醴（醴陵）东的胜利。湘赣根据地电台及时向中央革命根据地报告了这一消息。红中社收到后，将这一胜利喜讯刊登在1932年11月28日出版的《红色中华》报上。

1933年4月11日出版的《红色中华》报又以"前方来电"刊登了《湘赣红军的新胜利》，报道了湘赣红军又击溃白军四个营，缴获步枪150余支、迫击炮4门的消息。

由于湘赣根据地在中央革命根据地的侧翼，距离中央革命根据地比较近，因此与中央革命根据地电台通讯往来比较频繁，《红色中华》报上经常刊登来自湘赣根据地的消息，如《湘赣苏区"八一"动员成绩》《湘赣干旱的积极行动》《湘赣红军的捷报》《湘赣红军的又一胜利》《湘赣红军的积极行动》《湘赣红军击溃白匪部队四团》《湘赣红军消灭白匪王东原部一旅》等。

红中社播发的新闻主要刊登在湘赣省苏维埃政府机关报《红色湘赣》等报纸上。目前收集到的资料中，最早一期集中刊登红中社稿件的是1933年9月8日出版的第6期，这一期《红色湘赣》第四版采用红中社新闻5条。分别为：《红军东方军又击溃十九路军一团》《红军中路军两次击溃了敌人》《新泉地方武装击溃团匪的胜利》《红军消灭万安寨匪》等。

从收集到的《红色湘赣》看，红中社稿件在这里不仅落地数量多，而且处理比较突出。1933年12月1日出版的第12期，共有"红色中华社电"的新闻23条。内容包括《赣城发现大批共产党传单》《上海福伦厂罢工》《国民党更公开露骨的投降帝国主义》《暹逻首都发生暴动》《连城群众革命情绪更加高涨》《苏联发现新煤矿》《美国国务院承认苏联》《波兰航空部长坚信苏联五年计划四年完成》《苏美复交消息》《帝国主义反苏联战争的阴谋》等。其中第4版整整一个版全是红中社的国际新闻，内容包括《苏联发现新煤矿》《美国国务院承认苏联》《波兰航空部长坚信苏联五年计划四年完成》《苏美复交消息》等共12条。这反映红中社当年的国际新闻，是湘赣根据地报纸向读者介绍国际情况，帮助读者了解世界形势的主要来源。

1933年12月30日第14期《红色湘赣》一版采用8条"红色中华社电"的新闻，其中包括《红四方面军在四川获得伟大胜利》《湘鄂赣红军连获胜利》《闽西收复延平归化县城》等。由此可知，当年红中社抄收各个革命根据地的新闻并在各根据地间传播。

（三）红中社新闻在闽浙赣革命根据地的传播

闽浙赣革命根据地又称闽浙皖赣革命根据地，是土地革命战争时期由方志敏、邵式平、黄道等共产党人领导的一块重要的革命战略基地。根据地先后由赣东北、闽北、皖赣、皖南等大小6块根据地组成，纵横约50个县，人口数百万，建立过58个中共县级组织和32个县级苏维埃政权。

第三次反"围剿"胜利后，1932年初，根据军委总部的部署，派涂作潮用上海偷运来的无线电零配件，为赣东北根据地装配了一部电台。据涂作潮回忆，这是一部 TNT 型 50 瓦的电台。当时随电台去赣东北的机务人员是余雅鲁等。他们到了赣东北后，加上赣东北根据地原来从国民党军缴获的电台，赣东北根据地无线电台正式建立了起来。为了保证电台的安全，方志敏同志还派了一个排的兵力专门保护电台。

赣东北根据地电台与中央革命根据地电台沟通联络后，红中社便经常收到由赣东北根据地电台发来的关于红军胜利消息，并通过《红色中华》报作了报道。1932 年 5 月，赣东北红军取得了进攻广丰县城的胜利，战后在广丰县建立了 3 个根据地，并在建阳浦城间，亦建立了 3 个根据地，反动派对此甚为惊恐。25 日，《红色中华》报刊登了《赣东北红军攻下浙江广丰县城》的消息，报道了赣东北红军约 7000 人攻打浙江广丰县城（编者注：应为江西广丰县城）并取得胜利的情况。1932 年 7 月 7 日《红色中华》报第 26 期又刊登来自赣东北根据地的消息《赣东北红军猛攻上饶城》，报道了赣东北两万红军在攻克横峰后，又围攻德兴，进攻上饶的消息。

1932 年 12 月，赣东北革命根据地扩大为闽浙赣革命根据地，中共闽浙赣省委和省苏维埃政府相继成立。1933 年 1 月 7 日出版的《红色中华》报第 46 期在第一版以"重要消息"《闽浙赣新苏区》，向中共中央、苏区中央局、中央政府、中华苏维埃各级政府、全国工会、各革命团体及千百万工农兵报告了闽浙赣新根据地正式成立的消息，同时宣布闽浙赣军区正式成立。

1933 年 2 月 4 日，中央红军组织了一个参观团，到达闽浙赣根据地和闽浙赣军区所在地横峰县葛源镇参观访问，受到闽浙赣根据地群众的热烈欢迎。闽浙赣根据地和闽浙赣军区电台以闽浙赣红军通讯社为电头，报道了这一新闻。红中社收到后立即播发，《红色中华》报连续刊登了中央红军参观团抵达葛源镇，群众自发组织欢迎队伍，高举红旗迎接参观团的到来的情况。同时，还报道了群众自发给参观团赠送慰劳品，仅弋阳一县，参观团就收到群众赠送的肥猪 100 多头，鸡 500 余只，鸡蛋 1 万余个，草鞋、布鞋、小菜不计其数的情况。

红中社播发的新闻主要刊登在闽浙赣省委、省苏维埃政府、军区政治部、省总工会联合机关报《红色东北》和闽浙赣省苏维埃政府机关报《工农报》《列宁青年周报》，以及《红色闽北》等。

其中，1933 年 8 月 5 日出版的《红色东北》第 6 期第一版采用红中社新闻 3 条，分别为：《粤赣红军攻下招信帽村》《日本帝国主义以武力抢夺中东路屠杀中国铁路工人》《中央苏区送给"八一"的新礼物》。

1933 年 9 月 18 日出版的《红色东北》第 18 期第一版刊登红中社新闻两条，内容为《我南方军之一部在武平消灭土围四十余》《西班牙革命形势猛烈开展》。

1933 年 12 月 13 日出版的《红色东北》第一版刊登红中社新闻 4 条，内容分别为《连城红军之一部击溃刮民党童子兵》《我宁化地方武装击溃刮民党童子兵》《在中央区节省运动开展中浪费分子受到打击》《刮民党加紧白色恐怖大批逮捕左翼群众》。

在横峰葛源镇方志敏同志故居和闽浙赣军区无线电队旧址的墙上，至今还保留着当年用米汤贴在墙上的《红色东北》报，虽然已经残破不全，但部分稿件仍可辨读，包括不少带有"红色中华社电"电头的新闻。在方志敏故居的墙上，有一条署有"红色中华社电"电头的新闻《闽赣边区游击队之一部击溃王家庄大刀会匪》。在闽浙赣军区无线电队旧址的墙上，有一条题为《国民党准备五次绝望进攻》的消息，"红色中华社电"的电头清晰可见。

《工农报》是闽浙赣省苏维埃政府机关报，初为铅印，后为油印。《工农报》除报道闽浙赣省各地的新闻外，红中社新闻是其关于中央革命根据地和国内外新闻的主要来源。1933 年 4 月 30 日出版的《工农报》第 76 期第一版就刊登有带"红色中华社电"电头的新闻《湘鄂赣红军与中央红军胜利呼应》。

《红色闽北》是闽浙赣根据地闽北分区创办的一份报纸。据目前查找到的 1933 年 5 月 13 日出版的《红色闽北》报第 14 期，共刊登标明"红色中华社电"或"红色中华社讯"的新闻 4 条，分别为《国民党屠杀苏区群众的残酷》《揭破国民党假面具》《日军猛进平津》《请看国民党军阀石友三投降勾当　在日帝指挥之下准备暴动扰乱华界》。

（四）红中社新闻在湘鄂西、湘鄂赣等革命根据地的传播

南昌起义失败后，中共中央派贺龙、周逸群等同志到湘鄂西，和当地坚持斗争的贺锦斋、段德昌、段玉林同志一起领导开展游击战争。游击队伍逐渐壮大，发展成红二军团，开辟了湘鄂西革命根据地。

1931 年 1 月底，中共中央派喻杰生携带 50 瓦电台一部，到洪湖革命根据地建立了湘鄂西根据地第一部电台，并与上海中共中央秘密电台沟通了联络。不久喻杰生因病去世，联络一度中断。中共中央又先后派报务员刘进、胡白天和机务员李文采到洪湖根据地工作。1932 年二三月间，洪湖台分别同上海中共中央、中央革命根据地和鄂豫皖根据地沟通了无线电联络。

湘鄂西根据地电台与中央革命根据地电台沟通联络后，陆续向中央革命根据地电台发来红军胜利和根据地建设的消息，红中社收到后通过《红色中华》报作了报道。1932 年 2 月 24 日《红色中华》报以"湘鄂西电"为电头，刊登《红军二军团占领潜江城》的消息，报道了湘鄂西红军独立第九师在湖北应城附近歼灭国民党军第四师一旅，活捉旅长、团长、参谋长各一名，缴获长枪 2000 余支，德国造手提机关枪 20 余支的胜利。

1932 年 3 月 16 日《红色中华》报在第二版以专电的形式，报道了《湘鄂西省苏维埃给中央政府电》，同时又以"湘鄂西电"为电头，刊登了三条湘鄂西红军在京山、天门、潜江等地消灭国民党军队的胜利消息。

1932 年 4 月 1 日，湘鄂西红军二军团在潜江击落国民党军队飞机一架，开创了湘鄂西红军历史上用枪支击落飞机的先例。湘鄂西无线电台当天即将这一消息用专电报告给了中央革命根据地电台。红中社收到后,在4月6日出版的《红色中华》报第一版作了报道。这条新闻标题为:《红军二军团在潜江击落敌机一架》,全文连电头在内仅30个字:"湘鄂西一日专电:我军于1日在潜江击落敌飞机一架,余五架即仓惶逃走。"

湘鄂赣革命根据地,又称"湘鄂赣苏区"。1928年7月,彭德怀、滕代远等领导平江起义,成立了中国工农红军第五军,开辟了这个根据地。1931年成立中共湘鄂赣省委和湘鄂赣省苏维埃政府。1934年8月,根据地被国民党军占领,剩下少数红军和游击队继续坚持游击战争。

1932年夏,中央革命根据地派出肖英、徐萍带一部50瓦电台到湘鄂赣根据地驻地江西修水工作,建立与中央革命根据地、湘赣根据地及湘鄂红十六军的联系。这部电台是国民党26路军宁都起义时带过来的,设备完整,性能良好,不久湘鄂赣根据地电台便与中央革命根据地电台等开通了联络。

当时,湘鄂赣根据地电台每天抄收红中社播发的新闻,分送湘鄂赣根据地党政军领导阅读。湘鄂赣根据地电台发给中央革命根据地电台的消息,红中社通过《红色中华》报进行刊登。1932年7月10日,湘鄂赣红十六军在湖北通山与白军激战,消灭敌人两个团,并占领了通山县城。红中社收到湘鄂赣根据地电台发来的消息后,即于7月14日出版的《红色中华》报第一版进行了报道。消息标题是:《湘鄂赣红军大获胜利 消灭敌谢彬部二团占领湖北通山县城》。

1932年7月21日出版的《红色中华》报在一版又以《湘鄂赣红军二次大胜利》为题,报道了湘鄂赣红军于7月15、16两日,在鄂南的咸宁官埠一带,又击溃国民党军三个团,并消灭其两个营,缴获步枪700余支,机关枪3支,花机关枪10余支,驳壳枪20余支,俘虏500余名,并活捉营长两名。

1932年秋天,湘鄂赣根据地电台遭到国民党军队的破坏,湘鄂赣根据地一度与中央革命根据地失去了联系。1933年二三月间，湘鄂赣根据地重新建立了电台，恢复了与红中社的联络。《红色中华》报上又经常刊登来自湘鄂赣根据地的消息。如1933年3月15日刊登的《湘鄂赣红军的积极行动》，3月30日刊登的《湘鄂赣地方武装全部歼灭水九等地的团匪》，4月2日刊登的《湘鄂赣红军来电告捷》，4月23日刊登的《湘鄂赣红军新的胜利》，5月11日刊登的《湘鄂赣红军进迫岳阳》等，报道了湘鄂赣红军取得的战斗胜利。

二、国统区和国民党军中中共电台抄收红中社新闻情况

土地革命时期，中国共产党在国民党统治区建立了地下电台，红中社播发的新闻，有的就刊登在党内报刊或宣传材料上。上海中共中央的秘密电台从红中社成立之初就抄收红中社的新闻。当时在中央机关报《红旗周报》上，经常可以看到来自中央革命根据地的新闻。据任质斌回忆："这些广播究竟有多少地方抄收无法查清。但是，我知道上海中央局是抄收的。"

刘少奇同志1956年6月在对胡乔木、吴冷西和朱穆之等谈新华社工作时提到："过去我们在天津做秘密工作的时候，总要收听塔斯社的新闻，收听红色中华社的新闻，并且还要油印出来。因为从这些新闻里可以了解一些真实情况。那时帝国主义国家的记者也对红色中华社的新闻非常注意，收到了就发新闻。"[①]

红中社播发的新闻，还传播到了国民党军队内部。1931年11月7日，中央革命根据地在瑞金召开中华苏维埃第一次全国代表大会时，国民党第二十六路军就驻扎在瑞金北面的宁都县城。这支军队大革命时期受到过中国共产党的影响，中国共产党曾派出刘伯坚、刘志丹、邓小平等到该部队成立了中共特别支部。红中社播发的大会消息被第二十六路军总指挥部译电主任、地下党员罗亚平收

---

① 原件存中央档案馆。

到，他随即向中共特别支部作了报告。特别支部的同志深受鼓舞，尤其是支部中的一些高级军官，"从中了解了共产党和苏维埃政府坚决抗日和土地革命的主张"[①]，坚定了起义的决心，认为只有加入红军，打回北方，抗击日寇，才是唯一出路。12月14日，在中共特别支部的领导下，第二十六路军参谋长赵博生（共产党员）和高级军官董振堂、季振同、黄中岳等率领二十六路军1.7万多人在江西宁都举行起义。

1936年9月，中央军委派遣刘克东到第十七路军中去建立地下电台，利用国民党的公开电台和中央联络。据刘克东回忆：后来地下党给了"一个'CSR'的呼号，要我抄收红中社发的明码新闻，主要内容是宣传抗日主张。"[②] 他把抄好的报交给团部上尉书记长、地下党员雷清若。

三、红中社新闻在海外的传播

当年红中社电台的功率有限，播发的新闻国外收不到。中国共产党的对外宣传机构上海工人通讯社，曾向国外媒体寄发一些新闻材料，包括红中社播发的革命根据地新闻。当时一些外国驻华记者也曾接触到红中社新闻，并据此对外发稿。

1935年苏联外国工人出版社出版的《苏维埃中国》第二集上刊登了1934年4月28日红中社播发的《毛泽东同志关于日本声明书的谈话》，编者在文内插注："此地缺少两句，因无线电播音听不清。"文末还注明新闻来源为"红中社"。

1936年1月29日，法国巴黎出版的华文报纸《救国时报》上刊登了《中国苏维埃政府主席毛泽东和人民外交委员会委员长王稼穑最近谈话》，内容为毛泽东和王稼穑（即王稼祥）就蒋介石在国民党第五次全国代表大会上的外交讲话对红中社记者的谈话。毛泽

[①] 余伯流、凌步机：《中央苏区史》第398页，江西人民出版社2001年出版。
[②] 刘克东：《忆十七路军"地下"电台》，原载《通信兵回忆史料》（1）第271页，解放军出版社1995年出版。

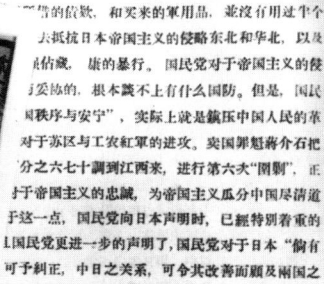

图为1934年红中社播发的电讯《毛泽东同志关于日本声明书的谈话》,原载苏联外国工人出版社出版的《苏维埃中国》一书。

东的谈话以日本侵略者嗾使国民党汉奸殷汝耕在河北省东部22个县成立傀儡政权"冀东防共自治政府"为例,驳斥蒋介石的讲话是在玩外交辞令,并对由此而爆发的学生救国运动表示"尽力援助",同时,阐明了中国苏维埃政府关于抗日救国的主张。最后毛泽东就当时盛传蒋介石与红军已达成停战协定的传言进行了驳斥。王稼穑就中国苏维埃政府在国外组织抗日统一战线的情况和苏维埃政府的国际外交方针进行了说明。《救国时报》刊登这篇文章时配发了毛泽东的照片,照片说明为"中华苏维埃主席毛泽东先生"。

《救国时报》还加了编者按语:"上海工人通讯社消息:本社昨日接到苏维埃政府中央执行委员会主席毛泽东及人民外交委员长王稼穑,经由广播无线电发表的与红色中华社记者谈话,对于目前时局关系殊极重要,特志之如左。"按语说明,这篇新闻是红中社通过无线电播发,由上海工人通讯社转发国外的。

《救国时报》当时在国外发行43个国家，欧洲、美洲、非洲、澳洲以及印度和南洋一带都有它的读者。

第五节　红中社的机构、人员与优良传统

红中社诞生于战争环境，条件简陋，人员很少，在组织上集通讯社与报纸的任务于一身，艰苦创业，逐步发展，是一个人员精干、工作效率很高的新闻机构。

一、红中社的机构和人员

红中社的编辑部门，在报纸上曾出现过"编辑室""编辑部"等字样，其实专职编辑人员初期仅一二人。如1932年10月李一氓接编报纸时，编辑就他一人。他住在瑞金城，编报在叶坪，相距约十里。他回忆："发病的时候，也得去叶坪，因为不去就没有别的人去编了。"1933年夏，任质斌刚调去红中社时，专职编辑仅有谢然之一人。虽然这年1月沙可夫开始负责红中社工作，并在4月成立了编委会，但沙可夫的主要工作是在教育部，事情较多，红中社工作只是兼职。后来，人员才逐步有所增加。

韩进是距任质斌不久调去红中社的，据他回忆："1933年与1934年，是《红色中华》工作兴旺时期，人员多时有十余人，除了编委会五人之外，管通讯来稿的一人，校对一人，发行一人，文书一人，以及几个机关行政工作人员。"

1934年7月12日，《红色中华》第三版刊载苏维埃政府中央机关收集被褥、毯子捐献给红军的消息，内中提到"红色中华社"时，特别注明："本社工作人员连新闻台在内才12人。"

1931年至1934年，在红中社工作过的负责人或编辑人员，先后有王观澜、周以栗、李伯钊、梁柏台、李一氓、杨尚昆、沙可夫、任质斌、徐名正、韩进、贺坚、瞿秋白、谢然之等。

第一章
在中央革命根据地创建的红中社

王观澜，红中社早期负责人。1906年7月生于浙江省临海县，1925年参加"五卅"反帝爱国运动，1926年冬转为中国共产党党员，1927年9月受中共派遣赴莫斯科东方大学学习军事，1930年12月回到上海，后赴福建。曾任闽粤赣特委代理宣传部长，主编特委机关报《红旗》。1931年8月，毛泽东指名调王观澜等到中央革命根据地工作。在瑞金，他协助王稼祥编辑苏区中央局机关刊物《斗争》杂志。

王观澜，红中社和《红色中华》报最早的负责人。

1931年11月"一苏"大会召开期间，王观澜在大会秘书处负责宣传工作。他除编印《中国工农兵苏维埃第一次全国代表大会日刊》外，还参加创办红色中华通讯社的工作，负责编辑新闻稿件。

《红色中华》报创刊后，因主笔周以栗任苏维埃中央政府内务人民委员，事情很忙，不久即因病离职休养，王观澜是实际上的业务主编，负责报纸日常编辑工作，组稿、写稿、校对，一身而兼数任。红军电台抄收到的中外通讯社电讯，每天一大卷，也都由他筛选，编辑成参考刊物。他还撰写了不少社论，如1932年3月16日为纪念巴黎公社起义61周年而写的《纪念"三一八"与庆祝福建省第一次工农兵代表大会》、4月28日为配合中华苏维埃临时中央政府发布对日宣战决议而撰写的《纪念"五一"与拥护中央政府对日宣战》等。

1932年4月，苏维埃临时中央政府决定，由梁柏台暂时代理《红色中华》报主笔。梁柏台当时是苏维埃中央政府司法人民委员（司法部部长），工作繁忙，故而报纸业务仍由王观澜实际负责。

1932年8月，王观澜调离红中社，任土地部秘书，后任土地部副部长、查田运动指导委员会主任，从此离开了新闻工作岗位。

周以栗，《红色中华》报主笔。1897年10月生于湖南省长沙县（今望城县）。从县立师范毕业后，先后在长沙县立第一高小和周南女校任教达10年之久，在此期间，结识了毛泽东、徐特立、何叔衡等共产党人，并于1924年加入中国共产党。1927年1月，周以栗到达武汉，协助毛泽东创办中央农民运动讲习所，任农讲所教务主任；1927年任中共湖南省委军事部长，后在上海中共中央工作。1930年8月任中共中央长江局军事部长，后任红一方面军总前委政治部主任，曾于1930年10月配合毛泽东、朱德指挥红军粉碎了国民党军的第一次"围剿"。

周以栗，《红色中华》报第一任主笔。1934年11月牺牲。

1931年4月，周以栗被增选为苏区中央局委员，6月任中共闽赣边界工作委员会书记。1931年11月，周以栗作为中央苏区的代表参加"一苏"大会，被选为主席团常务主席，后当选为中华苏维埃共和国中央执行委员会委员，并被任命为内务人民委员（内务部部长）。

《红色中华》报创刊后，12月18日周以栗被任命为主笔。一个多月后，周旧病复发，病情危重。中央执行委员会决定让他停职休养，《红色中华》报的工作由王观澜主持。

据王观澜回忆："内务人民委员周以栗同志被任命为报纸主笔。《红色中华》最初的报头就是他写的。但没多久，周以栗同志就病倒了。他住在我隔壁。他病倒后,项英同志管过一段报纸。毛泽东同志从开始就很关心红色中华社的工作,他很信任周以栗同志,通过周以栗来领导报社工作。"①

周以栗担任主笔的时间虽然很短,但在他的领导下,头几期《红色中华》报栏目丰富多彩,内容生动活泼,开创了一个良好的开端。在他主持下,红中社播发新闻电讯、编辑出版内部参考刊物的工作,也都取得了一定的成绩。

李伯钊,《红色中华》报早期编辑,女。1911年生于重庆市,1924年考入四川省立第二女子师范学校,1925年加入中国共产主义青年团,曾在上海从事共青团工作与工人运动;1926年冬受党组织派遣赴莫斯科中山大学学习,1929年夏在莫斯科与杨尚昆结婚;1931年转为中国共产党党员,1931年秋到达中央革命根据地。《红色中华》报创刊时调到报社。

据李伯钊回忆:"由于要出刊物、报纸,我被调到《红色中华》当编辑兼校对。报纸是新办的,毛主席亲自过问,他每天都到编辑部来看消息,对工作要求很严格。我每天要校对四版《红色中华》,差不多有12000字,还要编辑苏区的消息。点的是桐油灯,灯光很暗。这是我工作中比较艰苦的一段。那时苏区工作都是很艰

李伯钊,1931年秋到达瑞金,任《红色中华》报编辑。

---

① 王观澜:《红中社的创建》,原载《新华社回忆录》第12页,新华出版社1986年出版。

苦的。""一个清晨，我打扫完《红色中华》编辑室，毛主席身着灰布棉军大衣，满面笑容地走了进来，向我要国民党统治区的明码电报看。"①

王震在为《李伯钊文集》写的《序》中回忆："1931年冬，我们相识于红都瑞金。那时，我作为湘赣苏区代表，到瑞金出席中华苏维埃工农兵第一次全国代表大会。大会期间，代表们观看了中央苏区文艺工作者的演出。""没过几天，全国苏维埃机关报《红色中华》来了一位女编辑，她个头不高，热情活泼，操着四川口音自我介绍说：'我叫李伯钊，来采访你。'这时，我才第一次认识了这位在中央苏区颇有名气的文艺工作者。""在那次交谈中，我向李伯钊同志介绍了湘赣苏区在毛泽东的军事思想指导下开展对敌斗争、土地革命、群众工作等方面的情况。伯钊同志思路敏捷，边问边记。她的插话不多，但每个问题都抓住了关键。"②

1932年，李伯钊调离红中社，任中央红色政权办公室秘书，但依然为《红色中华》撰写稿件，如1932年6月9日《红色中华》刊登的《发动义务劳动——反对雇佣观念》，6月23日的《购买革命战争公债》，7月14日的《关于征收税收的意见》等。

1931年底，李伯钊组织领导红军宣传队，演出革命文艺节目。1932年参加工农剧社，并建立蓝衫剧团，任教务主任。1934年2月，蓝衫剧团改名为高尔基戏剧学校，李伯钊任校长。这一时期，她还经常为《红色中华》报写稿。如1934年4月26日至5月14日《红色中华》报连载的《苏维埃剧团春耕巡回表演纪事》，就是她用笔名"戈丽"撰写的。

李一氓，红中社早期负责人。原名李民治，1903年生于四川省彭县，1925年参加革命，同年加入中国共产党；1926年参加北伐，任国民革命军总政治部秘书；1927年参加八一南昌起义，任

---

① 《李伯钊文集》第242、262页，解放军出版社1989年出版。
② 《李伯钊文集》第1—2页，解放军出版社1989年出版。

第一章
在中央革命根据地创建的红中社

参谋团秘书长；1928年至1932年在上海从事地下工作，参加特科和文委工作，主编《流沙》《巴尔底山》等革命文化刊物。1932年9月到中央苏区任国家保卫局执行部长，并主编《红色中华》报。

从1932年10月到1933年1月，李一氓共编了约三个半月的《红色中华》报（从第36期至49期）。当时，编辑部人员仅他一人。据李一氓回忆："我住在国家保卫局，地址在瑞金城。每星期六下午，我从瑞金骑马去叶坪，在县城东北，相距约十里，就利用中央政府那个大厅做编写的地方。晚上也就住在那里，随便找个空房间过夜。第二天还要做半天工作，吃完午饭，发了稿，才又骑马回瑞金。"①

李一氓，1932年10月至1933年1月，负责《红色中华》报工作。

那时，白区和福建汀州的邮政关系，从未断绝过，上海的《申报》《新闻报》等都可以经过邮递从汀州收到。李一氓说：国内国外的消息来源都是从白区报纸上剪下来的，也有部分是从无线电台抄收的新闻中摘出的。要公布的中央政府的文件则是现成的，还有些地方通讯和军事行动的消息。编辑的责任只是加以选择，先发表重要的，有些新闻该合并的合并，该分开的分开，然后依照八个版面加以安排，加上标题和副标题。最后看新闻情况，选择题目写篇社论。李一氓撰写的社论，计有《执行命令》《在新的胜利面前——财政经济问题》《推销公债》《政治动员工作》《在新的胜利面前——地方武装积极的进攻行动》《反对对于敌人大举进攻的一

---

① 《李一氓回忆录》第137页，人民出版社2001年出版。

切错误认识》《今年纪念广州暴动与宁都兵暴的任务》《战争紧急动员与反对官僚主义的斗争》《1933》《开展民族革命战争，反对日本帝国主义，推翻出卖中国民族利益的国民党统治》共10篇。他写的社论多数没有署名，唯独最后一篇文末署名为"氓"。

李一氓还写过一篇《论目前"红中"的任务》，登在1933年8月10日《红色中华》百期纪念特刊上，文章提出了建立"独立的通讯社"的重要性。根据当时红中社与《红色中华》报社、报一体的情况，他指出："现在苏区，可以说无所谓通讯工作，从前的《无线电材料》和后来改的《每日电讯》（即《无线电日讯》——编者注），这都不是通讯工作。有了一些向外的广播工作，都还是由红色中华兼差代办的，这些工作做得十分不够。我们真需要一个通讯社，来供给全苏区各种报纸、杂志（定期、不定期），以国外、国内和苏区的群众斗争的消息，来负责文字的记述和无线电的广播苏维埃伟大斗争的整个或片断的消息。""苏维埃的斗争，不能关起门来，要传播到国民党统治区域，要传播给全世界无产阶级，要有系统的文字来记载苏维埃的斗争……通讯社的工作要独立的建立起来，这个要求，并不苛刻，也并不过早。"

这篇文章，提供了当时红中社工作一身二任的情况，反映出党的通讯社事业在初创时期报与社合一的发展。

杨尚昆，1907年生于四川省潼南县，1926年加入中国共产党，同年底赴苏联莫斯科中山大学学习；1931年初回国，先后任中华全国总工会宣传部长、中共江苏省委宣传部长等职。1933年1月底到达中央

杨尚昆，1933年1月任红中社负责人。

革命根据地，任苏区中央局宣传部干事。当时宣传部的主要工作，是办好一报（《红色中华》）一刊（《斗争》）。

从 2 月起到 3 月 20 日的一个半月内，杨尚昆以"昆"署名，在《红色中华》报上发表了 6 篇社论，内容涉及战争动员、后勤工作、预防瘟疫、夏耕运动等。3 月初，第四次反"围剿"战事吃紧，中共临时中央和苏维埃中央政府发布紧急动员令，号召苏区军民"以最大的决心，准备一切牺牲，来粉碎敌人的大举进攻，实现江西及邻近几省革命的首先胜利"。杨尚昆在所撰写的社论中传达了这些精神。关于夏耕运动的社论，是杨尚昆采访毛泽东后撰写的。社论强调要依靠党支部和贫农团，帮助有困难的农户和乡村，对红军的公田还应组织特别耕田队，同时要订立公约，开展竞赛和组织"轻骑队"，反对消极怠工。

1933 年春，杨尚昆调任新创办的马克思共产主义大学（代替原中央局党校）副校长。

沙可夫，红中社编委会主任。原名陈维敏，别号微明，1903 年生于浙江省海宁县。1926 年留学法国，同年加入中国共产党，1927 年赴苏联莫斯科中山大学学习。1931 年回国，1932 年到中央革命根据地，历任苏维埃中央政府教育部副部长兼艺术局局长、中华苏维埃大学副校长等职。1933 年 1 月负责红中社工作，4 月成立编委会，任主任。1933 年底，因病赴上海治疗。

沙可夫在红中社工作期间，除加强编辑部工作，积极组织稿源外，还经常为《红色中华》报撰写

沙可夫，1933 年 4 月任红中社编委会主任。

社论和专论。1933年二三月间，红军在第四次反"围剿"战斗中歼灭国民党军两个师，沙可夫撰写了《在积极进攻的路线下红军空前的大胜利》，发表在3月6日的《红色中华》报上，以示庆贺，并呼吁苏区军民"加紧各方面的战争动员工作，来争取战争的全部胜利"。为配合当时开展的反官僚主义运动，在3月30日的"铁锤"专栏发表《给以铁锤的痛击》，文章指出：如果不把苏维埃机关中的官僚主义彻底肃清，"我们没有办法能使苏维埃成为真正千百万工农群众所拥护的政权机关"。1933年4月29日，为迎接五一国际劳动节，《红色中华》报刊载沙可夫撰写的社论《检阅我们的力量》，社论分析了国际国内形势，特别论述了革命力量发展壮大的表现，号召苏区军民"以最大的努力"来加强苏维埃运动、巩固苏维埃政权。

沙可夫热心文艺创作，是中央革命根据地革命戏剧活动的开拓者之一。他曾编写话剧《我们自己的事》，发表在1933年4月23日《红色中华》"赤焰"副刊上。该剧表现了铁路工人在共产党员领导下，策动国民党军士兵参加红军，掉转枪口去打国民党军阀的事迹。经集体讨论、由他执笔创作的大型话剧《我——红军》，曾在"二苏"大会期间演出，由李伯钊导演，演员有李克农、钱壮飞、胡底等，受到热烈欢迎。

任质斌，红中社秘书长。1915年生于山东省即墨县，1929年考入北平平民大学预科，1932年春加入中国共产党的外围组织——中国人民反帝大同盟

任质斌，1934年1月至当年夏任红中社秘书长，1935年红军长征到达陕北后，主持了红中社恢复广播与《红色中华》报复刊的工作。

青年部，编辑出版以高中学生为对象的《少年之友》报，宣传反帝斗争，揭露国民党的反动本质，介绍苏区情况。同年夏加入中国共产主义青年团。1934年转为中国共产党党员。

1932年秋，任质斌受北平党组织派遣赴江西革命根据地学习。时值第四次反"围剿"正在进行，苏区急需干部，中共中央组织部便把他留下来，参加"苏区反帝拥苏总同盟"的工作，并担任代理主任。

1933年5月，任质斌调到红中社，主要负责专访和编辑工作。1934年1月"二苏"大会后任红中社秘书长，负责日常工作。当时，编辑部人员除采访、写稿、译电外，还兼刻蜡纸和校对，常常夜以继日地工作，少有闲暇休息娱乐。外出采访多是徒步，偶尔骑马。红中社驻地距印刷厂有八九里路，排版、校对都很不方便。任质斌和大家一起勤奋工作，通过报纸、无线电广播热情报道苏区人民在各条战线上艰苦奋斗、英勇牺牲的英雄事迹，传播对敌斗争和建设苏区的经验。在《红色中华》报工作过的同志中，任质斌工作的时间最长，他参与编辑出版的《红色中华》报达150多期。

1934年六七月间，任质斌因迟登博古的一篇文章而被撤销红中社秘书长的职务，改由徐名正担任。长征前夕，任质斌调红军第九军团政治部工作。

韩进，《红色中华》报编委。1910年生于浙江省杭州市，1926年参加北伐军，1927年在上海工厂做工，1932年加入中国共产党，在工人中从事革命活动。他喜爱写作，加入了左翼作家联盟

韩进，1933年春任红中社编委。1934年10月中央红军主力长征后，留在苏区与瞿秋白等一起继续编辑出版《红色中华》报。

("左联"),是工人作家。上海1932年一二八抗战中,积极组织工人支援第十九路军抗击日军,被推举为上海民众反日救国义勇军委员会主席,后在国民党特务的屠杀中死里逃生。1933年春到达瑞金,不久调红中社,任编委会成员。

韩进在红中社工作期间,主编文艺副刊"赤焰"。刊头语号召通讯员和读者,"努力的去把苏区工农群众的苏维埃生活实际,为苏维埃政权而英勇斗争的光荣历史事迹,以正确的政治观点与立场在文艺的形式中写作出来。"在他的努力下,"赤焰"发表了包括诗歌、话剧、报告文学等各种形式在内的许多文艺作品,广泛而真实地反映了苏区人民的战斗生活。韩进曾写出独幕话剧《揭破鬼脸》,在"赤焰"上刊出。后来还相继创作《牺牲》《李保莲》等话剧,在苏区演出,受到瞿秋白的赞许。

1934年10月,红军主力长征后,瞿秋白和韩进等留在中央革命根据地,坚持出版《红色中华》报。此时,国民党军队已占领中央革命根据地大部分地区,11月,瑞金亦陷于敌手。韩进与瞿秋白等一起,艰苦转移。报纸于1935年1月停刊。韩进编入游击队向广东方向突围,队伍被打散,韩亦被俘,幸未暴露身份,后被作为一般俘虏释放。

瞿秋白,是红中社在中央苏区最后一任负责人。1899年1月生于江苏省常州市。1922年2月,在苏俄考察时加入中国共产党。先后主编过中共中央机关刊物《新青年》《前锋》杂志和《向导》周刊,还主编过《热血

瞿秋白,1934年2月起任中华苏维埃共和国中央政府教育人民委员兼红中社社长。1935年2月被捕,6月在福建长汀英勇就义。

日报》和《布尔什维克》。

瞿秋白是中共早期著名领导人之一，曾任中国共产党驻共产国际代表团团长。因与共产国际东方部负责人米夫发生意见分歧，被米夫、王明等人打成"机会主义和异己分子的庇护者"，解除领导职务。

《红色中华》报创刊时，瞿秋白正遭受王明路线的打击，被开除出中央政治局，在上海养病。养病期间，他仔细阅读了通过党的秘密交通送到上海的《红色中华》报后，写出《关于〈红色中华〉报的意见》一文，发表在1933年8月7日出版的上海地下党刊物《斗争》第50期上。这篇文章，分别从党报的性质和任务、发挥批评的作用、改进编辑工作、加强社论等的指导作用，反对命令主义、重视组织工农通讯员网、办一张通俗的工农报纸等6个方面，提出了中肯的意见，表明了他对这张报纸的关爱和对党的新闻事业高度负责的精神。

1934年2月5日，瞿秋白到达瑞金，正式就任中华苏维埃共和国中央执行委员会委员、中央政府教育人民委员（教育部部长），并兼红中社社长，全面领导苏区的教育、文化和宣传工作。

当时，正值蒋介石对中央革命根据地发动第五次"围剿"的紧张时刻，反"围剿"成为革命根据地一切工作的重心。瞿秋白主持红中社工作后，要求《红色中华》报围绕这一重心进行报道，并加强对外新闻广播。同时，在稿件组织和版面安排上，也作了一系列改进：减少国际国内时事报道，增加苏区内部重要活动的报道；减少上层活动的报道，增加下层群众为保卫苏维埃政权、粉碎"围剿"而进行的各种活动的报道，如扩红、开展游击战等；减少对中央各部发布的法令、条例的报道，增加支援红军的报道，如节约粮食、认购公债、捐献被毯、优待红军家属等。报纸还经常在醒目位置刊登大字标语、口号，动员苏区军民武装保卫苏维埃、粉碎国民党军队的"围剿"。

当时，瞿秋白患有严重的肺病，但仍每天写稿审稿，忙到深夜。身为教育人民委员，他还要用大量精力抓苏区的教育工作，并负责苏区的文化艺术工作，指导工农剧社的演出等，同时担任苏维埃大学校长等职务。苏区中央机关住地很分散，一般相距一二十里，他每天骑马往来奔波于几个单位之间。

在瞿秋白主持下，《红色中华》报从第148期起改为双日刊，每周二、四、六出版。每期四开4版，有时6版或8版。与此同时，不定期地增出了党的生活版、苏维埃建设版、文艺综合版等，丰富了报道内容。瞿秋白还撰写了《送郎参军》《红军打胜仗》《消灭白狗子》等小调歌词，发表在《红色中华》报的副刊上。他认为："通俗的歌词对群众教育作用很大，没有人写谱就照民歌典谱填词。好听，好唱，群众熟悉，马上能流传。比有些创作的曲子还好些。"并鼓励大家搜集民歌，在《红色中华》报上发表。

瞿秋白以"维嘉"的笔名，为《红色中华》报撰写社论和文章，如短论《节省每一粒谷子来帮助战争》、社论《努力开展我们的春耕运动》、连载文章《中国能否抗日》等。在《中国能否抗日》的长文中，他引用大量材料分析中、日双方的军事、经济和人民组织程度等条件，驳斥国民党散布的"中国无力抗日"的谬论，指出国民党拥有"百余万使用现代武器的军队"，"但是没有派遣一兵一弹去抵抗日本帝国主义的进攻"，反而"把华北的数十万军队"调到南方去进攻主张抗日的红军，这是国民党"无耻的卖国辱国勾当"。他分析了日本的武装力量，批驳了国民党的唯武器论，断言："虽然日本帝国主义军队有着精良的器械，但是战争的胜败不完全决定于器械，而决定于使用器械的人。"他综观中、日双方的各种情况，强调指出："无论从哪一方面去考察……我们有力量抗日。"

"开展工农兵通讯员运动"的构想，是瞿秋白在《关于〈红色中华〉报的意见》一文中提出的。红中社重视开展工农通讯员的工作，按期把编辑部的编辑中心及需要的稿件告诉通讯员，随时指示通讯员写作通讯稿的方法和有关注意事项。这期间，红中社工农通讯员队伍不断扩大，建立了庞大的通讯员网，使得《红色中华》报能够及时广泛地反映苏区群众革命斗争和各方面建设的情况。对那些常给《红色中华》报写稿的通讯员，瞿秋白都给予热情鼓励。《红色中华》报发行数量最多时曾达到四五万份，也是与瞿秋白重视开展通讯员工作分不开的。

二、红中社的艰苦奋斗作风

红中社是在炮火硝烟中从无到有、从小到大发展起来的。面对极度匮乏的物质条件和艰苦环境，红中社工作人员始终保持革命的乐观主义精神，发扬艰苦奋斗的作风，克服困难，努力完成任务。

当时，中央革命根据地处在国民党军队的重重包围之中，一切都是白手起家。红中社的第一部"新闻电台"，就是用缴获的敌军电台，自己动手装配起来的。由于国民党军队的严密封锁和不断"围剿"，中央革命根据地一切生活必需品都断绝了来源，工作和生活条件非常艰苦。据任质斌回忆："当时，中央领导机关的工作人员的生活都很艰苦。为了节约粮食、支援前线，我们每个人都根据节约精神自报了每天吃粮数量（一般都是1斤以下），由炊事员按照各人自报的数量把米装在草袋里蒸煮。煮熟以后，各人按照每个草袋上挂着的写有名字的小木牌取食。至于每顿饭吃的菜，都极少油盐。由于国民党对苏区的严密封锁，我们经常吃不到海盐，而只能以苏区自熬的硝盐代替。但是，硝盐味苦，很不好吃。我们改善生活、增加营养成分的唯一办法，是在分到一点伙食尾子以后，便买上一二十个鸡蛋，每天喝稀饭时，就在碗里搅拌上一个。苏区的医药、卫生条件也很差，蚊子、苍蝇对人们的威胁很大，害疟疾、生疥疮和烂腿的人很多。我们红中社的几个人经常轮番发疟疾。韩进还长时间害过烂腿症（腿部溃疡）。我也害过坐板疮和烂过腿，写稿子、走路，都非常吃力。每天屁股上流出的脓、血，粘贴在裤子上，很是疼痛。由于人少事繁，只好趴在床上改稿子或编写稿子。后来实在支持不住了，只好写信向军委卫生部贺诚部长要了一支六〇六注射了，才逐渐痊愈。"①

另据原红中社新闻台工作人员岳夏回忆："中央苏区军民的物质生活是万分困难的。当时因粮食极度缺乏，红军指战员和地方政府工作人员，包括毛主席、周副主席、朱总司令在内，每人每天只能分配到半斤左右的糙米……我们从事脑力劳动的电台报务人员和机关参谋工作人员，为了发扬阶级友爱，还自动分出一些粮食给从事体力劳动的通信员和其他战士吃。由于营养不足，又长期没有盐和油吃，红军指战员体质急剧下降，发生了大量的夜盲症和浮肿病。我们不得不动员全体同志，用松脂木点燃做火把，夜晚到水田中捕捉泥鳅、田螺、青蛙来增加营养，改善伙食。除了定量供应粮食外，每人每天还有五分钱的菜金。党组织为了照顾我们技术人员，每人每月另发给三块银元津贴，非党技术人员发二十到一百元。其他同志，无论是干部或战士，都只能争取分到一点'伙食尾子'，用这点'伙食尾子'做零花钱，买牙刷、牙粉或针线等。尽管物质生活很差，但是，大家的精神还是非常愉快的。"②

红中社作为苏维埃共和国临时中央政府的直属机构，后勤保障由苏维埃临时中央政府总务厅负责。红中社的生活管理附属于苏区中央局机关，衣、食、住、行和办公用品的供给都由苏区中央局机关代管。当时苏区中央局秘书长邓颖超对红中社人员十分关心，在生活方面给予不少照顾。据韩进同志回忆："我们的生活都是邓颖超同志照顾，穿衣、吃饭、领办公用品都是向她请示办理的。"

1933年，红中社是和苏区中央局共一个伙食单位。1934年春，红中社搬到苏维埃中央政府驻地附近，和中央医院共一个伙食单位，生活依然非常艰苦。为了打破国民党军队的封锁，红中社工作人员不仅在艰苦的环境下努力工作，还响应苏区中央局和苏维埃中

---

① 任质斌：《回忆红中社》，原载《新华社回忆录》第17页，新华出版社1986年出版。

② 岳夏：《我党我军的第一部"新闻电台"》，原载《新华社回忆录》第24页，新华出版社1986年出版。

央政府的号召，节约粮食和棉被支援前线。

第六节　红中社的通联工作和经营管理

红中社成立初期，稿件来源十分紧张，报纸发行量也很有限。红中社通过采取各种措施，积极开展通联工作，同时加强经营管理，建立健全各项相关制度，逐步形成了一支较为稳固的通讯员队伍，稿源紧缺的局面得到缓解。发行网络也从无到有、日渐扩大，《红色中华》报的发行量迅速增长，覆盖面越来越广，从而增强了红中社的影响力。

一、《工农通讯员》和通联工作

红中社重视发展工农通讯员的工作，把培养工农通讯员、建立通讯网，作为红中社的一项重要业务。

1931年12月18日，《红色中华》报创刊伊始，就在第2期刊登编辑部征稿启事，写明征稿内容，要求稿件"文字要用白话，通俗简明，要打标点符号"，发表后"从优酬谢"，每篇稿费"二毛至一元不等"。

在编辑部的努力下，前线的红军指战员，苏维埃中央政府机关和团体的工作人员，后方的青年工人和农民，都踊跃向红中社和《红色中华》报投稿，报告基层的最新消息和工作经验。编辑部非常重视基层通讯员的来稿，专门在报纸上开辟了"中央苏区消息""工农通讯""赤色战士通讯"等栏目。来自红军部队和各基层单位的通讯员来稿，丰富了报道内容，活跃了报纸的版面。

1933年1月27日，中共和少共苏区中央局、中华苏维埃中央政府、全总苏区执行局联合发出《关于红色中华的通讯员问题》的特别通知。这个通知，"责成省与县一级的地方党团政府与工会及红军总政治部与各军区政治部，各选定一个同志为红色中华的通讯

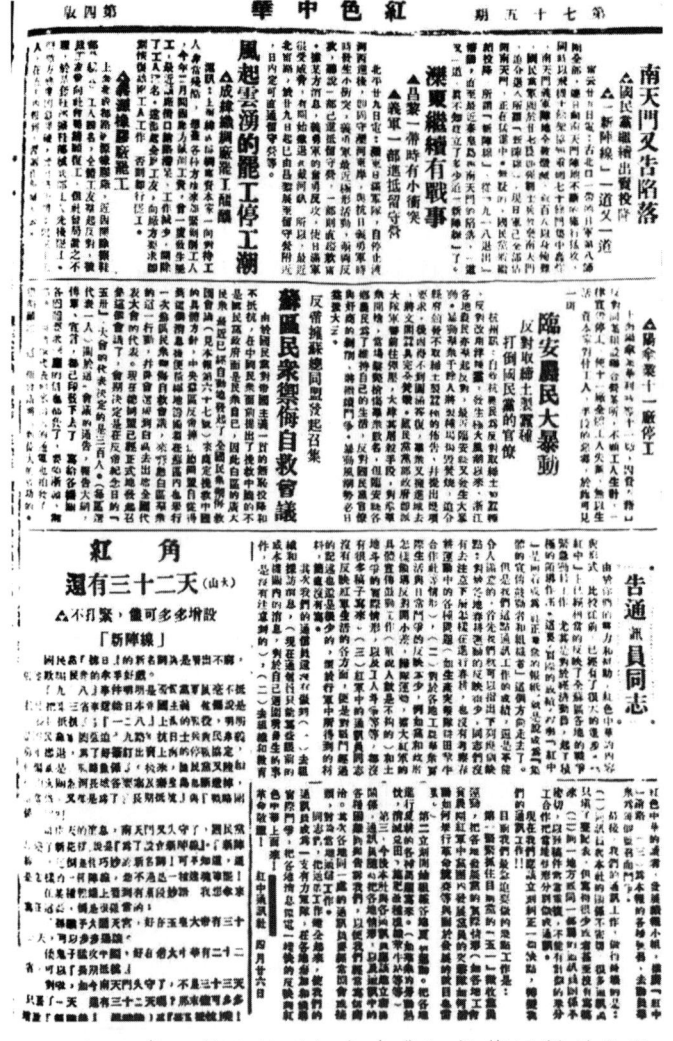

员"。规定通讯员的主要任务是："（1）搜集各种实际工作材料与消息（如战争胜利、扩大红军、揭发官僚主义、苏维埃建设、工人运动等等）；（2）经常把搜得的材料消息做成通讯稿寄来；（3）组织与教育在他领导下的工农通讯员，发展通讯网到下层群众中去；（4）帮助报纸的推销，建立代派处与推销处；（5）建立读报小组，争取广大的

1933年5月2日《红色中华》报第四版刊登用"红中通讯社"名义发布的《告通讯员同志》。

读者。"通知强调："通讯员须是实际的，而不是挂名的。选定之后，应立即进行工作，与红色中华社立刻建立直接通讯关系（请寄瑞金叶坪红色中华社沙可夫）。"通知发出后，收效甚好。一个遍布革命根据地各地的通讯发行网络，迅速建立起来。

5月2日，《红色中华》报刊载以"红中通讯社"名义发出的《告通讯员同志》信。信在开头即说："由于你们的努力和帮助，红色中华的内容与形式，比较从前，已经有了很大的进步。'红中'上已经相当地反映了全苏区各地的战争紧急动员工作，尤其是对于经济动员，起了积极的领导作用。"信中也指出了通讯工作中需要注意和改进的问题："对于各地春耕运动的反映很少，同志们没有去注意下层怎样在进行春耕，也没有考察春耕运动中的各种问题""对于工农群众实际生活与日常斗争反映太少""红军中的通讯员同志没有反映红军生活的各方面。"还指出："我们的通讯员还没有做到：（一）去组织和采访消息；（二）去组织和教育红色中华的读者，发展读报小组，推广'红中'销路；（三）为本报的各种号召，去动员群众为每个号召而斗争。""通讯员与本社的关系不密切，很多通讯员只填了登记表，但写得很少或者甚至没有写稿来。"信中要求："把通讯工作健全起来，使我们的通讯员成为一支有力军队，在各地参加和领导实际斗争，把各地消息像电一样快的反映到红色中华上面来。"

为了加强联系，红中社设立了通讯部，专门负责处理通讯员工作。同时，还出版了新闻业务指导刊物《工农通讯员》。对于通讯员来稿，如不采用，及时退稿，并说明不登载的理由，有时还给通讯员寄发纪念品，从而保护和调动了通讯员的积极性。

《工农通讯员》20天或1个月出版一期，是油印的32开小册子，一般每期20多页。封面上半部为刊名、出版时间和期号，下半部为目录。主要内容为报道提示和要求，介绍采访与写作方法等，以便提高工农通讯员的写作水平。

目前收集到的1934年3月1日出版的第13期《工农通讯员》刊载的文章有：落款为"红色中华社"的《为出版〈工农报〉给各地工农兵通讯员的信》《红色中华社发刊〈工农报〉的计划》，署名"然之"的《怎样写〈工农报〉的通讯》以及《第二次通讯员研究大纲》。此外，还刊有"红中通讯部"写给通讯员的几封信和启事《通讯员的新的便利》。在"光荣的红匾上"这一栏目中，刊登了当年1月份来稿最多的通讯员的名单。

作为红中社的业务刊物，指导工农通讯员写作是《工农通讯员》的一项重要任务。第13期《工农通讯员》上刊登的《怎样写〈工农报〉的通讯》和《第二次通讯员研究大纲》,都是指导性很强的新闻业务文章。《第二次通讯员研究大纲》更像是一份新闻写作的教材,其主题为"消息组织法",比较系统地介绍了消息写作的基本知识——对新闻素材进行归纳整理以提高其新闻价值;提高自身的组织能力以采集所需材料;注意从整体去把握新闻事件;必须抓紧问题的中心;善于对各种材料进行判别和选择等等。《大纲》还列出了提示通讯员思考的几个问题——怎样使自己所采集的消息具有优越的新闻价值?怎样把零星片断的消息组织成有系统的通讯?怎样去采访"整个"的消息?怎样去选择中心题材?《大纲》的最后部分是"准备",包括:1. 检查自己以前采访消息所应用的方法是否合乎采访的要求;2. 应用自己现在所学习到的方法去采访一件消息;3. 把采访时遇见的困难写出来;4. 把大纲中疑问的地方写出来;5. 把大纲中不了解的地方写出来;6. 把研究的结果写出来。这对于帮助工农通讯员提高新闻写作水平无疑有显著的帮助作用。

1934年3月1日出版的《工农通讯员》第13期封面。

这一期《工农通讯员》所刊载的"红中通讯部"写给通讯员的一封信中,还提到"采访须知、写稿须知、通讯生活三种材料现在尚未编好,所以还不能出单行本,不过最近当陆续在工农通讯员上发表"。反映出当时红中社对通讯员业务指导的重视程度以及相关工作开展的情况。在另一封信中,"红中通讯部"告诉几位通讯员:"最近寄给你们的书报文件,屡被退回……请见字后即将新通讯处告诉我们为盼。"由此可知当时给通讯员寄送相关资料，也是红中社指导、帮助通讯员的途径之一。

红中社的通讯员工作，得到了革命根据地相关部门的支持。第13期《工农通讯员》刊登的启事《通讯员的新的便利》反映了这方面的情况。其中写道："最近邮政总局为了使苏区中的通讯运动更加有力的开展，因此，又答应了红色中华社的要求——就是红色中华社的通讯员寄给红色中华编辑部的稿件，如果愿意挂号寄，只要贴四分邮票就够了。"

当时红中社通讯员的写稿积极性很高，这从第13期《工农通讯员》刊登的《一月份来稿件最多的通讯员》中可见一斑。在这份20人的名单中，来稿5篇的有5人，来稿6篇的2人，来稿7篇的6人，来稿9篇的2人，来稿13篇和15篇的各1人，来稿18篇的2人，来稿最多的一位通讯员叫肖正岗，一个月之内给红中社写了22篇稿件。

到1933年底，红中社的通讯员网已初具规模。到1934年，通讯员队伍已由初创时期的200多人发展到近千人。由于广大通讯员的支持，《红色中华》报的内容逐步充实起来。正如洛甫（张闻天）在《关于我们的报纸》一文中指出的："它开始组织了一些通讯员在它的周围，登载了各地方各种动员的消息，相当地发扬了群众的积极性与在各种工作上起了部分的推动作用。在编辑方面也比较更活泼更有生气。因此报纸读者的数量有了很大的增加，报纸的销量从不到一万份增加到了四万份。"[①]

二、经营管理工作

红中社出版的《红色中华》报，是在外有强敌、内部条件极为艰苦的环境中创办的。在国民党军队的严密封锁下，在残酷的战争条件下，工作人员艰苦创业，加强经营管理，使报纸发行量逐步

---

① 该文发表于1933年12月12日出版的苏区《斗争》第38期，署名洛甫。

扩大。

《红色中华》报由中央印刷厂用铅字印刷。中央印刷厂是当时革命根据地规模最大的国家企业之一，设备比较齐全，最多时曾有5部对开印刷机，保证了《红色中华》报印刷的数量和质量。当时这个厂规定："先来稿者先印，后来稿者后印，红中报要先将校样送来……以免排好后又更换式样，延误时间。"该厂技术力量很强，后来曾担任延安中央印刷厂厂长的祝志澄，是当时排字部的主任。

《红色中华》报十分重视经营管理工作，创刊号的刊头下面即注明："收报费铜元一枚。"1932年4月28日，中央总发行部宣布《红色中华》报的售价因邮资增加，从第19期后"每份收铜元2枚"，并向各地催缴订阅费。7月7日，又在《红色中华》报上刊登启事，提出"过去各代办处交来书报费的钱种数太多，价值亦不同，使结账时数目不能吻合，且有许多交来的大洋毫子多不能通用，使总发行部无形中受到许多损失和纠纷，现要求今后报费结账应以国家银行的银元、一角钱票、双角的银毫，及江西福建省分行发行的纸票及光洋铜元为限。"革命根据地报刊收费从此统一。

《红色中华》报创刊时，苏维埃临时中央政府尚未成立发行机构。为此，红中社建立了专门从事报纸发行、零售的机构——发行科。得知当年在上海从事党中央机关报《红旗》等发行工作的钱希均到了中央革命根据地，对发行有经验，周以栗便要她兼任《红色中华》报的发行科长。钱希均回忆说："发行科当时只有三个人，每个人都有个本子，记有各根据地的报刊数字……报纸一出来，三个人就分数、包装、打捆，写上收报单位机关或姓名，然后由交通员送出去。"[①] 当时，钱希均还兼做中央政府机关合作社主任、国家银行的会计工作，是毛泽民的妻子与帮手。据钱希均回忆：发往各地的报纸份数不一，有上百份的，有几十份的，有的是专寄负责

---

① 《钱希均革命回忆录》第223页，2006年京华出版社出版。

同志的。也有秘密带到白区的，但要严格伪装。如用国统区的报纸卷好，再秘密带送。有时他们还要用米汤把文件抄写在白布上，然后让交通员带走。第一次全国苏维埃代表大会结束后，会议通过的文件就是钱希均带领发行科的人员一起，用毛笔蘸米汤抄在白布上的，米汤一干什么也看不出来。带到上海及其他国统区后，用一种药水擦拭后字都显出来了。这个工作很累，往往一份文件，要抄掉几匹布，累得腰酸手痛。但在大家的共同努力下，这项工作很快完成。

《红色中华》报初创时期发行量只有3000份。1931年底，临时中央政府建立中央出版局，下设发行部门，《红色中华》报的一部分发行工作改由中央出版局发行部负责，发行科科长依然由钱希均同志兼任，一直到1934年红军开始长征。

1932年4月间，《红色中华》报发行科改组为中央总发行部，开创了党报以有组织发行为主的历史。4月6日，《红色中华》报发表声明："本报发行科为扩大营业起见，特改称中央出版局总发行部，所有以前一切报费未缴清者，请见报后即日算清寄交。"中央总发行部隶属苏维埃中央政府，有工作人员20余人，中央出版局局长朱荣生兼任负责人。

《红色中华》报建立了报纸发行经济责任制度。1932年7月3日，《红色中华》报发布《关于发行书报推销代派处的报酬问题》，规定了推销书刊的手续费比例。7月21日，又发布启事："本部对于过去推销代派红色中华及其他书报折扣均不统一，最近已有改变，但仍未完全统一，从8月1日起重新规定如下：500份以上七折，1000份以上六折半；以后推销代派，不得将书报费内扣除邮票费，如有寄钱或邮资欠资等，亦由其加倍偿还。"11月14日，中央总发行部再次整顿发行经济制度，规定"今后各级部门向发行部寄来的书报费应凭发行部的收据为结账依据，要求收据上盖有私章，否则概不承认"。这一系列的措施，对于加强《红色中华》报的经营发行发挥了作用。

1933年1月，中共临时中央由上海迁入中央革命根据地后，原隶属苏维埃中央政府的中央出版局发行部划归中共中央局管理，成立中央局发行部。中央局发行部为保证苏区群众能及时看到《红色中华》报，1934年5月28日在《红色中华》报上刊登紧急通知，要求"各级发行科对于每期报纸收到的时日（以本期为例）报中央发行部。发出的时间，相差几日，应报告中央发行部审核……建立并健全发行网组织，特别注意到靠近边区白区有被敌人抢劫的危险……保证在任何情况下仍能够使我们的报纸正常发行。"

《红色中华》报还利用工农通讯网来扩大发行。1933年1月27日苏区中央局等四单位发出的《"关于红色中华的通讯员问题"的联合通知》规定：帮助报纸的推销，建立代派处与推销处，也是通讯员的主要任务之一。这个《通知》促进了通讯发行网络的建立健全。通过基层通讯员的网络，《红色中华》报发行到了革命根据地的各个地方。

当时，在中央革命根据地的瑞金、兴国、博生、胜利等县都设有"红色书店"，又称"赤色书局"，是地方苏维埃政府文化部门直属的经销部门。这些书店的建立，为苏区军民购买包括《红色中华》在内的书刊、报纸提供了便利。

邮政发行是《红色中华》发行的另一个渠道。1932年5月1日，中央邮政总局在瑞金叶坪中石村成立。同日，中央内务部颁布《中华苏维埃共和国邮政暂行章程》，对邮政机构设置及人员配备、邮政业务的开展等作出详细、明确的规定。总局下设各省邮务管理局，各县根据地域大小和军事、交通的需要，分设甲乙两种邮局，县以下较大的乡或要道则设邮政分局或邮政代办所。

当时，邮政业务除邮递信件外，邮递《红色中华》等中央革命根据地报刊也是重要任务。投递邮件全靠邮政人员肩挑步行。他们脚穿草鞋，头戴斗笠，风雨无阻，跋涉奔波。特别是边区和战区的邮递人员，为了保护邮件，甚至牺牲自己的生命。至1932年7月，中央革命根据地已开通特别快递邮路15条，即：瑞金——胜利——兴国；瑞金——石城——广昌；瑞金——宁都；瑞金——于都——赣县；瑞金——会昌——重石——信丰（临时的）；会昌——寻乌；瑞金——汀州；汀州——河田——旧县——白砂；白砂——上杭——永定；白砂——龙岩；胜利——宁都——广昌；兴国——万泰——乐安；兴国——永丰——乐安；兴国——于都——会昌；兴国——赣县。

《红色中华》报的发行工作中，特别值得一提的，是周恩来亲自领导建立的从上海通往中央革命根据地的红色地下交通线。《红色中华》报创刊时，中共中央机关还在上海，每期报纸出版后，都是通过这条地下交通线秘密送到上海。当时中共地下交通线的主要线路为：上海——香港——汕头——潮安——大埔——永定——长汀——瑞金。交通线在瑞金由中央国家政治保卫局负责，后来中央内务部交通局也参与领导。此外，还有上海——赣东北——中央革命根据地，上海——香港——广州——韶关——赣南——瑞金等交通线路。战斗在这些红色交通线上的英雄战士，为中国革命事业、为《红色中华》报的发行作出了重要贡献。

在中央革命根据地，《红色中华》报的发行除了依托于中央一级和其他各专业发行机构外，在地方上也建立了一些委托发行组织，主要是各级政府的发行科，以及各省与中央直属县建立的"推销代派处""叫卖队"等。"叫卖队"一般由当地群众组成，沿街推销《红色中华》报，按比例提取一定的劳务费。

经过各个方面的共同努力，《红色中华》报的发行量由最初的3000份，增加到1933年至1934年间的四五万份（当时国内著名的《大公报》发行量约为3.5万份），成为中央革命根据地发行量最大、影响面最广的报纸。

1932年9月27日，《红色中华》报在中缝刊登瑞金县苏维埃政府公布的劳动感化院产品价目表，这是《红色中华》报刊登的第一条商业广告，也是新华社历史上的第一条广告。自此之后，《红色中华》报不断在中缝刊登广告，如新书价目表、半价出售书刊的信息，以及工农剧社的演出消息、红军卫生学校的招生简章等。

第七节　从瑞金到陕北

第五次反"围剿"失败，中央红军实行战略转移，开始长征。原担任播发红中社新闻的中央革命根据地政府电台及其人员，全部随军长征。

瞿秋白带领红中社部分人员留在苏区，坚持出版《红色中华》报，新闻文字广播停止。在艰苦斗争的日子里，红中社的工作人员作出了巨大的牺牲。

中央红军长征到达陕北后，1935年11月25日，红中社在瓦窑堡恢复新闻文字广播，《红色中华》同日复刊。抄收新闻的工作和出版参考报道的工作也相继恢复。面对日益加深的民族危机，红中社在宣传中国共产党"停止内战，一致抗日"的主张，推动抗日民族统一战线的建立，报道红军抗日行动与民众抗日救亡运动方面，发挥了重要作用。西安事变发生后，1937年1月，红中社更名为新华社。

一、在苏区坚持出版《红色中华》报

长征之前，中央革命根据地最高权力机构"三人团"决定，由项英、瞿秋白、陈毅、陈潭秋、贺昌五人组成中共苏区中央分局、中央军区和中华苏维埃共和国中央政府办事处，项英为中央分局书记、中央军区司令员兼政治委员，陈毅为中央政府办事处主任，统一领导留在苏区的红军和地方部队共16000余人，继续坚持革命根据地的斗争。

瞿秋白任苏区中央分局宣传部部长，继续负责教育文化工作，主持《红色中华》报继续出版。这时的红中社由于保密和转移频繁，新闻广播停止了，只剩下了报纸。参加编辑工作的，有韩进、

第一章
在中央革命根据地创建的红中社

贺坚等。编辑部转移到于都县黄麟乡井塘村，印刷厂设在会昌县白鹅乡梓坑村的深山密林中，两地相距约 20 华里。为保守中共中央和主力红军撤离革命根据地的秘密，《红色中华》报仍以中共中央、苏维埃中央政府机关报的面目出现，社址不变，印刷厂不变，报纸版式不变，只是改署"苏维埃中央政府办事处编印"。

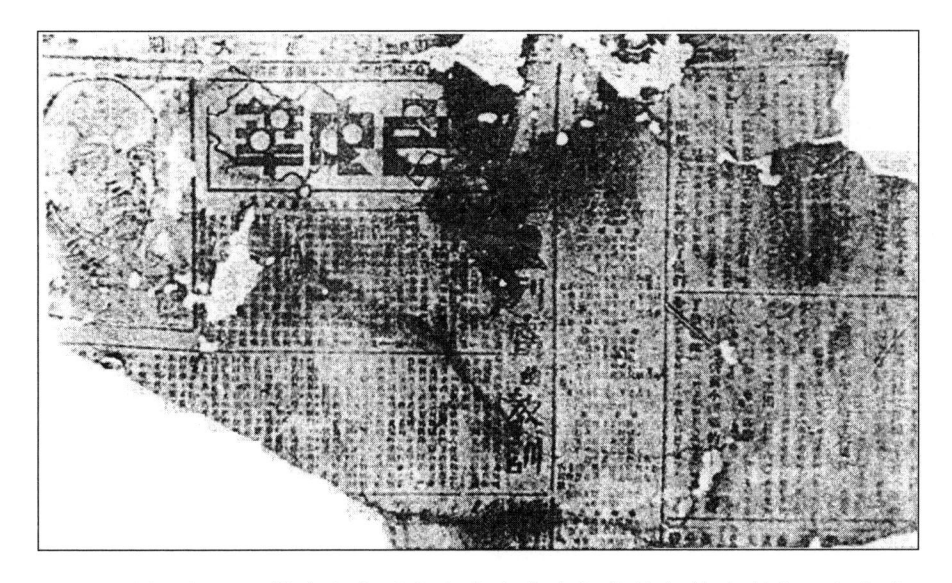

红军长征后，瞿秋白等同志在中央革命根据地坚持出版的《红色中华》报第 264 期。

这一时期《红色中华》报的宣传报道，以军事消息为主，内容有扩红、征粮、动员群众坚壁清野、开展游击战争、保卫革命根据地等，后来又以大量篇幅揭露国民党军队进入革命根据地后大肆烧杀抢掠的罪行，号召苏区人民同国民党军队浴血奋战。《红色中华》报仍为铅印，接续原期码，由于环境恶化，改为每周两期，最后每周一期，数量减少，最后仅印有两三千份。

中央红军长征时，留下三部电台，担负中央分局与中共中央和各根据地的通讯联络工作。因此，电台抄报工作还在继续进行，但新闻广播停止了。随着国民党军的逼近，编辑部经常转移。瞿秋白

99

身体不好，上级给他配备了一匹马，可是他能走时总是和大家一起走。每到宿营地，大家都休息了，他还要带病审稿、写稿。《红色中华》报坚持出版，成功地迷惑了国民党当局。在一段时间里，国民党方面一直把中央分局和中央政府办事处当成是中共中央和中央政府机关。

鉴于形势危急，为了保存有生力量，中央分局决定干部分散突围。瞿秋白、何叔衡、邓子恢与项英妻子张亮、梁柏台妻子周月林一行，由福建省委派一支护送队沿途保护，拟由广东经香港转上海。1935年2月24日，他们行至福建省长汀县水口镇小迳村附近时，被国民党民团发现。何叔衡牺牲，邓子恢突围，瞿秋白等被俘。在狱中，瞿秋白化名林祺祥，假称是"医生"，与敌人展开了机智的斗争，后因叛徒出卖，他的身份暴露。6月18日，瞿秋白沿途唱着《国际歌》和红军歌在福建长汀西门外从容就义，年仅36岁。徐名正也在另一次突围中被俘，英勇牺牲。仅韩进被俘后未暴露身份，机智地逃出虎口。

到目前为止，国内发现红军长征后在中央革命根据地出版的《红色中华》报共有五件，分别是1934年10月20日出版的第243期、1934年12月27日出版的第257期、1935年1月4日出版的第259期、1月8日出版的第260期和1月21日出版的第264期。第243期头版刊载项英写的社论《开展广泛的群众游击战争保卫中央苏区》，第四版刊登工农红军总政治部于10月6日发布的《号召白军士兵哗变拖枪到红军中来的口号》。第257期头版头条标题为《粉碎敌人清剿斗争中的群众游击战》。第259期在第一版以《各地扩大地方武装突击运动的形势》为题，分别报道了于都、登贤、瑞西等县扩大地方武装的情况，并配有评论《严厉纠正阶段论的倾向》。第260期以《各地粮食动员概况》为题，报道了于都、瑞金、西江、瑞西等县动员群众坚壁清野、储藏粮食的情况，同时发表了李六如撰写的消息《各地筹款工作情况》。第264期原件被火烧去一部分，所剩大半张报纸铅印字体仍很清晰。一版报头印有列宁的画像，头版刊登长文《列宁的教训》。刊头改署为"中国共产党中央分局、中华苏维埃共和国中央政府办事处机关报"。这是目前发现的出版时间最靠后的一期。

红军主力长征后，在瞿秋白领导下，红中社工作人员克服种种艰难困苦，坚持出版《红色中华》约四个月，发行24期，发挥了掩护红军主力转移突围和激励苏区广大军民的作用。这是中国革命新闻史上一段永远值得纪念的悲壮历程。

二、在瓦窑堡恢复新闻广播和报纸出版

1935年10月19日，红一方面军长征到达陕北吴起镇，与陕北红十五军团胜利会师。

11月初，张闻天、博古等率领中共中央机关移驻瓦窑堡（毛泽东、周恩来等率领红军在前方作战）。中华苏维埃中央政府驻西北办事处成立，

1935年11月，红中社在陕北瓦窑堡恢复新闻广播，《红色中华》报亦同时复刊。由于当时不知道中央红军长征后瞿秋白等同志在中央苏区继续出版《红色中华》报，因而复刊号接续在瑞金时出版的期数，为第241期。

博古任主席，任质斌为秘书长。11月25日，在任质斌主持下，红中社文字广播与《红色中华》报在瓦窑堡同时恢复，广播呼号仍为"CSR"，同时继续抄收国民党中央社的电讯，出版参考刊物《无线电日讯》。

红中社文字广播的任务由军委三局二分队承担，队长陈士吾，报务主任申光。发报机是陕北红军在延长歼灭东北军第一一〇师时缴获的，功率50瓦，由一部汽油发电机供电。开始时只对红四方面军发报，后逐步向各根据地和前方部队发布国内外新闻和中共中央的方针、政策性文件。11月底直罗镇战役后，毛泽东、周恩来写给张学良要求停止内战、一致抗日的公开信，就是由王诤译成明码，申光发出的。

《红色中华》复刊后，刊头沿用瑞金时期钱壮飞书写的美术体，署为"中华苏维埃共和国中央政府机关报"。由于当时尚不知道瞿秋白等在苏区继续编辑出版《红色中华》报的情况，因而复刊号接续长征前的期码，为第241期，注明"逢一逢六出版"。四开4版，油印。《无线电日讯》亦为油印，每天一期。刻蜡版、印刷，都由西北办事处油印科负责，西北办事处总务处长黄祖炎有时亲自刻蜡版。

陕北时期的红中社，同长征前在中央革命根据地时一样，同时兼负通讯社与报社的任务，负责人由任质斌兼任，专职编辑人员有白彦博等。

《红色中华》报复刊号以《毛泽东同志斥蒋介石荒唐无耻的卖国辩》为题，刊登毛泽东对红中社记者的谈话，揭露蒋介石在国民党五中全会上的所谓对外方针的演说，是为日本帝国主义的侵略政策辩护。11月28日，红中社播发中华苏维埃共和国中央政府和中国工农红军革命军事委员会《抗日救国宣言》，号召全国人民团结起来，抗日反蒋。

11月底，红四方面军新闻台在四川抄收到红中社从陕北播发的中央红军11月下旬在陕北直罗镇获得胜利的消息。红四方面军新闻台是1935年6月间红一、四方面军在川西懋功会师后，中央

第一章
在中央革命根据地创建的红中社

陕北瓦窑堡《红色中华》报复刊时的旧址。

军委派岳夏率无线电一分队到红四方面军建立起来的。他们开始只抄收陕北红中社和国民党中央社的新闻，后又抄收苏联塔斯社和东京、西贡、柏林电台播发的英语、日语、法语、德语新闻。当时，廖承志（化名何柳华）、罗世文、朱光三人因对张国焘的"左"倾错误有不满或反对的言论，被监禁于保卫局，新闻台抄收的新闻电讯，一律送到那里由三人翻译。廖承志不仅能译中文电码，还能译英语、日语和德语。罗世文曾留学法国，懂法语。他们熟练的译电能力和外文水平，使岳夏感到惊讶和敬佩。

中央红军到达陕北后，国内政治形势发生了很大变化，日本侵略者利用国民党当局的不抵抗主义，加紧侵略华北，平津上空战云密布，整个华北危在旦夕。面对日益加深的民族危机，1935年12月9日和16日，北平学生在中共地下党的领导下相继举行示威游行，要求停止内战，一致对外，打倒日本帝国主义，游行队伍遭到国民党当局的镇压，这就是著名的"一二·九"运动。12月16日，《红色中华》报刊登《北平学生举行大示威》，报道了此次运动的经过。

北平学生的爱国行动波及全国，天津、南京、上海、广州等地学生相继罢课,举行示威游行。红中社记者为此走访了时任中华苏维埃共和国中央政府西北办事处主席的博古,报道了他的谈话。谈话称:"此次平津京沪粤各地十数万学生举行的壮烈的罢课示威游行完全是日本帝国主义侵入中国本土,蒋介石无耻卖国所激起的中国人民救国图存的爱国运动。""他们的这种英勇斗争充分表现了我大中华民族不可灭亡的精神,苏维埃政府对于这些为民族的独立和自由而斗争的英雄深深地表示无限的同情与敬意。""苏维埃政府准备用一切办法给各地的爱国学生以精神的、物质的、实力的援助。""苏维埃政府对在卖国贼刀枪下牺牲的英雄表示沉痛的追悼,号召全国人民踏着先烈的血迹继续为完成中国的独立自由、领土完整而奋斗到底。"

12月26日,红中社播发陕甘革命根据地学生联合会声援白区学生电,电文中说:"对于你们这种壮烈的爱国斗争,我们陕甘苏维埃区域十余万学生,谨致无限的敬意……我们誓以全部力量,在精神上、经济上、实力各方面来援助你们。"

12月17日至25日,中共中央在瓦窑堡召开政治局扩大会议,讨论军事战略及全国政治形势和党的策略路线等问题。会议通过了《中共中央关于目前政治形势与党的任务的决议》《关于军事战略问题的决议》,确定了建立抗日民族统一战线的策略方针。红中社播发了会议的文件和决议。

从1936年1月3日第247期起,《红色中华》报改为逢三、六、九日出版,缩短了出版周期,增加了报道内容。

瓦窑堡会议结束后,中共中央派刘少奇到华北,主持北方局工作,领导国民党统治区日益高涨的抗日救亡运动。1936年2月,为扩大抗日武装和根据地,准备与日军直接作战,红一方面军主力发起东征战役。红军分别从绥德县沟口、清涧县河口等地强渡黄河,遭到阎锡山军队的拦击。红军英勇战斗,取得很大胜利。3月上旬至4月下旬,蒋介石调集十个师的兵力增援阎锡山,企图消灭红军、摧毁陕甘革命根据地。红军为了顾全抗日大局,保存国防实力，履行中国共产党提出的停止内战、一致抗日的主张，于5月5日全部回师河西，并发出《停战议和，一致抗日》的通电，公开放弃反蒋的口号。

红中社对红军东征战役进行了充分报道，除发布东渡出征和回师河西的消息外，还播发了《红军东渡黄河胜利地向汾阳前进》《东征红军七天击溃晋敌五个团》《东征红军又击溃阎逆三个师　红旗插上晋西六个县境》《东征红军切断同蒲路包围介休、平遥、灵石三城》《山西民众热烈拥护东征红军　七天有三千人加入红军》《红军东征战绩统计》《红军东征后卖国贼阎锡山恐慌万分》等消息和通讯。

1936年春，任质斌调到红军总政治部，红中社工作由向仲华接替。随着军事斗争的不断胜利和统一战线工作的开展，红中社的工作条件逐渐改善，工作内容也逐渐增多，但人员仍然很少，经常是白天采访搜集材料，晚上编写刻印《红色中华》报，工作比较紧张。

同年6月初，在全国人民抗日浪潮的推动下，广东的陈济棠和广西的李宗仁、白崇禧等在广州召开会议，成立军事委员会和抗日救国军，并发表通电，宣布要北上抗日，时称"西南事件"或"两广事件"。6月8日，红中社播发毛泽东对本社记者的谈话，表示支持两广方面的北上抗日要求，同时指出："西南抗日反蒋的军事行动，客观上是革命的与进步的行动，虽然这中间还不免有个别分子夹杂有权位、地盘等不正当的动机"，"吾人更希望西南的领袖能彻底执行抗日救国的纲领，将两广造成抗日救国的根据地，开展抗日战争，武装民众，实施广泛的民主自由，严厉制裁汉奸，没收日本与汉奸财产，改善工农职员生活待遇等。"并提出愿派共产党员与之联系订立抗日救国协定，以利和平解决"西南事件"，一致对外，抗日救国。

三、红中社在志丹

1936年7月初，红中社随中共中央、苏维埃中央政府（当时为西北办事处）由瓦窑堡迁往志丹（原保安）县城。7月3日，《红色中华》报刊出"致各级通讯员"信，通知："为了迅速促成西北抗日大联合，加强对陕甘宁新苏区的领导，争取国防政府与抗日联军及早实现，党中央和苏维埃中央政府已由瓦窑堡移住志丹县（前保安县）城办公。以后各地通讯员的通讯稿件请一律寄志丹县本社为荷。"此时担任CSR发报的是军委电台一分队，工作地点在志丹县城北，队长解凤阁，报务员黄度元、梁茂成。

7月13日，美国记者埃德加·斯诺和美国医生乔治·海德姆（中文名马海德）到达志丹县。斯诺是第一个到苏区采访的外国记者。毛泽东同斯诺进行了谈话，后又多次接受斯诺采访。《红色中华》报刊登了国际友人在苏区活动的消息。

6月间由陈济棠、李宗仁等发起的"西南事件"因遭到日本侵略者和国民党政府的镇压而失败。红中社记者为此走访中华苏维埃共和国政府西北办事处主席博古，请他发表对"西南事件"失败的看法。红中社播发了这一讲话，《红色中华》报也于8月2日以《博古主席谈西南事件之教训》为题全文刊登。

8月13日，《红色中华》报刊登消息《热烈的欢迎二四方面军》，报道红军二、四方面军已到达甘南地区，先头部队到达岷州一带，不久将与陕甘宁之红一方面军会合。"这是全国主力红军的空前的大会合，将会更加壮大我们的力量，促使西北抗日大联合迅速实现。"同时刊登社论《欢迎二四方面军北上抗日》，指出：二、四方面军北上抗日行动所具有的伟大历史意义——将给日本帝国主义侵占华北内蒙、灭亡中国之恶毒计划以沉重的打击；将更加有力的推动全国抗日统一战线的工作，促进全国大规模抗日战争的胜利。

《红色中华》报自1931年12月11日诞生至1936年9月13

日，已出版整整三百期（未计算红军长征后在中央革命根据地坚持出版的24期）。为此，《红色中华》报于9月13日出版第三百期纪念特刊，刊载纪念文章《要使红色中华成为抗日统一战线的宣传者与组织者》。文章指出："红中自出版到现在，差不多已经5年了。在这5年中，除了长征时期停刊以外，红中总是不断的在党的总路线下面，为实现党的任务而奋斗。""检查自去年复刊以来的红中，最主要的缺点就是缺少根据具体斗争的事实与当前群众斗争的情况，来各方面的解释说明统一战线的运动，这就是说，我们红中为实现党的抗日统一战线策略而斗争的工作，还是不够的"，"红中……应当抓住统一战线运动每一发展阶段上的具体任务与实际工作方法，各方面的加以宣传解释与说明，使统一战线能够更广大的开展起来。"《红色中华》报还提出要建立、健全通讯网，加强发行工作，要求在地方上党的省委内、红军中军团政治部等部门设立红中发行分所。

红中社在陕北恢复工作后，编辑出版了一份通俗小册子《每周要闻》，发行对象为基层干部，后改为以《红色中华》副刊的形式出版。1936年10月22日，《红色中华》报在第三版发出改刊通知："因为许多同志们的意见，《每周要闻》小册子不便于张贴、传读，所以我们今后决将《每周要闻》改为《红中》副刊，照《红中》的正刊方式，内容力求通俗，以使读者们更容易了解。"

1936年10月19日，鲁迅先生在上海病逝。22日，中共中央、苏维埃中央政府为追悼鲁迅致电国民党中央与南京政府，《红色中华》报于28日全文刊登。电文称："噩耗传来，鲁迅先生病殁于上海，我国文学革命的导师，思想界的权威，文坛上最灿烂光辉的巨星，竟尔殒落，此乃我中华民族之大损失，尤其当前抗日救亡运动的大损失。鲁迅先生毕生以其犀利的文章，伟大的人格，救国的主张，正直的言论，为中华民族解放而奋斗，其对于我中华民族功绩之伟大，不亚于高尔基之于苏联。今溘然长逝，理应予以身后之殊荣。"电文向国民党政府提出为鲁迅举行国葬、改浙江省绍兴县为鲁迅县、出版鲁迅全集、给予鲁迅家属与先烈家属同样待遇等八项要求。同日，中共中央和苏维埃中央政府还向鲁迅夫人许广平发出唁电。30日，中共中央、苏维埃中央政府和少共中央局联合发起，在志丹县城内召开追悼鲁迅大会。红中社均播发消息予以报道。

1936年10月，中国工农红军第一、二、四方面军在甘肃会宁、静宁地区会师。一、四方面军新闻台合并，岳夏为负责人。红中社对红军三大主力胜利会师进行了报道。

为挽救中国于危难之中，中共中央、苏维埃中央政府于12月1日向国民党政府、全国各报馆、各团体、各党派、各界、各武装部队及全国人民发出关于《扩大救亡阵线 加强抗日力量》的通电，《红色中华》报于12月8日全文刊登。通电指出："为了实现全民族的抗战，我们更号召全国人民不分党派、不分阶级、不分职业，更亲密的联合起来，督促南京政府实现我们的主张，克服一切困难……努力扩大救亡阵线，加强抗日力量。"通电声明："全中国主力红军一二四方面军现已集中完毕，只要给我们以抗日去路，我们准备立刻开赴晋绥前线，担任一定的抗日战线，并愿受全体抗日军最高统率机关之指挥，以抗击日伪匪军的进攻，为保卫晋绥、保卫华北、保卫中国而血战到底。"

1936年10月，在红军三大主力会师后，周恩来关心受张国焘迫害的干部的下落，11月在豫旺堡会见张国焘，在他的机智干预下，使被关押的廖承志等人获释。12月廖承志抵达志丹县，参加红中社的工作。博古主持召开红中社工作会议，决定由廖承志负责翻译全部国外电讯；向仲华负责国内报道（每天发2000字的广播稿），同时负责编辑《红色中华》报；李柱南负责全部中文译电。

据廖承志回忆："我当年在陕北搞新闻工作时只有三个人，一个是李柱南，后参加新四军，牺牲了。他一个人担任中文电讯翻译，每天要翻译9000字国民党中央社的稿件。这个人的妙处是电

报码子全记在脑子里，不用翻本子，一看码子，字就出来了，国民党方面的消息他一个人包了。在保安，后来在延安初期都是这样。我包外国通讯社电讯的翻译，日本同盟社消息我包了，塔斯社英文电我包了，法国的哈瓦斯通讯社，法文我不懂，它的英文电讯我也包了。加起来大概一天也有六七千字。还有一个是向仲华，他包解放区的消息。解放区所有的来电，他把它综合起来，写消息，写评论。写评论我也参加写一点。就我们三个人。当然，我们对外播出去的字数并

廖承志，1936年12月参加红中社工作。1937年3月到10月间，具体领导新华社工作。1946年7月到1949年6月担任新华社社长。

不多，就2500字左右，多一点不行，电台只有那么大一点儿力量。那时，我们没有现在这么热闹，我们是在一个小小的破庙里搞这个事情。当时我们没有印刷厂，没有铅字，由我刻蜡版。每天晚上十一点至十二点钟的时候，毛主席一定来，来看当天第一手消息。他来看国民党的消息，看国际的消息，看来自解放区的消息，每天晚上和我们在一起，坐上一二个钟头，一面看，一面问一些问题，一面谈一谈。"[1]

从1936年12月8日到1937年1月13日，《红色中华》报改用毛泽东题写的报头。

四、西安分社及其作用

瓦窑堡会议后，中国共产党积极开展抗日民族统一战线工作。

---

[1] 廖承志1981年2月26日在中国新闻社分社（记者站）会议上的讲话，原载《新华社回忆录》第31页，新华出版社1986年出版。

以张学良为首的国民党东北军和以杨虎城为首的国民党第十七路军的广大官兵，在红军宣传工作的影响下，在全国人民抗日高潮的推动下，普遍赞成中国共产党提出的"中国人不打中国人"的主张。至1936年上半年，红军和东北军、十七路军之间实际上已停止敌对行动。

但蒋介石却在1936年冬调动其嫡系部队260个团，集结在以郑州为中心的平汉、陇海铁路沿线，准备开赴陕甘地区，对陕北根据地发动"会剿"。蒋介石于12月4日到西安，迫令张、杨率部开赴陕北前线"剿共"，形势十分紧张。

张学良、杨虎城为了停止内战，一致抗日，在多次进谏蒋介石无效反遭斥责后，被迫于12月12日在西安扣留了蒋介石，实行"兵谏"，发动了震惊中外的西安事变。

西安事变次日，红中社播发了《西安抗日起义，蒋介石被扣留——张学良杨虎城坚决的革命行动》的消息，报道："西安昨日爆发抗日起义，张学良杨虎城已将祸国罪魁蒋介石及蒋鼎文、陈诚、陈继承、万耀煌、卫立煌、钱大钧等7人拘留，宪兵第三团团长蒋孝先意图反抗当被枪决。"并报道张学良、杨虎城向南京政府提出了停止一切内战等八项要求。

西安事变发生后，张学良即致电中共中央，希望听取中共的意见。毛泽东和周恩来立即复电，表示拟派周恩来前往西安共商大计。12月13日，中共中央举行政治局扩大会议，讨论西安事变问题。12月17日，周恩来作为中共中央代表飞抵西安。同日，中共中央致电国民党，进一步提出和平解决西安事变的五项条件。

12月19日，周恩来在西安致电毛泽东、博古："决定在西安设红中通讯社，请注意广播宣传，并将所有公开电报、信件及宣传品均用广播发出，布置发报散布（播）时有补（充）者亦编入。"

设在西安的红中社，即红中社的西安分社，也是新华社历史上的第一个分社。分社负责人为时任中共陕西省委宣传部长的李一氓，工作人员有陈克寒、陈养山和布鲁（陈泊）。由红军驻西安办

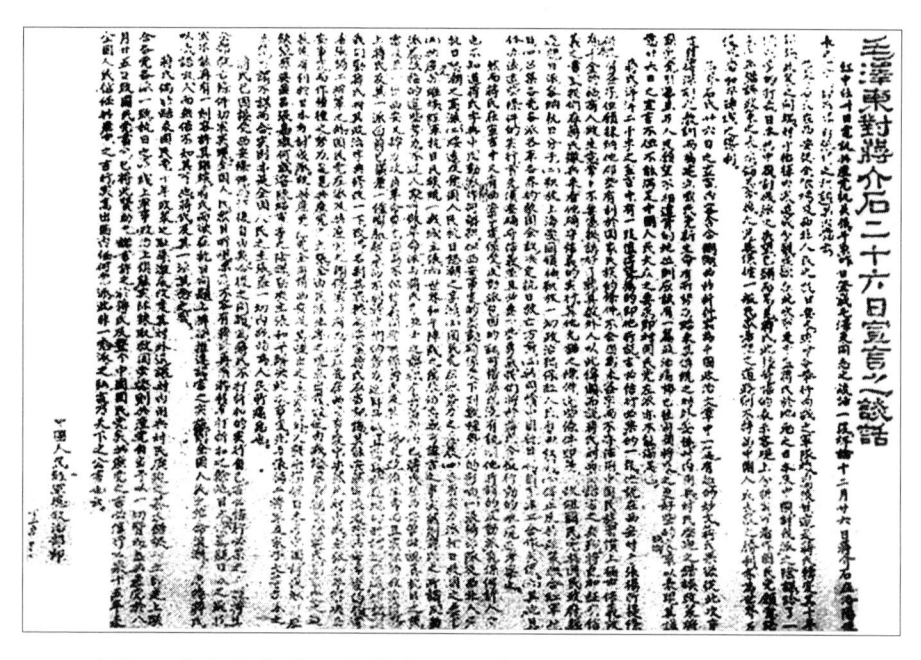

第一章
在中央革命根据地创建的红中社

这是一张油印传单，内容为1936年12月30日红中社播发的电讯《毛泽东对蒋介石二十六日宣言之谈话》。

事处的电台负责抄收陕北红中社的电讯，再转交西安分社处理。李一氓在回忆当时工作情况时说："西安办事处每天把延安的电讯收下来，转交给我们，我们就把它编起来，油印成新华社通讯稿，向西安的党、政、军和新闻机构发送。"[①] 陈克寒回忆：西安事变不久，"即成立红色中华社西安分社，由李一氓同志主持，陈养山和我参加了这个分社的工作，印发陕北红中社的新闻。"[②]

西安分社在周恩来的指导下进行工作。周恩来审定了西安《解放日报》、红中社西安分社的宣传纲要，并对宣传工作给予指示。12月23日，博古、叶剑英等到西安协助周恩来工作。博古曾前往西安分社看望工作人员，并研究发稿等问题。

西安事变发生后，中共中央的政策是，用一切办法联合国民党

---

① 《李一氓回忆录》第239页，人民出版社2001年出版。
② 陈克寒：《红中社改名新华社的回忆》，原载《新华社回忆录》第32页，新华出版社1986年出版。

111

左派，争取中间派，反对亲日派，以推动国民党政府接受张、杨的主张，停止内战，走向抗日。为此，西安分社将抄收到的陕北红中社播发的中共关于和平解决西安事变的通电和评论，日本帝国主义大举出兵中国，国民党中的亲日派决心发动内战，蒋介石迫于全国人民压力接受张、杨的要求同意抗日，张、杨释放蒋介石等消息，及时发给西安各报和社会团体，受到各界的欢迎。

12月30日，红中社播发《毛泽东对蒋介石二十六日宣言之谈话》。这篇谈话针对蒋介石在洛阳发表的《对张、杨的训词》，指出蒋介石是接受了六项条件才恢复自由的，今后的问题是蒋介石是否不打折扣地实行诺言；蒋氏果欲从此次事变中求得深刻教训，在于"结束其传统的对外妥协、对内用兵、对民压迫之错误政策"。

1937年1月1日，红中社播发本社记者采访中国共产党中央革命军事委员会主席朱德关于《红军今后的行动方针》的谈话。谈话指出：西安事变和平解决后，红军仍继续站在促进和平之立场，愿何应钦等坚决执行蒋介石撤兵之命令，不致中道反悔，我们正全力注视此点。

1937年1月13日，中共中央机关由志丹县（保安）迁往延安，红中社也随之迁入延安城内。

1937年1月间，为适应抗日民族统一战线的环境，中共中央决定，《红色中华》改名为《新中华报》，红色中华社改名为"新中华社"，简称"新华社"。刚成立不久的红中社西安分社，也就改用新华社西安分社的名义印发稿件，直到3月为止。

西安分社的历史虽然短暂，但其重要作用不容忽视。它积极传播中国共产党的政治主张，宣传和平解决西安事变的政策，为促进抗日民族统一战线的形成，作出了贡献。

第二章

在抗战烽火中成长的新华社

（1937年1月—1945年8月）

导　言

　　西安事变及其和平解决，对促成以中国国民党和中国共产党两党合作为基础的全国抗日民族统一战线的建立，起了重要的作用。1937年1月，红中社随中共中央领导机关迁驻延安。为适应新形势的发展，根据中共中央决定，红中社改名为新中华社，简称新华社。

　　抗日战争时期是新华社历史发展的一个重要阶段。在这个时期，新华社的组织和业务获得迅速发展，抄收世界上重要国家通讯社的电讯广播，不断增加对国内文字广播的数量。还相继办起了口语广播电台（延安新华广播电台）和对外英文广播，逐步统一了各抗日根据地的新闻广播，同时在各抗日根据地建立起一系列分支机构。至抗战胜利时，新华社事业已具有相当规模，延安总社人员已达100余人，加上各分社、支社组织，在根据地形成了强大的通讯网。来自各地的新闻信息每天源源不断地汇总到延安总社，又由这里通过电波发往全国和世界。

　　抗日战争时期，新华社宣传了中国共产党的路线方针和政策，报道了中国人民英勇抗战的事迹和巨大贡献，反映了陕甘宁边区和各抗日民主根据地的建设成就，揭露了日本侵略者的暴行和汉奸、投降派的阴谋活动，在宣传反击战中对国民党的反共活动进行了针

延安宝塔山全景。

锋相对的斗争，并及时报道了世界人民反法西斯战争的胜利进程。同时，通过电台抄收到的国内外重要信息，为中共中央决策提供了大量参考资料。

经过延安整风运动，新华社工作人员进一步明确了党的新闻工作的基本原则，政治思想水平和新闻业务水平都有了很大提高。

第二章 在抗战烽火中成长的新华社

第一节 初到延安的新华社

全国抗战初期,由于抗日民族统一战线的形成,中国共产党在国内政治生活中的地位越来越重要,影响日益扩大。中国共产党领导的八路军、新四军及陕甘宁边区革命根据地受到各界瞩目。这时新华社每天要收集和播发国内外的许多重要新闻,还积极宣传中国共产党的各项主张,报道八路军、新四军的抗战消息以及陕甘宁边区的建设成就。中共中央的重要宣言、声明、决议,中共中央机关刊物《解放》杂志和机关报《新中华报》的评论,也是新华社广播的重要内容。

一、红中社改名为新华社

1937年1月中旬,红中社随中共中央领导机关从志丹县城迁驻延安。初期社址在延安城内南大街,一座天主教堂的斜对面。此时,随着西安事变和平解决,为适应全国抗日民族统一战线的新形势,根据中共中央决定,红色中华社改名为新中华社,简称新华社,《红色中华》报改名为《新中华报》。通讯社与报纸仍是一个机构,原班人马。据向仲华同志回忆:"当时中央是博古分工领导红中社工作,报纸和通讯社改名的事,是由博古口头传达的,中央没有发文件。"[①]

改名后的《新中华报》于1月29日在延安出版,接续《红色中华》报期码,为325期。报纸仍注明为苏维埃中央政府机关报,油印出版(9月9日第390期起,改为陕甘宁边区政府机关报,铅印出版)。这一期《新中华报》在头版头条位置刊登了一篇新闻稿

[①] 向仲华:《新华社的初创时期》,原载《新华社回忆录》第35页,新华出版社1986年出版。

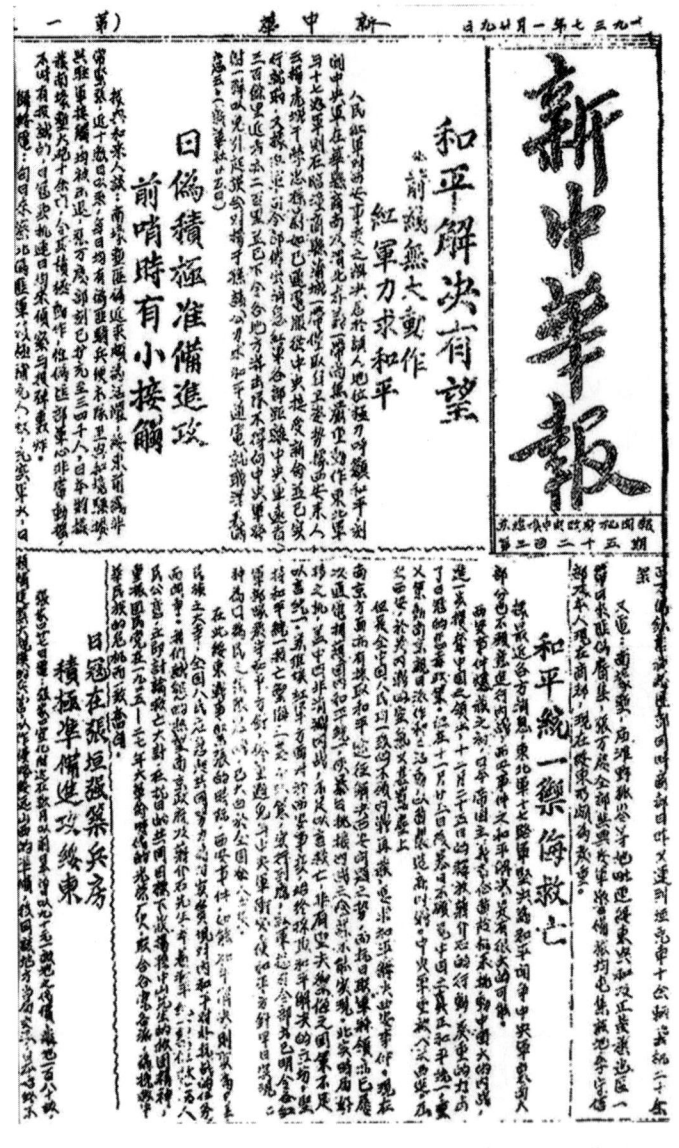

《和平解决有望，前线无大动作，红军力求和平》，末尾署为"新华社二十五日"。这篇稿件报道了蒋介石被释放回南京后国民党中央军同东北军、十七路军的对峙有所缓和的情况。这是至今见到的以新华社名义播发的最早的一条消息。全文如下："人民红军对西安事变之解决居于调人地位极力呼吁和平，刻闻中央军在华县商南及渭北孝义一带尚无严重动作，东北军与十七路军则在临潼商县蒲城

1937年1月29日，《新中华报》第一版刊载的新闻《和平解决有望，前线无大动作，红军力求和平》，是最早以新华社名义见报的新闻。

一带仅取自卫姿势。据西安来人云，杨虎城、于学忠、孙蔚如已通电服从中央接受新命，并已实行就职。又据红军司令部传出消息，红军各部距离中央军远者三百余里，近者亦二百里，并已下令各地方游击队不得向中央军发射一弹，以免引起误会，对杨于孙诸公力

求和平通电就职深表满意云。"

同一天的《新中华报》第二版还刊登了新华社1月27日发的消息《红军坚持和平统一救亡御侮之政策 闻土地政策亦将有改变》，针对西安事变后有舆论认为红军将乘机占领国民党区域，攻击中央军，出兵河南、山西等种种猜测，新华社援引红军总司令部负责同志就此发表的谈话报道说：红军不但过去坚持和平统一御侮救亡之基本政策，今后更当本此方针实行到底。盖红军为共产党所领导，共产党之抗日民族统一战线，亦即和平统一御侮救亡政策，自当为红军所执行。

以上这两条消息，表达了西安事变后中国共产党坚持抗日民族统一战线的坚定立场。

随后，署名新华社的新闻经常出现在《新中华报》上。1937年2月16日刊载的新华社稿《德意日成立军事密约设置防共混合委员会》，是迄今见到由新华社署名最早的一条国际消息。报道称："自去年年底以来，日意间成立之某项秘密协定之说甚嚣尘上，而日前日外务省发言人亦已公开承认日意间正在进行某种交涉。据消息灵通人士方面称，日意间进行的交涉内容绝非单纯的经济或贸易性质，而系包含德意日三国攻守同盟的军事密约。并牵涉及远东一旦有事时意大利将如何在地中海及苏伊士运河间取呼应的措置。传闻柏林与东京双方设置的防共混合委员会将有意国代表参加，并在罗马设立同样的委员会，由德日两国派代表参与，其任务绝不限于政治上的宣传，而系侧重于三国军事合作的准备，关于日本对华政策及侵略步骤，德意二国对此的实际协助等项系此委员会工作的重要事项云。"

由于新华社与《新中华报》是一家，新华社抄收的国内外电讯是当时边区获取新闻信息的主要来源，因此，实际上《新中华报》上刊载的国内外新闻，除署名新华社的稿件外，其余也大部分来源于新华社。

二、新华社的组织机构及人员构成

1937年初刚到延安时新华社的机构和规模是很小的。兼任社长的博古,是中共早期领导人之一。兼任新华社社长时,他的主要职务是中华苏维埃共和国中央政府西北办事处主席,此后不久任中共中央组织部部长,1937年7月作为中共代表团的成员离开延安,参加国共谈判工作。初到延安时,新华社的工作人员及其分工为:廖承志,负责翻译全部外电,同时参与编稿和写稿,他曾在日本、德国、苏联等国学习、工作、生活过,通晓几种外语,回国后曾在全国总工会、中共川陕苏区省委、红四方面军总政治部任职。向仲华,主编《新中华报》,并负责编写新华社国内广播部分稿件,他曾任职红八军军部、第四师政治部,随红军长征到陕北后,调红色中华社工作。李柱南,负责中文译电,长征途中一直做中文译电工作,因对电码娴熟于胸,译电时可以不查电码本,因此得了个绰号叫"本子"。

1937年3月,中共中央党报委员会在延安筹办出版《解放》周刊。中共中央党报委员会由张闻天、博古、凯丰、周恩来、王明组成,廖承志任秘书,负责日常工作。中央党报委员会领导新华社、《新中华报》《解放》周刊以及出版、发行工作和中央印刷厂的工作,是当时中共中央主要新闻出版机关的领导机构。

新华社的日常工作主要由廖承志主持。3月上旬,陈克寒从西安到延安,分配到新华社,负责油印刊物《今日新闻》(《无线电日讯》改名而来)的编辑工作。5月,陈克寒进抗大学习,并于八九月间参加丁玲率领的西北战地服务团离开延安。他的工作由新到延安的左漠野接替。不久,左漠野也离开延安。《今日新闻》的编辑工作由刚从日本回来的孙亚明、陈雅光接替。9月,新华社与中央党报委员会一起从南大街迁到北门内。

1937年10月,廖承志离开延安,后转赴香港工作。徐冰接任党报委员会秘书。新华社工作由刚从上海来延安的李初梨主持。他曾留学日本，回国后从事革命文学活动，曾任中共上海闸北区委宣传部长等职。11月，李初梨离开延安赴西安工作，沙可夫接替李初梨主持新华社的工作。他曾留学法国、苏联，回国后曾任《红色中华》报编委会主任并负责红中社的工作。后因病到上海休养，抗战全面爆发后由上海重返延安。

1937年11月到1938年春，新华社工作人员先后有沙可夫、向仲华、叶蠖生、黄药眠、林仲、王养三（浦化人）、徐南云、孙亚明、陈雅光、丁拓、李柱南、刘秀兰、秦芙、胡文卿、浦黛英等十余人。沙可夫主管外电翻译和广播编辑工作。向仲华主编《新中华报》，还兼管新华社中文译电和新闻台工作（当时中文译电和新闻台人员与《新中华报》在一起）。广播编辑叶蠖生，是从南京监狱获释后来到延安的。他的任务是把电台抄收到的中外电讯，挑选分类，编成《参考消息》（《今日新闻》改名）付印，提供中央领导机关参阅；编写新闻广播稿，供电台播发出去。黄药眠担任英文翻译。林仲负责俄文翻译。不久，黄药眠因肺病休养一个多月后去大后方了，王养三接替英文翻译工作。王养三毕业于圣约翰大学，当过牧师，后加入中国共产党，曾在上海中央局工作，后被国民党政府逮捕入狱。抗战全面爆发后，他带着家属一起来到延安。担任日文翻译的是徐南云，她在留学日本时为《申报》写过不少通讯。1938年2月她去陕北公学学习，丁拓接替了她的工作。丁拓是沙捞越华侨，曾留学日本，卢沟桥事变后回国来到延安。孙亚明、陈雅光也曾做过短期的日文译电工作。另有一位马海德，是美国医生，原名乔治·海德姆（George Hatem），1936年夏与美国记者斯诺一起来到陕北，后留在延安。他本职在卫生部，兼做新华社的翻译工作，每天到新华社来把法文稿译成英文，再由别人译成中文。他兼职时间不长，仅四五个月左右。中文译电员除李柱南外，还有刚从抗大毕业的四位女学员刘秀兰、秦芙（杜映）、胡文卿、浦黛英。

1938年3月，日本飞机连续轰炸延安，为安全起见，新华社于下旬从延安城内迁到清凉山,与原驻这里的《解放》周刊、中央印刷厂在一起。新闻台迁至延安东关。清凉山位于延河东岸,与著名的延安宝塔隔河相望,是延安的名胜之一,山上古迹很多,有不少庙宇,沿山开凿了大大小小的石洞。新华社的办公地点就在山上的窑洞和大庙里。

4月10日,鲁迅艺术学院在延安成立,沙可夫调去任副院长,由向仲华负责《新中华报》并兼管新华社的工作。这一年夏冬,叶蠖生、王养三先后调走,刘克刚、陈龙陆续调进新华社,接替他们的工作。

三、新华社初期的业务发展

刚到延安时,新华社的业务主要有:抄收和翻译国民党中央社和日本同盟社、法国哈瓦斯社播发的电讯。苏联塔斯社、美国合众社、德国海通社的广播,当时由于收讯情况不好,有时能抄一点,有时就不能抄。抄收到的中外电讯,编印成《今日新闻》,供中央领导机关参阅。当时的广播功率很小,传播范围主要是陕甘宁边区,播发新闻的字数每天两千字左右。

1937年2月4日,中共中央发出毛泽东起草的《通知收听新华社广播党的政治方针》的指示。电文说:(甲)新华社广播我们的政治方针,各首长均应指导电台按时接收。(乙)广播时间为下午五时,波长51米至52米,呼号CSR。(丙)有未收广播的应报告。[①] 由此可见,中共中央对于新华社广播是极其重视的。这一时期,毛泽东经常在晚上由警卫员提着马灯陪同到新华社来,了解最新消息,并对时局发表评论,指导宣传工作。

七七事变以后,随着抗战形势的迅速发展,新华社担负的任务越来越重。在中央军委三局的支持下,新华社的收发报设备不断改善,业务和规模也逐渐扩大。

---

① 原件存中央档案馆。

第二章
在抗战烽火中成长的新华社

画家戴泽根据廖承志回忆创作的油画。1937年初，当新华社还在延安城内的时候，毛泽东时常在夜晚十一二点钟由警卫员提着马灯陪同到新华社来，看当天抄收的国内外电讯，一面看，一面问一些问题。图中右为毛泽东，左为廖承志。

首先，扩大了抄收各国通讯社电讯的范围。新华社的收报设备由原来的两部三灯机增加到五部三灯机，除全抄前面提到的外国通讯社的电讯外，还增抄英国路透社、意大利斯蒂芬尼社、马尼拉合众社的新闻。新华社把抄收的电讯进行摘编后播出，使陕甘宁边区和各抗日民主根据地能够较快地了解国际上政治、军事等方面的重大动向。

第二，对国内广播的发稿量增加到四五千字。发射机原为100瓦，后来换成了500瓦，这就大大改善了国内广播的情况。播出内容有：中共中央的重要指示、决定，《新中华报》《解放》周刊的社论和边区新闻等。这些报道，对指导全国人民团结抗战发挥了重要作用。中国共产党抗日救国十大纲领、八路军平型关大捷等重要新闻，都是这一时期经新华社传播全国的。

第三，编印参考刊物有发展。进入延安后，出版油印刊物《今日新闻》，初期只有几页，三千字到六七千字不等，1937年10月改名为《参考消息》。抗战爆发后，抄收外国通讯社的新闻量大增，每天来自世界各国的新闻信息应接不暇。《参考消息》内容加强，分类编排，篇幅扩大，每期十几页至二三十页，油印400份左右。

1938年以后，随着八路军、新四军挺进敌后，解放了广大地区，建立了晋察冀、冀鲁豫、山东等十几个比较大的抗日根据地。那里的新闻事业也随之逐渐发展，如晋察冀军区《抗敌报》、中共淮北区党委机关报《拂晓报》、中共晋冀特委机关报《胜利报》、中共北方局机关报《新华日报》华北版、中共山东分局机关报《大众日报》、中共冀中区党委机关报《冀中导报》等先后创刊，新华社各地分社也逐步建立起来，从而扩大了新华社的稿源。

第二节　社报体制的变化与新华社机构的调整

抗日战争时期，新华社先后经历了与《新中华报》的合与分，与《解放日报》并肩战斗的历程，新华社的组织机构进行过多次调整，干部队伍不断壮大，为以后的发展奠定了基础。

一、新华社与《新中华报》分开，成为独立的组织机构

1939年2月，由于原来联合组织的形式已不适应党的宣传工作的需要，中共中央决定新华社与《新中华报》分开，单独成立组织机构，直接归中央党报委员会领导。从此结束了"报、社一家"的历史。向仲华任新华社社长，李初梨任《新中华报》主编。

1939年2月7日，《新中华报》出版刷新第一号，在社论《新中华报改革的意义》中，指出："新中华报改组为中国共产党中央委员会的机关报之一，同时，它也是陕甘宁边区政府的喉舌。"改

版后的《新中华报》由五日刊改为三日刊。同月，新华社与《新中华报》一起搬到杨家岭。

6月，新华社进一步调整组织机构与增加人力，《参考消息》改名为《今日新闻》出版。新华社设编辑科、通讯科、译电科和新闻科。社长向仲华兼任编辑科科长，编辑刘克刚；通讯科科长缪海稜，编辑何清（罗夫），后来增加海燕；译电科（包括中外文译电）科长李柱南，英文翻译陈龙，后来增加张林生、岳鸿、周楠、丁雪，日文翻译丁拓，后来增加王发泰、陈英，中文译电李柱南、刘秀兰、范野萍、李伍、韩建国、刘俊、杜枫，后来增加成玉、古华；新闻科又称油印科，主要任务是油印《今日新闻》，科长杨逢春，成员先后有陆果木、陈笑雨、张昕、李茵芳、范舟、陈惠超等。

向仲华，1936年春到红中社工作。1939年初至1941年11月任新华社社长。

这时，新华社的组织已略具雏型，不仅有翻译部门，而且有了自己的编辑采访部门，有自己的通讯记者网和分社组织，也有能保证需要的印刷机构。它的业务，除收集新闻起到耳目作用外，对于国内的重大事件如汪精卫投敌、皖南事变及国民党发动的各次反共高潮等，都能及时反映各界的正确舆论；有时还自己撰写评论，成为党中央指导全国人民抗日斗争的重要喉舌。与此同时，对于国外报道的工作也加强了。新华社还用电讯或通讯稿的形式，供给莫斯科对外新闻社以有关中国人民抗日斗争的具体材料，这对促进国际人士对中国人民抗日战争的了解，起了一定作用。

杨家岭在延安城北面，相传是杨家将打过仗的地方。这里是中

1939年2月7日,《新中华报》改版的"刷新第一号"。

共中央所在地，毛泽东等中央领导人就住在这里。新华社在这里有办公室和宿舍八九孔窑洞。当国内外发生重大事件，新华社抄收的各国电讯，均迅速送中央负责人阅览。

毛泽东对新华社收译电讯的工作非常重视，多次批示新华社要重视搜集和反映国内外的重要情况。当时，毛泽东每晚都要看新华社当天译出的电讯稿，经常在电讯稿上圈圈点点。对于一些重大事件如何认识，不仅常有批示，指出处理方法，有时还亲自动手为新华社撰写消息和评论。遇有重大事件发生，毛泽东都会随时把新华社电讯稿要去看，批示"注意抄收后续消息"，还随时指出译文欠通顺之处。他经常查询新华社抄收外电的情况，派秘书到新华社来探问新的消息。

1940年12月，新华社就一年工作写出总结报告，反映了工作中存在的困难和问题。报告分送毛泽东和中央党报委员会。毛泽东在报告上批示："通讯社这个工作很重要，一定要把它办好。现在的规模还很小，但是它将随着中国革命事业的发展而发展。他们存在的困难和问题应予解决。"[①] 在毛泽东批示以后，陆续给新华社调来一些业务人员，外文译电工作的人力紧张状况因此有所缓解。

这是毛泽东同志1939年初为《新中华报》的题词。

---

① 海稜：《延安新华社生活永远激励着我》，原载《新华社回忆录》第76页，新华出版社1986年出版。

毛泽东对新华社工作人员的学习和生活也很关心。新华社驻在杨家岭时期，和毛泽东同住在一条山沟。工作之余，新华社的工作人员经常能遇到毛泽东和中央其他领导人。他们常和新华社的工作人员亲切谈话，询问工作、学习和生活情况。

二、《今日新闻》：抗战时期的参考报纸

抗日战争时期，新华社在延安出版了具有参考性质的报纸《今日新闻》。这份刊物的名称几经变动，从《今日新闻》到《参考消息》，至1939年初又恢复《今日新闻》名称，初期仍油印，内部发行，1940年3月10日起改为铅印出版。它是《解放日报》创刊前，延安唯一每天提供新闻信息的日报。

《今日新闻》改铅印后，在报头下面标明编辑单位为新华通讯社，发行单位为新华书店，定价每份四分，注明"只供参考之用"。报纸为八开两版，土纸印刷，第一版主要刊登国际新闻，第二版为国内新闻、战况等。历经战火，《今日新闻》的油印版现在已很难见到，铅印版虽有保存，但也很少了。以铅印第一号为例，第一版头条位置以《传苏芬进行直接秘密谈判》为标题，刊登了海通社、路透社、哈瓦斯社、合众社等外国通讯社的10多篇电讯。二版刊登的国内新闻是《朱总司令在晋东南反汪拥蒋大会上的演词》，电头为"本社晋东南七日电"。在"战况"栏目中以《晋东南敌情无变化》为题汇集了一组战报。

《今日新闻》刊登的稿件多为简短的消息，主要是根据新华社抄收的国内外通讯社的电讯编写的。刊载的国际新闻，有消息，也有社论，如1940年5月21日以《论欧洲战争的新阶段》为题，刊登苏联《消息报》《真理报》的两篇社论，并配发了一张欧洲有关地区的地图。刊登新华社消息多以"本社×地×日电"，"新华社×地×日电"为电头。曾连载新华社特派记者袁勃采写的访谈录《徐向前将军纵谈山东抗战现状及其前途》。《今日新闻》也刊登延安本地新闻，如曾报道《新中华报》在延安举行全国报展的消息等。在

第二章
在抗战烽火中成长的新华社

新华社在延安出版的《新中华报》《今日新闻》《参考消息》和业务刊物《通讯》。

国内政治局势发展的关键时刻，如1941年1月皖南事变发生后，《今日新闻》迅速刊发了《中共中央发言人对皖南事变发表谈话》《中国共产党中央革命军事委员会发表命令与谈话》《新四军将领就职通电》等重要消息，对根据地军民及时了解皖南事变的真相和中国共产党对这一严重事件的态度、方针等，发挥了重要作用。

负责发行《今日新闻》的新华书店，是延安出版发行部门的门市机构，主要担负公开报刊、图书的发行工作。在《今日新闻》改为铅印出版的一年多时间里，多次刊登新华书店有关订阅发行《今日新闻》的启事。1940年3月16日，在改铅印后的第七天，报上刊载了一则关于"新华书店代理经售《今日新闻》启事"，内容主要是说《今日新闻》改铅印后，定价减低，"故订户增加甚多"，为迅速起见，新华书店改变原有的发行办法，给每个订户发一张"自取证"，订户可凭证逐天下午到北门外中央通讯站领取报纸，不能自取的订户，则通过邮寄的办法。1940年4月17日，《今日新闻》

又刊出《新华书店紧急启事》，指出从 4 月 15 日起延安本市订户统由新华书店的通讯员专送，地区较远，投递不便的地方，则由该机关、学校通讯员按日到北门外新华书店收发科凭证取报。

《今日新闻》的发行量约为 500 份，售价开始为每份四分，八开两版，1940 年 10 月改为每份八分，版面也增至三版，1941 年 1 月又改为四开两版。《今日新闻》还刊登广告和启事。如 1940 年 2 月 16 日刊登女大合作社广告，内容为：本社特自本月十六日起，大减价三天，凡物品一律九折，希各界惠临。又如 1940 年 5 月 12 日刊登卫生部启事，内容为：白求恩国际和平医院近在迁移建筑中，在未建筑完毕之前，一切治疗检查疾病事项，暂不接洽。其必要治疗检查疾病者，由卫生部介绍到拐苑分院接洽。1941 年 3 月 18 日刊登边区银行启事：天气渐长，本行营业时间略有变更，兹规定每日上午九时至十二时，下午一时至五时为营业时间，星期六休息，星期日照常营业，自本月十六日起实行，希各界注意为荷。此外，《今日新闻》还刊登过寻物启事。关于刊登广告方法和收费标准，见 1940 年 6 月 13 日《今日新闻》启事：本报因篇幅有限，凡登广告，本无地位，兹为便利各界起见暂予通融，但必须先纳广告费，否则概不受理。报头五十字每天五角，百字一元，报尾五十字每天三角，百字六角。1941 年 3 月 18 日，《今日新闻》又刊登本社广告科启事：《今日新闻》登载广告或启事，每条规定以二百字为限，并酌收广告费，每天一元，稿件与广告费须在三天前直寄本社，否则本社概不负责。

从《今日新闻》发行和广告方面的这些情况可以看出，《今日新闻》改铅印后，因价格降低等因素，订户较原来大大增加，内容丰富多彩，读者也从领导干部扩大到普通的干部、学生，是一张受到群众广泛欢迎的报纸。《今日新闻》铅印版，从 1940 年 3 月 10 日起到 1941 年 3 月 30 日停刊，共出版了 373 期。

三、中共中央机关报《解放日报》的创办

1941年初，抗日战争处于艰苦的相持阶段。随着抗战形势的变化，中国共产党领导的敌后抗日根据地已成为抗战的重要战场。此时，陕甘宁边区和各抗日根据地在斗争中不断壮大起来，抗敌斗争和政权建设方面都创造和积累了丰富的经验，特别需要加强党的宣传工作，以及时交流经验，推动解放区工作的开展，扩大中国共产党领导的八路军、新四军和解放区在国内外的影响。另一方面，皖南事变后，个别根据地对党中央的政策把握不准，在政治、军事斗争的宣传上出现了一些偏差。加强宣传工作的纪律性，统一全党的宣传思想，成为一个亟待解决的问题。

当时，延安的重要报刊已有中共中央机关报《新中华报》，中共中央理论刊物《解放》周刊，党内刊物《共产党人》，陕甘宁边区文化协会办的刊物《中国文化》，八路军总政治部的刊物《八路军军政杂志》以及《中国工人》《中国青年》《中国妇女》《边区群众报》《今日新闻》等。数目虽不少，但刊期较长、以理论宣传为主的杂志为多，仅有的几份报纸规模也都较小，显然已不能适应形势发展的需要。这样，创办一份大型的日报就提到党的议事日程上来。

1940年5月，《新中华报》全体同人曾写信给中央党报委员会并转中央书记处，提出改三日刊为日刊之必要性和可能性。中央党报委员会于6月举行扩大会议，讨论《新中华报》的工作。这次会议虽然对改为日报的问题未能作出决定，但明确了《新中华报》为中共中央、陕甘宁边区党委及边区政府的机关报，通过了改进这张报纸的方针和办法共11项。其中第3项内容为，新华社社长向仲华除继续负责编《今日新闻》外，并参加《新中华报》的编辑工作；第5项内容，为避免与新华社《今日新闻》重复，第一版战况不登零星消息，只编重要新闻。中央党报委员会还作出关于改进《八路军军政杂志》的决议，指出："今后应与通讯社取得联络，以

便经过通讯社供给其他军事杂志以适当文稿。"

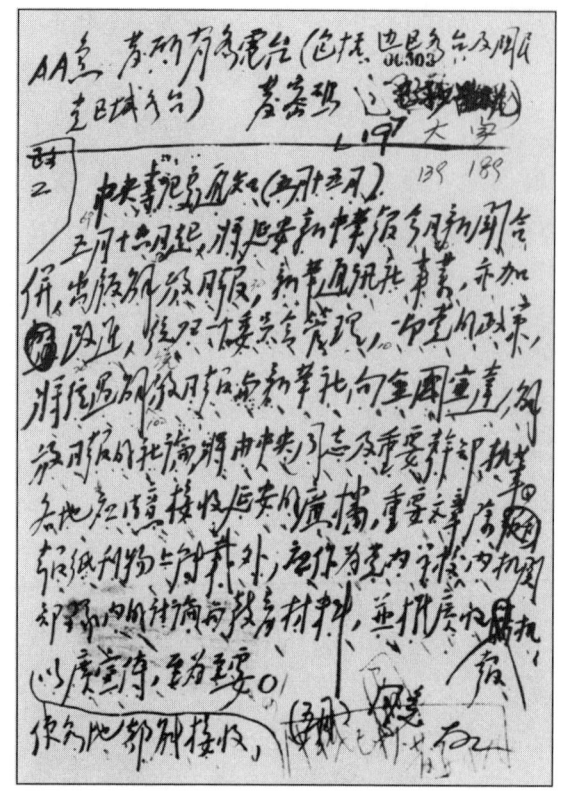

图为1941年5月15日毛泽东亲拟的中共中央书记处通知。通知指出将延安《新中华报》与《今日新闻》合并，出版《解放日报》。

1941年春，中共中央作出了筹备出版党中央机关报《解放日报》的决定，同时对延安原有的部分报纸刊物作适当调整，以便集中力量办好《解放日报》。解放日报社社长由刚从重庆归来、时任中央党报委员会主任的博古担任，总编辑由杨松担任。杨松曾在苏联学习、工作过，很早就做过新闻工作，擅长写时论、专论等文章。报社人员大致由三部分人组成：一是原《新中华报》的工作人员；二是原新华社通讯科人员；三是中央组织部从文协、青委、鲁艺、马列学院等单位陆续抽调来的一些干部。

5月14日，《解放日报》召开第一次编委会，确定15日试报一天，16日正式出版。社长博古在发言中着重谈了《解放日报》的性质和任务、党报工作者的工作态度、编辑业务和报社制度等方面的问题。他指出：党报工作者对党报重要性要有认识。我们是党中央的机关报，是以党的立场来分析认识世界，这是方向。办好报纸，首先应随时注意敌、我、友的态度。其次，应注意与群众的联系，反映群众的生活情形。因为党中央是运用党报来组织群众、团结群众的。因此我们首先要在政治上把握马列主义立场，以此来分析事变的演化；其次我们要有充分的国际国内知识。我们不管是写社论、通讯或文艺作品，都是一样要注意我们的立场。"①

5月15日，毛泽东为中共中央书记处起草关于出版《解放日报》和改进新华社事业的党内通知，全文为："5月16日起，将延安《新中华报》《今日新闻》合并，出版《解放日报》，新华通讯社事业亦加改进，统归一个委员会管理。一切党的政策，将经过《解放日报》与新华社向全国宣达。《解放日报》的社论，将由中央同志及重要干部执笔。各地应注意接收延安的广播。重要文章除报纸、刊物上转载外，应作为党内、学校内、机关部队内的讨论与教育材料，并推广收报机，使各地都能接收，以广宣传，是为至要。"②

1941年5月16日，延安《解放日报》正式创刊，为四开两版（9月16日起改为对开四版），中央印刷厂铅印。毛泽东为报纸题写报名，并撰写了发刊词。《发刊词》第一句话就明确指出："本报之使命为何？团结全国人民战胜日本帝国主义一语足以尽之。这是中国共产党的总路线，也就是本报的使命。"《发刊词》进一步重申和阐述了中国共产党的抗日民族统一战线政策，旗帜鲜明地表达了中共在皖南事变后的原则立场和根本主张。这篇《发刊词》不仅为《解放日报》抗战时期的宣传指明了方向，而且在当时对克服右倾错误和"左"的偏向，统一全党认识具有重大意义。

《解放日报》是中国共产党在革命根据地创办的第一张大型日报。《解放日报》创刊之际，正值解放区经济极端困难的时期。在党中央的关怀和支持下，《解放日报》的全体工作人员团结一致，艰苦创业，较快地完成了报社的筹建工作。它的办公地点在清凉山上的石窑洞里，面积只有100多平方米，工作人员也都住在山上的

---

① 《解放日报、新华社编委会记录》，原件存中央档案馆。
② 《毛泽东新闻工作文选》第54页，新华出版社1983年12月出版。

1941年5月16日出版的《解放日报》创刊号。

窑洞或大庙里。尽管物质条件相当艰苦,但为革命事业的成功而努力奋斗,大家的精神都是非常愉快的。新华社、中央印刷厂等与《解放日报》一起驻在清凉山,大家相互配合,共同战斗,书写了党的新闻史上的重要篇章。

四、新华社与《解放日报》并肩战斗

《解放日报》创刊时,新华社也由杨家岭迁至清凉山,与《解放日报》在一起,统归以博古为首的编委会管理。新华社社长向仲华参加编委会。两社行政后勤机构也是合一的。

图为坐落在延安清凉山上的新华社和解放日报社编辑部窑洞。

重上清凉山后,新华社机构进行了一些调整,设广播科和翻译科(原通讯科及其人员并入《解放日报》采通科)。新闻台也在1941年6月初从30里外的盐店子迁到清凉山。过去,新闻台抄收电讯后,要派人送稿,往往要耽误两三个小时,与编辑部搬到一起后,大大加快了新闻的时效。经过军委三局的努力,新华社的收报机大部分由三灯机换成了四灯机(三局器材厂自己装配的),收发电讯的情况有所改善。11月，向仲华调离新华社，新华社社长由博古兼任，吴文焘从《解放日报》调新华社，任副社长，主持日常工作。吴文焘毕业于北京大学外文系，1937年11月参加革命，曾先后在陕北安吴堡青训班、陕北公学、马列学院学习，1938年底分配到中共中央宣传部工作，历任国际宣传科干事、国际宣传委员会秘书、中宣部行政秘书，曾主编外文刊物《中国通讯》，并给《解放》周刊撰译稿件。1941年7月任《解放日报》一版编辑。

新华社与《解放日报》共同担负起党的新闻宣传重任，在业务上各自独立又紧密联系：新华社抄收的大量中外电讯和分社来稿首先提供《解放日报》采用，而《解放日报》刊登的很多重要消息和文章，则由新华社对外广播。解放日报社记者，同时也是新华社记者。记者下去采访，介绍信往往以解放日报社和新华社两社的名义开出。

当时新华社的翻译科科长为丁拓，副科长陈龙，下设英文翻译组、日文翻译组、中文译电组，翻译人员有所增加。先后调入的人员有：英文翻译林宁、陈适五、王飞、王唯真等，日文翻译陈英、王发泰、任丰树（任丰平）、杨明远，中文译电李宏烈、何叶、晓伍等。

广播科科长是李伍，编辑陈笑雨（秘书陆果木也兼一部分编稿

博古，本名秦邦宪。1936年底至1937年初主持新华社工作。1941年至1946年担任解放日报社社长兼新华社社长。

第二章
在抗战烽火中成长的新华社

工作，1942年调走），后从英译组调来王唯真。陈负责国内稿件，王负责国际稿件。1945年元旦，陈克寒调新华社，任广播科科长。2月，新华社广播科改组为编辑科，陈克寒仍任科长，李伍任副科长，编辑人员除陈笑雨和王唯真外，陆续增加了林朗、邵红叶、杨述、沈建图、陈庶、韦君宜、张纪明、黄操良、吴棕音等，分属国内、国际、英播、口播四个组。

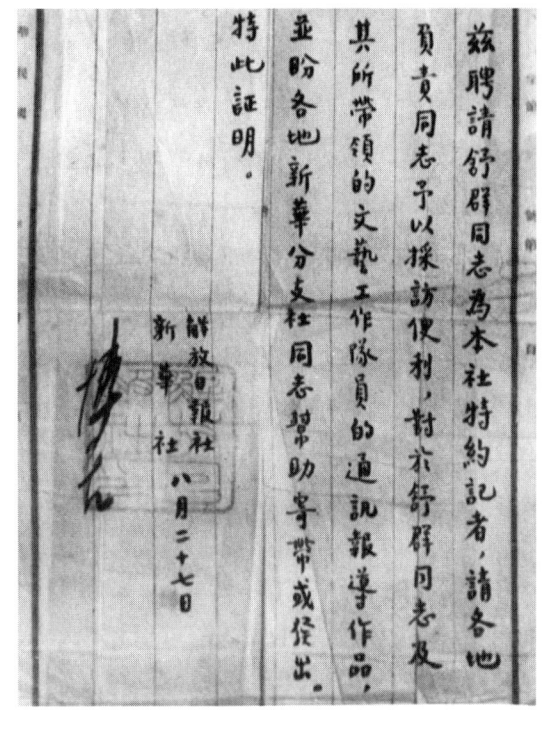

博古签署的聘请舒群为新华社特约记者的证明信。

新闻台抄收的国内外电讯送到新华社后，首先由翻译科译成中文后交给广播科。广播科将稿件分类分批整理出来，交给《解放日报》编辑部。其中重要国内外新闻，则加以摘编，连同前一天《解放日报》发表的社论、专文和有关陕甘宁边区动态等文章，编辑成一套广播稿，经吴文焘核定后，交中译组翻译，原稿送博古审阅。最后，稿子由通讯员送到相距几十里外的广播台播发。新华社中文广播1941年时每天播发三四千字，1945年逐渐增加到一万字。

1944年8月，新华社创办了对外英文文字广播，9月1日正式播出。英文广播部主任由副社长吴文焘兼任，编辑有沈建图、陈庶。英播部聘请了英国友人林迈可担任顾问，负责英文改稿。1945年2月，英播部人员并入编辑科，改为英播组，组长沈建图。8月，又恢复英播部，吴文焘兼主任。

毛泽东对报纸和通讯社的工作一直非常关心。他随时关注新华

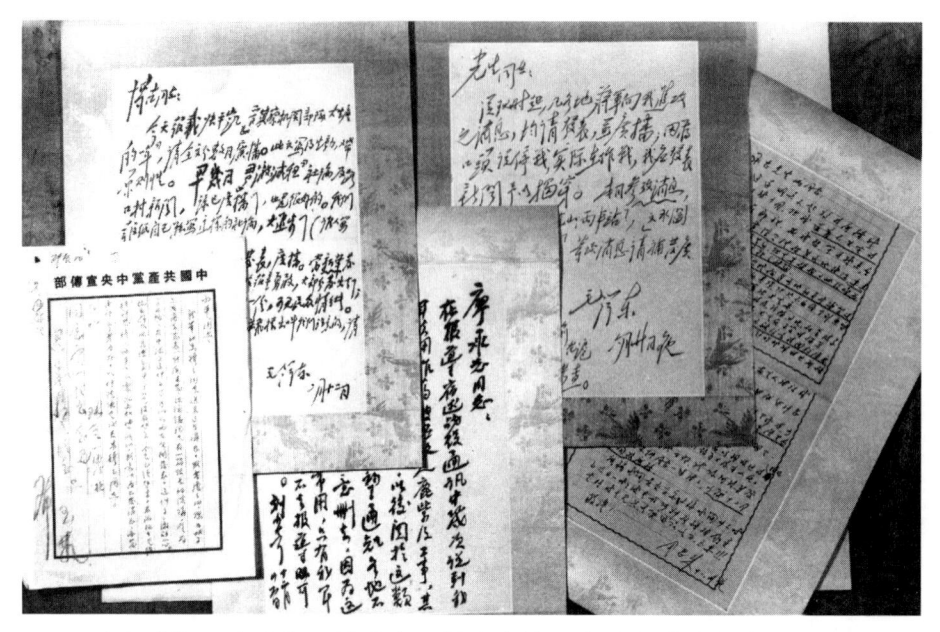

延安时期，毛泽东、周恩来、刘少奇等同志给新华社领导人的部分批示和指示件。

社抄收的国内外新闻电讯，根据这些材料及时对时局发展作出分析和判断，经常为《解放日报》撰写评论文章，通过新华社对外播发。1942年10月《解放日报》先后发表了毛泽东撰写的社论《红军的伟大胜利》《历史教训》《评柏林声明》，对斯大林格勒战役的重要历史意义进行了深入的阐述。毛泽东对《解放日报》和新华社工作的很多指导很具体，如1943年9月11日给博古的信中，谈到苏联塔斯社中国分社社长罗果夫在莫斯科出版的刊物上发表批评中国政府的专文，请在《解放日报》上登载，指出"并发广播"。1945年2月12日毛泽东在写给博古的另一信中，称赞《解放日报》登载张平凯《晋察冀机关部队大生产的第一年》一文"写得生动，又带原则性"，并指示："请全文分数日广播。"提到《贯彻减租》社论及路家口村新闻时，问道："谅已广播了"；提到《民主同盟宣言》时指出："请予发表，广播。"这里提到的"广播"，都是指新华社广播。

第三节　新华社抗战时期的宣传报道

抗日战争时期，新华社先后与党中央机关报《新中华报》《解放日报》一起，密切配合，发挥为党和人民喉舌与抗战号角的作用，为促进抗日战争的胜利作出了重要贡献。这一时期的新闻宣传，打破了国民党当局的新闻封锁，在国内外产生了深远的影响。

一、宣传中国共产党的抗日纲领和各项政策主张

抗日战争时期，新华社传播了中国共产党在抗日战争中总的战略思想和战略方针，宣传了党在各个重要历史阶段的具体政策。

（一）七七事变后宣传中国共产党坚决抗战的主张

九一八事变之后，日本逐步占领东北和华北部分地区，并蓄意扩大侵华战争。1937年7月7日夜，日军在卢沟桥附近借"军事演习"之名，向中国驻军寻衅，并以一名士兵失踪为借口，要求进入宛平县城搜查。日方的无理要求遭到中方的拒绝。当交涉还在进行时，日军即向卢沟桥一带的中国驻军发动攻击，并炮轰宛平城。中国驻军第二十九军一部奋起抵抗。全国抗日战争从此爆发。

当晚，新华社电台抄收到国民党中央社关于日本军队进攻卢沟桥，当地驻军奋起抵抗的几条消息。廖承志（时任党报委员会秘书，具体负责新华社的日常工作）当即吩咐向仲华和左漠野，把这几条消息送给毛主席看。两人带着几条新闻电讯，来到毛泽东的住处。向仲华向毛泽东简单报告了日军已向卢沟桥发动进攻的消息，并将几份电讯稿送上。毛泽东看过后，叫秘书拿来一张地图放在桌子上，用放大镜察看。毛泽东看完地图，对向仲华说："你们今晚要继续抄收这方面的消息，不要遗漏，有什么消息，随时送来给我

图为1938年，毛泽东在延安窑洞撰写《论持久战》。

看。"①

　　第二日，即7月8日，新华社播发《中国共产党为日军进攻卢沟桥通电》，通电指出："全中国的同胞们！平津危急！华北危急！中华民族危急！只有全民族实行抗战，才是我们的出路！我们要求立刻给进攻的日军以坚决的反攻，并立刻准备应付新的大事变。全国上下应立刻放弃任何与日寇和平苟安的希望与估计。"通电要求"南京中央政府立刻切实援助二十九军，并立即开放全国民众爱国运动，发扬抗战的民气，立即动员全国海陆空军，准备应战，立即肃清潜藏在中国境内的汉奸卖国贼分子，及一切日寇侦探，巩固后方"。最后号召"全中国同胞，政府，与军队，团结起来，筑成民族统一战线的坚固长城，抵抗日寇的侵略！国共两党亲密合作抵抗

---

①　左漠野：《把卢沟桥事变的消息送给毛主席》，原载《新华社回忆录》（二）第76页，新华出版社1991年出版。

日寇的新进攻！驱逐日寇出中国！"

9日，新华社播发了中国工农红军领导人毛泽东、朱德、彭德怀、贺龙等发给蒋介石的电文，要求"实行全国总动员，保卫平津，保卫华北，收复失地"，表示红军将士愿"为国效命，与敌周旋，以达保土卫国之目的"。同时还播发了前方红军将士请缨杀敌的电文等。

12日，新华社播发了延安军事观察家述评《从军事观点上来观察卢沟桥事》。述评指出："日寇发动卢沟桥事件，系日寇有计划的行动，去年丰台事件以后，日寇实际上掠夺了丰台，控制平浦北宁路的咽喉，但日寇不以此为满足。故时刻准备进一步占领卢沟桥，截断平汉路，以达其武力占据平津并依此为进攻山西并吞华北的据点。如卢沟桥失守，则平津必陷于日人的手里，而华北亦不足为我国所有了，将造成日寇灭亡中国的有利根据地。故卢沟桥的得失，实关系华北以至整个国家民族的命运，我们不得不重视卢沟桥事变的发展，深愿中国当局及全国人民迅速动员准备抗战的发动，以保卫平津，保卫华北"。

（二）宣传中国共产党的抗日民族统一战线政策

在抗战爆发、国难当头的关键时刻，中国共产党为建立全国抗日民族统一战线，进行了不懈的努力。新华社始终把宣传中国共产党的抗日民族统一战线政策、鼓舞全民族团结抗日，放在新闻报道的重要地位，把传播中共中央的全面抗战、持久抗战，反对投降和分裂、争取抗战最后胜利的政策和方针作为报道的重要内容。

1937年7月23日，新华社播发了中国共产党为日本帝国主义进攻华北第二次宣言，对于国民党冀察当局接受日方提出的不合理要求提出抗议，并就此提出了立刻实现国共两党的亲密合作，以国共两党的合作为基础，团结一切抗日救国的党派，创立巩固的抗日民族统一战线，以实现真正的精诚团结，共赴国难的方针等八项要求和主张。

7月15日，中国共产党代表将《中共中央为公布国共合作宣言》（简称《宣言》）送交蒋介石。中共中央在《宣言》中提出迅速发动全民族抗战、实行民权政治、改善人民生活等基本主张，希望国民党能予实行。同时，声明中国共产党愿为实现孙中山先生的三民主义而奋斗，停止推翻国民党政权和没收地主阶级土地的政策，取消苏维埃政府，取消红军名义及番号，改编为国民革命军。中共中央希望以《宣言》作为国共两党合作的政治基础。但国民党迟迟不予表态。由于日本政府增兵华北，不久北平、天津相继失守。8月，日军又进攻上海，国民党政权的统治中心南京受到直接威胁，国民党中央通讯社才于9月22日发表了中共中央的这个《宣言》。第二天，蒋介石就此《宣言》发表谈话，指出团结御侮的必要，实际上承认了中国共产党在全国的合法地位。中国共产党宣言和蒋介石谈话的发表，标志着抗日民族统一战线的正式形成。

9月29日，新华社播发《解放》周刊记者就国民党中央社推迟发表《中共中央为公布国共合作宣言》，特请共产党中央负责人发表意见。这篇文章（意见）为毛泽东所写，标题为《国共两党统一战线成立后中国革命的迫切任务》。文章指出："共产党的这个宣言和蒋介石氏的这个谈话，宣布了两党合作的成立，对于两党联合救国的伟大事业，建立了必要的基础。""两党的统一战线是宣告成立了。这在中国革命史上开辟了一个新纪元。这将给予中国革命以广大的深刻的影响，将对于打倒日本帝国主义发生决定的作用。"

1939年2月7日，《新中华报》在刷新第一号社论《新中华报改革的意义》中指出："新中华报改革于抗战正在走上新阶段的今日，本着中共中央巩固和扩大抗日民族统一战线巩固国共长期合作，以便在持久抗战中争取最后胜利的基本方针，本着言论机关对民族解放事业的应尽天职，对蒋委员长和国民政府加以热忱的拥护，对国民党和一切抗日党派实行精诚的团结，对全民族抗战力量努力积极的动员。"

1941年5月16日，毛泽东为《解放日报》撰写的《发刊词》重申了中国共产党关于抗日民族统一战线的政策，指出："现在是中国存亡绝续的关键，全国一切抗日党派抗日人民必须团结起来，对付日本帝国主义这个主要的敌人。中国共产党是站在这一斗争的前线的，过去如此，现在还是如此，将来还是如此。中国共产党的政策，始终是抗日民族统一战线政策。"这也是新华通讯社宣传报道的重要指导方针。

（三）播发毛泽东著作和中共中央一系列文件、声明和决定

1937年8月中共中央在陕北洛川冯家村召开政治局扩大会议（即洛川会议），讨论制定动员全国军民开展民族解放战争，实行全面持久抗战的方针，进一步确定党在抗日战争时期的任务及各项政策。会议通过了《中央关于目前形势与党的任务的决定》和《中国共产党抗日救国十大纲领》等文件。1938年9月至11月，中国共产党在延安举行扩大的六届六中全会，毛泽东在会上作了题为《论新阶段》的政治报告，全会通过了《中共扩大的六中全会政治决议案》，批准了以毛泽东为核心的中央政治局的路线。新华社播发了会议的有关文件，有力地宣传了党的抗战纲领和主张。

抗日战争时期，毛泽东撰写了大量文章并发表了一系列重要谈话，如《反对日本进攻的方针、办法和前途》《为动员一切力量争取抗战胜利而斗争》《和英国记者贝特兰的谈话》《上海太原失陷以后抗日战争的形势和任务》《抗日游击战争的战略问题》《论持久战》《中国共产党在民族战争中的地位》等。阐明了中国共产党全面抗战的路线和持久抗战的总方针，全面分析了中日战争的历史背景和敌我双方的基本特点，驳斥了"亡国论"和"速胜论"，科学地预见了抗日战争的全部发展过程，指出最后胜利属于中国，极大地鼓舞了全民族团结抗日的斗志，坚定了全国人民的抗战必胜信念。这些文章除在延安一些报纸和理论刊物上刊登外，大部分由新华社对外播发。

针对日本在加强军事进攻的同时加紧进行政治诱降，以及国民党统治集团内的投降、分裂、倒退活动日益严重的情况，1939年7月1日，新华社播发了中共中央《为抗战两周年纪念对时局宣言》，旗帜鲜明地提出："坚持抗战到底——反对中途妥协！""巩固国内团结——反对内部分裂！""力求全国进步——反对向后倒退！"在国内政治局势出现严重危机的时刻，向全国人民指明了方向。新华社还先后播发了中共中央《为抗战三周年对时局宣言》《为抗战四周年纪念宣言》《为纪念抗战五周年宣言》等重要文件，有力地传达了党中央的声音，为动员全党和全国人民为克服国民党的投降反共逆流，争取时局好转，发挥了重要的作用。

抗日战争时期，新华社播发的毛泽东的著作以及受权发布的中共中央一系列文件、指示和决定，还有党报的大量社论、评论，有力地传达了中共中央的声音，为动员和组织广大群众投入全民族的团结抗战，对指导全国人民的抗日战争，产生了巨大的影响。

二、报道中国人民英勇抗战的事迹

中国国民党和中国共产党的第二次合作形成后，根据国共双方达成的协议，红军改编为国民革命军第八路军，朱德为总指挥，彭德怀为副总指挥，八路军全军约4.6万人，下辖三个师，分别为：第一一五师、第一二〇师、第一二九师。（注：1937年9月11日，国民政府军事委员会按全国海陆空军战斗序列，将第八路军改称第十八集团军，朱德改任总司令，彭德怀改任副总司令）留在南方八省的红军游击队则整编为新四军，叶挺为军长，项英为副军长，下辖四个支队，一个特务营，共计1.03万余人。在红军改编的同时，中国共产党除将在西安的红军西北办事处改为八路军办事处外，还陆续在太原、上海、南京、武汉、长沙、桂林、兰州、迪化（乌鲁木齐）、重庆、广州、香港等城市，设立了八路军、新四军的办事处或通讯处。八路军、新四军及中国共产党领导下的各种抗日武装队伍，纷纷开赴前线，英勇无畏地投入到艰苦卓绝的对敌作战中。中国共产党领导下的抗日武装队伍，还包括东北抗日联军、华南抗日游击队等。

抗战爆发后，中国出现了两个战场，一个是以国民党军队为主体的正面战场，一个是中国共产党领导的敌后战场。这两个战场的变化和发展情况，时刻为全国人民和海外侨胞所关注。新华社报道了各个战场的战况，特别是对中国人民英勇抗战事迹的报道，对于鼓舞士气，促进团结抗日，起到了积极作用。

（一）对正面战场的报道

对于以国民党军队为主体的正面战场上的战况和战绩，新华社在抄收的中央社电讯以及所掌握的其他材料基础上，作了较充分的报道。当时在《新中华报》和《解放日报》上，常有关于国内战况的综合报道及分析评论等，及时反映了正面战场的重要战役和战争进展的情况。

抗战初期，日本侵略者依仗其军事上的优势，对华北和华中等地展开了大规模的战略进攻。在全国人民抗日热潮的推动下，国民政府统帅部调动全国军队，同时在北线和东线战场实行防御战略，抵抗日军进攻。八路军和新四军分属第二、第三、第五战区战斗序列，分别参加了各战区的防御作战。1937年卢沟桥事变后，日军入侵平津，遭到守军抵抗，新华社先后播发了《廿九军进攻日军大获胜利　通县丰台廊坊相继克复》《津日军四路袭击我军　各路均先后被击退》《北平天津卢沟桥相继失陷　日军继续向南攻击前进》《琉璃河附近中日军发生激战》《我军收复良乡县城　日军将以主力西犯察哈尔　南口方面有激烈战事发生》《平绥线日军已集中八个师团进攻　静海日军数次被我击退》《日军屡攻南口终被击退　平汉线我军又克复良乡》等消息，报道了平津作战的情况。8月13日，日军对上海发动军事进攻，中国军队和日本侵略者展开了三个月之久的淞沪会战。在此期间，新华社播发的稿件有《日军大举进攻上海》《上海我军各路举行反攻》《上海市战事我方连获胜利》《日军三师团由川沙一带登陆　京沪路受严重威胁　上海腹背受敌夹攻》《吴淞杨树浦连日激战　日军主力集中吴淞一带》《上海形势危急　我军完全退出一道防线》《沪我军退出一道阵地后战事重心在罗店一带》《沪战愈剧烈和扩大　敌五次援兵陆续到沪　我军仍扼守沪太公路》《沪我军退三道防线　被围我军安全退出》等。上海失陷后，南京危急，国民党政府迁都重庆。12月日军向南京发起攻击，守军进行了南京保卫战。新华社先后播发消息《敌分三路进犯南京　为坚决保卫首都而战》《我军退出南京城　蒋委员长发表宣言》以及转发《新中华报》社论《为保卫南京而战》等。1937年中国正面战场进行的大的战役还有太原会战，从9月至11月历时两个月。新华社对太原会战的报道，包括：《平绥线日军分两路进攻山西绥远　天镇阳高失守南壕堑有激战》《我军完全退出长城以北　日军分途向太原归绥前进》《晋北宁武忻口一带有激战》《日军进攻娘子关　晋北我军尚有进展》《敌人倾全力犯晋谋完成第一步计划　晋东北连日鏖战》等。

1937年12月至1938年5月，中国军队同日本侵略军在以徐州为中心的津浦路南北的广阔地域上，展开了一场大规模的会战，史称"徐州会战"。这次会战经过了津浦路沿线的初期保卫战、台儿庄会战和徐州突围等阶段。中国军队浴血奋战，特别是在台儿庄会战中，击败了日军两个精锐师团，取得了重大胜利。其间，新华社播发的报道有：《我空军轰炸芜湖毁敌机六架》《我军克济宁进逼兖州城》《我再度克复平鲁　敌向岱岳溃退》《战事重心仍在津浦全线我军克复富阳大举反攻　杭州芜湖近郊发生激战我占优势》《津浦线南段连日进行主力战　我扼守淮河北岸敌偷渡未逞》《我军沿淮河布置坚强阵地》《敌图二次贯通津浦线失败》《抗战以来第一次大胜利　津浦北段我军三路大捷》《鲁南我军连获三次大胜》《峄县近郊展开激烈歼灭战》《鲁南敌军遭受惨败后调派四师团兵力前往增援　津浦北段大决战不日即将展开》《敌增援部队到后鲁南二次大会战即将展开》《津浦北段战事重心渐趋鲁西　敌渡淮河北进怀远敌犯蒙城》《津浦路全线展开激烈战斗　战局重心移鲁西皖北敌图归德》《津浦线战事进入极严重阶段　敌向陇海线推进　我军退出徐州》等。徐州会战后不久，中日军队就开始了武汉会战，从1938年6月到10月，历时四个半月。武汉会战，新华社播发的消

第二章 在抗战烽火中成长的新华社

息包括：《安庆失陷敌沿长江西犯 敌将分三路大举进攻武汉》《湖口失陷江南激战展开》《九江失守沿江战事吃紧》《长江南北岸敌进攻受挫》《敌主力沿江西犯图攻马头》《江北我克潜山太湖宿淞》《江北大胜我分途围歼残敌》《大江南北敌续西犯战事吃紧》《南浔两翼我军两次告捷》《敌进攻武汉各线势已顿挫》《武汉已临到最后关头》《用一切力量挽救武汉的危急》等。

1938年10月日军占领广州、武汉以后，由于战线过长，兵力不足，被迫停止战略进攻。中国的抗日战争进入了战略相持阶段。相持阶段正面战场的战役包括南昌、随枣、枣宜会战，长沙会战，桂南会战等，这些战役中日双方互有胜负。新华社对这些战役的情况进行了报道。如1939年3至5月的南昌会战，新华社先后播发消息《战事重心移南浔线敌陷牛行车站逼近南昌 赣江南岸敌我炮战甚烈》《敌已展开新的进攻 我军安全退出南浔线转移新阵地阻敌进犯》《赣北我积极推进反攻高安》《江西我军出击再度克高安》《赣北我军进展顺利大军逐步向奉新进迫》《南昌附近激战》《我军冲入南昌与敌发生激烈巷战》等。随后发生的随枣会战，新华社播发的报道有：《战事重心移鄂豫边敌陷随枣逼近襄樊》《鄂豫形势好转敌犯鄂北受重创》《鄂北我军局部反攻 我军主动作战精神增强》《鄂豫出击获胜 克桐柏毙敌数千收复枣阳围随县》《鄂北克复随县鄂中猛攻京山》等。

1940年5月，日军集结重兵向宜昌发动进攻。国民党第三十三集团军总司令张自忠率部从右翼打击向枣阳地区进犯的日军主力。经过七八天的苦战，部队减员甚重，粮弹两缺。5月16日被困在宜城县南瓜店的十里长山。自晨至午，张自忠奋勇督战，不肯退避。他左臂负伤后仍指挥若定。在他不幸中弹重伤倒下后，仍呼喊"杀敌报仇"，最后壮烈牺牲。张自忠的壮烈殉国，在当时引起强烈的社会反响。1940年8月15日，延安也举行了隆重的追悼大会，毛泽东题写了挽词"尽忠报国"。新华社及时播发了延安各界举行追悼大会的消息以及毛泽东的挽词。

太平洋战争爆发后，正面战场局势对中国有利，但由于国民党主要当政者在政治上坚持一党专政，军事上奉行观战、避战的消极政策，因此，一些本应打好的仗也都遭致失败。如浙赣、鄂西、常德、广东、闽浙、湘北等战役中，国民党军连连失利，1944年的豫湘桂战役，国民党守军除少数外，大多数一触即溃，甚至不战而逃，大片土地失守，使日军实现了建立纵贯中国的大陆交通线的企图。对正面战场的这些失利情况，新华社也都据实以报，除及时播发有关的消息、评论外，还反映了国内外人士对中国局势发展的忧虑和看法。如在衡阳失守后，新华社播发的消息《衡阳情况不明今后战局益为紧急》，不仅对衡阳失陷的情况作了介绍，还就其对中国正面战场局势发展的影响作出判断，指出："衡阳之失，对今后战局影响甚大。""敌寇打通粤汉线的目的快要达到了，中国正面战场的形势随着衡阳的失陷而更加危险了。"1944年9月17日新华社又播发电讯《湘战的真相》，以有力的事实说明"国民党把湘战失败原因归之于敌力强大与盟国援助不够两点是完全错误的。湘战失败与豫战失败一样，全由于国民党的抗战不力与腐败无能，欲图挽救，除彻底改变国民党的错误政策外，再无他途"。

抗战期间，中国还派出远征军赴缅甸、印度支持盟军抗击日军。新华社对中国远征军为保障国际交通线滇缅路畅通，及在缅、印等地协同盟军对日作战情况进行了报道，先后播发了大量消息，如《与华军配合作战缅境英军向北移撤》《敌军三面威胁倘古企图切断中英军联络》《倘古战役后双方重组军队酝酿大战》《滇边我军反攻歼寇一纵队》《滇缅公路畅通每日运货千吨》《我军南下增援仰光》《缅境华军围歼日寇一部》《缅境中美军进攻被困敌寇》《中美联军攻占密支那》《中美联军新胜利攻克缅北马拉关》《缅北中英军两路钳击孟拱》《缅我军攻克加迈》等。

(二) 对中国共产党领导的敌后战场的报道

中国共产党领导人民武装坚持独立自主的抗日游击战争，及时而大胆地向敌占区进军，放手发动人民群众，建立抗日民主根据地，开辟了广大的敌后战场。日军对共产党领导的敌后根据地，实行封锁、分割、蚕食的政策，经常集中兵力进行疯狂的"扫荡"和"清乡"，斗争十分残酷。当时，新华社在各抗日根据地建立的分社、支社组织，在艰苦的条件下为延安总社提供了敌后斗争的大量稿件。活跃在部队或地方的广大通讯员，也采写了很多来自战斗一线的稿件。新华社大量报道八路军、新四军和根据地民众英勇杀敌、支援前线的事迹，在各抗日民主根据地和全国产生了重要的影响。广大读者从新华社的报道中看到了人民战争的前景和威力，燃起了胜利的希望。

(1) 新华社关于八路军著名的战役或战斗的报道

平型关大捷的报道。1937年9月22日，侵入山西的日军第五师团（师团长坂垣征四郎）一部从灵丘向平型关方向进犯。23日和24日在平型关正面及团城口与中国守军发生激战。9月24日，八路军第一一五师主力冒雨由冉庄向平型关东北前进，在山地设伏。25日晨，日军第五师团第二十一

1937年9月29日，《新中华报》刊登的《八路军开始第一个大胜利》（即平型关战役胜利）。

旅团一部进入八路军的伏击区。八路军利用居高临下的有利地形，突然发起猛烈攻击，歼敌1000余人，击毁汽车100余辆，缴获一批辎重和武器。24日至25日，担任钳制、阻击任务的第一一五师

独立团打退日军增援部队的多次冲击，歼敌 300 余人。

新华社以"前线来电"的电头播发电讯稿《八路军开始第一个大胜利》，报道了八路军在平型关前线首战告捷，取得全面抗战以来第一个大胜利的消息。9 月 29 日的《新中华报》在一版头条位置刊登了这则消息。

消息全文如下："（前线来电）我八路军（即红军）之一部于廿四日（原文如此——编者注）在晋东北××地方与日军数千人接触，内有骑兵数百人，激战数小时之久。我军全体将士奋勇杀敌，结果把进犯日军全部击溃。是役我军大获胜利，缴获轻重机枪步枪三四百支，钢炮一门，汽车六十余辆，摩托车三辆，炮弹二千余发，其他军用品甚多。俘虏日军四五百人，打死日军三百余人，一小部日军向北逃去，我军乘胜占领了敌人几个重要阵地。这是我八路军在抗战中的第一个胜利！

又电：我军于廿四日战斗胜利后，继续向前推进，廿五日又与敌军在某地发生激战，我军士气非常旺盛，全部将敌击溃，消灭敌军千余人，缴获步枪及其他军用品无数，我军乘胜追击一百廿余里，刻已到达广灵城附近。"

平型关大捷，是华北战场上中国军队主动寻歼敌人的第一个大胜仗，有力地配合了正面战场的防御作战。它打破了日军不可战胜的神话，振奋了全国的民心、士气，鼓舞了全国军民抗战必胜的信心，提高了共产党和八路军的威望。

夜袭阳明堡日军机场的报道。1937 年 10 月 19 日，八路军第三八五旅七六九团三营夜袭山西代县阳明堡日军机场，焚毁敌机 24 架，消灭敌守备队 100 余人，削弱了敌人的空中侦察、突击力量。新华社以"前方捷电"的电头报道了八路军突袭阳明堡机场大获胜利的消息。10 月 24 日，《新中华报》刊登了新华社的稿件。

消息全文如下："（新华社前方捷电）我八路军之一部于十九日以极敏捷的动作，进袭同蒲路之阳明堡日军飞机场。当我军夜间冲进敌人的飞机场内时，敌人尚不知道，我军一方面派部队进袭敌人的营房，一方面将停在机场内的二十四架飞机全部焚毁，我军大获胜利，击毙日军数十人，吓得敌人恐慌万状，不知我红军从何而来，我军现正在敌人后方开展着猛烈的游击战争。"

八路军夜袭阳明堡日军机场，是八路军一二九师开赴华北抗日战场后的首战胜利，是平型关大捷以来又一次振奋人心的胜利，在人民军队的历史上写下了光辉一页。新华社关于八路军成功突袭日军机场的消息通过无线电波很快传遍全国，鼓舞了全国人民抗战的信心。

百团大战的报道。1940年夏，华北八路军（不含山东）所属部队趁青纱帐和雨季，对日军发动了一次大规模的进攻作战。随着战役的展开，八路军参战部队达到105个团约20余万人，故称"百团大战"。百团大战中，八路军指战员英勇杀敌，歼灭大批敌人，摧毁大量敌堡和据点，缴获大批武器弹药和军用物资。百团大战给日军企图分割各抗日根据地军民的"囚笼政策"以沉重打击，钳制了日军大量兵力，打击了日军的侵略气焰。百团大战既锻炼了人民军队，提高了共产党和八路军的威望，又在抗日局面比较低沉时振奋了全国民心。共产党坚持长期敌后抗战和进行百团大战的事实，有力地驳斥了国民党顽固派对共产党、八路军"游而不击"的污蔑。

新华社对百团大战进行了及时、充分的系列报道。报道形式不仅有战报、消息，还有综合报道、专访等。

新华社最早冠名"百团大战"进行报道是以"新华社晋东南二十三日电"电头播发的消息《八路军展开百团精兵大战》，消息说："十八集团军总司令部顷发表战报称：敌寇增兵晋冀，急闯大西北，断绝我交通，并从伪满北平增兵南下，妄图大举扫荡我华北各抗日根据地，我八路军为粉碎敌寇此种狠毒阴谋并保卫大西北，配合全军战局顺利开展计，乃决以百团兵力并决死队××××等部向正太、同蒲、邓汉、津浦、北宁及白晋、石德、平绥各地大举进击。经多日之周详部署后，各线业已于八月二十日晚十时同时投入战斗，进展神速，士气极盛，前线民众联军参战亦极踊跃。迄至目前止各线战事正猛烈发展中。"

新华社在百团大战报道中，还使用了"急电"形式报道娘子关战斗。在以"新华社晋中前线二十一日急电"为电头的消息中说："我晋察冀边区某某有力部队于二十日晚向娘子关展开猛烈血战数小时，首先将娘子关外围各据点守敌全部剿清，于午夜进迫娘子关门户磨河滩，我官兵愈益振奋，以气吞山河之势勇猛进击，守敌百余被我完全消灭。我缴获步枪五十余支，轻重机枪五挺，掷弹筒二个，于是鲜艳之国旗重又飞扬沦陷二年余的天险高空之上。"

新华社记者采写的《"破击战"的第一阶段》（克寒）、《邢内段的破击战》（林火）、《华北反扫荡中的狮脑山血战》（吴宏毅）等战地通讯，报道了八路军破击敌人交通线和攻克多处城镇日军据点的伟大胜利，反映了八路军战士奋不顾身英勇杀敌的精神风貌。

1940年9月4日，新华社播发了题为《彭副总司令谈百团大战的伟大意义》的长篇访谈稿件，内容是十八集团军副总司令彭德怀接受新华社记者采访，回答了"百团大战在华北抗战中的意义""这一胜利将在国际国内引起何种影响""百团大战对八路军本身的影响""百团大战后的战局形势发展"四个问题，起到了宣传百团大战胜利、鼓舞抗战士气的作用。

八路军击毙日军高级将领的报道。如消息《八路军击毙敌阿部中将》（载1939年11月25日《新中华报》），报道了1939年11月初，晋察冀部队在第一二〇师部队的配合下，在河北省涞源县雁宿崖、黄土岭成功地进行伏击歼灭战，共歼敌1500余人，打死日军独立混成第二旅团旅团长阿部规秀中将。这是中国抗战史上八路军击毙的日军最高级别的指挥官。

新华社反映八路军英勇战斗、不断取得胜利消息的报道，还有《晋东南我八路军粉碎敌军三次"扫荡"》《鲁南我军痛击敌寇》《我军击毙敌坂本旅团长》《八路军展开敌后总攻击》《冀察两月攻势胜利平北局面大为开展》等。这些胜利消息经新华社播发后，极大地鼓舞了全国人民的抗战士气。

除大量战报、消息外，新华社记者还采写了许多反映战斗纪实的战地通讯，生动地再现了抗日战争中敌后战场的战斗场景和英雄事迹。如克寒的《大战午城镇》，真实地反映了八路军一一五师在晋西与日军血战五昼夜，取得胜利的情景。林朗的《河口歼敌记》，记述了八路军在晋察冀边区五台县城附近歼灭敌人有生力量的事迹。齐语的《断桥血战纪实》，记述了华北地区八路军的12名战士顽强守卫断桥阵地，击毙200多敌人的英雄事迹。周游的《冀中宋庄之战》，反映了冀中子弟兵开展平原游击战，以少数兵力，杀伤敌寇1000多人的英勇事迹。戴金朴的《四天三夜胜利的战斗》，报道了晋绥军区的八路军和游击队在对山西汾阳的大攻击战中，奇袭协和堡并获得大捷的事迹。还有仓夷的《纪念连》、张帆的《血战羊观》、羽山的《一个连的战斗》等。

（2）**新四军战斗事迹的报道**

新华社对新四军的英勇战斗事迹进行了充分的报道。如消息《纵横敌后之新四军一年来伟大战绩 毙伤敌达七千名缴获机关枪二千余支》（载1939年6月23日《新中华报》），报道了新四军自1938年5月中旬至1939年5月底取得的辉煌战绩。《新四军反"扫荡"大胜 我军尾追克复泾县城》（载1940年10月24日《新中华报》），报道了新四军反"扫荡"斗争的胜利。《新四军苏北大捷》（载1941年8月10日《解放日报》），报道了新四军在阜宁盐城和黄桥古溪镇等地英勇战斗事迹。《新四军大捷 收复车桥攻入涟水 车桥一役克敌碉堡五十座 歼敌大佐以下八百》（载1944年3月13日《解放日报》），报道了车桥战役的重大胜利。《新四军粟裕部去年毙伤敌伪一万五千》（载1945年1月24日《解放日报》），报道了粟裕部1944年全年的战绩。

新华社反映新四军在艰苦的环境中英勇战斗的报道，还有：消息《新四军痛歼敌伪 伪军千余向我投诚 汉奸侯部全被消灭》《新四军苏南大捷》《新四军进袭铜陵宿县 毙敌八百余 并击落敌机一架》《新四军捷报频传　袭当涂敌煤矿公司　毙敌数百》《苏北新四军激战歼敌于涟水　某连陷敌重围全部壮烈殉国》《如皋敌伪大举进攻　我新四军英勇迎击　血战三昼夜击溃敌四千人》《新四军攻入孝感》《新四军挺进南京城郊　江南敌伪"清乡"受创》《新四军血战京沪路北》《苏皖新四军屡战皆捷　高邮北毁敌炮楼五十座》《新四军克淮阳马厂》《大江南北新四军活跃　我袭丹阳扬中如皋》《日寇据点密布中　苏南新四军歼敌数百》《秣陵关前激战　新四军威震南京》《南京句容间　新四军袭击土桥镇》《南通附近　新四军克金沙镇》《新四军奋战江北　淮阴激战敌放毒气》《配合大别山战斗　新四军连挫敌　麻城追击战我迫敌城郊》《淮北新四军攻入淮阴县城》《新四军克洋河镇　直逼淮安城郊》《寇军六千合击巢湖南新四军奋战却敌》《新四军各路大捷　连克据点十七座　陈集敌寇释放毒气顽抗》《华中新四军各师展开全面大出击　半月内作战百余次　歼敌两千》《新四军攻克云梦城》《苏中新四军反"清乡"胜利　击毙敌山本大队长》《新四军粟师对敌展开攻势　旬日连克十一据点》《苏中新四军击溃敌伪千余　机枪手徐丰被断十指至死不屈》《苏北新四军及地方武装一年（1943年）　毙俘敌一万八千　苏中我攻克樊川永安》《新四军某部破坏南京敌飞机场》《苏浙边新四军攻克敌伪据点二十五处　长兴大部地区已获解放》《新四军攻入阜宁》《新四军袭入南通》《新四军太湖纵队挺进无锡城郊》《淮北新四军第四师挺进路西豫皖苏区　解放同胞二百五十万　建立八个县政权》《新四军八年来战绩辉煌　毙伤俘敌伪四十三万　解放了四千万同胞》等。

除大量战报、消息外，新华社记者还采写了许多反映战斗纪实的战斗通讯，生动地反映新四军的英勇战斗事迹。如石西民的《江南游击区横断面》，分为"'梅花桩'""赶不走我们的游击战士""在困难的地形下奋斗的一支铁军"等部分，报道了新四军在江南开展游击战争的情况。又如新华社华中分社采写的长篇通讯《淮海区根据地在战斗中长大着》（载1944年5月3日《解放日报》），介绍了新四军与苏北淮海抗日根据地的群众一起，粉碎敌伪军的报复"扫荡"，沉重打击敌人的战斗事迹。

(3) **反映敌后根据地军民的战斗事迹**

在敌后根据地的反"扫荡"斗争中，广大军民创造了很多极为有效的歼敌方法，如地雷战、地道战、麻雀战、破袭战、水上游击战、武装工作队等，给予敌人以有力打击，展现了人民战争的威力。这些在新华社的报道中都得到了充分反映。

记者在《神出鬼没敌寇震恐，冀中我用地道战术》的稿件中反映了地道战的威力。报道说：冀中平原的一个村庄被日军包围，当敌人费尽力气终于占据了村子后，意外的事情发生了，他们发现"村子上一个人也没有，牲口杂物猫狗什么都没有。街上只有秃光光的土墙，屋里也只有秃光光的土墙……敌人迷惘了，搜索了好久，什么都没有找到，敌人不得不惊恐的退走了。离出去不远，突然村里又响起来了，稠密的枪声，打屁股后又打来了。敌人到村里，依然又是空空的街和光光的墙……这样反复了二三次，最后敌人才发觉了这个秘密。原来家家都有地下道。敌人不敢进出，站在洞口，用枪向里射击，枪弹都打在土墙上。敌人逼着伪军去搜剿，一下去地雷炸了。敌人用火烧，烟火往外冒，用水淹，水往外流。因老百姓早就防备了这一着。敌人守着洞口转圈子，天渐渐的黑下去，就在这个时候，我们的游击队，我们的老百姓，早在地道的另一端退走了，老百姓到附近的村庄去休息，游击队又找好了隐蔽地。黄昏时分，敌人退走，我们又打了一次满意的埋伏"。

在以"新华社晋察冀二十二日电"为电头的《晋察冀边区地雷战使敌丧胆》一稿中，记者把敌人对我地雷战的极度畏惧写得活灵活现："敌人一听见地雷就头痛，地雷是他们的死对头。在地雷的面前，他们的丑态可多了，不敢走正路，大家早就知道了。那么他们走哪里呢？走麦苗地、走河沟、走山半坳、走山尖。在完县敌人甚至打穿墙，从墙洞里钻，但是不管什么地方都是地雷，遇地皆雷，真是使敌人走投无路。于是敌人乃用石碾或大车离开他们队伍

河北平山县民兵埋设地雷配合主力作战。石少华摄

二三丈远,在前边走,或让驮骡羊只前边试路,但是仍是不行,偏偏那些东西走过去不炸,等敌人一踏上去就炸,这可真使敌人没法。在敌人经过的地方,敌人也用过到处画上圆圈儿或放上纸条或用铁丝圈起,那都是敌人认为有地雷的地方。当我们的地雷把'拉火'改为'踏火'的时候,敌人就马上到处挖翻地雷,并且用重赏来收买,但是我们的地雷马上就变了,只要动一动就炸,谁都要命谁敢来挖呢?敌人还会有什么办法呢?敌人曾经对着'可疑'的地方用机关枪扫射,企图扫射到危险的东西,但是在扫射时不声不响,等敌人一走上地雷,马上就开花了。""敌人把大地雷叫大阎王,小地雷叫小阎王,敌人要'扫荡'边区,总是躲着道路走,但是敌人不能离地而行,到处是地雷,到处不平安。"

类似的报道还有《太行反"扫荡"中民兵地雷战收效宏大》《五台民兵发明天雷阵歼敌》等消息,生动地介绍了边区军民机智灵活地打击敌人的英雄事迹。

反映敌后根据地军民在反"扫荡"斗争中战斗事迹的著名通讯有：仓夷的《爆炸英雄李勇》和《李勇在反"扫荡"里》，连续报道了晋察冀边区爆炸英雄李勇，领导游击小组大摆地雷阵，给予敌人以重大杀伤的英雄事迹。戴烨的《被麻雀战啄食的皇军》，讲述了敌人被麻雀战打得晕头转向，处处被动，不得不拖着死尸退走的景象。穆青的《雁翎队》，反映了白洋淀上的水上游击队，利用水上自然条件，神出鬼没地打击日本侵略者，使敌人闻风丧胆的事迹。黄虹的《徐广田的"铁道队"》，报道了津浦铁路鲁南段和临枣线上，铁道游击队与敌人开展英勇斗争的故事。顾涤的《向敌占区前进的武工队》，通过"调回敌人""教育伪军""八路军快来吧！""开辟新区域""把敌占区变成根据地"几个部分，介绍了武工队在敌后开展的艰苦斗争和取得的成绩。

切断敌人的补给线。李峰摄

（4）华南抗日游击队的抗战报道

在华南，1938年广州失陷后，中国共产党领导人民积极开展游击战争，先后创建东江、琼崖、珠江等抗日根据地，一次又一次地粉碎日、伪军的"清乡"和"扫荡"，打退国民党顽固派的多次进攻，壮大自己。他们的斗争，得到当地人民和海外爱国侨胞的积极支持。到1944年，华南东江纵队由数千人扩大为万人以上的游击兵团，近逼广州市郊，出没于香港地区的九龙附近，组织海上游击队，炸毁九龙铁桥。同时，琼崖纵队主动向日、伪军出击，在琼山、文昌、澄迈等县建立了巩固的根据地。

新华社对东江纵队、琼崖纵队等抗日游击队的斗争情况进行了充分的报道。如消息《游击队炸毁敌列车二十四辆 焚毁敌油库》（载1939年8月29日《新中华报》），用"广州27日电"的电头，报道我华南游击队某部于21日晨在霄日车站英勇战斗、歼灭敌人的事迹。又如新华社1944年8月15日播发的通讯《东江纵队威震港粤 半年来粉碎敌"扫荡"十五次 毙伤俘敌伪千七百余》（载1944年8月17日《解放日报》），报道了东江纵队的英勇战斗事迹，其中包括成功营救援华美飞机师的内容。

新华社对华南游击队抗战的报道，还有：消息《东江纵队粉碎敌伪连续"扫荡" 强攻广九铁路土塘车站》《大鹏湾海面 东江纵队擒一敌船》《东江纵队挺进北江西江 十余县建立民主政权 部队扩大至万人以上》《东江纵队袭入淡水逼近惠阳》《东江纵队击退三千伪军进攻》《广州附近各地 东江纵队连获胜利 东莞伪警百余全部携械反正》《东江纵队三月份（1945年）中 对敌作战五十二次 海上部队截获敌船二艘》《东江纵队五月份（1945年）中 对敌作战三十五次 毙伤俘敌伪五百余》《华南抗日纵队完全收复稔平半岛》等。

(5) **东北人民及抗日联军的抗战报道**

九一八事变后，在被日军占领的东北，兴起了为数众多的抗日义勇军，他们展开艰苦卓绝的抗日游击战争，得到全国人民的热烈声援。新华社（前身红中社）对义勇军的抗日斗争进行了大量报道。如消息《东北义勇军壮大抗日力量》（载1932年9月27日

《红色中华》报），报道义勇军在沈阳、长春、哈尔滨等地袭击日军的情况。消息《义勇军攻入沈阳城》（载1934年9月13日《红色中华》报），通过"不断的破坏交通""打死了日军大尉藤田""占领四平街饶河县"三个部分，报道了义勇军给予日寇以沉重打击的事迹。还有消息《东北四省义勇军活跃》（载1937年2月9日《新中华报》）、《东北义勇军大活跃　发展到二十五万人以上》（载1938年1月10日《新中华报》）、《苏联记者所述　东北义勇军斗争实况各处游击队总数不下十万余人　在统一战线之下发展反日斗争》（载1938年5月10日《新中华报》、转自上海《译报》译载的苏联费特洛夫氏所作《满洲的游击队》一文）、《东北义勇军声势浩大》（载1938年6月15日《新中华报》）。

全国抗战爆发后，在八路军、新四军向敌后进军的同时，共产党人杨靖宇等领导的坚持在白山黑水之间长期从事抗日武装斗争的东北抗日联军更加活跃起来，汉、满、朝鲜各民族的抗日战士给日、伪军以沉重打击。

新华社克服困难，通过采访从东北过来的人、收听在中国东北宣布成立的伪"满洲国"的电台广播以及转发国内外报刊文章等途径，对东北抗联的抗日斗争有所报道。如播发的消息《活跃的东北抗日联军　扫荡"讨伐队"　消灭伪军　缴获枪械补充了自己》（载1940年1月6日《新中华报》）、《东北抗日联军捷讯　长白山下毙敌千余　黑龙江南夜袭庆城》（载1940年1月27日《新中华报》）等。由于敌伪封锁，交通、通信条件困难，消息来源少等原因，新华社对东北抗日联军的抗日斗争报道总量较少。

（6）**关于抗日英雄事迹的报道**

在抗击日本帝国主义侵略的战争中，涌现出了成千上万的民族英雄。在中国共产党领导的敌后战场，有八路军副参谋长左权，新四军第四师师长兼淮北军区司令员彭雪枫，东北抗日联军第一路军总司令兼政治委员杨靖宇，东北抗日联军第三军第一师第二团政治委员赵一曼，东北抗日联军第二路军副总指挥赵尚志，华侨抗日女

"子弟兵的母亲"戎冠秀。石少华摄

英雄李林，八路军回民支队司令员马本斋等中国共产党著名抗日英烈，以及狼牙山五壮士、八女投江、刘老庄连八十二烈士等英雄群体。还有在反"扫荡"战斗中，不避艰险，奋不顾身地安置救护伤员，被誉为"子弟兵的母亲"的戎冠秀等。这些英雄人物献身于民族解放事业，表现出中华儿女不畏强暴、反抗侵略的伟大民族精神。

新华社大量报道了他们的英雄事迹，宣扬他们的英勇精神，在全国产生了深远影响。如左权、彭雪枫殉国报道等。1942年5月，日军对太行抗日根据地进行"铁壁合围"大"扫荡"。5月25日，八路军副参谋长左权在八路军总部（当时驻晋东南辽县）遭到敌人合围的危急情况下，指挥部队突围，不幸中弹，壮烈殉国，年仅37岁。左权是八路军在抗日战争中牺牲的最高军事指挥员。他牺牲后，新华社播发了消息《麻田血战英勇杀敌 左权同志壮烈殉国》，以及朱德同志所写的悼念文章《悼左权同志》。1944年8月，

第二章 在抗战烽火中成长的新华社

新四军第四师师长彭雪枫执行中共中央关于向河南敌后进军的指示，指挥所部进行西进战役。9月11日，彭雪枫在指挥河南夏邑县八里庄的战斗中英勇牺牲，时年37岁。新华社播发了消息《新四军第四师师长彭雪枫同志殉国》以及陈毅同志撰写的悼念文章《追忆彭雪枫同志》。

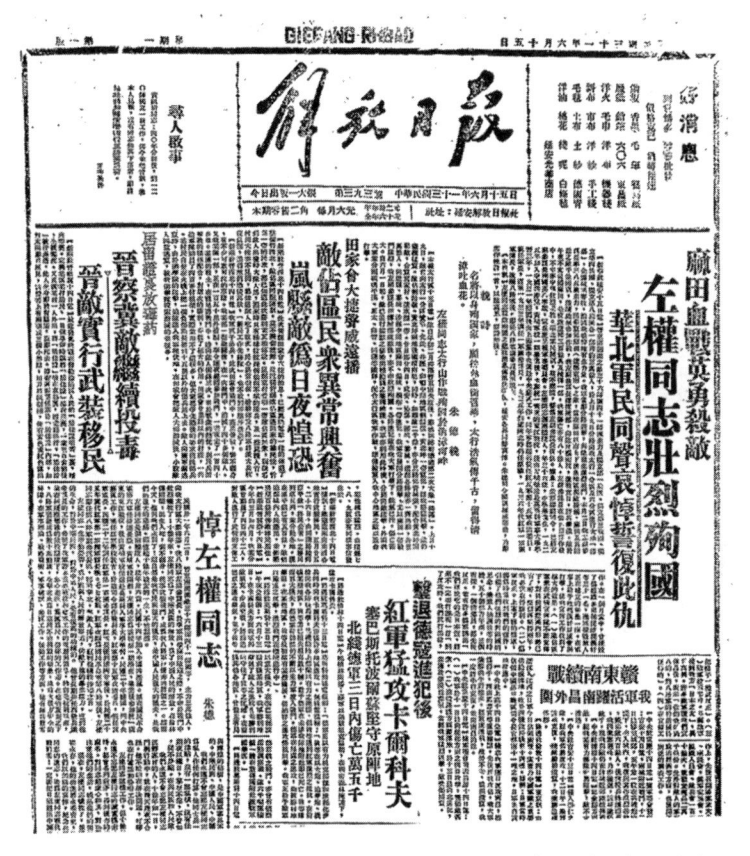

图为1942年6月15日《解放日报》在一版刊登的新华社消息《麻田血战英勇杀敌 左权同志壮烈殉国》，以及朱德同志所写的悼念文章《悼左权同志》。

关于抗日英烈的报道，著名的通讯有：穆欣的《一位民族女英雄》，报道了在雁北游击战中英勇牺牲的归侨女战士李林的英雄事迹。沈重的通讯《棋盘陀上五壮士》（棋盘陀是狼牙山的最高峰），报道了"狼牙山五壮士"的英雄事迹：1941年9月25日，在冀西易水河畔狼牙山地区，八路军战士马宝玉、胡德林、胡福才、宋学义、葛振林，面对日、伪军的进攻，为掩护党政领导机关和群众转移，主动把敌人吸引到自己身边，一步步退到悬崖绝壁，据险抵抗，连续打退敌人四次冲锋。在打完最后一粒子弹时，他们毅然砸枪跳崖，三人坠落崖底，壮烈牺牲，二人被挂在树枝上，后来脱

159

"狼牙山五壮士"幸存者葛振林(右)和宋学义(左)。李鸿年摄

险。人们称他们为"狼牙山五壮士"。醒华的《在冀中平原奋战的一支精锐的伊斯兰武装》和仓夷的《马老太太——回民支队队长的母亲》,报道了八路军回民支队司令员马本斋及其母亲的英雄事迹。抗战爆发后,马本斋在家乡组织回民义勇队,奋起抗日。1938年率队参加八路军,所部改编为冀中军区回民教导总队,任总队长,同年加入中国共产党。次年改称冀中军区回民支队,他任司令员。在战争烽火中,马本斋率领的回民支队英勇杀敌,打了许多胜仗。回民支队不断发展壮大,成为冀中部队的一支主力,成为华北回族同胞捍卫祖国的一只铁拳。1941年8月27日,日伪军包围冀中献县东辛庄,采用拷打和屠杀的办法,威逼群众交出回民支队司令员马本斋的母亲。许多人被打得死去活来,仍守口如瓶,当场数人被杀。马母见情不忍,挺身而出。敌人对她威胁利诱,要她写信劝儿子投降,被马母坚决拒绝。她坚贞不屈,最后绝食而死。

新华社记者还报道了其他许多抗战英雄人物的事迹。如端木长

第二章
在抗战烽火中成长的新华社

白洋淀上雁翎队。石少华摄

青的《为保卫国际战友而牺牲的一个班》，讲述了在反"扫荡"中为掩护外国友人林迈可，有一个班的战士与敌人英勇战斗，最后壮烈牺牲的事迹。还有《尹村战斗五烈士》《段家坪战斗的英雄们》《海上的游击队》等。

新华社在宣传抗战英雄人物的报道方面取得了很多可贵的经验。1943年2月11日，八路军总政治部发出关于宣传八路军新四军中各种英雄人物问题的指示，指出：我军在敌后坚持抗战已进入第六年，做出了许多惊天动地可歌可泣的事迹，不管在作战中，在对敌斗争中，在学习与生产中，都涌出了许多的"八路军新四军英雄"。最近陕甘宁边区宣传生产战线上的"劳动英雄"赵占魁等人的运动，影响甚大，对于教育边区工人、农民提高其劳动生产热忱，尤收到良好的效果。我们部队应很好学习这种方式，宣传八路军、新四军的各种英雄，特别是火线上的英雄。各战略单位政治机关，应很踏实地去发现这些英雄，编成生动的通讯，电告延安新华社，同时在本地深入宣传，这是极富有教育意义的。1944年4月1日，总政又发出关于加强我军对外宣传工作的指示，指出：今后应更好利用新华通讯社，有系统地真实报道敌后战况（打小仗也要报道），生动有力地宣扬我军英勇战绩。

在对八路军、新四军抗战事迹的报道中，新华社还利用人民军队领导人和将领接受记者采访，介绍八路军、新四军的战斗情况。如《肖克将军会见记》《刘伯承师长谈：策应晋察冀反"扫荡"晋冀鲁豫胜利辉煌》《陈赓将军畅谈太岳反"扫荡"大胜利》《新四军粟裕师长谈苏中苏南反清乡胜利》，还有叶剑英同中外记者西北参观团的谈话《中共抗战一般情况的介绍》，以及有关敌后战场的军事理论文章，如朱德写的《我们有办法坚持到胜利——为抗战六周年纪念而作》，彭德怀写的《我们怎样坚持了华北六年的抗战》，陈毅写的《新四军在华中》等，这些文章对各根据地对敌斗争的历史和现状、敌后游击战的战略和战术作了总结和梳理，有助于全国人民对于敌后战场的了解，加深了对于中国共产党领导的人民军队的认识。

三、反映抗日民主根据地的建设成就

中国共产党领导下的各抗日根据地在被敌人封锁、包围的情况下，发扬自力更生、艰苦奋斗的革命精神，在政治、经济、文化等各项建设中取得了显著成就。新华社结合共产党的中心工作，报道了中国共产党为战胜封锁、巩固和发展抗日根据地所采取的各项政策和措施，以及成功经验和动人事迹。

宣传报道各根据地抗日民主政权建设的经验和成就，是新华社新闻报道的重要内容，包括："三三制"、精兵简政、减租减息、拥政爱民、拥军优属等。"三三制"是中国共产党在抗日根据地建立抗日民族统一战线政权的重要政策之一，即在抗日根据地政府的人员构成上，应为：共产党员占三分之一，左派进步分子占三分之一，中间分子和其他分子占三分之一。这一政策的执行，既保证了中国共产党对政权的领导，又能发展进步势力，争取中间势力，孤立顽固派，团结各阶层人民共同抗日，对汉奸和反动派实行专政。

开始时，广大干部群众中有许多人对这一政策不理解，经过深入细致的宣传工作，广大党员、干部和群众对"三三制"的重要意义认识逐渐清晰起来，这一政策终于在各根据地普遍推行开来。"三三制"原则的推行调动了各方面的积极性，推动了根据地民主政治的建设和经济、文化等各项事业的发展。1944年8月，新华社播发了林伯渠在陕甘宁边区高干会上的报告《陕甘宁边区"三三制"的经验及其应该纠正的偏向》，毛泽东为中央宣传部起草致各级党委电中，要求将这一报告"作为党内干部读物，除多印小册子发给党内干部阅读并作党校课本外，还应根据此件检讨当地'三三制'政权工作，发扬成绩，纠正错误"。

减租减息是中国共产党在抗日战争时期处理土地问题的基本政策，一方面地主要减租减息，以改善农民的生活；另一方面，农民要交租交息，以照顾地主、富农的利益。经过减租减息，农民得到经济实惠，提高了他们参加生产和抗日斗争的积极性，推动了农业生产的发展。新华社播发了不少介绍根据地减租经验的报道，其中《太行平顺路家口检查减租的经验》曾得到毛泽东的肯定和赞许。

精兵简政也是抗日根据地实行的一项重要政策，新华社也作了大量的报道。1942年8月19日，《解放日报》刊登《精兵简政在晋冀鲁豫边区》一文，毛泽东看后致信谢觉哉、陈正人，指出："此文我看很好，请你们也看一看，是否我们这里可以完全仿效？"[1] 之后不久，毛泽东又为《解放日报》撰写社论《一个极其重要的政策》，阐述了精兵简政政策的重要性，新华社及时广播。社论指出："各抗日根据地的全体同志必须认识，今后的物质困难必然更甚于目前，我们必须克服这个困难，我们的重要办法之一就是精兵简政。"精兵简政政策的实行，减轻了人民的负担，解决了机构庞大和受到战争破坏的社会经济缺乏足够承受力之间的矛盾，对于巩固抗日民主根据地起到了重要作用。

---

[1] 《毛泽东文集》第二卷第439页，人民出版社1993年12月出版。

大生产运动的开展，使解放区克服了严重的物质困难，改善了军民的生活。图为延安女干部在纺线。郑景康摄

抗战进入相持阶段后，陕甘宁边区和敌后抗日根据地在财政经济上日益困难。1939年2月，中共中央在延安召开生产动员大会，毛泽东提出"自己动手"的口号。1940年冬国民党政府对八路军停发经费给养，日伪及国民党反动派对边区实行经济封锁，外援断绝，一切公用的生活资料以及军需弹药，完全由边区军民自己解决，边区和各根据地的财政经济形势非常严峻。毛泽东在论述边区财政经济问题时说，"我们曾经弄到几乎没有衣穿，没有油吃，没有纸，没有菜，战士没有鞋袜，工作人员在冬天没有被盖……"1941年，为了克服经济上的困难，中共中央号召根据地军民开展大生产运动。1942年底，提出"发展经济、保障供给"的方针。根据地广大军民响应中共中央的号召，坚持自力更生，生产自救，取得了显著的成绩。大生产运动改善了军民的生活，密切了党政军民关系，积累了经济建设的经验，为根据地渡过难关、争取抗战胜利奠定了物质基础。

新华社的宣传报道努力贯彻"发展生产，保障供给"的总方针，充分反映了大生产运动中根据地军民发展生产，改善生活，克服经济困难，自己动手、丰衣足食的成就和事迹，真实地记录了这一历史壮举。

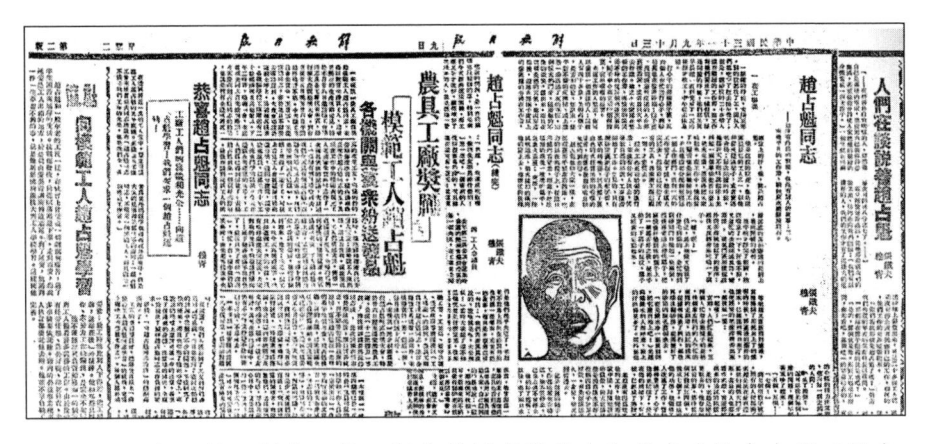

第二章
在抗战烽火中成长的新华社

1942年9月,解放日报、新华社记者张铁夫和穆青采访中央军工局农具厂劳动模范赵占魁,采写了《人们在谈说着赵占魁》《赵占魁同志》《恭喜赵占魁同志》等报道。不久各解放区掀起了向赵占魁学习的热潮。图为当时《解放日报》刊登这些报道的版面。

为了更好地推进大生产运动,中共中央决定评选劳动英雄和模范工作者,总结推广他们的经验。新华社、《解放日报》在报道、宣传劳动英雄方面发挥了重要作用。当时最有典型意义的两个劳动英雄,一个是工业战线上的赵占魁,另一个是农业战线上的吴满有。赵占魁是山西定襄人,1938年到延安后,进入抗大军工队学习,并加入中国共产党。1939年7月,他被分配到农具厂当翻砂工人。在这一平凡的岗位上,他辛勤工作,并努力钻研如何改良翻砂技术,出色完成了工作任务,取得了突出成绩,被群众一致认为是严守纪律、积极工作、爱护工具、节省材料、质量最好、数量最多的好工人。新华社记者张铁夫、穆青深入工厂采访赵占魁,连续采写了长篇通讯《人们在谈说着赵占魁》《赵占魁同志》《恭喜赵占魁同志》等报道,刊登在《解放日报》上。报社还配发了《向模范工人赵占魁学习》的社论。

新华社、《解放日报》还突出宣传了边区劳动模范吴满有的事迹。吴满有,1928年从横山县逃难到了延安柳林区二乡,因为贫穷,不得不忍痛卖掉了两个女儿。他热爱边区,积极开荒生产,多交公粮,还帮助和带动周围群众努力生产。新华社、《解放日报》

对吴满有的事迹作了系统的报道。1942年4月30日,《解放日报》在一版头条位置刊登新闻《模范农村劳动英雄吴满有连年开荒收粮特多影响群众积极生产》,并配发社论《边区农民向吴满有看齐》。在一版和二版,还刊出几则短讯,介绍吴满有的先进事迹和边区政府对他的嘉奖。庄稼汉的新闻登上了报纸头条,这是延安整风中党报新闻改革的一个显著变化。报道刊出后立即引起了强烈反响。毛泽东看到报纸后,通过博古约采写这些报道的记者莫艾谈话,着重谈了自力更生,发展生产,保障供给,对于冲破封锁,坚持和争取抗战胜利的重要性,指出宣传吴满有、推动解放区生产的重要意义。《解放日报》还发表了《模范英雄吴满有是怎样发现的》《吴满有——模范公民》《开展吴满有运动》等一系列的报道和评论,并由此展开对边区农业战线英雄模范事迹的广泛宣传。

此外,新华社和《解放日报》还宣传了南泥湾精神(八路军第三五九旅发扬自力更生、艰苦奋斗精神,经过几年奋战,使地处延安东南90华里荒芜的南泥湾根本改变面貌,因而成为大生产运动的一面旗帜)、南区合作社、中央警备团战士张思德等先进典型,播发了不少介绍各解放区生产建设和劳动模范的报道。所有这些,对推动边区生产发挥了重要作用。

在1942年2月开始的整风运动中,《解放日报》与新华社不仅按照党的整顿三风的精神积极改进自身工作,而且配合中央部署,有力地宣传了整风运动的伟大意义和方针。新华社对整风运动的宣传,主要内容包括:一、播发了党中央关于整风的一些重要文件:中共中央宣传部《关于在延安讨论中央决定及毛泽东同志整顿三风报告的决定》《关于在全党进行整顿三风学习运动的指示》等;二、播发了毛泽东关于整风的重要文章和讲话,如《整顿学风党风文风》《反对党八股》《改造我们的学习》等;三、介绍和交流了各地整风运动的经验,党员干部在整风运动中的学习、讨论以及反省思想、检查改进工作的情况。这些文件和经验的传播,推动了整风运动的深入开展。

第二章
在抗战烽火中成长的新华社

抗日民主根据地还大力发展文学创作和戏剧演出，特别是诗歌、报告文学的创作以及农村戏剧运动发展迅速，各种文化艺术团体十分活跃。仅陕甘宁边区，到1939年，所创作的大众化的革命歌曲就在300首以上，以冼星海创作的《生产大合唱》《黄河大合唱》最负盛名，流传最广。抗日根据地文艺运动的发展，丰富了军民的文化生活，激励了军民的抗日斗志，推动了抗日事业的发展，成绩是很可观的。但是，也存在不少问题。针对存在的问题，1942年5月，中共中央在延安召开文艺座谈会。毛泽东在会上发表讲话，阐明革命文艺为人民群众，首先是为工农兵服务的根本方向，系统地回答了文艺运动中许多有争论的问题，强调党的文艺工作者必须从根本上解决立场、态度问题。毛泽东在延安文艺座谈会上的讲话，极大地鼓舞了根据地文艺工作者，他们纷纷下乡下厂，深入生活，创作了许多反映现实斗争、鼓舞人心的文艺作品。如戏剧方面有鲁艺的新歌剧《白毛女》、王大化和李波合演的新秧歌剧《兄妹开荒》、马可的《夫妻识字》、民众剧团的《十二把镰刀》、中央党校俱乐部的平剧《逼上梁山》、延安平剧院的《三打祝家庄》；小说、诗歌方面有赵树理的《小二黑结婚》《李有才板话》、马烽和西戎合写的《吕梁英雄传》、柯蓝的《洋铁桶的故事》、邵子南的《地雷阵》、孙犁的《荷花淀》、李季的《王贵与李香香》等。新华社全文播发了毛泽东在延安文艺座谈会上的讲话，并积极报道了文艺工作者学习、落实讲话精神，深入实际、深入群众的活动以及他们创作的文艺作品。

抗日战争期间，一些中外记者、国际友人、知名人士等陆续来到延安和其他抗日根据地，其中有的人以自己的亲历亲闻撰写文章，向人们介绍根据地的情况。新华社播发过的这类文章有：名记者范长江采写的《苏北根据地观感》《苏北建设突飞猛进》，国际友人林迈可撰写的《晋察冀印象记》，罗生特撰写的《山东印象记》等。新华社的广播使更多读者，特别是根据地以外的读者了解了根据地政治、经济、文化建设的真实情况，使他们看到了光明，把希望寄托在中国共产党身上。

四、揭露敌人的暴行和汉奸、投降派的阴谋活动

1938年10月,毛泽东在中共第六届中央委员会扩大的第六次全体会议上所作的报告中指出:为着打击日寇、汉奸、亲日派,一切宣传鼓动工作,应该"将敌人一切残暴兽行的具体实例,向全国公布,向全世界控诉,用以达到提高民族觉悟、发扬民族自尊心和自信心之目的"。① 新华社的宣传报道认真贯彻了这一精神。

日本发动的侵略战争是极其野蛮的、非正义的。日军在侵华战争中,到处烧杀、抢掠、强奸,犯下了种种滔天罪行。如1937年12月南京沦陷后,日本对全城同胞进行了血腥的大屠杀,死难者达30万人。新华社播发了《尸山血海的南京》等稿件,真实地反映了日寇在南京的空前暴行。新华社记者还通过采访从沦陷区来到根据地的有关人士,报道日寇的种种罪行,如在《东北人民现在究竟在怎样生活着》的报道中,讲述了东北人民被日寇压榨虐杀的血泪史。此类报道还有《日寇铁蹄下的天津》《敌伪兽性统治下的北平》等。日军对华北、华中等敌后抗日根据地频频进行"扫荡""清乡",其手段之残暴,在中国近代历史上是罕见的。有时对一个地区的"扫荡"时间达三四个月之久。日军对抗日根据地实行烧光、杀光、抢光的"三光"政策,疯狂地抢夺人民群众的粮食、牲畜,杀害群众,烧毁房屋,制造"无人区"。如记者仓夷、沈重在他们采写的关于平阳惨案的报道中指出,阜平县平阳大惨案中,日寇残杀我同胞1000多人。

1941年1月25日发生在河北丰润县的潘家峪惨案中,手无寸铁的村民千余人被日军残酷屠杀。《解放日报》在刊登朱靖采写的反映潘家峪惨案的通讯《冀东潘家峪的大惨案》时,配发了编者按,指出:"这个空前大屠杀的惨剧,发生在敌寇号称'王道乐土'

---

① 《毛泽东新闻工作文选》第40页,新华出版社1983年12月出版。

的冀东，应该引起我全国同胞，特别是华北沦陷区广大同胞的严重警惕。目前敌寇正在狂呼'治安强化'，我华北人民与敌占区同胞从潘家峪的大惨案中也正可以洞悉敌寇所谓'治安强化'究为何物了！"1944年4月25日新华社播发的《晋察冀边区政委会控诉日寇暴行》一稿指出，仅在1943年秋日寇在对晋察冀边区的"扫荡"中就"杀我同胞六千，烧房屋五万四千余间，抢走或毁坏粮食二千九百余万斤，抢走耕畜一万九千头"，稿中还列举了平阳、焦家庄等惨案中敌人残杀我同胞的暴行实录。

新华社还播发稿件，揭露日寇在中国施放毒气、细菌病毒残害中国军民的暴行。这类报道有《山西敌寇放毒杀人无恶不作》《华北寇军到处放毒》《冀中敌施毒手，北坦村军民全部中毒毙命》等。特别是1944年7月21日播发的《十八集团军叶参谋长痛斥日寇使用毒气》一稿，以有力的事实向全世界人民控诉了日寇几年来在抗日根据地施放毒气，毒害我抗日军民的罪行。据不完全统计，在此之前日寇在敌后战场使用毒气已不下数十次之多。新华社还播发了《敌疯狂扫荡华北各地》《敌人烧杀平西》《逃归妇女挥泪痛述敌在辽县暴行惨状》《敌在晋察冀烧杀惨状》《北岳区敌寇无耻兽行奸淫掠杀惨绝人寰》《冀敌残害俘虏，人当"活肉靶子"供其刺杀》《代县敌军"扫荡"失败后大发兽性到处烧杀》等稿件，有力地控诉敌人的野蛮残暴，从而激发了中国人民对于敌人的无比仇恨，坚定了他们的抗日决心。

在对敌斗争中，各抗日根据地十分注意对日、伪军的分化瓦解工作。各部队、各地区分别成立敌军工作部和敌伪工作委员会，向日伪士兵开展宣传，加深其厌战反战情绪，动摇其作战决心，劝告和争取他们投诚反正，共同抗日。1941年6月30日，《解放日报》刊登了记者普金采写的《敌军工作在晋察冀》一稿，稿中介绍："军区部队的战斗员，百分之百接受了'把敌伪军工作提高到战略地位'的要求，他们掌握了这一犀利的武器，在每次和敌人的交战中，发挥它的火力。""连队敌工组员们能普遍的做到喊话，散发标语传单，活捉俘虏，维持纪律，收缴文件的工作。在距敌人二三十米远的地方他们隐蔽着身体，停止了打枪向日本士兵高喊着，听见喊话后的日本兵停止打枪了，或者也答话了，或者拖枪来投诚了。在盂县上社战斗中有八个日本兵缴枪投诚过来。""军区部队优待俘虏和释放俘虏工作，在瓦解与争取敌军在影响上起了很大的作用。""去年百团大战，晋察冀敌军工作，更发挥了它的战斗性。他们俘虏了二百多个日本兵，或居留民，都很好地给以优待，而且经过很短几天的教育后就释放了回去。井陉东五舍车站长加藤的两个女儿在第二天就被送回了井陉城，城门口的哨兵感动得流了眼泪。""马上放回去的日本兵，虽然终于被杀害了，但也瞒不过敌士兵的耳目，在敌人的军营中，自杀、逃跑、哗变、投诚、厌战、反战的事层出不穷。"

新华社1943年10月1日播发的由两位投诚的日本军人合作写成的《控诉日本军部滔天罪行》的报道，揭露了日军在中国奸淫妇女、残杀中国人民等种种兽行，也控诉了日军内部对士兵的虐待。1944年9月18日播发的《"我们再也不愿打仗了"——沂水城战斗被俘日兵访问记》一文则通过记者的采访报道，向人们展现了被俘日军描述他们自己在战场上的所见所闻所感和他们再也不愿打仗的心声。新华社还播发了《华北日人觉醒同盟痛斥日寇侵略战争》《敌军厌战反战增长》等稿件。

新华社的报道对汉奸、亲日派的阴谋活动进行了坚决的揭露和打击，特别是有力地声讨和批判了国民党副总裁汪精卫公开投敌、在南京建立伪政权的可耻行径。1940年1月26日，新华社播发时事短评，揭露汪精卫与日寇签订投降卖国条约。2月1日，新华社播发了毛泽东在延安民众讨汪大会上的讲话，揭露和谴责了汪精卫同国民党顽固派里应外合地反共和破坏抗日，驳斥了国民党顽固派借统一之名行专制之实的假统一，提出共产党以抗战、团结、进步为基础的统一论，并强调指出，在目前形势下共产党的根本方针是，决不悲观失望，力争时局的好转，挽救时局的逆转。同日还播发了毛泽东为大会起草的声讨汪精卫的通电，提出全国讨汪、加紧团结、厉行宪政、制止磨擦等十项要求。新华社还先后于3月15日和4月23日播发八路军、新四军的两次讨汪救国通电。

五、介绍世界反法西斯战争的胜利进程

中国的抗日战争，与世界反法西斯战争是紧密相连的。1939年9月1日，德国进攻波兰，第二次世界大战全面爆发。对于世界反法西斯战争的战况，新华社根据抄收的外电外报作了大量报道，为中共中央和根据地军民及时准确地了解世界战局发展情况起到了重要作用。特别是世界反法西斯战线不断取得胜利的消息，对于抗日战争中浴血奋战的中国人民来说，无疑是巨大的支持和鼓舞。

（一）关于苏德战争的报道

1941年爆发的苏德战争和太平洋战争，使第二次世界大战的形势发生了深刻变化，也对中国抗战产生了重大影响。1941年6月22日，苏德战争爆发，新华社于22日播发多条电讯：《德法西斯强盗进犯苏联　英勇红军奉命歼敌》《莫洛托夫昭示全苏联人民保卫祖国》《全苏联人民拥护政府予侵略者以歼灭打击》《苏空军大张声威击落德机六十五架》《传英苏成立协定苏大使晤艾登》《对德军进犯苏联　日寇采观望政策》等。报道称：德国法西斯于今晨4时向社会主义苏联开始军事进攻，并出动飞机袭击苏联城市，平民死伤二百余人。德方于今晨5时30分宣布对苏宣战。苏联人民委员会副主席莫洛托夫发表广播，指明此种强盗进攻之责任完全应由德国负之。并称苏红军已奉命歼灭敌人，胜利是苏联的。之后，新华社又连续播发消息《丘吉尔广播演说宣布立场　英决对德作战到底援助苏联》《美正式谴责德国奸诈　罗斯福宣布援助苏联》《德法西斯军四路犯苏　红军首创暴敌》《苏政府续召五百万预备役入伍》《爱沙尼亚纳特教授发表谈话　法西斯进攻必被粉碎正义是属于我们的》等。6月24日播发的消息《从延安到上海燃遍反法西斯怒火》，报道了德军入侵苏联后国内各界人士予以极大关注的情况。

7月3日新华社播发了毛泽东为中共中央起草的《关于反法西斯的国际统一战线的决定》，指出："目前共产党人在全世界的任务是动员各国人民组织国际统一战线，为着反对法西斯而斗争，为着保卫苏联、保卫中国、保卫一切民族的自由和独立而斗争。"新华社还连续转发《解放日报》的多篇社论，如《德国法西斯进攻苏联》《为反法西斯的国际统一战线斗争》《世界政治的新时期》《苏必胜，德必败》等，阐述了苏德战争爆发后世界大战的性质，以及建立反法西斯的国际统一战线的重要意义，起到了从思想上帮助人民群众提高认识，正确理解风云突变的国际形势的作用。

苏德战争中，新华社为及时报道战局，加强了电台的抄报和翻译力量。对莫斯科会战、斯大林格勒会战等重大战役，新华社都播发了大量消息，并转发了《解放日报》对战局的分析和评论。这期间，在新华社转发的社论中，最著名的是1942年10月12日、14日、16日毛泽东为《解放日报》撰写的社论《红军的伟大胜利》《历史教训》和《评柏林声明》。这些社论是毛泽东在充分研究了新华社提供的大量外电材料后写成的。当时，斯大林格勒战役正处于关键时刻。博古专门去新闻台了解情况，为毛泽东搜集电讯资料。

在英美盟军开辟第二战场进军西欧的有利形势下，苏军也进入全面战略反攻阶段，不仅收复全部失地，并把作战行动转到国土以外地区，迫使芬兰、罗马尼亚、保加利亚、匈牙利、奥地利退出战争并转而反对德国。1945年4月，苏联红军相继进入波兰、匈牙利、奥地利、捷克、南斯拉夫，开始进攻柏林。新华社先后播发了一系列消息，其中有《苏军礼炮八千响祝捷红军打到新国界》《红军收复雅尔塔要港》《红军收复塞巴斯托波尔完全解放克里米亚》《北线红军挺进芬兰第二道防线》《打开波兰中部大门红军收复科维尔》《直捣法西斯老巢红军打进东普鲁士》《红军突破罗境德寇防线连克加西等三大城》《红军打进南斯拉夫已与铁托解放军会师》《红军进入保加利亚　保政府下令不准抵抗苏停止战争行动》《红军完全解放爱沙尼亚》《捷境红军打入匈牙利攻陷德寇两大要冲》《红军攻克巨港但泽》《匈境红军打进奥地利》《红军攻克维也纳》《奥境红军向西挺进》《百万红军进攻柏林》《红军激战柏林前线》《红军打到柏林城郊》《红军打进柏林》《东西两线盟军会师》《红军解放柏林毛主席朱总司令电斯大林祝贺》等。

（二）关于太平洋战争和亚洲战局的报道

1941年12月8日，太平洋战争爆发。新华社当日连续播发了10多条新闻：《远东危机爆发寇对英美正式宣战》《共同击溃暴日英美先后对寇宣战》《太平洋上烽火漫天寇大举攻犯美属岛》《寇军两师团犯港港当局下令动员》《马来亚英日鏖战》《菲律宾迭遭空袭》《德报谩骂罗斯福寇传德美可能宣战》《郭外长对记者宣称中国准备不顾一切牺牲与各友邦合力击败轴心》《挑动远东战火后敌发表荒谬文告》《我国民政府布告对日德意三国宣战》等。报道称：日本空军已于星期日晨起6时空袭珍珠港；日本与英美在太平洋发生战争；据华盛顿官方宣称，日本向英国及美国宣战；美下令陆海空军总动员等。

9日，新华社播发中共中央《中国共产党为太平洋战争的宣言》，指出："这一太平洋战争，是日本法西斯为了侵略美国、英国及其他各国而发动的非正义的掠夺的战争，而在美国、英国及其他各国起而抵抗的一方面，则是为了保卫独立自由与民主的正义的解放的战争。""自太平洋战争爆发以后，全世界一切民主国家将无处不受法西斯国家的侵略，同时全世界的一切民主国家也将无处不起而抵抗。全世界一切国家一切民族划分为举行侵略战争的法西斯阵线与举行解放战争的反法西斯阵线，已经最后地明朗化了。"

太平洋战争爆发后，中国人民的抗日战争与世界反法西斯战争更紧密地联系在一起。新华社大量报道了有关战局发展的消息，其中反映日军侵占东南亚的报道有：《寇军菲岛登陆》《马来亚形势仍危急 吉隆坡猛烈空战》《日寇主要目标当在星岛仰光》《寇氛笼罩爪哇全境 巴城万隆相继陷落》《泰越人民遭殃南洋敌大肆掠夺》《缅甸英军主力后撤寇军窜抵缅印边境》等；反映美英等盟军对日作战的报道有:《所岛美军扫荡残敌　盟机夜袭拉布尔》《瓜岛空战激烈》《新乔治亚突破敌阵　美军追近蒙达》《新几内亚美澳军会师萨拉摩西南》《盟军攻击那庐诸岛　战争进入中太平洋》《太平洋上大海战　美军打垮敌主力舰队》《太平洋上海空军集中掩护盟军登陆菲律宾》《盟机轰炸东京》《雷岛盟军攻克里蒙》《美太平洋战略空军队组成　首次袭击琉璃岛》《美舰队开向吕宋岛》《美军解放宿务港　琉球群岛决战已迫近》《盟军登陆婆罗洲冲绳岛　美军穿过小绿半岛》《美舰袭击日寇本土　敌惊呼部分中小城市成乌有》《肃清通往新加坡道路　英舰扫荡马来半岛》《盟机投掷原子弹　敌国广岛生物死绝》等,反映亚洲人民抗日的报道有:《领导人民展开游击战争菲共高举抗日义旗》《在盟军胜利鼓舞下菲岛游击队活跃》《印缅人民同仇敌忾积极抗日协助盟军》《越南展开抗日运动》等。

新华社还先后转发了《解放日报》社论《日本法西斯发动太平洋大战及将来》《世界政治的新转变》《世界战局与太平洋战争的特色》等,深入分析了战局发展及其影响。

(三) 非洲地中海战争及开辟欧洲第二战场的报道

非洲地中海战争,盟军先后对轴心军开展了阿莱曼、北非登陆、突尼斯、西西里岛、意南部等战役。新华社对这些战役的情况进行了报道,如1942年10月到11月阿莱曼战役前后,新华社先后播发消息《北非展开坦克战》《北非埃尔阿拉米轴心军全线退却》《德非洲军司令以下九千人被俘》《盟军乘胜推进扩张占领地带》。11月盟军在北非登陆,新华社先后播发了《全部占领摩洛哥阿尔及利亚后美军继续东进》《盟军追击轴心占领布鲁克》《盟军三十万向突尼西亚推进》《北非战局急转直下盟军攻占班加西》《英美强大部队开赴比塞大南展开大战》等。

1943年3月至5月突尼斯战役期间,新华社播发了消息《突境全线激战盟军占领马雷斯》《隆美尔继续北撤第八军又获新胜利》《突中部战争结束德寇退守最后防线》等;7月至8月西西里岛登陆战役,新华社先后播发消息《地中海战争激烈展开盟军登陆西西里》《攻陷塞拉库斯港西西里盟军巩固阵地》《连克城埠多处西岛盟军顺利推进》《拔下摩第卡城盟军续向内地推进》《丘罗联合发出通牒促意大利投降》《喀大尼亚平原大战西岛盟军两翼锐进》《轴心军全无斗志西岛土地一半陷落》《西岛轴心军土崩瓦解盟军克巴勒摩首府》《西岛战线缩短盟军攻占墨西那港西岛战事胜利结束》《西岛战役中轴心军损失十六万》等；9月3日，英军渡过墨西拿海峡，在亚平宁半岛南端登陆。8日，意大利政府宣布投降。10月6日盟军占领意大利南部，战役结束。新华社先后播发消息《英军在意南部登陆》《意大利投降盟国》《苏联真理报论意大利投降》《意大利投降后柏林东京惊慌失措》《盟国昭示意人为解放而战》《那不勒斯大举登陆　盟军占领大兰多港》《意境盟军顺利推进连陷布林的西诸港》《盟方与意大利停战协定内容》《东岸盟军进占巴利港萨勒诺区血战方殷》《萨勒诺区战局稳定　英美两军会师伏洛》《德将弃守那不勒斯意境盟军连克九城》等。

　　1944年6月，英美等国军队在法国北部诺曼底登陆，在西欧开辟第二战场，在各国人民支援下先后解放西欧、北欧和意大利北部。新华社对第二战场的开辟，进行了较充分的报道。其中报道各方人士呼吁开辟欧洲第二战场的稿件有：《英美舆论一致呼吁立辟欧陆第二战场》《力主辟第二战场美人发起名片运动》《第二战场呼声益高英美主张加速援苏》《英美军民均愿效命欧陆战场　第二战线呼声入云》《伦敦美军司令谈第二战场愈速愈好》《丘吉尔演说：欧陆第二战场须大量准备》《关于第二战场问题斯大林发表谈话》等。诺曼底登陆战役，新华社播发了《第二战场宣告开辟盟军登陆法国北部》《艾森豪威尔将军发布攻欧手令》《德寇狼狈比国混乱》《戴高乐已到英国号召法人对德作战》《白宫举行攻欧会议》《丘吉尔宣布已完成作战最初阶段》《盟军打开涌进内地缺口攻克巴城乘胜南下》《第二战场喜讯传来：延安各界无不欢腾》《诺曼底盟军会师美军突入加昂坦城》《科坦丁盟军空前胜利瑟堡港已陷于孤立》《盟军全部攻克瑟堡》《诺岛盟军向前推进打下圣洛突入莱塞》《盟军攻克马古要塞》《美军攻克蒙特堡》《诺岛三地区同时激战》《盟军肃清海牙角残敌》《科岛盟军攻占克恩海伊》《诺岛盟军挺进奥伦河东南平原》《诺岛盟军新攻势打下西海岸固斯坦》等；诺曼底登陆战役结束后，英、美、加军队在法国西北部发起大规模进攻，与此同时，美法军队发动法国南部登陆战役，盟军在法国、比利时、荷兰境内等地与德军展开激战，新华社播发了消息《法境盟军钳击法莱士将包围十万德军》《盟军登陆法国南岸开辟反德第四战场》《法南岸盟军攻克二海港西 向土伦大军港进攻》《法北盟军三路挺进攻克凡尔登要塞》《法北盟军扑入比利时解放比京挺向荷兰》《盟军追击德寇到老巢打到莱茵河畔》《英美军已会师荷兰》《盟军两路挺进德国攻打西格弗利防线》《盟军进入卢森堡》《西格弗利防线四分五裂盟军进迫德第二道防线》等。对于欧洲人民的反德斗争，新华社播发了《欧洲人民反德斗争蓬勃法爱国军包围格城》《法国游击队打下土鲁斯等三大城》《欧洲人民反德更激烈法、丹、意到处打击敌人》《法国军民英勇消灭德寇攻入土伦控制巴黎》《挪威游击队激战德寇 瑞典宣布拒绝庇护轴心战争罪犯》《丹京城大暴动丹麦与瑞典交通断绝》等。围绕战事发展，新华社还播发了不少国际时事评论文章。

（四）国际反法西斯同盟的形成及重要会议的报道

随着战争形势的变化，同盟国先后举行多次会议，就制定联盟军事战略和战后世界安排等重大问题进行磋商。新华社对这些会议进行了报道。如1942年1月1日，以美、英、苏、中四国为首的26个参加对德、意、日轴心国作战的国家，在华盛顿签署共同反法西斯的《联合国家宣言》，标志着国际反法西斯统一战线的正式形成，新华社播发了消息，并转发《解放日报》社论《伟大的同盟》。1943年1月举行的卡萨布兰卡会议通过1943年战备方针并宣布法西斯国家无条件投降原则，新华社播发了《盟国将采取重大措置丘罗会谈西非》《丘罗发表联合公报确立盟国攻势计划》《丘罗会议反响》等；1943年5月举行的华盛顿会议决定在西欧开辟第二战场，新华社播发了消息《丘吉尔在美演说强调今年减轻苏中战争重负》《英伦各报拥护丘吉尔演说》等；1943年11月，中、美、英三国首脑在开罗举行会议协调对日作战行动，并通过关于战后处理日本问题的《开罗宣言》，接着，美、英、苏三国首脑在德黑兰举行会议，签署《德黑兰宣言》和《德黑兰总协定》，新华社播发时评《开罗会议与德黑兰会议》；1945年2月举行的雅尔塔会议，讨论并决定了关于彻底击败德国等问题，新华社播发了消息《协商击败德寇及建立和平机构三国领袖二次会议》《三国领袖可能商讨欧洲六大问题》《三国领袖会议已有重大进展》《三国领袖会议胜利结束　发表"克里米亚会议报告"》等。

根据雅尔塔协定，1945年4月25日至6月26日，联合国制宪会议在美国旧金山举行。中国政府派出宋子文为首席代表的代表团参加会议，解放区代表董必武为中国代表团10名正式代表之一。这是中国共产党代表第一次公开出现在国际政治舞台上。董必武在美国期间，向广大侨胞和美国人民宣传中国人民英勇抗日的事迹和共产党的主张，引起很大的反响。会议讨论并签署了《联合国宪章》，中国成为联合国安理会五个常任理事国之一。新华社播发了消息《中央社公布出席旧金山会议中国代表团名单》《董必武同志赴旧金山前民主同盟举行茶会欢送》《董必武同志由渝赴美出席旧金山会议》《董必武同志飞抵纽约》《旧金山会议开幕杜鲁门号召各联合国共同努力建立世界和平机构》《旧金山会议第二次大会通过邀请乌克兰、白俄罗斯参加会议决定苏美英中外长轮流担任主席》《旧金山会议举行特别会议讨论加速进行工作会议正考虑安全理事会与大会的关系》等。1945年7月至8月召开的波茨坦会议，主要讨论德国投降后欧洲问题的处理等，新华社播发消息《三国领袖会议将在柏林举行》《真理报评三国领袖会议将确立战后欧洲和平》《三国领袖二次会议》《三巨头结束初步会商》《阿特里代替丘吉尔三国领袖恢复会议》《共商建立与保卫世界和平三国领袖会议开幕》《美英中三国向日寇提出立即无条件投降公告》《波次顿（即波茨坦）会议结束三巨头发表联合公报》等。

六、对国民党反共活动的宣传反击战

抗日战争时期，国民党虽然接受了团结抗日的主张，但是国民党的一些主要当权者并没有放弃反共方针。战争进入相持阶段后，以蒋介石为代表的国民党统治集团对抗日是消极的，甚至同日本侵略者秘密进行谋求妥协的活动。他们还开始推行积极反共的政策：在舆论上大肆进行反共宣传，大搞特务活动，迫害共产党人、爱国人士和进步青年，并且多次制造军事磨擦，对抗日根据地发动大规模的武装进攻。

新华社在中共中央的领导下，高举抗日民族统一战线的旗帜，坚持有理、有利、有节的原则，对国民党的反共活动进行了复杂而紧张的宣传反击战。这突出表现在打退国民党掀起的三次反共高潮中。

1939年1月，国民党召开五届五中全会，虽然声言要"坚持抗战到底"，却把对付共产党作为重要议题，制定了"溶共""防共""限共"的方针。之后，国民党成立反共的"特别委员会"，陆续制定和秘密颁发《防制异党活动办法》《共党问题处理办法》《沦陷区防范共党活动办法》等一系列反共文件，先后制造了山东博山、河北深县、湖南平江、河南确山等一系列反共惨案。12月，国民党顽固派掀起的武装磨擦升级，并达到高潮。阎锡山军队在晋西、晋东南，其他国民党军队在陕甘宁、冀南、太行等地，均向八路军发动了军事进攻，摧残抗日民主政权，屠杀共产党员和进步人士。抗日根据地军民在中共中央领导下，坚持自卫原则，给予进犯国民党军以迎头痛击。在压住他们的反动气焰后，中共中央立刻派朱德、萧劲光、王若飞分别同卫立煌、阎锡山进行谈判，同他们达成停止武装冲突、划定驻地、分区抗战的协议。到1940年3月，国民党发动的第一次反共高潮被粉碎。在此期间，新华社播发了大量消息和评论，对国民党的反共宣传和罪行进行了揭露和抨击。同时，播发了中共中央《为抗战两周年纪念对时局宣言》（1939年7

第二章
在抗战烽火中成长的新华社

月7日），宣言提出："坚持抗战到底，反对中途妥协""巩固国内团结，反对内部分裂""力求全国进步，反对向后倒退"。1939年9月16日，毛泽东会见随北路慰劳团到延安的中央社记者刘尊棋、《扫荡报》记者耿坚白和《新民报》记者张西洛，在谈话中对国民党顽固派向解放区的军事进攻发出警告，严正表示"人不犯我，我不犯人；人若犯我，我必犯人"。新华社对此进行了报道。此外，新华社还播发了朱德总司令、彭德怀副总司令关于反对枪口对内进攻边区向全国的通电，以及《新中华报》社论《起来，克服时局重大的危机》《要求明令取消"防制异党办法"》等。

1941年1月4日，奉命北移的新四军军部及其所属皖南部队9000余人，从云岭驻地出发前往长江以北，6日在安徽泾县茂林地区突遭国民党军队七个师8万余人的包围袭击。新四军部队英勇奋战七昼夜，终因寡不敌众，弹尽粮绝，除约2000余人突出重围外，一部被打散，大部壮烈牺牲或被俘。军长叶挺在同国民党谈判时被扣押，政治部主任袁国平牺牲，副军长项英、副参谋长周子昆在突围中被叛徒杀害。这就是震惊中外的皖南事变。

在制造皖南事变的同时，国民党顽固派宣布新四军为"叛军"，撤销新四军番号，开动宣传机器对新四军进行造谣诬蔑，欺骗全国和世界舆论。中共中央领导全党在政治上进行坚决反击，在军事上做好迎击国民党顽固派军事进攻的充分准备，并发动了广泛的抗议活动。新华社此时面临着既要坚决揭露蒋介石的反共政策，制止其投降卖国，又要坚持团结抗日，不致国共合作破裂，使事态扩大的复杂任务。围绕皖南事变，新华社播发了中共中央的一系列声明和大量的消息、通讯和评论。1月13日，新华社播发了中国共产党以朱德、彭德怀、叶挺、项英名义发表的抗议国民党军在皖南包围新四军的通电。19日，新华社转发《新中华报》社论《抗议无法无天之罪行》，揭露和谴责国民党反动派制造皖南事变的罪行。20日和22日，又先后播发了毛泽东写的《中国共产党中央革命军事委员会命令》和《中国共产党中央革命军事委员会发言人为皖南事变对新华社记者谈话》，宣布重建新四军军部（任命陈毅为代理军长，刘少奇为政治委员），并揭露了国民党顽固派制造皖南事变，破坏抗战，实行反共，阴谋分裂和投降的罪行，对他们提出了严重警告。在此同时，新华社先后播发一系列消息，内容包括中外各界人士纷纷谴责国民党军在皖南聚歼新四军的罪行；南洋侨胞领袖陈嘉庚通电全国，呼吁制止内战，加强团结；美各界人士纷纷电蒋，抗议皖南事变，反对分裂等。并转发了《新中华报》社论《反共必然走到投降》《全国同胞起来，制止反共内战！》等。这些报道把国民党中的进步分子与中间派同顽固派严格分别开来，把打击的矛头始终对准国民党顽固派，争取了全国人民也包括国民党内进步人士的同情。国民党统治区人民了解到皖南事变的真相后，社会舆论和国际舆论对这种"磨擦"行为进行谴责，使得蒋介石集团在政治上陷于空前孤立。3月6日，蒋介石被迫在国民参政会上表示，保证"以后再亦决无剿共的军事"。国民党掀起的第二次反共高潮至此被打退。

1943年3月，国民党以蒋介石名义出版《中国之命运》一书。这本书鼓吹中国的法西斯主义，公开反对共产主义和自由主义者，暗示在两年内要消灭共产党和一切革命力量。之后，国民党顽固派再次掀起反共浊浪。他们调集20万大军，准备进攻陕甘宁根据地。

面对这一严重局势，中共中央决定发动宣传反击战，揭露敌人，动员民众，同时在军事上做好防御准备。7月8日，毛泽东起草中央通知，要求各根据地"应响应延安的宣传，在7月内先后动员当地舆论，并召集民众会议，通过要求国民政府制止内战，惩办挑拨内战分子之通电，发来新华社，以便广播，造成压倒反动气焰之热潮，并援助陕甘宁边区之自卫斗争"。9日，毛泽东又致电八路军驻渝办事处："速将'七七'宣言，朱总致蒋、胡电，延安新华社揭穿西安特务假造民意新闻及延安民众大会通电（今日发出）密印分发各报馆、各外国使馆、各中间党派、文化人士，并注意设法寄往成都、桂林、昆明各界及地方实力派"，以有利于扩大影响。

第二章
在抗战烽火中成长的新华社

《解放日报》、新华社召开编委会，作了战斗动员和工作布置。社长博古指出：宣传战已经开始，我们的工作要立即转入战时轨道。目前，我们做宣传工作的要加强自己的责任。我们担负笔杆子的"纸弹"战争，不论在战争未打响前，或打响后，都占很重要

这是毛泽东为新华社写的消息《中共七七宣言在重庆被扣，张道藩发出挑拨声明，外国记者纷纷询问内战危机》的手稿。

的地位。我们是在对内战派、投降分子作战，各个部门须时刻不停地工作，进入战斗动员时期。另外，我们要更加了解党的政策，了解敌人，注意宣传战线上的动向。我们绝不打第一枪，他要先打，我们就回击。要很好地研究，一条新闻，一个标题，都要细心、负责，要代表党的立场。还说，各部工作要仔细研究宣传战中最重要的问题，做到"正确""迅速""确实"。新华社要有值班的人。总

编辑陆定一在动员时指出，目前已进入战斗状态，宣传的重点是唤起民众，揭露法西斯阴谋。副社长吴文焘在编委会上说：中央社的电讯派双班抄收。其他通讯社的电讯派好手去抄，译电科限时翻出来，去电保证发出。这一时期，新华社一方面为中共中央及时提供各种有关信息，同时还先后播发了毛泽东撰写的著名社论《质问国民党》，以及《中共"七七"宣言在重庆被扣》《中国政治黑暗，抗战不力，英美盟邦大不满意》等消息，有力地揭露了国民党的反共宣传和内战阴谋。这一时期播发的重要文章还有：《再接再厉，消灭内战危机》《评〈中国之命运〉》《谁革命？革谁的命》《〈中国之命运〉——极端唯心论的愚民哲学》《国共两党和中国之命运——驳蒋著〈中国之命运〉》《请重庆看罗马》等。

由于中国共产党的揭露、声讨和全国人民的反对，以及国际舆论的谴责，蒋介石被迫改变计划，不得不下令胡宗南撤退包围边区的军队，表示无意进攻陕甘宁边区。国民党顽固派发动的第三次反共高潮在还没有发展成为大规模武装进犯的情况下就被制止，抗日民族统一战线得以继续坚持下来。

七、争取民主反对独裁的报道

1944年以后，国民党统治区的民主爱国运动日益高涨。新华社对此进行了连续报道，主要内容有：各民主党派和民主人士要求国民党政府结束党治，实行宪制，实践民主，保障自由而举行的集会、座谈及他们发表的阐明政治主张的文章；国民党统治区大中院校师生反抗国民党黑暗统治，要求民主救国的集会及抗议活动；悼念逝世的民主爱国人士邹韬奋的活动等。

中国共产党从1944年5月开始，同国民党重开谈判。6月，新华社播发了毛泽东会见中外记者西北参观团时的讲话。毛泽东指出："我们所希望于国民政府、国民党及一切党派的，就是从各方面实行民主。""我们认为全中国只有民主制度、民主作风，目前才

图为1944年8月13日《解放日报》刊登的新华社消息《周恩来同志答复记者 国共谈判迄今无结果》。

能胜敌，将来才能建立一个很好的和平的国内关系与国际关系。"①
7月1日，新华社播发《周恩来同志答复记者 国共谈判正在进行》一稿，指出：两党谈判正在进行，尽管政府提案与我党的书面意见内容相距尚远，我党中央正研讨政府提案，期谋合理解决。在有利于团结抗战及促进民主的条件下，中共无不乐于商讨。8月13日，新华社又播发了周恩来12日答记者问《关于国共谈判问题》，

---

① 《毛泽东年谱》（1893—1949）中卷第519页，中共中央文献研究室编，中央文献出版社1993年出版。

驳斥了国民党中央宣传部长梁寒操在记者招待会上散布的所谓国共问题已有了一些解决，双方观点无原则分歧、谈判障碍在于中共等谎言，指出谈判的障碍在于国民党"始终固执其一党统治与拖延实行三民主义的方针，而不愿实行真正的民主"，"只有国民党的统治人士立即放弃一党独裁政治，立即放弃削弱与消灭异己的方针，立即实行民主政治，并从民主途径中，公平合理的解决国共关系，才能得到效果"。不久，中共全文公开了双方谈判的来往信件：《中共中央向国民党政府提出之意见书》（6月5日）、《国民党政府代表王世杰、张治中致中共中央代表林祖涵的信》，以及8月30日《中共中央代表林祖涵致国民党政府代表王世杰、张治中的信》，将谈判的主要内容，公之于众。9月19日，新华社播发毛泽东修改定稿的评论《延安权威人士评国共谈判，欲挽救目前时局的危机，必须改组政府及统帅部》，提出：欲挽救目前时局的危机，必须改组国民党政府及统帅部。22日，又发表了《关于国共谈判　林祖涵同志在国民参议会上的报告》，正式提出建立民主联合政府的主张。10月11日新华社发表毛泽东起草的对蒋介石双十节演说的评论，指出："空洞无物，没有答复人民所关切的任何一个问题，是蒋介石双十演说的特色之一"，蒋介石的演说还"使人们感觉内战危险不但存在，而且在发展着"。12日，《解放日报》发表了周恩来著名的"双十演说"，新华社对外播发。周恩来在演说中指出，在欧洲战场节节胜利的情况下，中国的正面战场却节节败退，而敌后战场是节节胜利，正面战场胜利与否，"是中华民国胜败兴衰的关键"，是必须解决的问题。正面战场失败的原因，"是由于国民党政府历来片面抗战、消极抗战、依赖外援、制造内战的失败主义政策所造成"，"是由于国民党在其统治区域实施一党专政、排除异己、压迫人民、横征暴敛的法西斯主义的政策所造成的"。挽救目前危机的唯一正确方案是由国民政府立即召集全国各方代表开紧急国事会议，取消一党专政，成立各党派联合政府。在此期间，新华社还播发《国民参政会开会，蒋介石氏说话不当，林虎氏予以批驳》

《评此次国民参政会》《张平群发言错误，人民要求立即改组政府与统帅部》等，这些评论大都经毛泽东修改定稿，以延安观察家、延安权威人士评论的形式发表。

1945年1月1日，蒋介石发表元旦广播演讲，宣称将召开"国民大会"，"颁布宪法"，"以归政于全国的国民"。1月3日，新华社播发延安权威人士评蒋介石元旦广播，指出不先消灭寡头专制，彻底改组现在的国民党政府，代之以民主的联合政府，则无民选的国民大会可言。24日，周恩来赴重庆参加国共谈判前对新华社记者发表讲话：这次去重庆是代表中共中央，向国民政府、国民党和民盟提议，召开党派会议，作为国事会议的预备会议，以便正式商讨国事会议和联合政府的组织及实现的步骤问题。当前全国人民期望的是立即废除一党专政，成立民主的联合政府和联合统帅部，承认一切抗日党派的合法地位，取消镇压人民自由的法令，废除特务机关，停止特务活动，释放政治犯，撤退包围边区和八路军、新四军的军队，承认解放区军队和民选政府的合法地位等。2月17日，《解放日报》刊登毛泽东为新华社编辑的消息《国共谈判未果，周恩来同志返延安》，指出："一月二十四日由延安飞赴重庆的中共中央代表周恩来同志，在重庆留了三个星期，和国民党政府方面举行了多次商谈。由于国民党当局依然坚持一党专政，反对联合政府，反对人民与民主，并企图吞并八路军、新四军，以致仍如过去谈判一样，未能成立任何协议，恩来同志乃于十六日上午十二时飞返延安。"新华社还先后播发了毛泽东撰写的《新华社记者评王世杰对外国记者的谈话》《中共不出席四届一次参政会》《赫尔利和蒋介石的双簧已经破产》《评赫尔利政策的危险》《爷台山战事扩大》等评论和新闻稿。同时，新华社还播发了由毛泽东亲自修改审定的一些重要文章，如《新华社记者再评赫尔利政策》《新华社记者论时局：内战危险空前严重》等。

中国共产党关于改组政府、改组统帅部、建立民主联合政府的主张，通过新华社的报道很快传播到国内外，引起了强烈的反响。

八、关于中共七大的报道

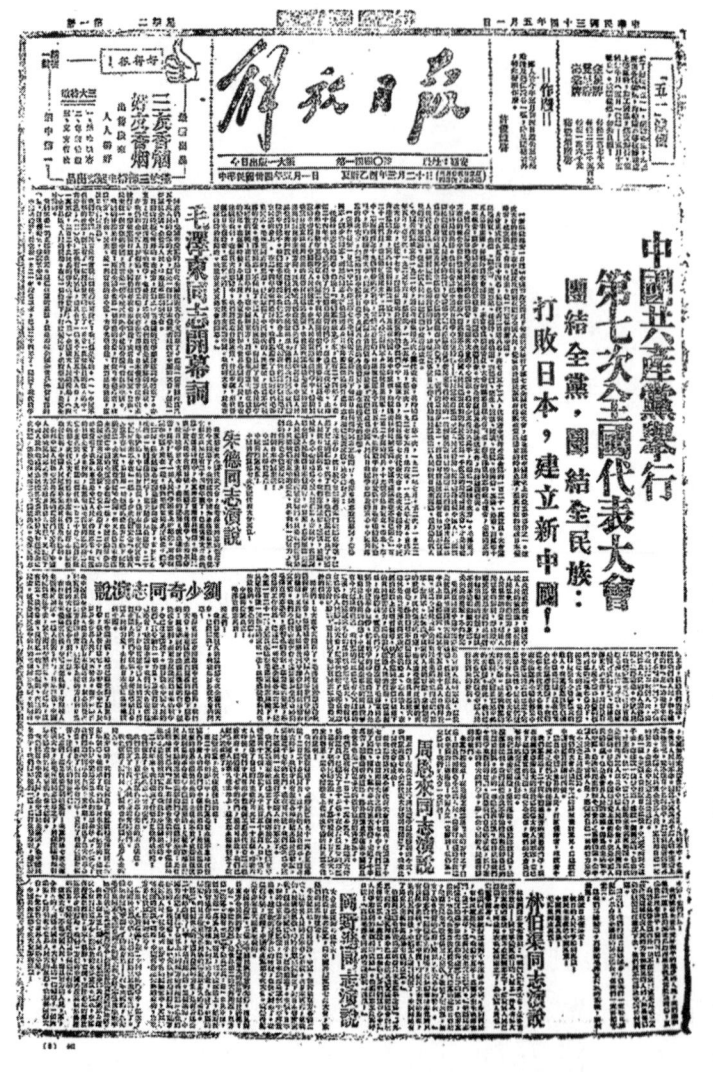

图为1945年5月1日《解放日报》在一版整版刊登的新华社关于中共第七次全国代表大会召开的消息。

1945年4月23日至6月11日,中国共产党的第七次全国代表大会在延安杨家岭中央大礼堂隆重举行。毛泽东在大会上致开幕词和闭幕词,并作《论联合政府》的书面政治报告、关于形势和思想政治问题的报告、关于讨论政治报告的结论和关于选举问题的讲话。朱德作《论解放区战场》的军事报告和关于讨论军事问题的结论。刘少奇作《关于修改党章的报告》和关于讨论组织问题的结论。周恩来在会上作《论统一战线》的发言。任弼时、陈云、彭德怀、张闻天、陈毅、叶剑英、杨尚昆、刘伯承、彭真、聂荣臻、陆定一、乌兰夫等20多人作了大会发言。这些报告和发言从各方面论述党的政治路线、军事路线、组织路线的基本精神，总结党的历史经验，并对各条战线的任务和政策提出了具体意见。这次会议，选举了以毛泽东为首的新的中央委员会，通过了新的党章，确立了毛泽东思想为全党的指导思想。会议总结了中国共产党领导中国革命曲折发展的历史经验，制定出打败日本侵略者、建立新中国的正确纲领和策略。指出在抗战即将胜利的形势下，党的任务是：放手发动群众，壮大人民力量，领导人民打败日本侵略者，解放全国人民，建立一个独立、自由、民主、统一、富强的新中国。提出全党在争取建立联合政府的同时，还必须警惕内战。大会批评了党内的错误思想，系统地阐明了党的优良传统和作风，使全党的认识在马克思列宁主义、毛泽东思想的基础上统一起来。

5月1日新华社以"团结全党，团结全民族，打败日本，建立新中国！"为主题播发了中共七大召开的消息，并摘录了毛泽东的开幕词，以及朱德、刘少奇、周恩来、林伯渠等人在七大上所作的讲话。《解放日报》以整版的篇幅进行了报道。

5月2日，《解放日报》刊登了毛泽东在七大上所作的政治报告《论联合政府》，新华社对外播发。毛泽东的《论联合政府》，共分五个大的部分：一、中国人民的基本要求；二、国际形势和国内形势；三、抗日战争中的两条路线；四、中国共产党的政策；五、全党团结起来，为实现党的任务而斗争。在这个报告中，毛泽东结合当时国际、国内形势提出了中国共产党关于建立民主的联合政府的主张。报告还对新民主主义国家在政治、经济、文化各方面的纲领和外交政策的基本原则，新民主主义革命发展的规律和任务等，作了具体说明，是中国共产党关于新民主主义理论的一篇重要论述。

5月9日，《解放日报》刊登了朱德在七大所作的军事报告《论解放区战场》，新华社对外播发。朱德在报告中论述了解放区战场创建、发展和壮大的历程以及人民战争的战略战术，分析了抗日战争中国民党单纯防御的军事路线和共产党的人民战争的军事路线，并对人民战争的军事路线和战略战术作了详细的阐述。报告列举了中国共产党领导的八路军、新四军和华南抗日纵队在1937年9月到1945年3月的七年半中对敌斗争的一些统计数字。报告指出，从全民总动员、团结一切抗日力量、积极打击日寇出发，从团结军民、团结官兵出发，从团结一切友军出发，从积极打击敌人增强自己的战略战术出发，这样就构成了一条中国人民的抗日的军事路线，这是解放区战场获得胜利的关键。报告提出，今后的军事任务，是八路军、新四军与一切抗日友军团结起来，打败日本侵略者。

新华社还先后播发了《解放日报》社论《中国人民胜利的指南——读毛泽东同志的〈论联合政府〉》《团结的大会，胜利的大会》，以及日本人民解放联盟、朝鲜独立同盟等国际友好组织致中共七大的贺词，各根据地庆祝七大召开、学习七大文件和精神的报道，七大闭幕的消息，还有七大代表举行中国革命死难烈士追悼大会的消息等。

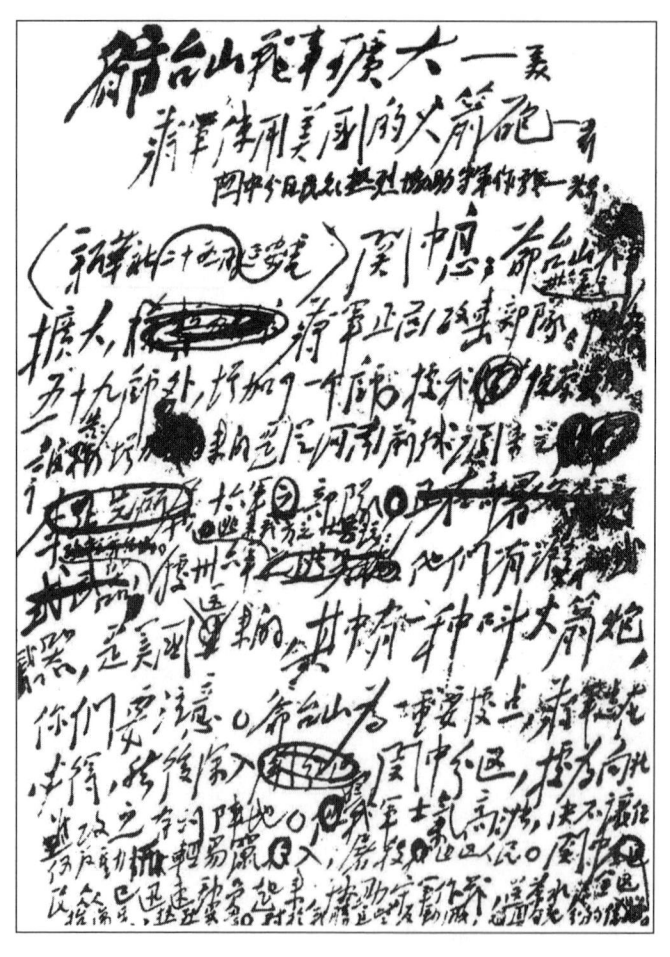

这是1945年7月25日毛泽东为新华社写的战报。

七大是中国共产党在新民主主义革命时期极其重要的一次、也是最后一次代表大会。它为党领导人民去争取抗日战争的胜利和新民主主义革命在全国的胜利，奠定了政治上、思想上、组织上的基础。正如《解放日报》社论中所指出的："这是中国共产党有史以来最盛大的最完满的一次全国代表大会"，是一次"团结的大会，胜利的大会"。

第四节　新华社报道业务的新发展

新华社迁到清凉山后，在党中央的领导下，经过大家努力，克服了物质条件和人力不足的困难，在业务建设上取得了重大发展和进步。主要包括以下一些内容：

一、外文翻译工作的改进和校对制度的建立

抗日战争时期，新华社的国际新闻报道主要靠抄收和编译外国通讯社的电讯。这些来自国外通讯社的消息是中共中央和根据地军民了解国际形势的重要渠道。

由于当时延安通讯器材落后，新闻台接收的外电讯号相当微弱，再加上干扰，收报质量很不稳定。报务员大多文化水平不高，也没有学过英文，要依靠耳听手抄快速记录下外国通讯社用机器高速发出的外文电码，十分紧张，字迹难以写得工整，并且常会发生错漏，于是被戏称为"天书"。这种"天书"得来不易，却使得在翻译电稿时颇费猜度。除"天书"以外，当时翻译的困难是缺少工具书，遇到较新较难的字，一般的字典上找不到，也就译不出来了。延安也没有什么外文报刊，不能经常补充更新知识，翻译人员水平提高也较慢。新华社翻译人员中除个别人外，大多未受过正规的外文教育，只能在工作中学习、提高，摸索破译"天书"的规律。

那时新华社的翻译人员较少，每人每天都要翻译大量的电讯，必须夜以继日地工作十几个小时甚至更长时间才能完成任务。译电人员要把一张张"天书"读懂，根据上下文的文意，或根据事态发展和参照其他通讯社对同一消息的报道，对抄错抄漏的地方加以识别、猜补，尽可能恢复电文原貌。对于无法辨认、猜补的字句，只好在译文中注明。为破译"天书"，他们经常互相切磋、讨论，有时还跑到电台观察报务员抄报情况，摸索抄报规律，注意不同报务员的字迹特点。

苏德战争爆发后，由于形势发展需要，新华社逐渐加强了电台抄报和翻译人员的力量，以便随时报道战局的进展情况。1941年8月初，美国总统罗斯福和英国首相丘吉尔分别率领本国政府的官员乘军舰在纽芬兰的阿金夏港举行会谈，最后于8月13日签署了联合声明，14日正式公布，史称《大西洋宪章》。新华社播发的译文，与重庆《新华日报》发表的译文有明显差异，看上去有如两个不同的文件。新华社翻译的稿件在有些地方存在着明显的破绽。中共南方局发现这一问题后，曾对此提出过意见。吴文焘调任副社长后，博古在谈话中，特别谈到了"两个《大西洋宪章》"的例子，说："党中央要根据咱们收来的新闻电讯决定政策的。可不要再发生'两个《大西洋宪章》'的现象啦！"

在吴文焘及有关人员的努力下，新华社很快建立了外文翻译的校对制度。如抄收重要英文稿件时由英文水平较好的同志翻译，其他翻译稿件也要经过他们校对，吴文焘也直接参加了英文稿的校对工作。校对制度的建立，使新华社外电翻译工作有了显著改进，减少了新闻的错漏现象。原来翻译水平较弱的人员也在工作中得到了学习和提高。与此同时，新闻台的同志们也苦练业务本领，逐步摸索、掌握外国通讯社的发报规律，产生了不少技术能手，抄报质量有了明显进步。随着抗战形势的发展，新华社的业务和规模不断扩大，在党的新闻宣传中的地位和影响也与日俱增。新华社抄收的国内外重要消息，使得党中央及时掌握国际国内形势发展的动向，为制定对内对外政策提供了重要的依据和参考材料。

二、编辑工作水平的不断提高

抗日战争时期，延安长期处于被包围、被封锁的状态。中国共产党的报刊、图书和宣传品很难送出去，外界的信息也很难传进来。而无线电波却能冲破重重封锁和阻隔，为沟通延安与外界的联系建立起一座空中桥梁。因而，作为"解放区的新闻总汇"的新华社，在中国共产党的新闻宣传中所起到的作用始终都是非常重要的。

随着抗战形势的发展，新华社新闻广播在中国共产党的新闻宣传中的地位不断提高，编辑工作的重要性日益显现。1942年1月24日，毛泽东在中共中央政治局会议上谈到关于《解放日报》工作时，指出《解放日报》社论、新闻、广播三者应并重，他说："广播比三千份报纸更重要，要成为第一位的工作。"[1]

当时，新华社广播科每天要发三类文字稿：一是发给敌后各根据地报纸的国内外新闻和文件、社论的摘要等，约5000字；二是发给陕甘宁边区各专区小报的新闻摘要，约1000多字；三是发给重庆《新华日报》和大后方各地的专稿，字数不限。其中第一类稿修改后兼做口播稿用。由于工作量很大，广播科夜以继日地工作，白天主要摘编《解放日报》的国内外新闻和社论、文章等，夜间主要根据外电编发一些时效性较强的战报。太平洋战争爆发后，第一类稿和口播稿改为夜间编辑为主，根据外电直接编发全部国际新闻和部分编发各地前方来稿，

广播科的夜间工作高度紧张，编辑们经常要从晚七点一直工作到次日凌晨两点多。来自全世界和国内各战区的新闻到深夜才能收译完毕。这些新闻包括：陕甘宁边区、各根据地和蒋管区的新闻，以及塔斯社、美联社、合众社、海通社、斯蒂芬尼社、同盟社以及

---

[1] 《毛泽东年谱》(1893—1949)中卷第356页，中央文献出版社1993年12月出版。

国民党中央社的电讯等。编辑必须用很快的速度，校对审读全部译稿，并从中选编重要新闻，由通讯员提着马灯跑送清凉山西侧的《解放日报》编辑部，供编辑报纸和参考消息之用。新华社的文字广播稿和口播稿则由博古、吴文焘审阅后，分别交电台播发和口播台播出。

关于怎样才能做好新闻广播工作，在1942年5月29日的编委会上，博古指出：广播科工作的主要对象是供给敌后，"我们的广播要有充实的政治内容，文字与口头要严格划分。"[①] 当时虽然仍以摘编《解放日报》的新闻为主，但重要新闻还是由新华社首发。由于各地发来的稿件质量参差不齐，有的文言较多，有的文字粗糙，所以广播科对稿件的编辑加工需花费很大力量。新华社的广播稿是供各解放区报纸刊登的，因而政治选择是最重要的。另外因为发稿线路容量有限，要求广播稿在文字上一定要尽量简洁，不能有废字赘句。广播科的编辑们为规范新闻写作下了很大功夫，如"的""地""得"以及"他""她""它"等的用法，要求把它们坚决统一起来。经过努力，新华社播发的稿件逐渐形成了严谨规范、通俗流畅、简洁明快的文风和特色。

在编发稿件的同时，广播科的编辑人员平时还注意积累材料，培养对国际国内事件及其发展动向的观察分析能力，撰写述评稿件。当时在广播科工作的陈笑雨和王唯真，都在编辑工作中锻炼了撰写分析述评的能力，陈笑雨的军事综述，王唯真的国际述评，为新华社的报道增添了亮点，得到同志们的肯定。陈笑雨后来到前方去，以"司马龙"的笔名发表了很多有分量的军事述评稿，受到读者好评。

根据中共中央和新华社领导的指示精神，广播科还在加强对各抗日根据地新华分社的业务指导和联系等方面发挥了积极作用，开展了一系列工作。到抗日战争胜利时，新华社每天播发的稿件已超

---

① 《解放日报·新华社编委会记录》，原件存中央档案馆。

过一万字。

三、参考报道发展的新阶段

《解放日报》创刊后,新华社抄收的中外电讯,有些不适合公开发表,但有重要参考价值的中外电讯须提供中央领导干部参阅,因此,恢复了《参考消息》的出版。

此时的《参考消息》,为内部的油印刊物,由《解放日报》和新华社共同编辑。在1942年10月26日的编委会上,总编辑陆定一说:新华社在困难的条件下翻译了大量的中外通讯社电讯,供《参考消息》使用,为中央研究决策提供了大量情况。12月1日,《参考消息》由油印改为铅印出版,版面先后为十六开和八开。

《参考消息》铅印第一号,只有薄薄的一页纸,约十六开大小,稿件全部竖排,占了47行,上下两栏。《参考消息》刊头下面,是横写期码"第一号",再下面又是竖排,从右到左依次是:解放日报、新华社编,今日出版一张,卅一年十二月一日。头版头条以《斯大林任中线南线指挥 德军界人士评红军大攻势》为题,刊登了德国海通社的两条电讯。从第2号开始,《参考消息》版面缩小,文字仍为竖排,但改为只占30行,仍为上下两栏,每期出正反两页纸,刊头字号缩小了很多,并在旁边标明"只供参考",下面的期码、编者等说明均为横写。

改铅印的初期,由于《解放日报》出版以后,新华社抄收的中外电讯和播发的新闻稿大部分在报纸上公开发表,所以《参考消息》作为专供中共中央领导干部参阅的材料,版面较之前的参考报道大大压缩,从《今日新闻》时期的四开两版压缩为小十六开的两页纸,每期不到4000字。《参考消息》上刊登的稿件,大部分都是新华社抄收的当时不宜公开发表的电讯,其中有很多德国海通社和日本同盟社等法西斯国家通讯社的电讯,报道内容多为欧洲、非洲、亚洲战场消息,还曾刊登《希特勒致贝当函全文》《墨索里尼演说全文》等,具有很强的参考性质。

1942年12月1日解放日报社、新华社编印的《参考消息》第一号。

随着形势的进一步发展，《参考消息》上刊登的稿件内容也日渐丰富起来。除海通社、同盟社外，路透社、合众社、塔斯社、美国新闻处、英国官方通讯社等外国通讯社的电讯，以及国民党中央社和国民党统治区一些报刊上刊登的消息等，都越来越多地出现在《参考消息》上。内容主要是国内外大事，也有战报新闻。《参考消息》在刊登这些电讯时，内容基本保持原文不变，标题处理体现以我为主的风格，具有很强的参考性。《参考消息》前后形式变化较大，刊头有时标明"今日出版一张"，有时为"今日出版二张"，或"今日出版一大张"，也曾出现过"今日出版半张"，纸张基本为十六开或八开，正反两页或偶尔为一页。

编者有时会用"按"或"注"的方式对《参考消息》上刊登的一些特殊内容予以说明，如1944年6月25日刊登的美国副总统华莱士来华后在蒋介石宴席上一篇演说，后面编者按指出："华莱士这个演说本拟在报上发表，因中央社译文，无法信任，故只得登参考消息了"。为什么说这篇译文无法让人信任呢？编者主要指出的是其中有一句话讲道"在中国境内，诸君亦有若干少数宗族问题"，这个"少数宗族"不知是什么意思。一天后在《参考消息》上刊登的路透社的一则电讯显示，华莱士所说的这句话应是在胜利后"希望中国将为中国境内的少数民族问题的开明解决而工作"。显系中央社译文有误。遇到类似这种在编辑时发现尚存疑问的稿子，虽然不适合在报纸上公开发表，但却可以先在《参考消息》上刊登出来，供有关领导及时参考，从这一点可看出参考报道与公开报道所发挥的不同作用。

由于技术上的原因，当时有不少电讯在刊登时还是未译清的稿子，文字残缺不全。在《参考消息》上常常可以看到有些稿子中间注明有多少字不能译或译不出，有的注明缺多少字或掉几字，有的注明此句电码不清，有的注明原文不明，有的则用××代替等。在1944年7月21日刊登的《英国官方通讯社又说德寇抽调东线部队至西线》消息，末尾还加注了编者按，指出："这个电报错漏太多，本拟留待中央社的译文，但迄今该社尚无此讯，只好将此电发表。"对于稿件的错漏之处，如能查明，编辑会在《参考消息》上刊登"补正"以示弥补，如1944年7月18日曾在刊末刊登一则"补正"，指出：昨日本刊"同盟社传：印度政界……"消息内，"对付日军的最后的"下面脱落一行，特此补正于后："全般战费，如何在英国与印度间分担，尚不能言明。"

《参考消息》上也刊载少量新华社播发的电讯，如1944年7月28日《顽军不断骚扰淮北根据地》（新华社华中十八日电）、9月1日的头条《盐阜区新四军救出美飞行员五人》（新华社华中廿八日电）、9月5日《美国空军上校赛伏爱谈对华中根据地印象》（新华社华中二日电）、9月17日的《在国民党苛政压迫下豫南民众暴动真相》（新华社鄂中十五日电）、9月21日《桂军向我黄（冈）东进攻》（新华社鄂中电）等。

延安时期是《参考消息》从油印发展为铅印的重要时期，这一时期《参考消息》无论在印制规模和质量，还是在发挥参考报道职能和作用等方面，都取得了长足的进步，为参考报道以后的发展奠定了基础。

四、开创口语广播事业

抗日战争初期，中国共产党的新闻舆论工具主要是报刊和通讯社。由于日本帝国主义和国民党顽固派的破坏和干扰，延安和其他抗日根据地出版的报刊，很难传送到国民党统治区和沦陷区去。新华社的文字广播虽然可以通过无线电波传送出去，但必须靠收报设备才能接收，并经过译电才能阅读，这是一般部门和普通群众难以办到的。在国民党统治区，《新华日报》虽然可以公开出版，但受到国民党当局的新闻审查和刁难，许多重要的评论、消息和文章很难刊登出去。因此，建立人民的广播电台，使大后方和沦陷区拥有收音机的听众能够直接听到中国共产党的声音，就成为一项迫切而重要的任务。

1939年冬，周恩来因右臂受伤去苏联治病。在莫斯科，他和中国共产党驻共产国际代表任弼时同共产国际领导人季米特洛夫会谈时，提到了在延安建立广播电台的问题。1940年3月，周恩来从莫斯科回延安时带回了一部由共产国际援助的苏制广播发射机。紧接着，中共中央发出建立延安广播电台的指示，并成立了以周恩来为主任的广播委员会领导电台的筹建工作。广播委员会成员有中央军委三局局长王诤，新华社社长向仲华等。周恩来赴重庆工作以后，由朱德主持筹建工作。

电台地址选在了王皮湾，距延安西北约19公里。承担具体建台任务的是军委三局9分队。9分队队长傅英豪，政委周浣白，成员有汤翰璋（丁戈）、毛动之、苟在尚、唐旦、徐路等30多人，大部分是八路军战士和知识青年，只有少数无线电技术人员。三局派出阙明等人组织一批石匠、瓦工，在当地老乡的积极配合下，在延河支流西川南岸的半山腰中开凿出两孔石窑洞，作为广播电台的机

第二章 在抗战烽火中成长的新华社

房和动力间。另外，又在西川北岸沟口打了两孔土窑洞作为播音室和备稿室。播音室门口挂了一块陕甘宁边区自己生产的羊毛毡，既做门帘又用来隔音。为了防止敌人破坏，在王皮湾村还驻守着30多名武装战士。9分队的技术人员对周恩来从苏联带回的广播发射机进行了反复安装调试和改装，终于使它能够供语言广播使用。建台所需的其他零部件，有的是通过从大后方和敌占区秘密采购而来，有的是缴获的日伪器材，更多的是通

图为延安新华广播电台的广播发射机。它是周恩来同志从苏联带回的。

信材料厂和9分队的技术人员用土法制造出来的。为了解决供电问题，技术人员经过反复研究，决定利用汽车引擎来带动发电机转动。延安的汽油、柴油奇缺，大家又想出了制作木炭炉利用烧木炭产生煤气的办法代替汽油作燃料。9分队的同志还因陋就简，把几根大木杆子连接起来耸立在山头上，用"木塔"代替铁塔架设天线，使无线电波能够传送出去。年底，终于完成了建台任务。

1940年12月30日，延安新华广播电台开始播音，呼号为XNCR。按照当时国际电信联盟规定，中国无线电台呼号的第一个字母为X，NCR是英文New Chinese Radio的缩写，XNCR意思就是新中国广播。这是中国共产党领导的第一座广播电台，它标志

着中国人民广播事业的诞生。

延安台编制属军委三局，业务归新华社，广播稿由新华社广播科供给。口播台开播后，中共山东分局机关报《大众日报》于1941年1月16日报道了该台开始播音的消息，并要求"山东各军政机关，民众团体，备有收音机者，可赶快按时收听，借以收罗一切正确真实之新闻材料，并可粉碎敌伪投降派所进行之欺瞒国人之一切虚妄宣传"。随后，中共中央机关报《新中华报》、中共北方局机关报《新华日报》华北版等，也先后刊登了"新华社广播电台"播音的消息，并介绍了波长、播音时间和主要广播节目。延安台开始时每天的播音1次2小时，后增至2次3小时和3次4小时，使用的波长先后有28米、30.5米、61米等。播音内容有：中共中央重要文件、《新中华报》《解放》周刊和《解放日报》的重要社论和文章、国际国内的时事新闻、名人讲演、科学常识、革命故事等，此外还有音乐戏曲节目，主要是演播抗日歌曲。先后担任播音员的有麦风（徐瑞璋）、姚雯、肖岩、孙茜。

中共中央非常重视口播工作，多次指示各地党组织按时收听延安台的广播。1941年5月15日，中共中央书记处在《关于出版〈解放日报〉和改进新华社工作的通知》中要求"各地应注意接收延安新华社的广播"。5月25日，中共中央在《关于统一各根据地对外宣传的指示》中又强调"各地应经常接收延安新华社的广播，没有收音机的应不惜代价设立之"。6月20日，中央宣传部《关于党的宣传鼓动工作提纲》指出："在现代无线电业发展的情形下，发展通讯社的事业，无线电广播事业，是非常重要的。应当在党的统一的宣传政策之下，改进现有通讯社及广播事业的工作。"这年夏天，毛泽东听说延安台只有唱机，而没有唱片，就把自己保存的20多张唱片送给延安台使用，并且当面嘱咐延安台的工作人员要认真把广播办好。

在中共中央的领导和关怀下，延安台的编播、技术人员以饱满的政治热情，刻苦钻研业务，努力提高宣传质量，不断把党的重要政策方针主张,全国军民浴血抗战的消息,八路军、新四军英勇杀敌的事迹,世界人民反法西斯战争的进展,抗日民主根据地政权建设的情况,传送到全国各地。皖南事变发生后,国民党顽固派控制新闻发布大权,严密封锁事实真相,同时又百般刁难重庆《新华日报》,不准揭露事变经过,妄图掩饰他们积极反共、消极抗日的罪行,蒙蔽天下人的耳目。在这重要时刻,延安台于1月下旬向全国人民反复播出了毛泽东撰写的中国共产党中央军事委员会命令和中国共产党中央军事委员会发言人为皖南事变对新华社记者的谈话等重要新闻,有力地揭露了国民党顽固派破坏抗战、实行反共的阴谋。

延安台的广播打破了国民党当局对广播事业的垄断。尽管延安台的发射功率不大,传播范围有限,却引起了重庆国民党当局的惊恐和不安。他们千方百计对延安台广播进行干扰和破坏,并要重庆新华日报社转告延安台,必须"依法报核,以完法律手续,在未核准前不准试播",妄图取缔延安台。但是,他们的阴谋并未得逞。延安的红色电波还是冲破"新闻封锁"继续传向四方。一些抗日根据地的党政机关和新闻机构,一直收听延安台的广播,了解和抄录重要新闻,并且通过各种途径把收听效果转告给延安台,帮助他们改进节目。延安台的广播在大后方和沦陷区也产生了较大的影响,许多人通过收听延安台的广播,加深了对中国共产党、对中国革命事业的了解,有不少青年就是从延安广播中受到教育,毅然奔赴延安,参加抗日战争的。

1941年12月3日,延安台开办了日语广播。播音员为日本人原清子(原清志,女)。广播对象主要为侵华日军。稿件由八路军总政治部敌工部提供,编辑张纪明。广播的内容主要是揭露和瓦解敌军,阐明中国人民抗日战争的正义性和日本侵华战争的非正义性,宣传中国共产党的政策和主张,号召日军起来反战。广播时间为每周五一次,每次30分钟。延安新华广播电台日语节目的开播,标志着中国人民对外广播事业的诞生。当时,侵华日军中就有人是在收听广播后受到感召而投降八路军的。日语广播立即引起日军的注意，并用大功率设备进行干扰。

由于延安台设备简陋，发射功率小，机器又经常出故障，所以一直时播时停。1943年3月，终于不得不停止播音。延安台两年多的播音，对于推动抗日战争胜利起到了一定作用，并且从实践中培训了人民广播的第一批编播、技术人员，奠定了人民广播事业的基础，为1945年8月延安台恢复广播准备了必要的条件。

五、早期的对外宣传工作及创建英文广播

抗日战争初期，新华社曾用电讯或通讯稿的形式，向苏联对外新闻社提供有关八路军、新四军的抗日作战情况。

1940年10月，为向国外介绍宣传八路军、新四军英勇斗争的事迹和抗日革命根据地建设的情况，中共中央宣传部成立了一个国际宣传委员会，决定创办外文刊物《中国通讯》（Report from China）。当时在中宣部工作的吴文焘具体负责这一

1936年夏，祖籍黎巴嫩、出生在美国的马海德到达陕北并参加红军。1937年11月兼任新华社的英文翻译工作，是新华社最早聘请的外国专家。这是马海德与彭德怀在延安窑洞前合影。

工作。1941年3月，《中国通讯》第一期在延安出版，内容为皖南

事变报道专辑，共 5 篇文章，分别用英、法、俄 3 种文字撰写，写稿人为在延安的外籍人士和懂外文的中国人，其中有吴文焘、马海德、萧三等。第二期起陈庶参加编撰工作。《中国通讯》为月刊，小 32 开，每期刊登五六篇文章，用蜡纸刻印，每期约印 200 份。刊物由内部交通带到重庆，再由八路军驻渝办事处散发给外国记者，供他们转发到国外。宋庆龄在香港主持的"保卫中国同盟"在重庆设有办事处，他们也曾从中选出一些文章刊登在自己的刊物上。

1941 年 7 月，吴文焘调到《解放日报》后，《中国通讯》改由新华社接办，编辑陈庶随同调入新华社。刊物由油印改为打字机打印，发行份数减少，只刊登英文文章。每月开会组织稿件，由博古主持。12 月，太平洋战争爆发，香港沦陷。由于国民党反动派的封锁，这个刊物的发行日益困难，加上延安经济困难，纸张油墨匮乏，《中国通讯》最终停刊，总共出版了 10 期。《中国通讯》是中国共产党在抗日根据地出版的第一个外文宣传刊物，也是新华社历史上早期的一项对外报道业务。

在世界反法西斯战争不断取得胜利的大好形势下，1944 年夏，为了加强对外宣传，更好地向世界人民介绍中国共产党领导下的八路军、新四军的抗战事迹和根据地建设的真实情况，新华社创办了对外英文广播。

英文广播的创建工作得到了英国友人林迈可的帮助。林迈可，原名迈克尔·林赛（Michael Lindsay），毕业于英国牛津大学，1937 年 12 月来到抗日烽火中的中国，在燕京大学任教，同情中国人民的抗日战争。太平洋战争爆发后，他与夫人李效黎（燕大学生）一起离开日军占领下的北平，来到晋察冀根据地，以自己熟悉的无线电技术，为改进根据地无线电通讯工作作出了重要贡献。1944 年 5 月林迈可夫妇到达延安，受到毛泽东等中共领导人的欢迎。朱德总司令同他谈话时，希望他帮助改进部队通讯工作，并且多关注一下解放区的经济金融情况。林迈可提出，当务之急是应冲破新闻封锁，让世界听到延安的声音。他说："只要建一个好的定向天线，是有可能把电波传送到美国西海岸的。"几天后，林迈可收到朱总司令签发的聘书，聘他为八路军总部通讯顾问。在他的参与下，军委三局的工作人员经过多次试验，进行发报设备改装和架设天线等工作。两个多月后，早前由周恩来从莫斯科带回，曾用于口语广播的那部发射机被修好了，并安装了天线，为新华社英文对外广播做好了必要的物质准备。

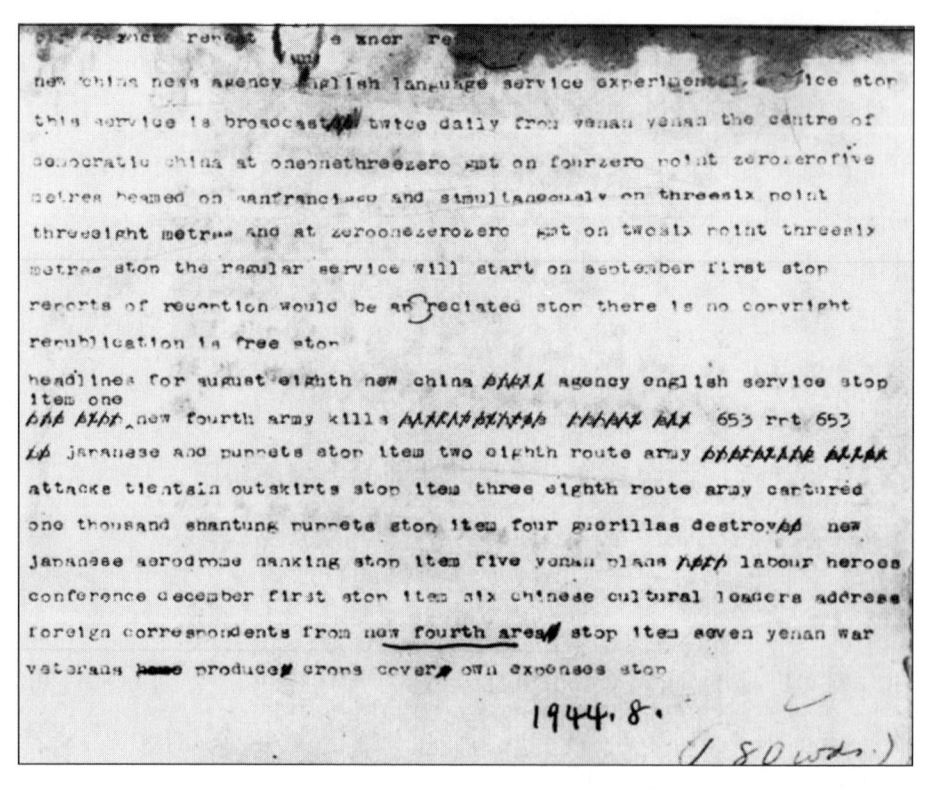

图为1944年8月8日，新华社对外英文广播试播稿的原稿之一。

1944年8月，新华社英文广播部在延安成立，8月8日开始试播英文文字广播，9月1日正式开播，定向美国旧金山，呼号为CSR DE XNCR。这是中国共产党领导的新闻机构第一次使用无线电通信技术向国外播发英文新闻。英播部主任由副社长吴文焘兼任，编辑沈建图、陈庶。林迈可被聘为英播部顾问，负责英文改稿。沈建图是新加坡华侨，曾在香港大学学习，1938年到延安，进入抗大学习，后在山东、太行等根据地工作过，来英播部工作前为延安交际处翻译。陈庶毕业于香港大学，曾任八路军学校英文教员、外文刊物《中国通讯》的编辑、新华社翻译科翻译。

英播部的办公室设在延安清凉山的一个窑洞里。英播部的工作很紧张。编辑们一大早从《解放日报》和前方记者发回总社的电讯稿中选编改写成英文广播稿。下午4时，通信员骑马从军委三局来把稿子取走，在一两个小时内用莫尔斯电码发出。英文广播创建初期，每天广播两次，每次一个半小时至两个小时，共合打字纸5—8页，相当于中文1800－3000字左右。

新华社英文广播虽然信号较弱，传播范围有限，但在国外产生了一定的影响。延安美军观察组反映，通过定向天线发出的新闻，在美国西部可以收到，并在报纸、刊物上登载。当时，曾有这样一件事：1945年6月，中共七大闭幕后的一天，博古匆忙地来到吴文焘的房间，看上去神色有些紧张。他把手中的一张英文报纸递给吴文焘，问："这是怎么搞的？"吴文焘接过一看，是美国出版的一份报纸，上面刊登了新华社播发的电讯，包括中共七届一中全会上产生的中央政治局委员名单。但是，本应是LIN POCHU被该报印成了TSIN POKU。由于这几个字母的错误，把林伯渠错成了秦博古（博古又名秦邦宪）。博古这次未选入政治局，而是中央委员，因而有些恼火地说："我是管新华社的，这让我怎么向中央交代嘛！"吴文焘说："我们有底稿，能查清楚。"经查发现，新华社播发的英文稿名单没有错，显然是对方因接收信号不清造成了错误。

英文广播工作的早期编辑沈建图，刻苦钻研业务，对英播编辑工作的体会是：一、从"团结自己，争取朋友，打击敌人"的方针出发，选择最重要、最有国际意义的新闻编发。二、译文要忠实于原稿，消息必须绝对准确。对战果的估计（如击败、击溃、歼灭等）、战利品的统计数字，都要十分精确，比中文消息更为细致，如不能笼统用"歼灭多少"，而用"毙、伤、俘"各多少。三、文字应清晰易懂，照顾读者的理解程度。一些特殊名词，如"三三制"等要加以解释。一般城市位置应注明，使读者便于了解。

1944年8月，新华社开创了对国外的英文广播。这是新华社副社长兼英播部主任吴文焘（右二）与英播部编辑沈建图（右一）、陈庶（左一）、英籍专家林迈可在办公室窑洞前合影。

抗战胜利后，林迈可于1945年11月离开延安回英国，后定居美国。他在离开延安前，以后又在美国两次给总社来信，都对新华社英文报道提出了颇有参考价值的意见。林迈可的意见主要是：通讯社的电讯，要使读者"对解放区情势获悉一尽可能清楚与完全的图景"。而英文广播则又有额外的要求，即是在报道解放区情势的图景时，必须使对解放区一无所知，有时怀疑甚至敌视的读者能够相信。而新华社的报道，常常不能适应国外读者。总社把林迈可的意见转发各分社参阅，并加按语指出：林氏"大部分意见堪称中肯，甚多切中我们目前工作中若干弊病，足资我们改进工作的借镜"。①

---

① 原件存中央档案馆。

经过英播部及有关工作人员的不懈努力，新华社英文广播的业务不断改进，规模扩大，逐步发展成为中国共产党领导的对外宣传中的一支主力军。

六、新华社通讯网的建设

延安时期，新华社逐步发展通讯员工作。1939年3月11日，中共中央书记处发出关于建设《新中华报》的边区通讯网的通知，指出：延安市的党、政、军、民、学各机关须由党支部指定一定数量之同志担任新中华报通讯员，机关人员在三十人以内者，指定一个通讯员，在五十人以内者，指定两个通讯员，在六十人至一百人以上者指定三个至五个通讯员，学校以队或班为单位，按每班每队人数之多少，指定两个至五个通讯员，留守兵团，警察，保安营，教导大队等以连或排为单位，指定两个通讯员，陕甘宁边区党委应通知边区各县委及各区委指定县委和区委中工作之一人至二人为新中华报通讯员。通讯员之责任在于：（一）按时（至少一月一次）将各单位之工作、学习、生产、生活等情形写成通讯或论文送交新中华报；（二）在各单位中帮助新中华报，解放、军政杂志及新华日报之发行工作；（三）发起和组织各单位中之新中华报或解放、军政杂志之读者会工作（或党报读者会——即包括新中华报，解放、军政杂志、新华日报等）。《新中华报》的通讯员，同时担负着给新华社写稿的任务。

1939年6月，新华社机构调整后，还成立了通讯科，负责人为缪海稜。通讯科的主要任务是，组织延安机关、学校、工厂、部队和陕甘宁边区各县通讯员为《新中华报》和新华社写稿，定期召开通讯员小组座谈会，介绍报道要求和写作基本知识，以及向重庆《新华日报》《国民公报》副刊和香港进步报纸寄发特稿，选择并译发莫斯科苏联新闻处寄来的英文专稿等。

为建立通讯网，新华社筹备召开延安市通讯员大会。会前，向仲华带着缪海稜找到时任中宣部部长的洛甫（张闻天），请他到会作报告。洛甫欣然同意，并在谈话中指出：我们党要办报纸，办通讯社，这项工作十分重要，关系党的事业的成功与失败。要动员全党来办报，动员群众来办报，光靠少数人是办不好的。通讯员是党报和群众之间的桥梁，通过他们可以深入地向群众宣传解释党的政策，可以把群众的意见如实地反映上来。他给通讯员提出几条任务和要求：一、学习；二、向群众宣传，讲解报纸，讲解党的政策；三、积极写稿；四、反映情况。他还强调说：写新闻，办报纸，最重要的要有一个基本观念，那就是读者观念、群众观念。要想一想你写的东西是给什么人看的，怎样使读者看了你的报道有益处而又能引起他们的兴趣，怎样挑选与读者群众利益有关的事情和问题来写。

这次大会于10月1日下午在中央大礼堂举行，到会的有边区各单位通讯员及晋察冀边区新华分社代表等100余人。社长向仲华主持会议，并介绍了新华社的性质、任务和工作情况。洛甫发表了长篇讲话，阐述了报纸通讯工作的重要性、通讯员的任务和新闻的基本要求等问题。他说，通讯员把模范抗日根据地延安和边区的真实情况介绍出去，对全国人民抗战是一个推动；对边区干部和人民是一个教育，对优点知所发扬，对缺点知所改进；对八路军、新四军是安慰和鼓励，激励他们更英勇地进行战斗。因此，通讯员不应该看轻自己的工作，应该相信自己的工作是一种重要的革命工作，值得把它当成终身事业，坚持下去。《新中华报》对这次大会作了报道。

会后，为加强对通讯员的业务指导，推进通讯员工作的开展，新华社通讯科创办了新闻业务刊物《通讯》。1939年12月1日，《通讯》创刊号出版。读者对象是陕甘宁边区的通讯员。《通讯》为油印32开本，初为每月一期。在《通讯》创刊之前，通讯科以新华社的名义给毛泽东写了一封简短的信，说明这个刊物的性质、任务和目的，请他题写刊头。毛泽东很快就写了"通讯"两个字共三份供挑选，这就是《通讯》创刊号上的刊头。创刊号刊登了洛甫在延安市新华社通讯员大会上的报告，向仲华的《介绍新华通讯社》，海棱的《怎样建立边区各县通讯网》，于敏的《边区通讯员怎样写新闻》，罗夫的《论通讯写作材料的搜集》等文章。

从 1940 年 3 月第 4 期开始，《通讯》改由新华社和中国青年新闻记者学会延安分会合办。改刊词写道："《通讯》过去是新华通讯社用以教育通讯员与推动边区通讯工作的社刊，从今天起，《通讯》决定改为新华通讯社与青年记者学会延安分会联合刊物。因之，它的任务是更加繁重了；它的内容也应该有所改变，它应成为教育通讯员与青记学会会员的有力工具，它是边区以至华北敌后新闻事业的推动机。"1940 年 6 月，延安《新中华报》也参加了《通讯》编委会，《通讯》从此成为新华社、《新中华报》和青年记者学会延安分会三家联合编辑出版的新闻业务刊物。

《通讯》共出版了 8 期。在 1940 年 3 月 6 日召开的编委会上，提出了《通讯》的编辑方针："主要在培养青年新闻干部，加强各会员、各分会、总会及与全国新闻记者之团结，求得工作经验之交换及学术上进一步之探讨。"后来《通讯》陆续刊登了一系列新闻研究文章，如《新闻工作者的道德修养》（向仲华）、《略谈战地新闻工作》（刘白羽）、《新闻记者的能动性》（缪海棱）、《怎样写农村新闻》（刘文怡）等。这些文章对于帮助提高记者和通讯员的思想修养与采访写作水平都起到了积极作用。

1941 年 5 月，《解放日报》创刊后，在副刊上开辟了以研究新闻业务为内容的不定期的《新闻通讯》专栏，《通讯》遂停刊。《新闻通讯》专栏刊登了不少探讨新闻理论和新闻实践的文章，陆定一的《我们对于新闻学的基本观点》一文，就是在这个专栏上发表的。

《解放日报》和新华社编委会对通讯员工作很重视。社长博古曾在编委会上指出，我们的新闻队伍现在是由正规军和基干通讯员组成，对通讯员要特别照顾，培养、帮助他们，结合扩大通讯员队伍进行。要对通讯员的工作订一些条例，记者要给通讯员作必要的提示。他还要求新华社依托分社建立对外通讯网。

1942年春开始,《解放日报》先后在延属、绥德、三边、陇东、关中五个分区设立了常驻通讯处。一批青年记者被派往各分区通讯处工作。博古对这些记者讲话指出:"我们不仅是带了笔自己去写,更需要培植当地的通讯员;只有依靠广大通讯员,报纸才能有群众基础。他们熟悉当地情况,了解本身业务。我们必须虚心向他们学习,细心地帮助他们,组织他们。除了现有的特约知识分子通讯员以外,更要注意培养工农通讯员。"

此后,通讯员工作得到进一步加强。新华社各地分社也积极发展通讯员队伍。至抗日战争结束,遍布各解放区的新闻通讯网已初步形成。延安时期通讯员队伍的成长壮大,为党的新闻事业进一步发展奠定了坚实的基础。很多当年的通讯员后来都逐渐成为新闻战线的骨干力量。

七、新闻广播的统一和加强分社管理

随着抗日战争的进行,敌后根据地新闻事业蓬勃发展,各地相继成立了一些新华分社和地方性通讯社组织,通讯工作空前活跃。这些分社或通讯社在组织上多附属于当地党报,有的就是报社的通采科。它们在业务上与延安新华总社有一定联系,如抄收新华社广播稿供报纸采用,也为总社提供一些以当地斗争和建设为内容的新闻稿。同时,它们还向当地报纸发稿。在最初几年里,敌后抗日根据地的新闻宣传存在着分散和无政府状态,主要表现在涉及全国性重大政治事件,在宣传上发表了一些违反党的政策与中央指示的言论,受到了党中央的批评。

为此,从1941年到1942年,中共中央多次发出指示,要求各中央局、中央分局、省委和区党委加强对外宣传工作的领导,统一根据地的对外宣传。如1941年5月25日指示指出:近几个月里各根据地的广播和战报中,"特别应引起我们注意的,是许多违反党的政策与中央指示的言论之公开广播与各地对外宣传工作中独立无

第二章
在抗战烽火中成长的新华社

政府状态的存在","如不迅速纠正,对党对革命必有很大危害"。因此决定:"(甲)一切对外宣传均应服从党的政策与中央决定,各中央局、中央分局、省委、区党委负责同志的公开发言,尤应严格遵守此原则。各军事领袖不得军委许可不准公开发表有关全国性的意见。凡牵涉到全国性意义的重要政治事件,任何中央局、中央分局、省委、区党委负责同志及任何军事首长,在中央未指示前,不得公开发言,以保障全党意见与步调的一致。(乙)一切对外宣传工作的领导,应统一于宣传部。宣传部应负责立即停止在这方面无监督无政府的现象,中央局、中央分局、省委、区党委应经常检查这一工作,并加强其领导。(丙)各地方报纸下的通讯社,应成为对外宣传的重要机关。广播台及起广播台作用的战报台,应划归通讯社,并设立广播委员会专门负责广播材料的审查编辑,并由宣传部指定一政治上坚强的同志领导之,并经常检查其工作。(丁)各地应经常接收延安新华社的广播,没有收音机的应不惜代价设立之。各地报纸的通讯社,应有专门同志负责接收与编辑的工作,应同延安新华社直接发生通讯关系,并一律改为新华社某地分社。关于电台广播内容与广播办法等,应受延安新华社之直接领导。(戊)各地报纸应经常发表新华社广播,其他根据地的广播登载与否,应根据本决定第二项来审查处理,无选择的登载是不允许的。"[①]1942年4月1日发出第二次指示,重申:"去年中央曾电令各地党政军负责同志对带有全国、全党、全八路军、全新四军性质的文件、电文、讲演,必须事先征得中央同意,否则一律不准任意发表与广播。近来仍有个别地方未遵照此电令,有碍政治步调的齐一,望各地负责同志对通讯社及报纸严加约束。"[②]

同年10月28日,中央书记处发出关于报纸通讯社工作的指示,指出:"查各地中央局、中央分局对当地通讯社工作及报纸工

[①] 《中国共产党新闻工作文件汇编》第98—99页,新华出版社1980年出版。
[②] 《中国共产党新闻工作文件汇编》第120页,新华出版社1980年出版。

作注意甚少，对宣传人员及宣传工作，缺乏指导。尚不认识通讯社及报纸是革命政策与革命工作的宣传者组织者这种伟大的作用，尚不懂得领导人员的很多工作应该通过报纸去做。"指示还指出，各地应"改正过去不讨论新闻政策及社论方针的习惯，抓紧通讯社及报纸的领导，使各通讯社及报纸的宣传完全符合于党的政策，务使我们的宣传增强党性。拿解放报所发表的关于如何使报纸增强党性的许多文件去教育我们的宣传人员，克服宣传人员中闹独立性的错误倾向"。[1]

在中央的严格要求和指示下，新华社采取具体措施，加强了对各地新华分社的业务指导和管理，逐步把具有全党、全军和全国性质的重大新闻的发布权集中到总社，统一了各根据地的新闻广播。这是新华社事业发展上的重大转折，加强了新华社在党的宣传系统中的重要地位和作用。1942年10月26日，在解放日报社和新华社的编委会上，陆定一指出，新华社几个月来的成绩，是统一了广播，在困难条件下翻译出许多电讯供给报纸，供给《参考消息》。新华社广播是中央进行思想领导的重要工具之一。要在此方针指导下改进工作。博古指出，新华社在对外宣传上比《解放日报》还要广，它对党的宣传指导是很重要的。我们党办通讯社事业从延安开始了新的创业阶段。不久前新华社统一了全国的广播，总社统一领导，这是通讯社的一大进步，因此加重了我们的责任。要求提高广播质量，使内容更生动精确。今后，新华社在传达中央意志上占有很重要地位，它的作用、影响会更大。目前的任务是真正管理好各个分社，加强指导，办好广播。

为加强与各根据地分社的联系，在博古的提示下，新华总社开始建立通报台，其任务是负责总社与分社之间的通讯联络，抄收分社来稿，为文字广播补漏纠错，并向分社发布报道提示、业务通报等。通报台于1941年7月建成，最初只有一台，报务员两人，到

---

[1] 《中国共产党新闻工作文件汇编》第121页，新华出版社1980年出版。

1945年8月，通报台发展到4台，报务员10余人。通报用的机器都是15瓦的小型发报机和手摇马达。通报台的成立为加强总社与分社的联系，指导分社业务，建立统一的发稿网络奠定了基础。

1942年下半年，新华社在各根据地有5个分社组织，有的下面还有支社。12月10日，中宣部对各地出版报纸刊物的指示中，指出：新华分社与当地日报社在组织上可以合一，分社即以报社之材料择要供给总社。分社应以收听总社广播为主，环境较好的地区或可兼收中央社消息。各地区除给总社提供稿件外，对于自己根据地范围内，可以有本地新闻、社论等广播，但应力求精简。1943年后，新华社把加强分社建设提到经常性的议事日程，陆续开展了如下工作：一、向分社发有关新闻业务的指导性材料；二、针对不同时期和情况，不定期向分社索取汇报性材料；三、研究分社来稿，每月或两三个月给分社以指示；四、依照形势发展，不断调整机构，改进内部管理教育。

1945年初，总社收到华中、山东、太岳、晋西北、晋察冀和太行等六个分社的工作汇报。在汇报中，各分社对工作成绩、现状及问题进行了初步总结。总社研究后，于3月4日致电各分社并各地党委，提出了加强分社建设的具体意见。内容主要包括：（一）机构与人事。除山东、华中两分社粗具规模，一般机构人事多不健全，有些地方实际尚无分社组织。事实证明，机构人事之健全，是办好通讯社的前提条件。通讯社应有单独组织（自然应与报社密切联系），在精简原则下初步可设编辑、采通、电务三科，其中采通科特需加强，编辑应由熟悉政策与地方情形的同志担任。电务必须自备发报机，而人事则尤须减少流动。在目前环境下，通讯社是对外宣传的唯一组织，在这方面花费些力量是完全必要的。关于支社问题，地域辽阔的战略区建立支社是完全必要的，报道薄弱的地区希能建立；已有支社的地区，则应加强对支社领导。（二）通讯工作及其经验。实行全党办报，通讯网建立在党组织基础上，新闻报道与实际工作结合，由各级党委负责领导。通讯工作的基本形式则

1945年2月12日，毛主席就新华社工作给博古的信。

是通讯小组。培养基干通讯员，实行主力（记者）民兵（基干通讯员）自卫队（通讯员）三位一体的结合，巩固通讯工作。要特别注意培养既有实践经验又热心宣传报道的得力的基干通讯员。各地还要注意通讯报道中最薄弱的环节——军队通讯网的建设。采访中要走群众路线，领导与实际工作结合。

（三）各方面关系。党委对通讯社的领导，以及通讯社与各方面关系如何，是办好通讯社的关键。各地党委应当好好加强对报纸、通讯社的领导，党委尤其是主要负责同志，应该经常关心和指导他们的工作；同时报纸和通讯社也应打破那种闭关自守，不与各方往返，而把工作限制在案头，与社会脱离的孤立现象。要尊重党委的指示和意见，多多研究情况和政策，体会上级意图，要有为党、为根据地、为地方实际工作，为各军、各机关、各团体、各部门，为广大群众服务的决心和精神，抛弃一切架子，主动的与各方联系往返，即使遇到一些困难，也决不应该因噎废食。党委和报纸通讯社的关系，应该如头脑和手足的关系一样，只有加强对报社的政治领导和日常帮助，报社与各方关系密切，成为各项工作中的有机的一部分，才算实现了党的机关报和党的机关通讯社的作用，也才能真正办好。

最后，对各分社提出了希望，指出：新闻的真实性关系党的宣传工作的信用，应引起最大的注意。新闻宣传上，应有实事求是的态度，无论是发扬成绩或检讨错误，都应老老实实，讲求分寸，不应故意夸大吹嘘，尤其是战绩和统计数字的公布，更应可靠和一致；在来稿上，应多从与地区交流经验观点出发，多介绍本区的新经验、新创造，注意与具体生动的事实结合，克服只有抽象枯燥条文，而无具体内容的现象；典型介绍（无论人或事），要选择真正特出的典型，对整个解放区有意义的典型；应克服通讯多，新闻少的现象，要学会写新闻电讯，用笔务求简练。

通电发出后，敌后抗日根据地各新华分社的组织建设和业务建设进一步加快。各地分社采取各种措施，加强与党政部门的联系，加强与群众和实际工作的联系，开展业务研究活动，发稿量增多，质量有所提高，出现了新气象。

第五节　战斗在敌后的新华分社

在抗日战争中，除陕甘宁边区外，中国共产党领导的八路军、新四军，挺进敌后，创建了一批抗日民主根据地。根据地的地方党组织、军队等先后出版了自己的报纸刊物，新华社地方分社也开始在各地建立起来。它们战斗在敌后的艰苦环境中，经受了血与火的考验，积极宣传党的路线、方针、政策，报道根据地军民英勇抗战的事迹，反映各根据地的建设和经验，为激励和团结人民，打击和消灭敌人，争取全国抗战的胜利，作出了重要贡献。

一、敌后分社的建立与发展

抗日战争时期，新华社的地方分社基本上是与当地党报合在一起的，组织上附属于报社，业务上与延安总社发生关系，分社社长多由地方党报的社长或总编辑兼任。当时的地方分社，主要有：

华北分社 1939年1月1日，中共中央北方局机关报《新华日报》华北版在山西省沁县后沟村创刊，社长兼总编辑何云。10月19日，为传播华北敌后的抗战消息，经北方局决定，所有华北战报和新闻，由《新华日报》华北版用"华北新华社"的电头播发延安新华总社和华北各抗日根据地。电头有时也用"新华社华北分社"名义。编写电讯的工作，由报社电讯科负责。当时，华北分社没有独立的机构，而是与报社合一的。由于地址在晋东南，总社早期也曾称其为晋东南分社。1941年初，华北分社改称华北总分社，何云任社长，陈克寒任副社长兼总编辑，林火任副总编辑。报社与通讯社仍是合在一起的。1942年5月，何云在反"扫荡"斗争中牺牲，陈克寒继任《新华日报》华北版和华北总分社社长，仍兼总编辑。华北总分社的主要任务，一是把《新华日报》华北版上的重要新闻和通讯加以改写，播发延安总社和华北敌后各根据地报纸；二是抄收新华社电讯供报纸编辑选用；三是抄收国民党中央社电讯和塔斯社、美联社、合众社、路透社及同盟社的英文电讯，编辑油印《新华电讯》，供党政军机关负责人参阅。华北总分社电台除与延安总社电台联系外，还与晋察冀、冀鲁豫、山东、冀中、冀南、太岳等地电台建立了通报联络，相互补报和交换新闻。在尖锐复杂的斗争形势下，华北总分社通过报道，充分揭露日、伪军在华北敌后各抗日根据地的暴行，反映华北敌后军民浴血奋战，坚持抗战所取得的战绩，系统报道了华北各个抗日根据地进行的各项建设事业，有力地宣传了中国共产党坚持抗日民族统一战线，坚持抗战、团结、进步和反对投降、分裂、倒退的方针。1943年10月《新华日报》华北版改为太行版，新华社华北总分社亦改为新华社太行分社。分社负责人先后为蒋慕岳（江牧岳）、安岗、史纪言。

晋冀豫分社 1941年7月，中共晋冀豫区党委的机关报《胜利报》改名为《晋冀豫日报》，同时，原民族革命通讯社上党分社更名为新华社晋冀豫分社。分社对内是《晋冀豫日报》的记者部，直接向延安总社发稿，并编印通讯稿向全国寄发。分社社长由《晋冀豫日报》副社长安岗兼任,后由何微继任。1941年12月,《晋冀豫日报》因与《新华日报》华北版合并而停刊,新华社晋冀豫分社也同时撤销,人员并入华北总分社。

晋西北分社　在晋绥边区,抗战初期就成立了中共领导下的通讯社并进行宣传活动。如1937年11月成立的战动通讯社,1938年8月成立的战斗通讯社等。1940年9月18日,晋西北区党委机关报《抗战日报》在山西兴县创刊,初为三日刊,后为间日刊、日刊。1941年春,《抗战日报》设通讯采访部,主任穆欣。通采部有专人负责向新华总社编发电讯稿。1942年七八月间,新华社晋西北分社成立,《抗战日报》通讯采访部副主任郁文任社长。不久,中共中央晋绥分局成立,《抗战日报》成为晋绥分局机关报。新华社晋西北分社和《抗战日报》通讯采访部是一个机构,合署办公,配备有收发报电台,与延安总社及华北、晋察冀、山东等分社电台都建有联络。晋西北分社紧紧围绕晋绥边区对敌斗争和根据地建设实际,进行了大量的报道,传播了晋西北抗日根据地的真实消息。

太岳[①]分社　新华社太岳分社于1942年3月1日在山西省沁源县城南10公里处的阎寨村西岭成立。分社是在《太岳日报》原有的通联科基础上组建的,和《太岳日报》都由中共太岳区党委直接领导。社、报同驻一排窑洞,工作密切配合。金沙任分社社长。1944年3月1日,《太岳日报》改为《新华日报》太岳版,魏克明任社长和总编辑,同时兼任太岳分社社长,报社通讯采访部部长何微任分社副社长。按照总社电示精神,下设编辑科、通采科、电务科,记者采写的稿件供给《新华日报》太岳版和新华总社采用,电台抄收总社的国内国际新闻送报社刊登。1944年秋季的反"扫荡"结束后,分社、报社随同太岳区党委机关转移到沁水县郎壁村附近

---

① 太岳区是抗日战争时期由中国共产党领导的包括晋东南、晋中、临汾、运城地区和豫北、豫西等地的革命根据地。抗战全面爆发后,中共太岳区党委和太行区党委,以当时的白(圭)晋(城)铁路线为界,创造了两块根据地,路西是太岳革命根据地,路东为太行革命根据地。

的石室村。太岳分社建立时，正值抗日战争进入相持阶段，日军对抗日根据地进行频繁"扫荡"，分社克服重重困难，报道了太岳军民多次粉碎日伪军"扫荡"、"蚕食"的胜利，揭露了敌人疯狂烧、杀、抢的暴行，对全区农民减租减息、互助互济、生产自救、参军参战等也作了连续报道。

晋察冀分社 1939年5月14日，晋察冀通讯社在河北省阜平县城南庄成立，社长刘平。为适应敌后抗战形势的发展和加强新闻工作，根据中共中央北方分局决定，1940年5月，晋察冀通讯社合并到北方分局机关报《抗敌报》（1937年12月创办），成为报社通讯部。11月，《抗敌报》改为《晋察冀日报》，编辑部与通讯部合并为编辑通讯部，下设国际新闻组、国内新闻组、边区新闻组、副刊组、通讯指导科。报社指定专人负责选用《晋察冀日报》《子弟兵》报以及记者提供的材料，加以精编，以新华社晋察冀分社名义向延安新华总社发稿，系统介绍晋察冀边区的对敌斗争和根据地建设情况。电台业务方面，报社早在1938年10月就建立了新闻台，负责抄收新华社和国民党中央社的电讯，1941年后又增设英文台，抄收外国通讯社的电讯。1940年8月建立了通报台，晋察冀边区开始向延安总社发稿，并接受总社的业务指导，还与晋东南、山东、冀南、晋西北等地区进行新闻联络。1945年6月，新华社晋察冀分社正式成立，中共晋察冀分局宣传部部长胡锡奎兼任分社社长。下辖冀晋、冀察、冀中三个支社。晋察冀分社处在敌后抗日游击战争的前沿，在反"扫荡"斗争中，分社与报社同志共同坚持在敌后新闻阵地上，他们与边区军民一起战斗，边行军边打仗，在敌人"分进合击"、"铁壁合围"之中照常发稿出报，许多激动人心的报道，如狼牙山五壮士、爆破英雄李勇、拥军模范戎冠秀等，都来自晋察冀分社，在全国产生了较大的影响。

冀中分社 1939年12月底中共冀中区党委的机关报《导报》复刊，改称《冀中导报》。报社办有冀中通讯社，对内是报社的记者科。冀中导报社长范瑾负责领导通讯报道和冀中通讯社的工作，而通讯社的日常负责人为记者科科长沈蔚。1941年冀中通讯社与延安新华总社取得通报联系，并改为新华社冀中分社。1942年日本侵略军对冀中地区发动了残酷的"五一大扫荡"，《冀中导报》暂时停刊。1945年6月，《冀中导报》复刊，通讯社也恢复活动，并在新华社晋察冀分社领导下，改称新华社冀中支社，建有自己的电台。

山东分社 1939年1月1日，中共山东分局机关报《大众日报》在沂蒙山区腹地沂水县西部王庄创刊。不久，《大众日报》附属的大众通讯社即开始摘编报纸上的要闻，发往延安新华总社。1941年6月，在接到中共中央关于统一各根据地对外广播的指示后，大众通讯社改名为新华社山东分社。6月28日，《大众日报》上首次出现"新华社山东分社"字样。当日头版以"新华社山东分社"电头刊发了《八路军破袭敌伪皆望风披靡》《清河区广大青年涌上抗日哨岗》等6篇电讯稿。分社首任社长由山东分局宣传部部长兼大众日报社社长李竹如兼任。《大众日报》通讯部部长郁永言任分社采编主任，负责分社的电讯工作，并出版油印的《大众电讯》，每日一期，刊登国民党中央社电讯和香港、马尼拉等地华语口播新闻，供领导机关参阅。1942年春，社长李竹如调任山东省战时工作推行委员会秘书长，陈沂接任大众日报社社长兼新华分社社长。不久，分社调整内部机构，新成立了采访科，统一管理分社和报社记者；设立广播编辑科，专门负责向新华总社发稿。分社报房也根据形势发展的需要，增加了人员和设备，电台由最初的一部增加到三部。抗日战争艰苦年代，山东分社就是报社的通讯部，分社、报社一家。分社还在山东抗日根据地先后建立起胶东、渤海、鲁中、鲁南4个支社，在各县建立了通讯员制度。分社还抄收国内外新闻电讯，并与华北、晋察冀、晋西北等分社电台联络，交换新闻。山东分社对山东各抗日根据地的抗敌斗争、大生产运动以及支前、民主政权建设、统战工作、减租减息等都进行了比较全面和实事求是的报道。特别是1943年冬，分社对八路军讨伐鲁南大土匪头子、汉奸刘黑七（刘桂堂）的战役的报道，受到八路军总政治部和新华总社的通报表扬。

华中分社 1938年5月1日新四军创办《抗敌报》。报社附设有抗敌通讯社，对外发稿。1941年1月皖南事变发生，报与社均停办。1941年春，华中地区又有江淮通讯社和苏北通讯社相继成立。江淮通讯社是中共中央中原局（后改为华中局）机关报《江淮日报》附属的通讯社，驻地江苏盐城，社长由报社副社长、总编辑王阑西兼任。苏北通讯社附设于中共苏北区党委机关报《抗敌报》，社址在泰东县浒零镇（现属如东县），社长为苏北区党委宣传部长俞铭璜。4月，苏北临时行政委员会改为苏中行政委员会，苏北通讯社随之改称苏中通讯社。5月底，在中共中央发出关于统一各根据地对外广播的指示后，苏中通讯社改建为苏中新华社（又称新华社苏中分社），建制与《抗敌报》平列，社长为重庆《新华日报》来的戈茅（徐光霄），但与延安总社没有业务联系。1942年7月因战局紧张，人员分散下乡，苏中新华社与抗敌报社均停止活动。

1942年9月，新四军代军长陈毅、政治委员刘少奇根据华中军民抗日斗争工作的需要，决定在华中局及新四军军部所在地江苏阜宁成立新华社华中分社，由华中局文委书记钱俊瑞负责。受陈毅指派，从香港撤离后历尽艰险刚来到苏北抗日根据地的范长江任分社社长，负责日常工作。下设编辑部，主任谢冰岩，副主任于岩。分社编制与当时的华中局和新四军军部的机关报《新华报》（五日刊）同属一个机构。华中分社成立后，即向延安总社发稿，报道华中根据地抗日斗争的消息。为扩大报道业务，范长江积极筹划在新四军各师建立新华社的分支机构。从1942年初到1943年初，先后建立了淮北支社（主任张景华，1944年后负责人先后为庄方、唐为平，1945年春改称淮北分社，社长邓岗）、苏南支社（社长由《苏南报》副总编辑谷力虹兼任）。不久，又相继成立了苏中分社（社长谢冰岩）、淮南分社（社长先后为唐为平、于毅夫，1944年后为包之静）、浙东分社（社长于岩）、皖中南分社（即皖江分社，社长舒文）等。华中分社不断加强对所属分（支）社的业务指导，并出版了《业务通报》。在华中分社的指导下，各分（支）社记者深入战斗第一线，采写了大量反映解放区、沦陷区工作、生活、战斗的报道，华中各地还建立了一支庞大的通讯员队伍。华中分社在反"扫荡"斗争的艰苦环境中完成宣传报道工作，发稿量和采用率常居各地分社首位。1945年3月华中分社升格为华中总分社。

二、丰富多彩的报道业务活动

随着抗日根据地对外宣传的统一，各地新华分社的建设逐步走向正轨。在当地中共党组织的领导和总社的指导下，新华分社的业务发展很快，影响和作用日益加强。

其中，山东、华中等分社的建设初具规模，报道业务也开展得比较好。新华总社1945年3月4日发出的《关于通讯社工作致各地分社与党委电》，介绍了山东分社的经验。电文称：他们由分局宣传部负责人自兼社长，经常指示政治任务，传达中央和分局决定，帮助掌握政策，发动各县县委向分社供给情况和写稿，经过党的系统建立支社和通讯网。通讯社与各方面的关系也较密切，与党的城市部、军队的情报处、敌工部、锄奸部都有联系，军区常能自动为报社撰写军事论文、军事战报，党和军队凡有工作布置、经验总结都能及时告知报社，求得宣传工作上的配合。尤其是大的战役行动，事先便通知通讯社组织采访，并在部队中动员帮助和写稿。因此，他们消息比较灵通，工作也易开展。

华中分社的报道工作做得比较出色，采写和组织的抗战动态报道及根据地新闻稿件质量较高，大部都能被《解放日报》采用。在做好报道根据地新闻的同时，华中分社从1943年春开始逐步加强了对沦陷区的报道。他们发出的敌伪占领区的新闻，在沦陷区和海外一些地区都引起了反响。分社与当地和军队的城工、敌工、情报、参谋等部门建立经常性联系，还通过往来商旅了解沦陷区商业及经济上的动态，对邻近的沦陷区大小城市进行报道。1945年6

月 24 日，新华总社转发华中总分社就沦陷区报道所写的报告，总分社的经验主要包括：一、沦陷区报道要有分寸，要善于判断与利用材料。平时加强对敌伪宣传政策的研究，调查敌伪报刊的内幕及背景情况，调查沦陷区的各种矛盾。二、报道要有中心，某一时期抓住一个或几个有针对性的问题，进行反复、连续报道，以击中敌人要害。三、由于解放区读者对沦陷区生疏，因而要重视平日积累材料，使报道有高度的综合性与分析性，每一条新闻说明一个问题，说明来龙去脉。四、注意报道具体情形，少用空话的结论性句子和字眼。五、报道沦陷区新闻的同时，配合发一些解放区新闻，进行对比宣传，或配发一些评论。总社在《对华中新闻报道的意见》中指出："华中分社的报道工作有许多特长，主要是：新闻报道能与时局动向紧密结合，且能照顾全国范围的要求，因此大部都能采用（《解放日报》采用量经常占来稿总量的百分之七十以上），对外宣传价值亦大。对战争与敌伪动态的报道一贯比较注意。尤其是许多沦陷区消息的系统报道，常有别人所搜集不到的材料，对于党了解沦陷区情况和发展沦陷区工作有很大帮助，颇受读者欢迎。"

各地分社在接受来自新华总社的业务指导的同时，自己也以多种方式开展业务研究活动。如在整风运动中各地分社普遍认真检讨在新闻写作上的八股文风等陋习，努力创立新的文风。《解放日报》曾刊登华北分社与《新华日报》华北版联合举行"党八股"检查大会的消息。这次大会共举行了 3 天，批评了在论文、新闻、通讯写作等方面存在的"党八股"现象，提出了改进意见。又如，1945年 8 月上旬，苏中分社在宝应县太平庄小学召开了新闻采编工作会议，由苏中分社社长谢冰岩和副社长兼通联科长邵宇主持。参加会议的有：淮北分社戴邦、淮南分社张义侠、苏北分社王维，以及苏中分社和各支社的编辑记者。会议交流了各分社、支社的工作经验，讨论了改进新闻报道和加强通讯员工作等问题。一些新华分社与当地报纸联合创办了新闻业务刊物，如华北分社的《北方记者》，晋察冀分社的《通讯往来》，冀中分社的《通讯与学习》等，交流采写工作经验，提高记者、通讯员的新闻业务水平。

各地分社和支社非常重视建立通讯网的工作。晋察冀和华中各分社依靠当地中共党组织，在各级机关成立了通讯小组。稿件按系统集中到党委宣传部或军区政治部，经审核后供给通讯社使用。党委定期发布对通讯工作的指示，分社负责日常对通讯员的业务指导。有些地区把读报、发行与通讯工作结合成一个组织形式，以利于通讯网的巩固。一些分社举办通讯工作会议，交流经验，在新闻业务和新闻理论方面给通讯员以具体指导。

三、新华社在反"扫荡"中牺牲的烈士

敌后环境是残酷的，在敌人的频繁"扫荡"和"清乡"中，新华社地方分社的新闻工作者，与报社人员一起，战斗在斗争的前沿，一手拿笔，一手拿枪，经常转移突围，坚持在战火中采写新闻和收发电讯，很多同志献出了宝贵的生命。

在山东地区，1941年冬，日军调集5万兵力，向沂蒙山根据地进行历时70多天的大规模残酷"扫荡"，妄图消灭八路军第一一五师和山东纵队指挥机关，摧毁沂蒙山区中心抗日根据地。新华社山东分社和《大众日报》社的工作人员组成战时新闻小组，在日军包围中，转战各地，坚持出油印的《大众日报》和《大众电讯》。山东分社的采编主任、《大众日报》通讯部部长郁永言率领的战时新闻小组28人，携带收发报机，随八路军第一一五师和中共山东分局机关人员行动。11月30日，他们在向鲁中蒙山西南转移途中，遭敌袭击，郁永言、叶丰川、陈虹、方曙、雷根、姜德奎、孙友功等20多人在战斗中壮烈牺牲。

郁永言是山东分社初创人之一，1933年毕业于南京中央大学经济系，在校期间，加入了中国共产党，并成为中共地下党支部委员。1939年夏，郁永言在延安抗大学习一年后，被分配到华北太行山区抗日根据地工作。不久，他随八路军部队来到山东沂蒙山区，9月，调到《大众日报》社，先后任编辑、国际时事版主编、

通讯部部长、新华社山东分社采编主任等职。他工作认真负责，是当时抗日根据地政治水平、文化水平都较高的新闻干部，牺牲时年仅34岁。战友们在山坡上发现他的遗体，旁边有他带着血迹的日记本，还有他平常戴的那副用线绳代替镜腿的眼镜。

叶丰川是山东分社电台台长，牺牲时只有21岁。他是报社的通讯技术骨干，多次出色完成任务，受到《大众日报》社和山东分局的嘉奖与表扬。在敌人的搜捕中，他钻进老乡的秫秸堆暂避，并将随身携带的手榴弹盖揭开，把导火绳套在手指上。这时，一伙日、伪军走到叶丰川隐藏的秫秸堆旁喊叫道："八路出来，缴枪不杀。"见无动静，便用刺刀乱捅，一边捅一边叫嚷："再不出来，就开枪了！"叶丰川见难脱险境，便将手榴弹藏在腰间，猛然钻出来，高喊："打倒日本帝国主义！""中国共产党万岁！"随即拉响了手榴弹，"轰隆"一声巨响，数名敌人倒地，叶丰川也在这声巨响中壮烈殉国。

为革命事业英勇献身的，还有原山东分社社长，时任山东战时工作推行委员会秘书长的李竹如。他是1942年11月在鲁中反"扫荡"中壮烈牺牲的。曾就读于南京中央大学法学院政治系，担任中央大学中共地下党支部书记。1935年起，他先后在山东、上海创办《新亚日报》和《文化报》，宣传抗日救亡运动。抗战全面爆发后，他先后任中共晋冀豫区党委机关报《中国人报》社长，中共北方局机关报《新华日报》华北版副总编辑等职。1939

李竹如，新华社山东分社和《大众日报》社长，1942年11月在反"扫荡"斗争中牺牲。

年随八路军部队进入山东,任中共山东分局宣传部长。他在主持山东宣传工作期间,兼任过山东《大众日报》社长、新华社山东分社社长、中国青年新闻记者学会山东分会理事长等职务,对宣传抗战、干部和群众教育,以及理论工作建设,作出了重大贡献。徐向前曾称赞他是"我党宣传新闻战线上一位杰出的组织者和活动家"。

在太行,1942年5月下旬,日军以3万之众对太行山区八路军首脑机关所在地实行所谓"铁壁合围",疯狂"扫荡"持续到6月5日结束。在这次反"扫荡"斗争中,《新华日报》华北版和新华社华北总分社有40多人为国捐躯。他们中有:社长何云,经理部秘书主任黄君珏,负责印刷出版的队长董自托,管委会秘书长杨叔九,编辑缪乙平、黄中坚、李暎晖,记者陈达、康吾,总务科科长韩秩吾,管委会系统党总支书记朱省三,管理股股长孙志文,译电员王健,医生韩瑞等。新闻战士的鲜血染红了太行山的峻岭深谷,成为华北抗战史上悲壮的一页。

何云是华北抗日根据地新闻事业的优秀领导人之一。他早年留学日本,九一八事变后,和一批留日青年毅然弃学返国,1932年加入中国共产党,在上海从事革命活动,曾编辑进步刊物《中国论坛》。抗战全面爆发后,他先后任南京《金陵日报》、武汉《新华日报》编辑。1938年底,他赴华北创办了中共中央北方局机关报《新华日报》华北版,任社长兼总编辑。1941年初新华社华北总分社成立后,兼任总分社社长。在这次反"扫荡"中,

何云,华北新华日报社社长兼新华社华北总分社社长,1942年5月在反"扫荡"斗争中牺牲。

何云在报社驻地辽县山庄召集全社人员作了反"扫荡"动员报告。随后，报社用两昼夜时间，迅速动手埋藏机器和各种物资，完成坚壁清野的紧急任务，把铅印版报纸改出小型战时报。同时，疏散妇孺病号，进入临战状态。在战斗中，何云率领的小分队在转移途中与大队失去联系，与敌人周旋在庄子岭附近的崇山峻岭中。他带领几名工作人员转移到辽县东南大羊角村附近，还架起电台，抄收延安新华社电讯。28日黎明，敌人开始搜山。何云他们隐藏在半山坡灌木杂草丛中，被敌人发现。敌人向他们疯狂射击。何云被敌人的子弹击中，伤势过重而牺牲。

黄君珏是抗日根据地新闻战线上优秀的经营管理人才。她出身于一个旧官僚家庭，由于受到进步思想的影响，15岁时参加了革命活动。从上海复旦大学经济系毕业后，曾参加第三国际派设上海的秘密情报机构远东情报局的工作。1939年来到华北太行敌后抗日根据地，先后任太行文化教育出版社编辑，《新华日报》华北版、新华社华北总分社经理部秘书主任兼总会计师等，在报社、分社经营管理方面作出了突出贡献。在敌人频繁地搜山

黄君珏，新华社华北总分社经理部秘书主任，1942年6月在反"扫荡"斗争中牺牲。

和围捕中，黄君珏和译电员王健、医生韩瑞三位女同志隐蔽在道士帽峰顶的山洞，被敌人发现。敌人在洞口点燃柴草，滚滚浓烟涌入洞里，呛得人喘不过气来。在弹尽援绝、无法突围的紧急关头，黄君珏趁敌人未注意的瞬间冲出洞口，纵身跳下悬崖，壮烈牺牲。其余二人被敌人残酷杀害。

在晋察冀根据地，《晋察冀日报》和新华社晋察冀分社在反

第二章 在抗战烽火中成长的新华社

"扫荡"战斗中牺牲的记者、编辑和工作人员,共有 30 余人。他们中有:新华社冀中分社副社长沈蔚,晋察冀分社记者安适、戴烨、顾宁、陈辉等。

沈蔚是《冀中导报》编委委员、记者科科长,新华社冀中分社成立后任副社长。延安抗大毕业后,他参加了八路军总政治部前线记者团,1939 年初来到晋察冀边区。他深入群众采写新闻,还为冀中根据地组织党报的通讯工作。1942 年夏,日军对冀中根据地进行了骇人听闻的"五一大扫荡"。冀中区党委得知情报后,通报各部门做好反"扫荡"的准备。报社领导多次动员南方口音明显的沈蔚随部队转移,但沈蔚坚决要求和冀中人民战斗在一起,要把群众英勇斗争的事迹和风貌写下来,报道出去。7 月间,沈蔚在一次突围战斗中,英勇牺牲于河北省安国县小张庄村。

沈蔚,新华社冀中分社副社长,1942 年在战斗中牺牲。

戴烨是晋察冀通讯社(后为新华社晋察冀分社)采访科科长和《晋察冀日报》特派记者。1938 年进入延安抗大学习,1939 年春到晋察冀边区。他经常深入敌后采访,揭露日伪军的暴行,反映边区军民奋起反抗,保卫家园的战斗情景。1942 年戴烨调任察哈尔省宣(宣化)涿(涿鹿)怀(怀来)联合县县长。同年冬,平北地委决定开辟宣化南部深井一带新区,指定戴烨为开辟新区工作团负责人。戴烨带领工作团人员奔赴新区,途中驻在龙延怀七区柳沟村,等候武装部队护送穿越铁路封锁线。1943 年 1 月,因叛徒告密,敌特务队于拂晓时分包围了村子。戴烨听到枪声冲出住所,与敌遭

戴烨，晋察冀通讯社采访科科长，1943年春在作战中牺牲。

遇，不幸中弹牺牲。

陈辉是晋察冀通讯社（后为新华社晋察冀分社）的年轻记者，1939年从延安来到晋察冀抗日根据地。他工作勤奋，采写了不少反映战斗生活的稿件。他还是一位富有才华的诗人，写下了大量反映革命战斗生活的诗歌。1940年5月，他被派到平西地区做地方工作，曾任青救会主任、区委书记、武工队政委等职。在异常艰苦的对敌斗争中，陈辉多次带人勇闯敌人腹地，创下战斗的业绩，曾被评为房（山）涞（水）涿（县）地区模范干部。根据地的人民爱戴他，敌人却恨他入骨，出高价悬赏捉拿他。1945年2月，他与另一名游击队员在执行任务途中路过涿县韩村，由于汉奸告密，被日、伪军百余人包围。在战斗中，陈辉拉响了身边最后一颗手榴弹，与敌人同归于尽。陈辉牺牲后，敌人凶残地用铡刀铡下他的头颅，挂在村口的柳树上示众。几天后，当地群众冒着生命危险抢下烈士的头颅，并进行了安葬。

在抗日战争中牺牲的烈士，还有延安总社的李柱南，新华社新闻台的黄乐天、叶金枝，太岳分社的魏奉璋、张锷、黄维达，苏中支社的王一等。据不完全统计，新华社在抗日战争时期牺牲的烈士共有110余人，其中绝大部分都是战斗在敌后抗日根据地的地方分社的人员。在血与火的战争考验中，他们以青春和生命谱写了一曲壮烈的新闻战歌。

第六节　延安整风运动中的《解放日报》与新华社

延安整风是中国共产党历史上一次马克思列宁主义思想教育运动。它对于全党同志特别是党的高级干部，坚持一切从实际出发、理论联系实际、实事求是的思想路线，坚持以马克思列宁主义基本原理同中国革命的具体实践相结合的原则，具有重大和深远的意义。通过整风，提高了全党的马克思主义水平，增强了党内团结和战斗力，为赢得抗日战争和解放战争的伟大胜利，奠定了重要的思想政治基础。《解放日报》和新华社，作为当时中共中央的主要新闻宣传机构，在延安整风中受到了很大教育和锻炼，在思想建设和业务建设上有着重要意义。

一、延安整风运动的背景

遵义会议召开后，中国共产党从军事上、政治上纠正了以教条主义为特征的王明"左"倾错误，然而，还没有来得及从思想上系统地彻底清算这种错误，党的干部对这种错误的思想根源还缺乏深刻的认识。另一方面，党在全国抗战初期的大发展中增加了70余万新党员，这些新党员革命积极性很高，但他们绝大多数出身于农民和小资产阶级。紧张残酷的战争环境，使党不可能对他们进行比较系统的马克思列宁主义教育。因而，中央决定在全党开展一次普遍的整风运动，以加强党的建设，解决党内的思想矛盾，提高全党运用马克思主义的水平。

这次整风运动分两个层次进行，一个是党的高级干部的整风，一个是一般干部和普通党员的整风。全党普遍整风是从1942年春开始的，2月上旬，毛泽东作《整顿学风党风文风》和《反对党八股》的报告，全面阐明了整风的任务和方针。4月3日，中共中央宣传部发出《关于在延安讨论中央决定及毛泽东同志整顿三风报告的决定》。5月下旬，中央政治局决定成立中央总学习委员会（简称总学委）。总学委由毛泽东、凯丰、康生、李富春、陈云组成，毛泽东任主任，康生任副主任。在总学委领导下，延安的各单位、各系统包括中央机关和陕甘宁边区等都成立了学习分委员会，近万名干部参加整风学习。华北、华中各抗日根据地的党组织和国民党统治区的中共中央南方局，也先后开展整风学习。

延安《解放日报》和新华社担负着党中央机关报和通讯社的重任。报纸初创的前十个月，在宣传党的政策，介绍国内外形势的发展，指导边区各项工作的开展等方面取得了一定的成绩。尽管大家工作十分辛苦，可是报纸办得并不十分令人满意，其主要表现是，"将最大的篇幅供给了国际新闻，而对于全国人民和各抗日根据地的生活、奋斗，缺乏系统的记载；孤立地登载中央的决议指示、领导同志的论文，而没有加以发挥和阐明，对于政策和决议的执行情形经验检讨则毫无反映；以巨大的篇幅登载枯燥乏味的论文和译文，而不能以生动活泼通俗易懂的文字解释迫切的问题，对于敌对思想缺乏应有的批评，对于党的工作的缺点，没有严格的揭露和帮助其改正，对于边区中所进行的各种巨大的群众运动，没有能够全面地反映等"。[①] 党中央、毛泽东同志和许多读者对于《解放日报》存在的党性不强、反映群众生活不够等缺点都有过批评，认为它还不是一张完全的党报，必须进行彻底的改革。

新华社的工作虽然取得了很多成绩，但也存在一些问题。例如，对于编发外国通讯社的电讯稿中央提出"新华社应编自己的新闻"；又如，新华社已逐步在部分抗日根据地建立了自己的分社，但总社对分社在业务上的指导不够，各地分社来稿存在不少问题，如文体不统一，有的半文半白，有的夹杂地方俗语，还有的采用文艺笔法写新闻等。在新闻写作上也存在着脱离群众、脱离实际的八股味。在思想方面，由于当时新华社的工作人员，大部分是抗战爆

---

① 1942年4月1日《解放日报》社论《致读者》。

发后从国统区或海外归来，奔赴延安的青年知识分子，他们虽然具有抗日救国的满腔热情，但缺乏从事党的新闻工作的经验。这些都影响了党的方针政策的正确宣传，需要在整风学习中加以解决。

1942年1月24日，中央政治局作出关于给《解放日报》写稿与供给党务广播材料的决议，指出：今后《解放日报》应从社论、专论、新闻及广播等方面贯彻党的路线与党的政策，文字必须坚决废除党八股。这里的广播，就是指新华社的新闻广播。2月11日，中宣部发出关于进行反主观主义、反教条主义、反宗派主义、反党八股给各级宣传部的指示，强调务必以极大的力量集中来宣传解释中央开展整风运动这一思想，特别提出要"检查报纸刊物，务必达到在党的全部工作中贯彻中央的这一思想。"3月16日，中宣部发出《为改造党报的通知》，指出：报纸是党的宣传鼓动工作的最有力的工具，每天与数十万的群众联系并影响他们。因此，把报纸办好，是党的一个中心工作。各地党委应当对自己的报纸加以极大的注意，尤应根据毛泽东同志整顿三风的号召来检查和改进报纸。《通知》还提出："报纸的主要任务，就是宣传党的政策，贯彻党的政策，反映党的工作，反映群众生活，要这样做，才是名副其实的党报。"

二、《解放日报》改版和新华社工作的改进

根据中共中央的指示和有关精神，《解放日报》和新华社工作人员开始了整风运动，检查和改进工作。《解放日报》改版是整风的一个重要组成部分，改版工作在中共中央直接领导下，在毛泽东具体指导下进行。改版前夕，毛泽东和博古在杨家岭中共中央办公厅召集各部门负责人和作家70多人开座谈会，征求对《解放日报》的意见。与此同时，编辑部的组织机构也进行了调整，增加了采编力量，加强了对陕甘宁边区工作的报道。

1942年4月1日《解放日报》发表的社论《致读者》是由博古执笔，经过毛泽东修改后定稿的。它被认为是改版的宣言，标志

陆定一，1942年任《解放日报》总编辑。

着改版的开始。这篇社论从党性、群众性、战斗性和组织性四个方面检查了报纸的缺点，提出报纸"要贯彻党的路线，反映群众情况，加强思想斗争，帮助全党工作的改进"。

《解放日报》改版后，在版面安排上作了调整：一版是要闻版，以边区消息为主；二版是陕甘宁边区和国内消息版；三版为国际版；四版为副刊。改变了过去重国际、轻国内的脱离实际、脱离群众的做法，体现了以我为主的宣传方针。《解放日报》的改版，带动了各个抗日根据地、各级党报和军报的改版。

1942年8月，由于杨松病重，中央决定由陆定一参加编委会的领导工作，任报社总编辑。9月5日，陆定一在第二十二次编委会上传达了中央的指示，指出"《解放日报》有很大的进步，但尚未真正成为党中央的机关报。今后日常工作必须经常报告党中央"，"报纸的总路线是对的，但还没有做到与中央息息相关"。报纸"应当在党中央统一领导下进行工作，不能有一字一句的独立性"。这次会议检查了报纸与通讯社的工作，认为报纸和新华社广播尚未做到完全与党中央保持一致，今后要多请示报告。博古在会上主动承担了全部责任，他说："《解放日报》没有成为一张'完全的党报'，主要指的是我，责任完全在我。"会议提出要建立必要的检查制度，以利于分清错误责任。9月15日，博古将编委会讨论的情况及研究确定的一些制度向毛泽东作了汇报。毛泽东表示满意，并在当天给中央政治局委员、中央宣传部代理部长何凯丰的信中说："今日与博古谈了半天，报馆工作有进步，可以希望由不完全的党报变成完全的党报。"

废除党八股，建立新文风，是《解放日报》和新华社在整风运动中改进工作的重点之一。党八股的表现形式是，不论作报告、写文章、发指示，总是空话连篇，言之无物，装腔作势，借以吓人，无的放矢，不看对象。博古在编委会上提出：怎样反对党八股，建设新文风，是个重要的问题，因此要在各方面创造新的风格。博古指出，记者要忠实地报道，精确地报道，生动地报道，迅速地报道。总编辑陆定一针对社论有时质量不高的情况提出，《解放日报》社论不要每天必有，宁可少些，但要好些。这个曾在编委会内部引起一定分歧的意见，得到了毛泽东的支持。据此，《解放日报》改变原来每天发表一篇社论的做法，提高了社论的写作水平和影响力。

《解放日报》还先后刊登了各地党报和新华社分社批判党八股的消息。如1942年4月和5月，先后报道了《新华日报》华北版与华北新华社联合举行党八股检查大会，还有《抗战日报》反对"党八股"大会等。

在博古、陆定一的领导下，编辑部在日常工作中，注意改进文风和提高写作技巧的训练，提倡记者和通讯员深入实际，深入群众，进行调查研究，用群众的语言来写新闻和通讯，努力改进文风。于是，新鲜、活泼、生动而又具体的新闻渐渐增多，边区新闻和劳动模范的报道登上了报纸的一版头条，特别是对边区一些先进典型如吴满有、赵占魁等的报道，在当时引起了强烈反响。国际新闻也有改进，对外电的改写强调尊重事实，立场观点以我为主，文字要流畅易懂。

《解放日报》和新华社在整风运动中还结合工作实践，对党的新闻工作的基本原则，诸如新闻的党性、真实性，新闻工作的群众路线、政治与技术的关系等问题，进行了认真的学习和讨论。报纸还刊登了一系列重要社论和文章，如《我们对于新闻学的基本观点》

《把我们的报纸办得更好些》《党与党报》《给党报的记者和通讯员》《报纸是教科书》《政治与技术》《开展通讯员工作》等,都是这次整风学习的重大收获。它们深刻阐明了中国共产党新闻事业的基本原则、方针和工作方法,奠定了中国无产阶级新闻学理论的基础。

1944年2月16日,《解放日报》发表博古写的社论《本报创刊一千期》,对整风改版以来的经验进行了总结。社论指出:"我们的重要经验,一言以蔽之,就是'全党办报'四个字。"社论要求今后应从三个方面改进工作:一、具体指导通讯员的工作;二、注意发挥知识分子的作用;三、讲究新闻的表现形式。

经过改版整风,《解放日报》和新华社逐步成为具有党性、群众性、战斗性、组织性的党的喉舌,并由此推动了党的新闻事业的新发展。因而,此次改版在党的新闻史上具有里程碑性质,并带来深远的影响。

三、报社、新华社内部的整风运动

整风开始后,解放日报社和新华社的干部群众思想十分活跃,编辑和报务员、译电员在完成每天的工作后,便开始学习文件,外勤记者终日在外奔忙,便把文件带在身上,抽时间阅读。广大党员和干部一面积极工作,一面认真学习文件,给领导提意见、进行批评和自我批评。1942年春,还创办了墙报《春风》,及时反映报社、新华社内部整风的进展情况,成为大家探讨业务、发表意见、进行批评与自我批评的园地。编委会经常结合抓思想、抓工作,开展批评与自我批评。作为社长,博古在整风中认真、自觉地从立场、观点和方法上省察自己的过去,认真清算自己头脑中的主观唯心主义思想,在中央的多次会议上严格剖析自己;对于报社、新华社工作中出现的问题,他主动承担责任。编委会其他成员也以身作则,起到表率作用。

在整风运动期间,中共中央各部委和延安的一些机关、学校开展了审查干部工作。这在中国共产党的队伍迅速扩大,国民党顽固

第二章
在抗战烽火中成长的新华社

派加紧特务活动的情况下,是必要的。但是,在审查干部中对敌情作出过分的估计,把审干工作主要视为锄奸反特斗争,并把一些干部在思想上、工作上的缺点错误或历史上尚未弄清楚的问题,轻易地怀疑为政治问题以至反革命问题,并采取"逼、供、信"的错误方法,因而出现了以"抢救运动"为代表的反特斗争严重扩大化的错误,造成大批冤、假、错案,使不少同志无端地受到怀疑、伤害或关押审讯。

1943年7月开始,解放日报社、新华社内部也开展了"抢救运动"。"抢救运动"初期,博古、陆定一等负责人并不很积极,中央负责审干工作的康生点名批评说:"你们清凉山是特务成堆的地方,你们怎么就抓不出来?!"博古只好派负责党的工作的一位同志到康生亲自抓的典型西北公学去学习经验。随后报社和新华社也照着西北公学的模式开展起"抢救运动"来。从此,机关内部捕风捉影,大搞"逼、供、信",气氛紧张。编辑、采访和翻译人员大都是来自国民党统治区或海外的知识分子,在这次运动中很多人都受到"抢救",有的被康生任部长的社会部抓走了;后来"抢救"对象又扩大到校对、工人和行政工作人员。一时间,清凉山上新闻从业人员情绪低落,人人自危。

中共中央及时发现了"抢救运动"的严重错误。1943年7月30日,毛泽东强调防奸工作的正确路线是:首长负责,自己动手,领导骨干与广大群众相结合,一般号召与个别指导相结合,调查研究,分清是非轻重,争取失足者,培养干部,教育群众,并指示停止"抢救失足者运动"。8月15日,中共中央通过《关于审查干部的决定》,重申审查干部必须坚持"首长负责"等九条方针。10月9日,毛泽东又指出:一个不杀,大部不抓,是此次反特务斗争中必须坚持的政策。经过努力,审干工作中的错误得到制止,从1944年春开始甄别平反工作。毛泽东主动承担责任,多次在公开场合表示向被冤枉的同志赔礼道歉。

解放日报社和新华社领导对中央的指示领会很快,落实迅速。

博古和陆定一对被错抓而释放归来的人员亲自做思想工作。博古在大会上代表党组织公开向受了委屈的同志道歉。甄别平反工作做得很快，在1944年上半年就基本结束了。

第七节　通信技术工作的改进

新华社早期的通信技术人员归属于军委三局，业务上则由新华社和军委三局共同领导。后来由于业务发展，编制划归新华社，成为新闻通讯事业的重要组成部分。抗日战争时期，通信技术人员在艰难的战争环境中，克服重重困难，艰苦奋斗，自力更生，使通讯技术工作取得了较大发展，出色地完成了收播任务。

一、收讯工作的加强

1937年初，新华社只有两部三灯机，其中一部抄收国民党中央社的文字广播，另一部抄收同盟社和哈瓦斯社的部分广播。新闻台台长黄乐天，报务员6人。其中中文报务员有陈生贵、崔传云、李树清、胡平山，英文报务员有黄乐天、李钦，后来增加曹怀银、甄彩云、金锦云等。8月，高吉明任台长。七七事变后，新华社的收报机增加到五部三灯机，于是增抄了意大利斯蒂芬尼社、伦敦路透社和马尼拉合众社的新闻。汪精卫投降日本及后来在南京建立傀儡政权后，又增抄了汪伪政府中华社的新闻。

1938年春，为了防空起见，新华社由延安城内迁到清凉山，新闻台也由延安城内迁到延安东关。秋冬，李光绳、王锦云先后到新闻台工作。

1939年2月，新华社由清凉山搬到杨家岭。7月，新闻台由东关迁到城西军委三局驻地李家湾。9月，新闻台又随三局搬到盐店子村。这时，高吉明调走。是年冬，沈毅力调来任新闻台台长。这一年调入新闻台工作的，还有梁彦、姚琅斋、梁竞新、曾美若、温

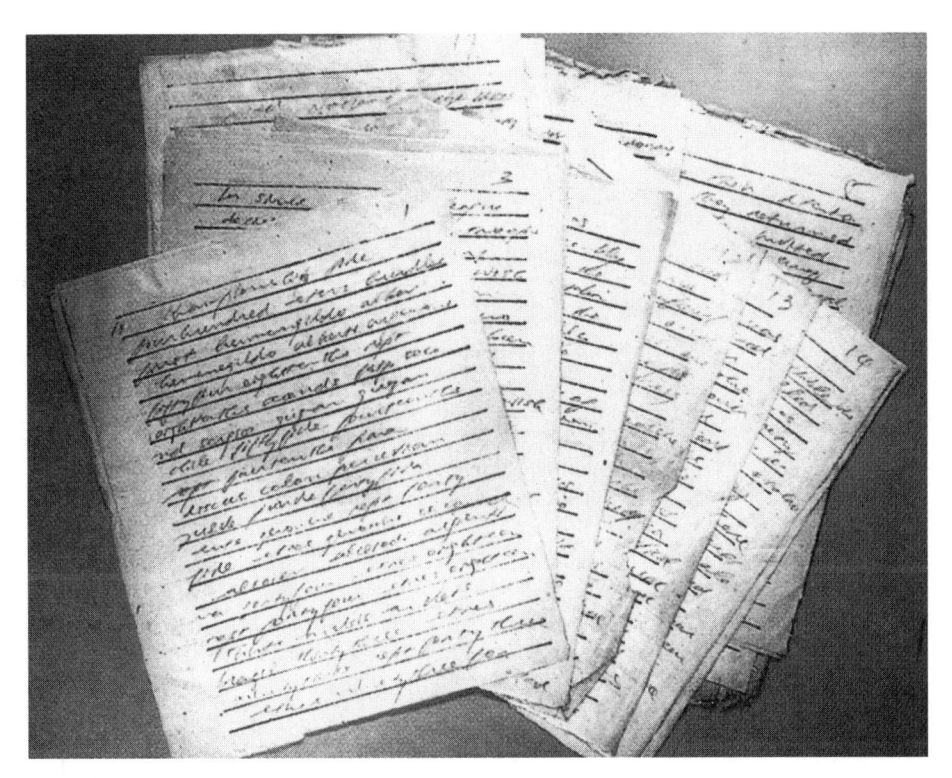

第二章
在抗战烽火中成长的新华社

延安时期新华社抄收的外国电讯稿。

华、杜云、魏芝仙、黄德元、张俊、胡君、王韬等。

1941年5月,新华社由杨家岭迁至清凉山。6月,新闻台也迁到清凉山。这次搬家,改变了过去稿件传送困难的情况,大大加快了国际新闻编发的时效。器材方面,军委三局又把新华社用的三灯机大部分换成了四灯机,数量从6部增加到10部,收讯情况大为改善。四灯机是三局材料厂生产的,度盘、线圈座是用山上的杜梨木旋成的,可变电容器是用铜元砸成,外壳是汽车铁皮做成的。这一年,先后调入的工作人员有:杜牧平、甘正、刘吉祥、彭志义、孟自成、喻俊庭、李群、黄乙、聂德耀、王宁祥、段恒德、智勇、陈萍等。

《解放日报》总编辑杨松曾到新闻台讲话说:"你们电台的工作,使党中央不出门而知天下事。"新闻台的发展壮大,是和国际形势风云突变、国内革命势力的发展同步前进的。每逢五一节和十月革命节,新闻台总要抄收斯大林演讲的新闻。当时副社长吴文焘总是要到电台来,将重要新闻及时报告党中央。

1941年前,新闻台内部机构分为英文机台和中文机台。英文机台主任曹怀银,中文机台主任陈生贵,各机台设报务助手,协助主任工作。1941年11月,新闻台下设:民主系(塔斯、路透、美联、合众、美国新闻处),主任曹怀银;轴心系(同盟社、斯蒂芬尼社、海通社),主任李光绳;中文系(中央社、伪中华社),主任杜牧平。1942年6月,沈毅力调走,张可曾调来任新闻台台长。

1943年6月,新华社成立电务科,科长张可曾,下辖新闻台和通报台。还设了三个报务主任,协助科长管理业务技术,他们是:曹怀银、李光绳、杜牧平(分管通报台)。后来,曹、杜调去学习,李光绳任总领班。

二、广播业务的拓展

新华社文字广播的发报任务一直是由军委三局承担的。抗日战争初期,发报任务由三局55分队负责,电台队长曹丹辉,后来是郑执中,报务员有刘法庸、梁茂成等。发报机的功率是100瓦,呼号为QST DE CSR。发稿量每天约2000多字。

1938年11月,新华社文字广播转由军委三局120分队发报,地点在延安东关清凉山上。电台队长由三局一科科长王子纲兼任,报务主任沈毅力。毛泽东的著作《论持久战》就是由120分队播发的。

1939年8月,新华社文字广播任务转由军委三局10分队负责,队长是三局一科科长邱均品,报务主任梁茂成。报务员有钱甫松、刘克东,地点在延安西北裴庄。

1940年,中共中央决定筹建口语广播电台,并成立了广播委员会领导筹建工作。3月军委三局成立9分队,队长傅英豪、政委周浣白,着手筹建延安新华广播电台。1940年12月30日,延安新华广播电台开始试播。当时设备简陋,发射功率小,机器经常出

第二章 在抗战烽火中成长的新华社

故障,广播时播时停,到 1943 年春停播。

还是在 1940 年 8 月,新华社为改善各抗日根据地抄收新华社的广播稿,新华社发报台迁到盐店子村对面山上的一个窑洞里,特地在山上架了一副较高的 T 型天线。负责发报的仍是三局 10 分队,队长李士俊,报务主任汤翰璋,报务员有叶敬之、刘建华等。为了利用 9 分队的电源,这年 10 月,10 分队迁到王皮湾村,与 9 分队合在一起。在 9 分队内设 CSR 广播报房,报务主任汤翰璋。为了同口语广播保持一致,呼号也改为 XNCR,但 CSR 是个有历史意义的老呼号,应予保留,于是就把它作为被呼,呼叫格式成为:CSR DE XNCR。在此之前,呼叫格式是 QST(示意各抄收台抄听)DE CSR。那时,文字广播报房的设备极为简陋,仅有一个电键、一台监听用的收报机,一只旧怀表。文字广播稿和口语广播稿都是由新华社派通讯员从 40 里以外的清凉山送去的。稿子一送到,大家就像战士临战状态那样,紧张地进入工作岗位,准确地把它播发出去。1941 年 6 月,新华社文字广播改用 500 瓦发射机,该机是由三局材料厂克服困难,自力更生装配成的,机壳是木结构的。1942 年,又增加一部 100 瓦的发射机,发报由每天 4 小时增加到 6 小时。1942 年后报务主任为毛动之,报务员有刘振中、梁垒波、刘昌文、张化、刘志远、王长发。1943 年后又增加白忠远、杨家祥等。

1944 年夏,为了开展对外英文文字广播工作,在英国友人林迈可的帮助下,军委三局的工作人员经过多次研究和试验,进行发报设备改装和架设天线等工作。两个多月后,最早曾用于新华社口语广播的那部已破损的发射机被修好了,定向美国旧金山的天线也架了起来。新华社英文文字广播于 8 月 8 日试播,9 月 1 日正式开播。广播之初,两个报务员为毛动之和张化。

1945 年,抗日战争胜利,中央决定尽快恢复新华社口语广播。这时,广播电台的机房已迁到延安西北 10 多公里的盐店子村寨子峁山上。这里距离三局机关所在地——裴庄只有两公里。寨子峁高约 50 米，山顶上一间平房被用做发射机房。山腰中的几排窑洞，有的做播音室，有的做宿舍。1945 年 8 月中旬，延安新华广播电台恢复播音。经过一段时间试播后，于 9 月 11 日正式恢复播音。

这样，新华社对外发布新闻的渠道，拥有中文文播、中文口播和英语文播三种形式。

三、通报台的建立与发展

1941 年 5 月，中共中央发出关于统一各根据地对外宣传的指示。当时博古向中央提出建立自己的通报台，加强总社与分社间的工作联系和业务指导。

在军委三局的积极支持下，这年 7 月，建立起新华社第一个通报台，地点设在清凉山的山腰。负责通报台工作的先后有：杜牧平、邱纯才、刘忠楠，报务员有屈美等。通报台的联络对象有：华北新华分社（CSR1），华中新华分社（CSR2），晋绥新华分社（CSR6），晋察冀新华分社（CSR4），山东新华分社（CSR8）。通报台的任务是，负责与各抗日根据地的新华分社进行通讯联络，一方面为文字广播稿给各地新华分社补漏纠错，另一方面抄收各分社的来稿，并向各分社发报道提示和业务

1941 年新华社建立了第一个通报台，当时就是用这种发报机和手摇马达同八路军前方总司令部的新华分社联络的。

通报。

随着新华社事业的发展，1942年底建立起第二个通报台，领班是张继良。报务员有何凯、罗兴发、梁文汉等，地点设在清凉山顶杨松墓旁边。联络对象增加了苏北分社（CSR3），太岳分社（XTYC），还有陕甘宁边区四个通讯处电台，即新华社关中通讯处电台，呼号为CPS；新华社三边通讯处电台，呼号为CPW；新华社庆阳通讯处电台，呼号为CPN；新华社绥德通讯处电台，呼号为CPT。1945年上半年又组建了第三个通报台，领班为梁文汉，报务主任张洪烈，报务员有边义选、李双春、吴荣华等，地点设在延安飞机场北边的窑洞中。抗战胜利后不久，又组建了第四个通报台，领班李长贵，报务员有李秉让、刘培兰等，地点设在延安东关民房中。通报对象又增加了西满总分社，电台呼号CSRO；东北总分社，电台呼号CSRM；晋冀鲁豫总分社，电台呼号CSP；东满分社，电台呼号CSRA。

1941年至1942年，通报台行政上受三局领导。1943年成立了电务科，统一领导新闻台和通报台。通报台队长由刘忠楠担任，总领班张继良。四个通报台先后有报务、机要、机务人员20多人。每个通报台有报务员3至4人，摇机员2人，一部15瓦发报机，一部四灯收报机，一部马达。通报距离南到海南岛，北到齐齐哈尔。由于电力太小，声音微弱，工作非常困难，要选择最佳时间才能工作。同时因为设备简陋，要求报务员必须有高超的技术。由于报务员发报点划正规、速度均匀，受到各分社好评。有些报务员，集发报、收报、译电为一身，发报时不用译电，看着中文底稿就可发报，收报时直接听电码拟中文。像这样的技术能手总社电台和分社电台都有。

1945年夏，根据总社决定，通报台开始向分社发"参考消息"。用15瓦发报机发报各地无法抄收，杜牧平提出用两部马达分两路同时供一部发报机的想法。林迈可用美军观察组的两只"6L6"电子管，装成输出功率为25瓦的发报机，用两部马达供电。试验结果各地抄收良好。从此，正式向各解放区发"参考消息"，呼号为 XQW DE XOY。

四、克服困难，自力更生

延安时期，新华社通讯器材非常缺乏。环境促使电务人员巧用双手，因陋就简，自力更生。砍几棵又直又长的树木，把枝杈锯掉，竖到窑洞顶或山头，就装成了天线。有的收报机也是自己装配的，灵敏度低，收外电讯号，声音低得像蚊子叫，抄收十分困难。一次，一个外国记者看到新华社的报务员用这些土设备，飞快地在纸上抄下一行行英文，大为惊奇，认为了不起。这位记者在采访新华社的报务员时提了一连串问题，如：你是哪个学校毕业的？哪个学校学的英文？其实，当时电务科40多名报务员，大部分是从敌占区或国民党区来的初中、高小学生，有的原来是陕北的放牛娃，只是在八路军通讯学校学习一些收发报务技术，就来新华社工作了。当时除通报台和中央社电讯使用明码发报、日本同盟社使用罗马字日文外，塔斯社、路透社、合众社、美联社、法国哈瓦斯社以及德国海通社等都使用英文，而新华社的报务员，连 ABC 都是现学来的。由于国民党封锁，边区电池来源缺乏，电务人员想出用手摇马达代替干电池的办法，保证了收发电讯的正常进行。当时，从社长到一般工作人员，下班后都轮流去摇马达。

电讯器材的落后，报务员知识的不足，加以没有世界各大通讯社发报的时间、波长、呼号等资料，抄报工作十分困难。如1941年斯大林在莫斯科十月革命纪念会上的长篇讲话，就全部漏抄了。第二天，在《解放日报》上只能看到路透社发的斯大林在红场阅兵的简短新闻。在翻译科的帮助下，电务科的工作人员日夜寻找、监听，从纷杂的讯号里辨别出哪些是哪个通讯社的波长，哪些时间常常播发哪类电讯，逐步摸索、掌握外国通讯社的发报规律。他们还学认一些最关键的英文单词，像"急电"、"公报"、"苏联"、"斯大林"、"罗斯福"、"中国共产党"等等，借以引起抄收时的注意。这样，重要电讯的漏抄现象便逐步减少了。1942年10月26日，副社长吴文焘在编委会上提出了新闻台要把塔斯、路透、同盟、合众、海通及中央社电讯全部抄完的要求。同年11月初，报务人员在新闻台台长张可曾的带领下，在已知的塔斯社所有发报时间和波长上安排了人手和机器，并准备在几个地方架线"围抄"。结果，这一次把斯大林近万字的讲话全文抄收下来，第二天刊登在延安《解放日报》上。

1944年夏，国民党召开中央全会，电务科得知中央社将播发蒋介石的演说。不料，那天正在抄收时，忽然雷雨大作，报房附近不时落下巨雷。为避免雷电顺天线落入报房，伤害人员和机器，张可曾命令报房关机，人员离开报房。当时正在抄收蒋介石演说的杜牧平表示：如果关机，收不完蒋介石的演说，中央就不能及时看到这一材料并予以反击。作为技术人员一定要尽到自己的责任。张可曾点点头，贴在杜的耳边轻声说："预感到不行了，就立即脱离。"在抄收过程中，突然一声巨响，留在报房的杜牧平和彭志义两个人都被强大的气浪推倒在地，收报机的电子管被烧毁。在这样的危急时刻，新华社的技术人员想到的不是自身的安危，而是为还有150余字的电文未抄收到而感到难过。之后，电务科从三局领来了新的电子管，继续工作。

1944年12月，新华社电务人员发展到74人，占全社人数的60%以上。这一年，电务科选出李光绳、曾美若、杜牧平、刘吉祥、姚琅斋、彭志义等为模范工作者，出席了军委三局召开的模范工作者代表大会。李光绳还被推选出席陕甘宁边区的劳动英雄和模范工作者代表大会。

通讯技术人员在抗日战争的艰苦环境下，苦练抄报技术，不断进步。通过他们的努力，当时世界上主要国家的通讯社发出的新闻电讯，新华社基本上都能抄收到。新华社抄收的国内外重要消息，使得党中央和毛主席及时掌握国际国内形势发展的动向，为党中央制定对内对外政策提供了重要依据和参考材料。

第八节 延安时期新华社的优良传统和作风

延安,是中国革命的圣地,也是新华社事业成长和发展的摇篮。从1937年1月随中共中央到达延安,到1947年3月撤离,新华社在延安经历了10年多时间。这10年间,新华社的社址在延安城——杨家岭——清凉山之间变动了三四次,规模和业务范围不断扩大,新闻队伍在战火中成长,经受了锻炼,并在实践中培育了优良的传统和作风。

一、坚持无产阶级新闻的党性原则

坚持无产阶级新闻的党性原则,使新闻宣传完全符合党的政策,是中国共产党新闻事业的根本要求。在新华社这支革命队伍里,政治上的坚定立场和过硬的业务本领一样,都是不可缺少的。

图为新华社编辑在窑洞内工作。

1937年初到延安时,新华社的工作人员廖承志、向仲华、李柱南等都经过了长征的艰苦锻炼。他们是政治素质强、业务水平高的老红军。之后陆续调来一些干部,如陈克寒、左漠野、李初梨、沙可夫等,他们参加革命的时间也都较早,有着丰富的革命经历和较高的文化功底。延安时期,新华社业务队伍中不乏这些久经考验的老革命,但更多的是后来不断补充进来的新生力量。

卢沟桥事变之后,中国开始进入全面抗战阶段。当时,在中国共产党的抗日民族统一战线旗帜的感召下,很多爱国知识分子和进步青年,胸怀抗战的理想和信念,不畏艰辛,不怕流血牺牲,冲破国民党沿途设置的重重障碍,奔赴延安,投身革命的熔炉。新华社当时急需有文化特别是懂外文的干部,先后从延安抗大、陕北公学、马列学院和其他单位吸收了不少青年知识分子,如丁拓、陈龙、缪海稜、陈笑雨、林宁、陈适五、王飞、王唯真、沈建图、陈庶、林朗等。他们有的是从国统区和敌占区来的,有的是来自海外的华侨,虽然每个人的经历不同,但大家都是怀着共同的理想、抱着革命的信念而来的。

担任日文翻译的丁拓,是沙捞越华侨,曾在日本留学,抗日战争爆发后毅然决定返回祖国,参加抗日救亡斗争。丁拓回国后,父亲曾多次来信和电报催他返回南洋的家中,并提出要送他去英国剑桥大学留学。他宁愿选择去延安抗日救亡,而放弃了去英国留学。之后,他和家庭断绝来往长达四五十年之久。当时来延安的青年,很多都是义无返顾地将自己的青春奉献给祖国,奉献给革命事业的。

延安的工作和生活,为青年干部的成长提供了良好的政治环境和条件,在新华社这样的重要部门,每天都会接触到大量来自国内外的时事消息,要直接为中共中央提供决策参考,这就要求工作人员必须具备较强的政治意识、大局意识。担任英文翻译工作的陈龙,出身于印度尼西亚的华侨家庭,曾在北平燕京大学新闻系学习。来到新华社后他曾担心自己不能胜任工作。在领导和同事的帮助和鼓励下,他在工作过程中注意实践、学习,逐步摸索翻译工作的规律,很快成为业务上的骨干。1939年在延安参加新华社工作的陈笑雨在回忆文章中写道:"一踏进新华社的门,强力的政治气氛向你扑来，不管你愿意不愿意，都必须从中受到锻炼和陶冶。"[①]

在延安整风运动中，以中共中央机关报延安《解放日报》的改版为标志，中国共产党领导的新闻工作在理论和实践上都获得了重大的飞跃。从1942年4月1日《解放日报》为改版发表社论《致读者》，到1944年2月16日发表社论《本报创刊一千期》，延安《解放日报》上发表了一系列社论和重要文章，对于办党报的方针和基本原则，对于马克思主义新闻学的基本原理和重大问题，都作了探讨和精辟的论述，关于党报是党、政府和人民的喉舌，要坚持党性原则，坚持实事求是，新闻必须完全真实，要实行全党办报，密切联系实际和联系群众，要建立新的文风，政治与技术的关系，这些无产阶级新闻工作的基本原则都是在《解放日报》改版时期逐步确立的。

与《解放日报》战斗生活在一起的新华社，也进行了一系列的新闻改革，不仅在报道及文风方面有了很大的改进，而且在办社方针、管理制度、干部队伍培养等方面，都取得了很多成功的经验。通过系统学习马列主义理论和整风运动，《解放日报》和新华社的工作人员进一步明确了无产阶级新闻工作的基本原则，在思想认识和业务水平上都有了很大的提高。

经过整风以及不断的实践和总结，新华社形成了坚持无产阶级新闻党性原则的好的传统和作风，始终把当好中国共产党的耳目和喉舌作为自己的根本任务，坚持不懈地宣传中国共产党的政策、方针。在抗日战争时期，中国共产党提出了"放手发动群众，壮大人民力量，在我党的领导下，打败日本侵略者，解放全国人民，建立一个新民主主义的中国"的路线。新华社围绕这个路线，及时地、准确地宣传了中国共产党在抗战中的各项方针、政策，报道了全国人民团结抗日的英雄业绩，为抗日战争的胜利发挥了重要的舆论宣

[①] 陈笑雨：《发扬优良传统》，原载《新华社回忆录》第79页，新华出版社1986年10月出版。

传作用。

经过艰苦严酷的革命斗争生活的锻炼与考验，通过努力钻研和刻苦奋斗，新华社业务人员的政治立场和革命信念更加坚定，业务水平也得到迅速提高，很多同志后来都成为党的新闻事业发展的骨干和中坚力量。

二、深入实际，深入群众，调查研究

经过整风，在新闻宣传工作中进一步增强了为人民大众服务的指导思想。《解放日报》、新华社的新闻工作者强调深入实际、深入群众，进一步密切了新闻工作与群众的关系。

记者莫艾在深入采访中发现劳动模范吴满有，采写的吴满有事迹的通讯，刊登在《解放日报》的显著版面。这篇报道得到毛泽东的肯定，之后很快在边区形成了学习吴满有的运动，有力地推动了大生产运动的开展。莫艾和他的妻子李蕴辉还一起深入南区合作社，写出了一篇篇带有指导性的报道。

两位年轻记者张铁夫、穆青一起去采访劳动英雄赵占魁，和赵占魁共同生活、劳动了20天。在实际的生活体验中，他们深切感受到赵占魁可贵的思想品质，从1942年9月开始，陆续采写了不少有关赵占魁的报道，特别是其中的长篇通讯《赵占魁同志》和《恭喜赵占魁同志》，全面反映了赵占魁的英雄事迹。这两篇文章，对当时边区工业战线开展学习赵占魁运动，起了很大的促进作用。

记者缪海稜任驻陇东专区特派记者时，写了不少新闻和通讯。他到农村采访，都是自己背上铺盖、带上馍馍，翻山越岭，往往走七八十里路，还吃不上饭。那时记者也执行三大纪律、八项注意，下乡就住在农民家里，和群众同吃一锅饭，同睡一个炕。还经常给老乡做活、担水、砍柴、扫地。通过和群众一起劳动，亲身体会到农民的辛勤和快乐，搜集了许多重要材料。他回忆这段难忘的采访经历时深有体会地说："记者要在报道中真实地反映情况，稿子写得有血有肉有感情，不仅要深入实际、深入群众，而且要和群众生

活上和思想感情上打成一片。记者应该是生活的参加者，歌颂者，而不是旁观者。"[①] 他写的《农村夜话》《问稼于老农》等通讯，都是反映农村实际生活的报道。

记者曾艾狄是来自马来西亚的归侨，有高昂的抗日救国热情，但因语言不通，在群众中采访遇到困难而感到苦恼。社领导鼓励他坚持深入群众，深入实际，终于克服了语言上的障碍，写出了很好的新闻报道。有一次他从乡间回来，向大家描述老百姓对他的看法，他说："一位老乡对我说：你这位记者是不是官？说你不是官，你跟官在一处开会；说你是官，你不骑马，没有警卫员，还一点架子也没有，跟咱老百姓说得来！"

1944年10月4日，毛泽东由博古陪同看望解放日报社、新华社工作人员，他勉励大家，无论是做新闻记者、编辑工作的，还是做出版、印刷工作的，做报务工作的，都要全心全意为人民服务。为人民服务这句话，很多同志都会说，但是，如果不只是在口头上，而要真正做到并不是那么容易的。他要每个同志问问自己，是全心全意为人民服务的呢？还是半心半意为人民服务的呢？他说，不能是半心半意，不能是三心二意，一定要全心全意。做任何一件工作，办任何一件事情，如果从个人的利益出发，夹杂着私心杂念，就不可能全心全意为人民服务。必须事事从人民的利益出发，处处为人民的利益着想。毛泽东最后语重心长地说，中国革命事业是长期的，是艰苦的。如果我们革命队伍里越来越多的人都能做到全心全意为人民服务，中国革命的胜利也就可以快些到来了。毛泽东的一番话语，是对大家的希望和要求，要新闻工作者更加坚定为人民服务的信念，要永远全心全意为人民服务。

在这次对解放日报社、新华社全体工作人员发表的讲话中，毛泽东还高度评价《解放日报》和新华社在党的工作中所起的重要作用。他强调指出："党报和通讯社是组织一切工作的武器，反映军

[①] 《万众瞩目清凉山》第30页，延安清凉山新闻出版革命纪念馆1986年编。

事、政治、经济、文教，又是指挥军事、政治、经济、文教的武器，是组织和教育群众的武器。党中央对各地的领导和指示，除了一些日常性的指示外，一切大政方针都是通过《解放日报》和新华社传达到各地、各阶层人民中去的。中央了解国内外情况，有许多来源，但主要还是靠《解放日报》和新华社。"[1]

三、严肃的工作态度，严谨的工作作风

延安时期，新华社补充了大量工作人员，规模和业务不断扩大，在党的新闻宣传工作中发挥着越来越重要的作用。当时，新华社的工作是非常艰苦而紧张的，很多年轻人还来不及进一步熟悉业务，就被推上了新闻工作的第一线。他们只能边干边学，在实践中学习、钻研，逐步摸索规律，提高业务水平。

1939年初到新华社工作的陆果木在回忆文章中写道，当时，领导同志曾经反复地教导我要学习用辩证唯物主义的观点、方法来认识和分析当前国际间的各种事件。为此，我也曾遵照领导同志的指示，特地精读了苏联共产党历次代表大会政治报告中关于国际形势的分析。这些报告的确使我后来在日常处理电讯时心中有了底。与此同时，领导同志还经常督促我要多多积累国际问题知识，像世界主要国家的一般情况、世界史地常识、著名人物的政治背景等，知道得越多越好，以免遇到处理有关电讯时抓瞎。我当时也按领导意见，每日从收听到的电讯中仔细积累材料，并利用业余时间广泛阅读有关国际问题的书刊，增进自己的国际问题知识。

担任编辑工作的任丰平在回忆文章中写道，在延安，物质生活是极其艰苦的，工作条件也是极其严峻的。那时，一瓶自配的蓝墨水，一支蘸水的木杆钢笔，一沓发黄的稿纸，就是我们的战斗武器。但是，在宣传报道业务的研究工作中，却又是那样的认真、细致和刻苦，至今仍留下不可磨灭的印象。例如，1945年有关关中

---

[1] 《延安〈解放日报〉史》第54页，新华出版社1998年4月出版。

抗日战争时期，物质条件极为艰苦。图为延安时期新华社工作人员使用过的马灯、打字机、收报机、笔、墨、纸、砚等。

事件（指国民党军队进攻我陕甘宁边区的关中分区）、大进军、国共谈判的宣传策略的研究，新华社编辑科就先后讨论过多次，而且是在边工作、边生产劳动的条件下进行的，更觉得其难能可贵。

王唯真在回忆文章中描述了当时新华社工作人员刻苦钻研业务的景象。关于报务人员的抄报工作，他写道，电台抄报员最快时每秒钟要抄下三个以上的字母。这样的速度，不要说抄写，就是要准确分辨字母音讯，也不是容易的事情，何况报务员要在连续几小时中抄写，更谈何容易。然而这项近于不可能的、被后来到清凉山参观的外国人誉为"难以想象"的高难技术，终于被清凉山时期新华社的第一代报务员拿下来了，这不能不说是清凉山的一大奇迹！当然，这种速度起先并不是所有的报务员都能达到。最初时候只有几个尖子能做到，但经过反复锻炼，越来越多的报务员相继做到了。

关于翻译人员的苦练破译"天书"本领的情况，他写道：英文组同志为了破译"天书"，经常互相切磋，并请教在这方面最有经验的陈龙、陈适五等。他们有时候还跑到电台观察报务员的抄报情况，摸索他们的抄报规律，注意不同报务员的字迹特点，经过一番过细的探索和艰苦磨炼，起先令人望而生畏的"天书"破译工作，逐渐变成英文组同志们一项"攻坚"的乐趣。关于自己在编辑工作的积累和学习，他写道：广播科编发的消息，无论国内或国际新闻，起先写法都比较简单，多为简讯，很少综合分析。写了半年多之后，我对自己的写法很不满意。看到外国通讯社常发一些综合述评性稿件，心想：外国通讯社能做到，新华社也应能做到。于是，我开始积累各种国际资料，加以分类剪贴，写些笔记，做些备查卡片。日积月累，我逐渐培养出了独立观察分析国际事件及其发展动向的能力，并以我们的立场观点，运用新闻的笔法，加以概述、分析和作适当的评论。这一做法，得到了同志们的肯定。

延安时期担任新华社和解放日报社社长的博古，在学习理论、钻研业务方面起到了表率作用。他曾不止一次地强调：干部不但要精通业务，而且要加强在政治上的进步和修养。他不仅在一些大的会议上这样说，在翻译部的英文小组会议上也这样反复要求大家。一次，新华社要出一期墙报，请博古题词，他很快写来了"努力学习，精通业务，帮助同志、联系同志，做一个模范的新闻工作者"的题词。1945年日寇投降后各地解放区军民向敌占区大举进军时，博古亲自制作了一套卡片，把各地解放军进军的日期、地点、战果、战局的变化发展等，都简要地作了注解，以便在文章、评论和修改稿件时查对参考。博古经常悉心揣摩毛主席的工作方法和思想方法，对毛主席的每一指示和对报社文章的每一修改，他必反复和大家探讨，有所领会，往往高兴地说："这是毛主席的独特见解，大家要好好掌握。"他还常恳挚地劝周围的同志，"教条主义反掉了，更要多读书。过去读书方法不对头，不是书会害人。""挤出时间多看书，对你们工作是有好处的。"上至社领导，下至普通的编辑、记者、译电员等，都被这浓厚的学习气氛感染着，并且全身心地投入到紧张的工作和学习中去。

四、艰苦奋斗、自力更生的创业精神

陕甘宁边区地处偏僻内陆，经济基础本来就薄弱，人民生活一直比较清贫，抗战时期延安的生活条件是很艰苦的。当时新华社办公和住宿条件非常简陋，但大家努力克服困难，努力做好工作。

很多在延安时期工作过的同志都曾在回忆录中谈到延安生活的艰苦和乐趣。叶蠖生1937年11月从南京的敌人监狱出来后到了延安，分配在新华社工作。他在回忆文章中说：我们享用的菜金曾经三变，先是由军委发，因优待红军，菜金每天有七分；后来改为由边区政府发，政府最艰苦，每天只能发菜金四分；最后归党中央发，每天菜金增到五分。五分钱供一天三餐吃菜之用，尽管边区物价便宜，也很难宽裕。我们的管理员老刘同志是四川来的长征战士。他为了让我们吃得好些，费尽了心机。老刘经常教导仅有的几个服务人员——通讯员、炊事员和勤务员，说：我们的职务就是努力做好服务工作，让同志们安心做好业务工作。

浦化人同志在回忆1938年到新华社工作的情况时，指出当时的物质待遇供给制，是公家供给膳宿，衣服基本自备，个别没有准备棉衣的同志，由组织上发给棉布制服。每月每人发给边币2元5角，翻译等技术人员3元。吃的东西是有沙子的小米，少油少盐的菜蔬豆腐。当时同志们的情绪都很饱满，闹情绪的人绝无仅有，任何困难都能愉快地克服。

1941年开始到新华社从事后勤工作的黎光煜同志回忆：那时候，我们一人一个月才发二三元边币津贴，一天只有五分钱菜金，一斤二两粮食，绝大部分是粗粮，有时还发原粮，一个月才能吃两次馒头，有时赶上阴天下雨磨不成面粉，只好煮整粒的麦子吃。冬天缺少御寒的衣服，烤火又没有木炭。学习没有纸张，只能用边区制造的土马兰纸，还得两面反复用好几次，先用铅笔写，再用红笔写，最后用墨笔写。总之，吃、穿、用，全面困难。在这种情况

图为延安时期新华社工作人员王唯真画的反映延安大生产运动的速写。

下,后勤工作怎么搞,如何解决全社工作人员的生活供应,怎样保证宣传报道能够顺利进行,的确是困难重重,真是急得人睡不着觉。

当时解放日报社和新华社是一个伙食单位,一个供应系统,负责日常生活管理的后勤部门是总务处,祝志澄为处长。延安整风开始后,中央调陈坦任解放日报社和新华社的秘书长,他负责整风工作和行政后勤工作。先后担任总务处处长的还有金应光、苏爱吾、白鸿德等。总务处在解放日报社、新华社编委会的领导下,承担在清凉山所有中央新闻出版单位的后勤保障工作。这些单位除解放日报社、新华社以外,还有中央印刷厂、中央出版局、新华书店等单位。后勤部门的同志们秉承为人民服务的宗旨,发扬艰苦奋斗的精神,为解放日报社、新华社等中央新闻出版机构完成宣传报道任务提供了及时、有力的保障。

为了解决各新闻出版单位的办公用房和住宿用房,从1941

年开始在清凉山上陆陆续续建成了 100 余孔窑洞,在山下建成了 130 间平房,形成了具有一定规模的办公区。在清凉山顶上还有一座庙和一些石洞,经过简单维修,用于办公。还搭建了一个百余平米的大棚当做餐厅。总务处经济基建科除新建窑洞和平房以外,还充分利用清凉山上的庙宇和石洞,经过简单维修,安排住宿。总务科负责的食堂就餐分大灶、中灶、小灶,由几个管理员分管。饭做好后,到吃饭时大家就下山集中在大棚里就餐。食堂还安排了夜餐供应。吃夜餐的包括电务处的报务员和夜班编辑。炊事人员都很尽心尽力地工作,让大家吃好。运输队承担着物资运输任务。运输队有骡马和大车,赶马车的人员同时也是装卸工。当时买粮、买菜、到中央供给部门领取生活物资,冬天拉送取暖木炭,都是运输队负责,运输工作非常繁忙。通信班担负着公文信件和稿件的传送工作。不管是风雨霜雪天气,还是夜间,通信员走在崎岖的山间小路上,准时无误地把稿件和信件送到目的地。工务班的工务员主要任务是为各办公室和领导同志服务。打扫房间、到食堂打饭送饭、洗衣、照看孩子等,工作很烦琐,也很辛苦。清凉山上的后勤工作人员还包括会计、保管员、医生、理发员等。

在当时的行政后勤人员中有一位负责保管工作的张瑞书同志,他是一位具有传奇经历的老同志,曾参加过法国共产党组织的国际纵队,支援西班牙人民的反法西斯战争。他住的窑洞同时也是堆放纸张、文具等各种物品的仓库。他对工作认真负责,每月都一张张核算领物单、一样样清点物品,为保证物品安全,即使休息时间,也从不走远。清凉山上的同志都非常尊重他。

在抗日战争的艰难岁月里,为了克服严重的物质生活困难,在中共中央领导下,延安开展了轰轰烈烈的大生产运动。新华社的工作人员同当时的机关、部队人员一样,开荒生产,与困难作斗争。锄头和笔杆,成为他们进行斗争的两种重要武器。

在 1939 年 2 月召开的生产动员大会上,毛泽东发出了"自己动手"的号召。1940年冬，国民党政府不仅完全停发八路军的薪饷、弹药和被服等物资，而且调动几十万军队对陕甘宁边区和其他抗日根据地实行军事包围和经济封锁，扬言"不让一粒粮、一尺布进入边区"，断绝对边区的一切外来援助。边区经济出现了前所未有的困难。为了克服困难，中共中央再次号召"发展经济，保障供给"，"自己动手，丰衣足食"。当时在陕甘宁边区和各抗日根据地掀起了大规模的生产运动。解放日报社与新华社也参加了大生产运动，编委会多次开会讨论生产方面的问题，并于1943年2月1日成立了由博古、陈坦、苏爱吾、吴文焘、赵丕哲、丁明等组成的生产委员会。各部门都制定了生产计划，按照不同的工作时间和特长，有计划地经营农业、纺织、文化供应以及麻绳、骨粉、装订等各种生产。据统计，当时的生产项目有十几种。劳动生产增加了收入，工作人员的生活也随之改善。新华社的工作人员在东郊罗家坪种了一大片菜地，收获的新鲜蔬菜，改善了大家的伙食。另外，新华社还有一种特殊的劳动项目，即在用手摇马达给收发报机提供电源的情况下，大家轮流担当业余摇机工，社长也不例外。副社长吴文焘每天下半夜开始处理稿件之前，总是先到新闻台去摇一个小时的马达。新华社用这个办法给收发报机提供电源达七年之久。在大生产运动中，解放日报社、新华社涌现了一批劳动模范，1944年12月，新华社选出丁拓、李光绳、曾美若，解放日报社选出吴冷西、曹发荣，参加了中央直属机关劳动英雄、模范工作者会议。会上，吴冷西、丁拓、李光绳、曹发荣又被选为出席1945年1月召开的陕甘宁边区劳动英雄和模范工作者会议的代表。

在大生产运动中，新华社的工作人员走上生产第一线，在艰苦的劳动中经受锻炼。当时种粮、种菜，只有简单的工具，人要出大力，冬天积肥，夏日锄草，秋季收割，没有一样是轻松活。为了抗旱，要到一二里以外挑水，常常压得双肩膀红肿。烧木炭更是艰苦的活，要到离清凉山几十里的山里，一住就是半年。从砍木头开始，到装窑、烧窑，都是靠人力，人们要光脊梁干活，天热，加上窑烤，衣服是穿不住的。由于干活常常是一个动作，有的同志手背都弯曲变型，很难矫正过来。到山里运木炭，不论多远都是人背，尤其遇到雨雪天路滑，就干脆背着木炭顺山坡往下滑，然后用驮骡把木炭运到三十里铺再装上马车运回清凉山，前后需要一个半月。参加办农场的同志也很艰苦，他们一天能开出三亩地，由于长时间的抡镐刨地，有的胳膊被累得肿大。豆腐房只有两个人，每天要磨60斤豆子，早晨四点钟起床干，上午磨出来，下午还要挑出去卖，卖完才能回来，那时谁也不计较工作时间和报酬。

新华社的工作人员在大生产运动中形成了一种团结互助的良好风气。互助变工，就是照顾身体弱的同志不能下地而只能在家工作的变通办法。变工不是等值交换，而是互相帮助。如有的女同志体弱多病，或有身孕，不能参加菜地挑水灌溉的劳动，这样就由男同志替她们去挑水，女同志则替男同志打毛衣或缝补衣服。这种互助变工，既保证了每个人任务的完成，又增强大家的团结。延安时期，同志间互相帮助蔚然成风，处处有革命大家庭的温暖。

处在敌后抗日根据地的新华分社的工作人员，不仅要学会宣传战线上斗争的本领，而且要善于对敌作武装斗争，不但会写文章，还要会打仗。他们往往白天打游击，晚上写消息，自己背着油印机和笔墨纸张，辗转战斗于敌后，直到抗日战争的最后胜利。

艰苦的工作和生活环境，磨炼了一代新闻工作者坚韧不拔的意志和精神，也铸就了党的新闻工作的很多优良传统。据在延安工作过的老同志回忆，当时的新华社就像一个大家庭，和谐融洽。大家在工作中互相帮助，共同促进，生活上互相关心，有说有笑。哪个同志生病了，会不断地有人去探望。谁家生了小孩，大家一齐去贺喜。女同志还会主动帮助单身的男同志洗补衣服、缝扣子等。遇有青年同志结婚，大家奔走相告，并热情为新郎新娘筹备婚事。艰苦环境，自然而然地养成大家艰苦朴素的生活习惯和作风。新婚夫妇往往是把旧的被褥拆洗一下，把退了色的衣服洗涤干净，就完成结婚准备了。在那时，要买一条像样的毛巾也是很困难的。招待参加婚礼同志的食物，就是延安的土产——红枣，买来二三斤再用开水煮一下，又软又甜。有一次翻译部一位同志结婚了，大家想找几个馒头给新郎新娘会一次餐，费了很大周折，才由总务科长批了一个条子，从伙房里领回七八个馒头。因为当时很有限的白面主要是给生病同志吃的。遇到举行结婚晚会，新华社的负责同志都要出席，向新郎新娘表示祝贺。

第九节　迎接抗战胜利的到来

1945年上半年，苏、美、英盟军在欧洲战场取得彻底战胜德意法西斯的伟大胜利。德意法西斯的覆灭，使日本法西斯陷于完全孤立的境地。反法西斯同盟国决定进一步加强合作，完成对日最后作战。在中国解放区战场上，八路军、新四军和华南人民武装力量也对日伪军发起了大规模的攻势，准备夺取最后的胜利。在延安清凉山上，新华社和《解放日报》的工作人员，也为迎接抗战胜利的到来而兴奋地忙碌着。

一、传播胜利喜讯

1945年7月26日，中美英三国政府联合发出《波茨坦公告》，敦促日本政府立即无条件投降。8月6日、9日，美军先后在日本广岛、长崎投下两颗原子弹。8月8日，苏联对日宣战，并于次日出兵我国东北，向日本关东军发起猛攻。

8月9日，新华社播发了毛泽东的一篇重要声明。声明指出：对日战争已进入最后阶段，最后的战胜日本侵略者及其一切走狗的时间已经到来了。8月10日，日本政府发出乞降照会，表示接受《波茨坦公告》。

10日傍晚，副社长吴文焘照例来到新闻台的窑洞，还没进窑

1945年8月10日,《解放日报》刊登的新华社电讯《对日战争进入最后阶段 毛泽东同志发表声明》。

洞,就听新闻台总领班李光绳在高叫:"快看,是啥?"吴文焘忙跑过去,只见抄报纸上一连串有三四个英文"急电"的字样,紧接着又有两个英文单词出现:"日本投降了!"接着,路透社又播出了一条比较详细的消息:日本天皇已经接受盟国条件,宣布投降。再查值合众社班工作人员所抄下来的电讯,也有类似的简短报道。日本投降的消息已是确凿无疑了。吴文焘飞步走出窑洞,赶往社长博古的住处。不巧博古外出了。吴文焘顺手捻亮桌上的煤油灯,摇动挂在墙上皮盒子里的电话机,说声:"请接毛主席!"对方回话了,吴文焘说:"这里是新华社,有重要新闻,快请毛主席!"很快,毛主席来接电话了。吴文焘向他报告了日本投降的消息。毛主席第一句话就说:"噢,那好啊!"随即嘱咐新华社,有新情况时继续汇报。不久,博古从枣园打来电话,要吴文焘在电话机旁等候中央指示。

约在半夜时分,枣园传来朱总司令签署的、勒令敌伪军向八路军、新四军投降,八路军、新四军应即进占所有城镇、交通要道,实行军事管制的第一号命令,新华社当即以"新华社延安十日电"

的电头向全国广播。

接着又连续播发了延安总部以朱德总司令名义发布的第二号至第七号命令，同时发布了收复各城镇军事管制办法。

八路军、新四军和华南游击队遵照延安总部的命令，迅速地向被包围的城镇和交通要道之敌发动了反攻。新华社对反攻进展情况进行了大量的报道。8月12日，新华社播发了《百万雄师出动消灭日寇》的消息，称："我华北、华中、华南百万雄师，于接到朱总司令命令后，先后整装出动，向所有城镇和交通要道两侧大举进攻。贺龙、聂荣臻、吕正操、李运昌等部，更分头向蒙古、绥远、察哈尔、热河、辽宁、吉林迅速进军，配合红军及外蒙军作战，该线已前进三十里至八十里不等。各地民兵亦持各式武器随军行动，攻城、袭敌、破路，万里云烟，一片杀喊。中华男儿正以坚决战斗动作，最后解决日本帝国主义。"

8月14日深夜，新华社新闻台收到几家西方通讯社和塔斯社的电讯，称日本天皇将颁发投降诏书，并于15日中午向日本全国军民广播，正式宣布无条件投降。大家欣喜不已，译电员很快译出电稿，立即报告社长博古，并转报中共中央、毛主席和八路军延安总部。

8月15日清晨，新华社编发了一条日本投降的急电，对外播发。在连续播发抗战胜利消息和朱总司令命令的同时，《解放日报》、新华社报道了延安各界热烈欢庆抗战胜利的活动。记者海稜在新闻特写《狂欢之夜》中生动地反映了延安群众狂欢的场面。

9月2日，日本天皇和政府代表以及日本大本营代表在投降书上签字。至此，抗日战争和世界反法西斯战争宣告胜利结束。3日，新华社播发了日本签字投降的消息。5日，延安各界两万余人举行集会，庆祝抗日战争胜利。新华社对上述活动均及时作了报道。

新华社在播发上述消息的同时，还转发了《解放日报》社论《庆祝抗战最后胜利》，文章对中国人民在抗战中的巨大贡献作了总结，指出："在八年抗战中，中国人民表现了无比的英勇和坚毅。

在前线，中国军队的广大官兵流血战斗；在后方，工农大众、知识界和产业界劳力工作；海外爱国侨胞则踊跃输将，援助祖国抗战。全中国同胞这种英勇战斗的事迹，将永远垂诸史册。"

为了适应日本投降前后形势的发展，进一步做好宣传报道工作，新华总社于8月11日致电各分社，要求：一、整个新闻工作，应适应新形势，作适当转变和部署；二、目前各分社应集中报道日寇要求投降后所引起的影响；三、创造新的作风，立即派遣所有记者随军行动，加强电务工作，密切与总社的电讯联系，新闻报道要快、短、确实。遵照总社的指示，分社记者纷纷深入战斗前沿，发回了很多振奋人心的报道。新华社反映解放区战场全面反攻的报道，包括：《山东第一线部队廿四万人向各大城市要道进军 限令敌山东方面军司令投降》《冀察、冀中我军解放涿鹿攻占坨里 天津附近我收复卤咸、水沽、大泊等》《冀热辽我进攻围场承德、凌源、绥中地区我攻克四据点》《鲁南申逆从周部拒绝投降 我军予以全部歼灭》《晋绥太行我军奉命出动 限令敌伪缴械投降》《绥行我军奉命出动 限令敌伪缴械投降》《绥远我军攻占陶林、毕克齐》《晋中我军收复正太路文东站及介休城南静界镇》《华中各路我军告捷》《冀鲁豫我军攻克东阿围困鄄城 太行我军攻入博爱、温县》《山东我军解放威海卫牟平》《华中我军攻入芜湖收复扬中》《山东我军解放胶县寿光高苑》《胶东北线我军解放烟台、蓬莱、招远 华东我克涟水沭阳》《我军占领张家口》等。

二、驳斥蒋介石的"命令"

1945年8月11日，新华社新闻台抄收到国民党中宣部发言人对朱总司令第一号命令的"指责"，称这是一种"唐突和非法之行动"；同时抄收到蒋介石发出的"命令"，要八路军"原地驻防待命"，"勿再擅自行动"。新华社及时向中共中央提供了这些讯息。8月12日，新华社播发了毛泽东写的《新华社记者评国民党中宣部发言人的评论及蒋介石的"命令"》一文，对此进行了有力地驳斥。评论指出："国民党中央宣传部发言人的评论和蒋介石的'命令'从头到尾都是在挑拨内战,其目的是在当着国内外集中注意力于日本无条件投降之际,找一个借口,好在抗战结束时,马上转入内战。""现在我们向全国同胞和世界盟邦呼吁,一致起来,同解放区人民一道,坚决制止这个危及世界和平的中国内战。"8月14日,新华社又播发了《朱德总司令彭德怀副总司令通电坚决拒绝蒋介石错误命令》,通电指出,这个命令"不但不公道,而且违背中华民族的民族利益,仅仅有利于日本侵略者及背叛祖国的汉奸们"。

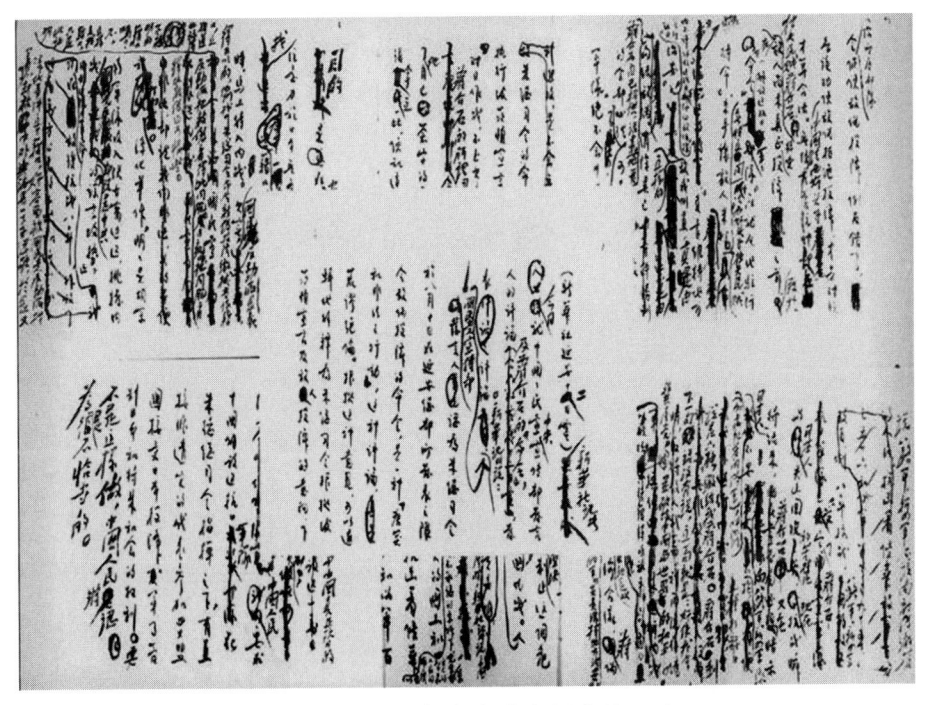

1945年8月,毛泽东、周恩来修改过的新华社评论。

8月15日,新华社播发了一条重要消息,内容为:中国解放区抗日军总司令朱德将军,今日以说帖一件分送美、英、苏国驻华大使,请其转致三国政府。说帖首先指出一个雄辩的事实,在敌伪侵占而为国民党政府放弃的广大沦陷区中,共产党领导的抗日武装经过长期苦战,夺回了大片土地,解放了一万万以上的人民。"在作战中，我们至今犹抗击着和包围着侵华日军百分之六十九（东北四省不在内）和伪军的百分之九十五"。而国民党政府"对敌伪主要的是采取袖手旁观，坐待胜利的方针"，"保存实力，准备内战"。说帖提出：国民党政府及其统帅部不能代表中国解放区、沦陷区和抗日武装；中国解放区和沦陷区人民武装有权接受我军包围之敌伪军投降；派遣自己的代表参加同盟国接受日本投降及将来的和会与联合国会议；请美国政府立即停止对国民党政府之租借法案，不能援助国民党政府发动内战。

8月16日，新华社播发了毛泽东为新华社撰写的评论《新华社记者评蒋介石发言人的谈话》。评论批驳了蒋介石的发言人15日下午在重庆记者招待会上指责共产党违反蒋介石对朱德总司令的命令的言论。评论指出："这是蒋介石公开发出的全面内战的信号。""中国共产党对于蒋介石发动内战一事所取的方针，是明确的和一贯的，这就是反对内战。""全体人民团结起来，壮大自己的力量，内战就可以制止。"

总的说来，新华社、《解放日报》关于抗战胜利的报道是很好的。需要提及的是：8月6日，美军在日本广岛投下第一颗原子弹。9日，又在日本长崎投下第二颗原子弹。《解放日报》9日刊登了新华社根据外电译发的"原子炸弹首袭敌国广岛"等多条消息，标题有"战争技术上的革命"等语。毛泽东看到后，约胡乔木、余光生、陈克寒谈话，指出不应夸大原子弹的作用。之后，《解放日报》补发文章，对原子弹的制造原理、爆炸威力及在战争中所起的作用，作了科学的说明。

当抗战胜利结束时，新华社的机构、人员和业务范围，与抗战初期相比都有较大的发展，已成为在国内有地位有影响的新闻机构。在抗日战争异常艰苦的条件下，新华社完成了党和人民赋予的新闻宣传的重任，创造了新闻史上的奇迹，为抗日战争的胜利作出了重要贡献。

第三章

解放战争时期的大发展

(1945年8月—1949年10月)

导　言

抗日战争胜利后，国内形势非常严峻。国民党统治集团在美国政府的支持下，挑起内战，企图消灭中国共产党和人民军队，继续维持大地主大资产阶级在中国的统治；而中国共产党则从和平的愿望出发，主张团结一切爱国民主力量，成立联合政府，把中国建设成为一个独立、自由、民主、统一和富强的新中国。两种命运、两个前途的决战，摆在中国人民面前。中国革命历史由此进入了一个新的阶段——解放战争时期。

新华社在解放战争时期，担负着繁重而艰巨的宣传报道任务，组织队伍建设和业务建设都得到了迅速发展。为了适应战争的形势，新华社采取一系列有力措施，加强了总社编辑部门和各地分支机构，并在人民解放军中建立了强大的军事报道网。根据党中央提出"全党办通讯社"的精神，1946年夏，新华社进行了大改组，业务力量大大加强。1947年3月，新华总社随中共中央撤出延安后，兵分两路：一部分人由范长江率领，组成一支精干的工作队，跟随中央转战陕北；其余大部分人员在廖承志率领下，长途跋涉，转移到晋冀鲁豫解放区太行涉县，后来又到达河北平山县。经过一年多的转战后，两支队伍在平山县胜利会师。

1948年秋，为了迎接全国胜利的新形势，中共中央抽调新华社的主要干部到西柏坡集训,从思想、政策到业务进行严格训练,提高了新华社干部的政治素质和业务水平。

西柏坡革命旧址。

解放战争时期,在中共中央撤离延安后,中央机关报《解放日报》停刊,新华社肩负起中央党报、通讯社、广播电台三位一体的重任,出色地完成了中共中央交给的宣传报道任务。新华社记者活跃在全国各个战场,用他们手中的笔和照相机,及时地充分地报道了人民解放战争的胜利进程,记录了人民英雄可歌可泣的战斗业绩和祖国解放的不朽历史。

中共中央领导人非常重视新华社的工作。毛泽东、周恩来、刘少奇等对新华社工作都作出了非常明确的指示。毛泽东在这一时期为新华社写下了许多评论、社论和消息,其中一些文章成为中国新闻史上的名篇。

为了加强对外宣传,新华社开始在境外创建一批分社和出稿站,迈出了走向世界的步伐。

第一节　抗日战争胜利后的新华社

一、加强总社编辑部和发展分社

抗日战争胜利后，由于国内外形势的变化，新华社的宣传任务和工作重心由过去主要面向解放区转而面向全国，原有的组织形式和人力已经不能适应当时工作的要求。为此，新华社采取一系列有力措施，扩大和充实总社的编辑部门，并整顿和新建了一批分社和总分社。

（一）调整和充实总社编辑部门

1945年10月前后，总社编辑科陆续调进了一批有经验的新闻干部，下设国内新闻、国际新闻、英文广播、口语广播4个编辑组，使编辑部门的分工更加合理和健全。编辑科科长由副社长陈克寒兼任，副科长高戈。国内组组长陈笑雨，编辑林朗、邵红叶；国际组组长黄操良，编辑王唯真、蒋齐生；英播组组长沈建图，编辑陈庶、郑德芳；口播组组长杨述，编辑韦君宜、张纪明。另有英文翻译组，组长陈适五，翻译林宁、王飞、周楠、丁明、卢吉茵、杜宏、肖希明、白光、石风等。编辑、翻译人员从10余人逐渐增加到20余人。他们在延安清凉山窑洞里夜以继日地紧张工作，编发了大量稿件。

（二）在解放区发展分社和建立总分社

在各解放区，新华社采取各种措施，发展和健全分支机构，并在各大战略区设立了总分社。

1945年10月8日，中共晋察冀中央局宣传部发出《关于全党办报的新任务》的指示，决定改新华社晋察冀分社为总分社，各区党委设分社，地委设支社等。根据这个指示，10日，新华社晋察冀总分社在张家口正式成立，中共晋察冀中央局宣传部副部长、晋察冀日报社社长邓拓，同时兼任新华社晋察冀总分社社长，总分社下辖察哈尔、冀中、冀晋等分社。

1946年2月，根据新华总社和中共山东分局的指示，山东分社改称新华社山东总分社，社长匡亚明，下辖鲁南、鲁中、滨海、胶东、渤海5个分社。

1946年7月，晋西北分社在山西省兴县高家村正式改为晋绥总分社，社长郁文，下辖吕梁、雁门、绥蒙、晋中4个分社。

在华中，1944年就成立了华中总分社，社长范长江（范长江调往南京任新华社南京分社社长和中共和谈代表团新闻发言人后，华中总分社社长先后由包之静和恽逸群担任）。1946年底，华中总分社与山东总分社合并，组建华东总分社，社长匡亚明。

东北总分社是1946年2月成立的。抗战胜利后，为适应革命发展的新形势，1945年11月4日，中央书记处指示东北局："鉴于战争重心已移向东北边境，军事及东北多种情况报道日益重要。请即建立新华分社经常报道东北消息。"[①] 之前，由新华总社副社长吴文焘带队，抽调新华社和解放日报社部分人员，组成先遣队，离

1946年4月新华社东北总分社在长春的社址。

开延安，最初目标是到华北地区建立新的工作基地。先遣队成员有

---

① 原件存中央档案馆。

王揖、穆青、章炼烽、廖经天、纪坚博、林路（女）、朱承烈、姚朗斋、梁锦新（女）、马达（赵煦天）、甘正、刘吉祥等，共16人，其中包括编辑、记者、翻译、电务和印刷出版人员。当他们走到承德时，因形势变化，接到上级指示，就转往东北解放区。经过长途跋涉抵达吉林省海龙县，在那里组建了东北总分社。吴文焘任社长。总分社初期人员很少，后来逐步发展，至1947年7月，总分社机构分为编辑、电务两部。编辑部长高戈，副部长纪坚博。下分编辑、翻译、电讯3个组。编辑组负责人骆风，成员有洛蔚（女）、沈平（女），负责处理分社来稿及对总社发稿工作。翻译组负责人纪坚博（兼），共7人，专译抄收到的外国通讯社稿。电讯组9人，专管校编总社新闻稿及参考消息。社址先后移驻长春、哈尔滨、沈阳。所辖分社在1948年前有热河、辽东、通化（辽宁）、冀热辽等分社。

1946年初，新华社西满分社在郑家屯（双辽）成立，由中共西满分局领导，分社社长于岩。它与延安新华总社有通讯联络并直接发稿。4月随西满分局迁到齐齐哈尔。10月西满分社与新嫩江报社合并，成立西满日报社，11月1日出版创刊号。西满日报社社长为王阑西，副社长为原新华分社社长于岩和原新嫩江报社社长吴宏毅。对延安总社提供西满地区消息的任务改由报社的报道科承担，但仍用西满分社名义。西满日报社编委兼一版主编方言，兼任报道科长。1947年6月4日，总社通知西满分社："自6月6日起，与西满分社停止联络，你们直接向东北总分社发报，以便统一发稿。"9月，由于西满分局撤销，《西满日报》停刊，西满分社亦撤销。

1946年2月，新华社冀热辽分社在承德成立。它是在承德分社的基础上改建的，与冀热辽日报社为同一机构，直属冀热辽中央分局领导，向晋察冀总分社（后归东北总分社领导）和延安总社发稿。李锐任冀热辽日报社社长兼分社社长。8月自承德撤退，至赤峰，到林西。先后建立起来的支社有热东支社（黄钢）、热辽支社

（鲁蛮）、热中支社（廖经天）等。

1945年11月，新华社晋冀鲁豫总分社成立，由安岗主持工作。1946年5月15日，中共晋冀鲁豫中央局机关报《人民日报》在邯郸创刊。中共晋冀鲁豫中央局宣传部副部长张磐石，兼任报社和总分社社长。报社和总分社社址先后在邯郸、武安、平山等地。晋冀鲁豫总分社下辖冀南、冀鲁豫、太行、太岳分社。1948年5月，中共晋察冀中央局和晋冀鲁豫中央局合并成立中共华北局。根据华北局的决定，《晋察冀日报》与晋冀鲁豫的《人民日报》合并出版华北局机关报《人民日报》。新华社晋察冀总分社与晋冀鲁豫总分社合并，成立华北总分社，仍由张磐石任人民日报社和华北总分社社长。

（三）在国民党统治区建立新华分社

在国民党统治区，新华社相继在北平、重庆和南京成立了分社。在国民党统治区建立分社，是新华社事业发展史上的重大事件。它从地域上突破了国民党的封锁，使新华社能在国民党的心脏地区直接发稿，加强了新华社与国民党统治区人民的联系，扩大了中国共产党的影响。

(1) 建立北平分社

1946年1月，在全国人民要求和平、民主的压力下，蒋介石被迫同意召开有国民党、共产党和其他党派及社会贤达参加的政治协商会议。在这次会议上，国共双方签订了停战协定，并下达了停战令。为了监督停战协定和停战令的执行，决定成立北平军事调处执行部，设委员3人，由国共两党和美国代表担任，下设若干执行小组，分赴各冲突地点进行调处。并规定经三方代表批准的命令、协议和公报等，概由国民党的中央社、共产党的新华社和美国新闻处发表。根据这个协议，中共中央决定在北平成立新华社北平分社并出版《解放》报。

1月13日，军事调处执行部中共代表叶剑英和国民党及美方代表飞抵北平。中共代表团驻地设在南河沿北口翠明庄，新华社北

第三章
解放战争时期的大发展

1946年1月至5月，新华社在国民党统治区的北平、重庆、南京先后建立了分社。图为同年5月，北平军调处执行部的中共代表叶剑英（右一）怒斥国民党当局非法封闭北平《解放》报和新华社北平分社的情形。右二起：姜君辰、钱俊瑞、马乃庶、杨赓。

平分社即设在这里，当时工作人员仅3人，杨赓负责编辑工作，沈孟韦（韦韬）刻蜡纸，王长春负责印发。1月15日，《新华社北平分社新闻稿》第1期出版，内容为军调部发布的和字第一号命令与第一次新闻公报。2月22日北平《解放》报（初期为三日刊，5月9日改为隔日刊）创刊后，报社与分社合一。工作人员分别来自延安、重庆、张家口以及山东、晋绥、晋察冀、冀热辽等解放区，还有北平地下党介绍来的，最多时人员达80多人。钱俊瑞任报社代社长（徐特立为社长，未到任）、总编辑和新华社北平分社社长，姜君辰任报社副总编辑，祝志澄为经理，马乃庶为秘书长。报社设编辑部、采编部、研究室、经理部等。编辑部主任郑季翘，编辑有余宗彦、张沛（蓓）、祖田工、刘稚农等。采编部即是新华分社，杨赓任采编部主任兼新华分社副社长，具体负责分社工作。萧英（萧殷）任采访科长，记者有仓夷、丁九、程予、张维冷、范元甄

（女）、杨觉、鲁果（王继尧）、潘静远、王起等。余修任干部科长，后任记者。分社办公室人员，有通联科长陈笑雨，也兼分社编辑，还有负责刻印《新华社北平分社新闻稿》的孙政和油印员艾国立、丁克，通讯员王长春、赵世光等。研究室主任于光远，研究员有王宗一、程均昌、何洛、杨晋等。由于人员增加，社址不久就迁到宣武门外方壶斋9号。发行处在西四三道栅栏41号，《解放》报由地下党领导的人言周刊社所属的立华印刷厂承印。

新华社记者在极为恶劣的环境下采访，发表了大量的新闻、通讯和评论，揭露国民党政权的腐败，反映中国共产党的主张和政策，受到人民群众的欢迎。《解放》报和新华分社在读者中被誉为"黑暗中的灯塔"，但被国民党当局视为眼中钉、肉中刺，必欲拔之而后快。4月3日，《解放》报和北平分社遭到国民党军警搜查，负责人钱俊瑞、姜君辰、杨赓和记者、编辑及发行人员共41人被捕。经军事调处执行部中共方面委员叶剑英向国民党当局提出严重抗议后，被捕人员于次日获释。延安新华总社于4日以国民党当局蹂躏人身自由，摧残言论自由，破坏政协决议为题，发布了消息；6日转发了《解放日报》社论《抗议非法搜捕北平解放报事件》。5月29日，北平分社和《解放》报终于被国民党当局封闭，此后报社和分社人员撤回解放区。但孙政、艾国立、赵世光等迁到翠明庄中共代表团驻地继续进行《新华社北平分社新闻稿》的编发工作，七八月间又随中共代表团移住北京饭店，每日出版，从未间断，一直到1947年2月因军调部解散，中共代表团人员全部撤离北平。

(2) 建立重庆分社

重庆分社于1946年2月1日成立，设在重庆中共代表团内，对外为代表团的新闻处。第一次发稿内容有中共代表团招待中外记者、平绥路筹划全线通车、察哈尔省长途电话通话等消息。在筹建重庆分社时，中共四川省委正在筹建中，博古与省委负责人吴玉章研究，决定重庆分社的正、副社长由省委宣传部的正、副部长傅钟、周文兼任。后来由于时局紧张，傅、周二人撤回延安，由宋平担任社长，总社调杨述到重庆任特派记者。不久，杨述调回延安，南方局青年组派杨兆麟去做编辑工作，郭冶方做刻写蜡纸和油印工作，发行《新华社电讯稿》。4月底杨兆麟、郭冶方调去南京。5月3日宋平随周恩来、邓颖超、陆定一等飞赴南京。重庆分社的名义保留，但人员归到化龙桥《新华日报》编辑部，作为报社的一部分。分社社长由《新华日报》总编辑熊复兼任，日常负责人陈文。分社每天抄收延安总社的新闻稿，供给《新华日报》，同时也向其他各报发稿。1947年2月28日，重庆《新华日报》被国民党当局封闭，重庆分社也随之停发稿件。

(3) 建立南京分社

1946年5月3日，周恩来、邓颖超、廖承志、章汉夫、钱瑛、宋平等由重庆飞赴南京，住梅园新村，中共代表团南京办事处正式成立。新华社南京分社也随之成立，对外称中共代表团的新闻处。

南京分社社长为宋平，编辑杨兆麟，刻印工作由郭冶方担任。分社发行《新华社通讯稿》，分送南京各新闻单位、民主党派、社会团体和社会知名人士。后来，邹晓青、杨翊、祝季伟、卞景等曾陆续短期参加过分社的编辑工作，不久即离开南京转往解放区。5月，范长江从华中来到南京，担任中共代表团的新闻发言人和分社社长，宋平调东北工作。这年夏天，梅益调来南京，接任代表团新闻发言人和分社社长。范长江继续留在代表团和分社工作，直到11月间才撤回延安。

南京分社的任务主要有两个方面：一是把抄收到的延安总社的电讯稿，分类编排，拟出标题，油印出版《新华社通讯稿》。每天一期，每期七八页至十几页，有时多达20页。当时国民党挑起内战，调动军队进攻解放区，解放区军民奋起自卫反击。6月下旬，蒋军围攻中原解放区，全面内战从此爆发。因此通讯稿中战报较多，同时还刊登中共领导人的谈话、《解放日报》社论及解放区生产建设消息等。二是报道中共代表团在南京的各项活动，揭露国民党当局违背政协决议和停战令，搞假和平假民主的阴谋。有时也外出采访当地人民的斗争活动。由于新华分社没有得到国民党当局的批准，处于"半合法"状态，外出采访时，多是以《新华日报》记者的身份进行活动。如1947年1月2日，南京各大专学校学生举行游行示威，抗议美军在北平强奸北京大学女学生的暴行，南京分社派出杨兆麟采访，写出消息迅速发往延安总社，后转发全国。

1947年3月初，由于国共谈判破裂，国民党当局迫使中共驻京、沪、渝的代表相继撤离。3月5日，南京分社和中共代表团的一部分人员在国民党军警的严密监视下，乘飞机撤回延安。南京分社的历史使命暂告结束。

二、重庆谈判与争取和平、反对内战的报道

日本政府宣布无条件投降后，全国人民热烈欢庆抗战胜利，用各种方式表达和平建国的强烈愿望。中国共产党提出了和平、民主、团结的方针，争取通过和平方式建设一个新中国。蒋介石却企图垄断抗战胜利果实，消灭共产党及其领导的解放区和人民军队。当时，国民党要立即发动全国性内战是有困难的。它在政治上不得人心，在军事上也还没有做好准备。在国际上，美、英、苏三国也不愿看到中国发生内战。

在这样的背景下，1945年8月14日、20日、23日，蒋介石向延安连续发出3封电报，邀请中共中央主席毛泽东到重庆进行谈判，共同商讨"目前各种重要问题"。中共中央政治局经过认真研究，分析国内外形势，决定毛泽东主席接受邀请，飞赴重庆谈判。一则争取全国民众，揭露蒋介石的内战阴谋，在国际国内舆论上赢得主动。二则尽一切可能延缓战争的爆发，争取实现和平。

（一）重庆谈判的报道

毛泽东亲赴重庆谈判，是当时国内政治生活中的一件大事，中外瞩目。新华社按照中央的方针，进行精心组织和报道。8月17日，新华社播发消息《毛泽东主席就去重庆会见问题复电蒋介石》。这条消息是毛泽东写的。同时播发了朱德总司令通电，要求蒋介石

第三章
解放战争时期的大发展

制止内战，并提出6项国是要求。8月26日，新华社播发中共中央《对目前时局的宣言》。宣言提出了和平、民主、团结三大口号，阐明了中国共产党争取和平民主、反对内战独裁的方针，要求国民党政府立即实施避免内战、承认解放区的民选政府和抗日军队；立即召开各党派和无党派代表人物会议，成立民主联合政府等6项措施。同日，新华社播发消息《毛主席决定赴重庆，商讨团结建国大计》。8月28日，毛泽东和周恩来、王若飞，在国民政府军事委员会政治部部长张治中、美国驻华大使赫尔利陪同下，从延安飞抵重庆。新华社随即发布了《毛主席飞抵重庆》的消息。

在谈判期间，新华社播发了大量争取和平、反对内战的消息，反映人民的意志，表达全国民众的呼声。9月27日，重庆《新华日报》刊登了毛泽东主席回答路透社记者的书面提问，并由新华社播发全国。在书面答问中，毛泽东阐述了中国共产党坚决反对内战，主张和平民主、团结建国的立场，在全国产生了重大影响。广大民众从新华社的报道中，加深了对中国共产党政治主张的了解，看到了中国的光明和希望。10月8日，国共双方代表最后就《会谈纪要》达成协议。10月10日，正式签订《政府与中共代表会谈纪要》（即《双十协定》）。10月11日，毛泽东飞返延安。

在以后的数月内，国共双方继续谈判。1946年1月5日，国共双方代表初步达成停止国内军事冲突的协议。10日，国共双方在《关于停止冲突恢复交通的命令与声明》上签字，同时达成了在北平建立由国、共与美国三方参加的军事调处执行部的协议。同日，国共双方向各自的部队发布了停战令，停止一切战斗行动，停止中国境内的一切军事调动。停战令颁布当天，全国人民盼望已久的政治协商会议开幕。经过各方人士21天的努力，会议于1月31日闭幕。会议通过了政府组织案、国民大会案、和平建国纲领、军事问题案、宪法草案等5项协议。

对于上述协议和政协会议成果，新华社都进行了报道。特别是关于停战令的发布，总社还急电各分社并转各地报纸，明示在宣传上应该一切以实施停战令，巩固国内和平，要求民主改革为主旨，一切内战消息（包括对敌伪的行动在内）即行停止刊载；对国民党之攻击谩骂暂时不加理会。

（二）反对内战的报道

蒋介石在美国支援下，坚持独裁统治和发动内战的基本政策没有改变，和平谈判只不过是烟幕。国民党一面谈判，一面调兵遣将，积极布置向解放区发动进攻。在停战令颁布以后仍然如此。在宣传方面，1946年1月政协会议召开前，蒋介石调集全国宣传人士到渝，亲自指挥对中共发起宣传攻势，斗争复杂而激烈。

面对复杂的宣传斗争形势，新华社这一时期的宣传重点是争取和平，反对内战。1945年11月4日，新华社播发经毛泽东修改定稿的消息：冀南我军自卫战大捷，国民党军第十一战区副司令长官兼新八军军长高树勋率部起义，拒绝国民党反动派的进攻命令。11月5日，新华社播发毛泽东撰写的中共中央发言人对本社记者的谈话，揭露国民党进攻解放区的真相。文中指出："现在的中心问题，是全国人民动员起来，用一切方法制止内战。"同日，新华社还发布了国民党飞机坠落解放区，我查获蒋介石密令颁发的《剿匪手本》的消息。11月7日，新华社播发了长篇综合报道，指出国民党当局发动内战，疯狂进攻解放区，兵力已达百万。报道中列举了自日本投降以来，国民党历次进攻解放区的军队之番号、原驻地、现在地区及其进攻事略。在国共双方颁布停战令之后，新华社又连续发表了大量消息和评论，揭露国民党当局破坏停战协定和政协协议的事实。1946年4月29日，新华社播发中共中央发言人谈话，指出：中原形势异常紧急，国民党当局已完成"围歼"我军部署，如不制止，应负全面内战责任。同时，还公布了国民党军队的部署位置。

反对美国援蒋、反对美国干涉中国内政，是内战爆发前中国共产党宣传的另一个重点。美国的对华政策，虽然随着形势的发展，在某个阶段某个时期有所变化，但其援蒋反共的基本政策未变。新华社发表了大量消息和评论,揭露美军在天津、秦皇岛、冀东和东北等地帮助蒋介石运送军队和武器装备的诸多事例。1946 年 6 月 5 日和 25 日,新华社先后播发胡乔木为《解放日报》写的两篇社论《美国应立即停止助长中国内战》和《要求美国改变政策》,对美国政府的行为进行了有力抨击。6 月 22 日,新华社发表毛泽东执笔的中共中央《关于反对美国军事援蒋法案的声明》,对美国政府提出了强烈批评。

在新闻宣传斗争中,新华社坚持实事求是、以理服人的原则。1945 年 12 月 15 日,总社致电各分社,要求报道反对内战,揭露蒋军内战动向,"务须迅速确实,尤以对美军事件为甚。"1946 年 1 月 8 日,总社在发给各分社的报道指示中强调:"揭发国民党之进攻,材料必须十二万分确实,其部队番号、行动日期均须查明清楚(发给总社时均须发两遍),不必丝毫夸大,尤不能凭道听途说。"7 月 8 日,中共中央就发表消息应力求迅速准确发出指示,指出:"现在各地军事与外交日趋复杂紧张,我们的宣传工作责任亦日趋重大,凡需对外发表的消息,必须力求迅速、准确,方可应付今天的宣传战、外交战,对于涉及美方事件更须注重准确,否则,本于我方有理有利之事,亦因时间、地点、姓名、数目、事实经过等项,前后不完全相符,反而变得无理无利""由于农村环境中缺少迅速与准确的观念,故此点务须在有关部门中根据实例切实进行教育,以求贯彻。"①

博古多次在编委会上强调:我们的宣传由农村转入城市,要走向一个新阶段。过去我们的宣传对象多是接近我们的人,今后要对怀疑我们的人宣传,向反对我们的人宣传,必须以说理的方式进行宣传战,把宣传斗争提高到新水平。毛主席讲,我们的宣传要诚恳,又要很明确,抑之要先扬。学习孟尝君的办法,要说理。今后要改一下作风,这是目前宣传工作中的大问题。周恩来、王若飞在

---

① 《中共中央关于发表消息应力求迅速准确给各地指示》,原件存中央档案馆。

重庆时，曾发电报到延安，对新华社广播稿提出意见，指出："对美（国）人及其政策的批评，宜取严格的态度，批评宜真诚。如延安广播评其说谎，此二字在基督教国家等于骂其无人格，最易生反感。延、渝两地英文稿都译为不合事实，很好。但国民党仍可靠中文稿挑拨之。外国记者已有不满反应。请令宣传者注意。"

从和谈至内战爆发前夕，新华社以大量的有说服力的报道，击破了国民党统治集团的欺骗宣传，揭露了反动派挑起内战的真相，教育和动员了广大群众。

三、新华社的元旦指示信和电讯要简练的公开信

（一）元旦指示信，提出新闻要面向全国

1946年1月1日，延安新华总社给各地总分社和分社发出一封指示信，题目是《把我们的新闻事业更提高一步》。这是在抗战胜利后第一个新年到来之际，为适应新形势和完成新任务，总社对分社工作提出的新的要求和措施。

在这封信中，总社对1945年的新闻工作进行了总结，肯定了成绩，指出："去年是变化动荡最大的一年，我们以简陋机构，微弱人力，用新闻武器配合军事政治斗争，经历巨大考验，并获得显著进步，表现于大体完成各个时期政治上所课予的要求，在交流解放区经验上起了相当作用，新闻数量普遍增加，质量亦有若干提高""某些分社开始健全起来，分社与总社关系比过去密切""现在总社三种广播，全国各地（包括大后方与收复区）及旧金山、新德里、莫斯科等均在热切收听，我们的一言一行常可得到反响。"

接着，信中指出，新华社业务上的一个最基本的弱点，就是："新闻嫌零碎，不够系统，难能予人以清晰概念，这在各个解放区交流情况和经验以及对外宣传的效果上，便因而减弱。"

这封信指出，1946年的新闻宣传，就要克服上述根本弱点，在现有基础上，提高一步。新华社在1946年的中心任务为，"介绍和指导解放区的群众运动和建设，报道中央所指示1946年十大任

务的推行和经验,以便与人民和实际运动更密切结合,更能起推动实际运动的作用。"

这里,总社及时地提出了新华社业务上的一个重要指导思想,即全国观点。鉴于当时地方报纸和分社在组织上合一的情况,总社强调:"地方报纸和分社应有若干分工。报纸以供应当地读者,指导本地实际工作为主,而分社供应总社稿件,则必须照顾各个解放区和更广大的读者,虽仍立足于报道本地区的新闻,但内容须对其他解放区均有意义,能有助于他区的运动和建设,在写法上需更多注意系统和完整,多作说明和解释,以便他区报纸采用,并使读者易于理解接受。同时在报道上,还需适当照顾对全国的意义和影响。"

这封信的主体部分,是对于改进和提高新华社业务工作的阐述。它分别从组织业务、新闻报道、新闻写作和业务学习等四个方面,提出了明确而具体的要求。其中,在组织业务方面,提出要整顿和建立支社(分社)、发展和健全通讯网、加强专职记者的培养和活动、提高编辑工作水平、密切与党政军各方面的联系、团结各方写稿等。在报道和写作方面,提出:(一)要扩大报道范围,深入实际,反映各阶层人民与各种人物的生活和动态,发掘新事物和新创造。(二)报道要有系统和连续,前后衔接,有始有终,尤其是重大事件和运动的报道。(三)要确实、迅速。这影响政治信用和宣传效果甚大。不真实的新闻,给读者印象之坏,是不言而喻的。新闻时间之差,影响政治上的主动与被动。要力争时日,培养时间观念。(四)要有说明、注释、比较、对照等。(五)新闻写作要实事求是,用事实来说明问题,最忌随便乱说议论。(六)写作必须贯注思想和感情,把它融汇在新闻的叙述和描写中,以引起读者的共鸣。(七)要讲究布局和剪裁,取舍材料。(八)最重要的内容,应放在最前面。重要新闻要有导语。导语是择取最中心最精彩之点,不要与本文重复,避免抽象公式。(九)写作要有起伏和变化,避免枯燥和平铺直叙。

信的末尾说，总社向全社编辑、记者发出了加紧业务学习的号召，指出：最好的学习方法是与实际工作结合，总结经验。分社与分社间当可相互学习，取长补短。富有工作经验的同志可以从事新闻学术研究活动，写出著作，以为全体学习之用。

(二) 电讯要简练，提高新闻质量

除元旦指示信外，同年5月23日，总社对各地总分社和分社还发出题为《电讯要简练》的公开信，进一步提出要解决新闻电讯冗长和迟缓的问题。

当时，无论总社广播和分社来稿，普遍存在着冗长和迟缓的问题。1946年3月份，各分社发来电讯总数近60万字，经总社采用的仅15万字，其余45万字大多浪费了。就总社广播而言，亦非条条精彩，实际上各报采用量最多不过80%。由于稿多且长，常使电路堵塞，影响紧急稿件迅速发出，许多重大新闻往往因此失去时效。因而，改进电讯写作就成为当务之急。

公开信阐明了新闻电讯的特点，指出："电讯是传达社会动态的紧急工具，在新闻中是最精干的形式，它以最简洁的文字和最高度的速率来报道最重要的新闻。"因而，电讯写作必须紧缩字句，做到简练，迅速报道。

关于电讯冗长的原因，公开信作了深入分析，指出不外三个：一是新闻中夹杂太多的主观议论，不善于让事实说话；二是材料不知取舍，琐碎的事实一大堆，成为一篇流水账或杂货摊，不知掇其精华，弃其糟粕，以致文字冗长啰唆；三是没有讲究表现方法和节省文字，电讯和新闻不分，甚至和通讯不分，若干分社常把当地报纸的新闻通讯一剪刀发来，收到时［本报讯］或［本报通讯］字样，还赫然在目，证明并未真正经过编辑过程，完成整理、补充、剪裁、改写等手续，所以一般多为原料，而非加工改造过的新闻成品。

至于根本解决的办法，公开信提出，必须从思想上、业务上、技术上三方面入手，并且需要总社、分社和全体从事新闻工作同志的共同努力。在思想上，信中重申了报道要面向全国的重要性，指出："必须认识新华通讯社已经是个全国性的通讯社，过去它的新闻电稿仅仅为着供应解放区报纸，现在除了这些基本阵地以外，还要争取京、沪、渝、平乃至国外各种报刊采用；过去它的宣传对象是解放区群众，现在除了这部分基本读者以外，已经扩大到新解放区城市的许多市民，并且还必须照顾到国民党区域的各阶层人士。过去它的任务主要是交流各解放区的情形、工作和经验，现在除了这个基本任务（当然仍是极重要的任务），还要以解放区新闻为基础，进而组织全国的新闻网，进出于国内新闻舞台，与其他新闻机关相抗衡。如是，我们新闻报道的水准必须提高，内容和技术都要改进，使它更加充实，更加迅速，更加生动，更加简练，使之够得上全国宣传的要求，满足更广大读者的希望，完成复杂而艰巨的战斗任务。"

在业务上，则必须加强编辑工作，真正认识到"编辑电讯就是政治上的作战，以最高的责任心来从事这一工作"。具体要求是，要多调查读者对象，研究敌友我三方的宣传动态，每条新闻寻求最好的报道方法，来达到宣传上的预期效果；对稿件写作上要改进，"比如，新闻不夹杂议论，评论和新闻尽可能分开；材料要有取舍，选择真正重要典型的和生动的事实进行中心突出的报道；写作具体而扼要，既不糟蹋生动材料又不浪费文笔"。在新闻宣传的作风上，要创造独特的风格，在报道方法和写作技术方面，应多向他人学习，学习人家那种简洁明快的笔调，画龙点睛的手法，凡事抓住要领的技能，以及事事说明出处的态度。

在技术上，总社提出了"取消无限制使用电台"的口号，规定今后总分社除了真正特殊情况外，"每日发电不得超过两千字"。指出：过去"无限制的数字膨胀，只会造成新闻的滥发，技术上乃至政治上的不精细，而一定字数的限制，反可提高编辑的责任心，推动报道技术的进步。"

电讯要简练，这次作为重大问题提出，是希望引起大家足够重视。总社指出，这不是一个简单的字数多少的问题，而是改进新闻写作技术的基本入门，是提高新闻质量和时效的关键。

这两封业务信，内容重要，发表及时，是新华社事业发展史上具有重要指导意义的文件。它在组织业务方面所提出的一系列指导性意见，对于全社工作人员转变业务思想，提高新闻报道质量，促进新华社的组织建设和业务建设，都产生了积极的影响。

四、社长博古因飞机失事遇难

1946年2月，新华社和解放日报社社长博古去重庆参加政协宪法草案审议委员会会议。4月8日，他同王若飞、叶挺、邓发等人一起乘飞机由重庆返回延安途中，因当天大雾，飞机迷失方向，在山西兴县黑茶山撞毁遇难，年仅39岁。

博古（1907—1946），原名秦邦宪，江苏无锡人。1925年加入

1945年，毛泽东、周恩来、刘少奇与新华社社长博古（前排左二）在延安机场。

第三章 解放战争时期的大发展

中国共产党。1931年9月至1935年1月担任中国共产党和红军的主要领导职务。在此期间，犯过"左倾"错误。1937年初任中共中央组织部部长，曾一度兼任新华社社长。抗日战争爆发后，曾任中共驻南京代表，前往南京、武汉、重庆等地参加国共谈判。1941年5月《解放日报》在延安创办，博古任社长，同年11月又兼任新华社社长，直至1946年4月牺牲。

抗日战争时期，博古是中国共产党新闻事业的主要领导人之一。在博古的领导下，新华社艰苦创业，总社从十几人发展到100余人，分社发展到40多个，遍布各个解放区，成为中共中央的有力的新闻通讯机关。他在任职期间，在副社长吴文焘和陈克寒的协助下，新华社的组织和业务建设都取得了显著成绩，在国内舆论界具有重大影响。

博古勤奋好学，博览群书，精通业务。他主持的解放日报和新

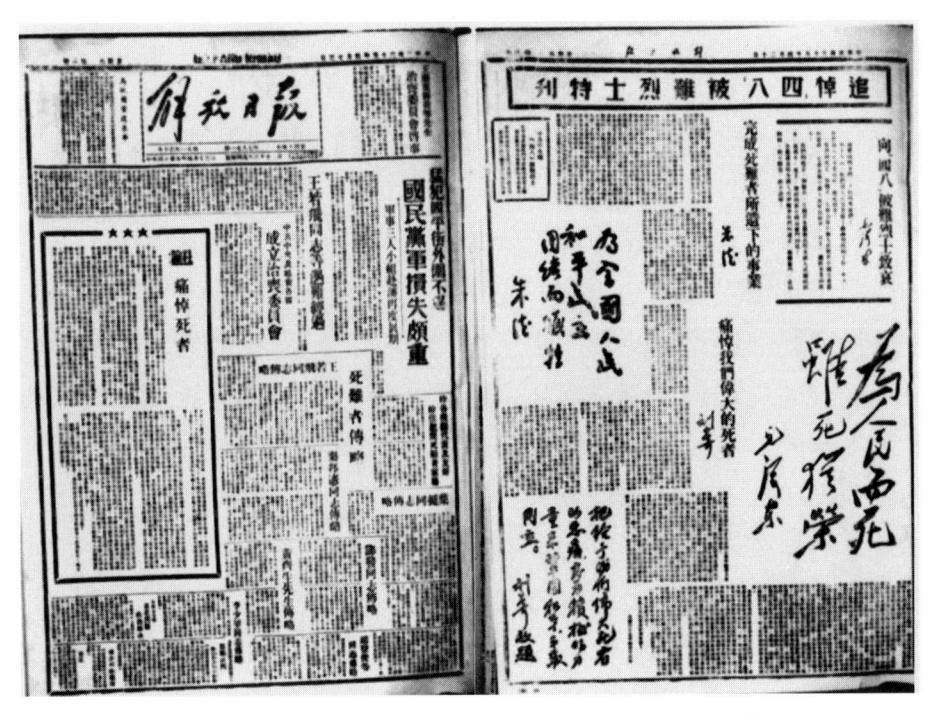

《解放日报》发表的悼念文章和追悼"四八"被难烈士特刊。

华社的编委会，经常研究国内外形势和中央精神，研究宣传斗争的方针与策略，并运用于宣传工作的实际。他强调党报和党的通讯社是党的耳目喉舌，新闻工作要贯彻坚强的党性，每个字都不能闹独立性；教育编辑记者要用事实和说理进行宣传，学会以理服人；对国民党的宣传斗争要做到有理、有利、有节，有驳不倒的论据。博古审稿，要求严格，一丝不苟。他重视业务训练，提高写作技巧，要求记者精心写作，笔触生动活泼；他反对陈词滥调，空洞无物，斥之为"党八股"。他提倡记者要忠实地报道，生动地报道，迅速地报道。在博古的倡导下，新华社的新闻写作有了显著进步。

博古牺牲后，新华社副社长陈克寒和解放日报总编辑余光生、副总编辑艾思奇联名在《解放日报》上发表题为《悼念我们的社长和战友博古同志》的文章，文中写道：博古不仅是一个优秀的政治家，而且是我们从事新闻工作的同志们的最杰出的导师和模范。

第二节　揭露国民党统治危机和开展第二条战线的宣传

抗日战争胜利后，国民党统治集团实行独裁，挑起内战，进一步投靠美帝国主义。驻华美军在中国的领土上横行霸道，激起了人民的愤恨。国民党统治集团贪污腐化，对人民横征暴敛，给国家带来了深重的灾难。官僚资本控制着整个社会的经济命脉，民族工商业大批倒闭，农业经济凋敝，通货膨胀，民不聊生。国民党统治区人民的爱国民主运动不断高涨，学生罢课，教师罢教，工人罢工，反蒋反美斗争在全国各地如火如荼地开展起来。对于国民党统治区人民的斗争，新华社大力进行了报道。

1945年11月，昆明学生为反对内战，要求和平，反对美国干涉中国内政，要求驻华美军立即撤退，相继举行罢课和示威游行，受到国民党军警镇压。12月1日，国民党特务和军警闯入西南联大和云南大学等校，殴打和屠杀爱国师生，死 4 人，伤数十人，造成震惊全国的"一二·一"惨案。12 月 9 日，延安各界青年举行纪念"一二·九"运动十周年大会，周恩来在会上代表中共中央讲话，赞扬"青年是争取和平、民主的先锋队"，指出"我们正处在新的'一二·九'时期，昆明惨案就是新的'一二·九'"。新华社迅速报道了这次惨案的真相和延安大会的盛况，并转发《解放日报》社论《昆明惨案》，揭露和谴责国民党当局的暴行，予昆明学生运动以有力声援。

1946 年 2 月 10 日，重庆各界人士在较场口举行庆祝政协成功大会，国民党反动派指使特务捣毁会场，打伤郭沫若、李公朴、施复亮、章乃器、马寅初等多名爱国民主人士，制造了"较场口事件"。周恩来、陆定一、邓颖超、廖承志、邓发，新华日报潘梓年、章汉夫，新华社重庆分社宋平、杨述等前往医院慰问。政协会议代表紧急集会，要求严惩捣乱大会的罪犯。新华社均播发了消息。

2 月 22 日，重庆街头发生了学生反苏反共游行。特务分子捣毁中共机关报《新华日报》的营业部和中国民主同盟机关报《民主报》营业部，打伤两社工作人员多人。23 日，新华社播发消息，报道了这一严重事件；25 日，报道中共代表周恩来等就特务分子捣毁《新华日报》营业部，向蒋介石提出严重抗议。24 日至 27 日，新华社连续播发 3 篇评论《评重庆反苏反共事件》《在国民党政府当局纵容与鼓励下，反动派扩大反苏反共活动》《评吴国桢关于学生游行的撒谎谈话》。评论指出："这些事实将使中国人民懂得，只有团结起来，克服反动派一切反革命行为之后，中国人民的民族民主事业才能胜利。"

6 月 23 日，上海各界人民团体为反对内战，派出代表团赴南京请愿，上海 5 万群众集会送行，并举行反对内战、反对美国干涉中国内政的示威游行。当代表团成员马叙伦、阎宝航、雷洁琼等到达南京下关车站时，遭到特务殴打受伤，造成流血惨案。新华社报道了下关惨案经过，还连续发表了下列消息：7 月 1 日，周恩来等前往医院慰问受伤人员；7月2日，周恩来提交备忘录，分致国民党和美国双方代表，抗议国民党当局纵容下关暴行。

7月中旬，爱国民主人士李公朴、闻一多在昆明相继被特务暗杀。新华社播发了李、闻血案的消息，指出反动派的恐怖行动变本加厉，法西斯分子愈益猖狂，闻一多教授在昆明遭国民党特务乱枪打死，距李公朴遇害，相隔只有3天。新华社还转发延安《解放日报》的两篇社论：《人民的运动是阻不住的——论李公朴先生殉难》《杀人犯的统治——论闻一多先生遇害》。7月21日，新华社报道：反动派暗杀李、闻二氏，制造血案，在南京的中共代表团提出抗议，要求国民党当局限期缉拿凶手，公葬死者，保护民主人士安全。7月23日，新华社又报道周恩来发表声明，指出内战正向全国发展，当局在昆明相继制造政治暗杀，使其与民主党派的合作根本动摇。

同年12月24日，北平发生驻华美军强奸北京大学女学生的事件。它犹如一根导火线，很快引发了一场声势浩大的全国范围的抗议美军暴行运动。新华社始终关注这场爱国民主运动，进行了连续报道。31日，新华社播发了一条综合消息，报道了为抗议美军暴行，由北平发轫，全国学生响应的大规模游行示威的爱国运动。1947年1月11日，新华社报道延安各界人士举行大会，声援全国学生爱国运动与纪念政协会议召开周年。周恩来、陆定一等相继在会上致辞，并通过致全国学生电，对全国学生的反美反蒋的爱国斗争予以支持。延安各界还成立了声援蒋管区学生爱国运动后援会。2月15日，新华社又报道平津学生团体成立抗议美军暴行联合会，发起全国学生签名运动，要求美军立即全部撤离中国。参加抗议活动的学生总数达50万人。许多著名教授、学者和文化界知名人士以及社会团体，也纷纷发表谈话或声明，声援学生爱国行动，要求美军退出中国。

1947年2月28日，中共中央就国民党统治区的工作发出指示，指出，应"力求从为生存而斗争的基础上，建立反卖国、反内战、反独裁与反特务恐怖的广大阵线"。这成为新华社报道工作的指导方针。

5月，国民党统治区的爱国学生掀起了比上年底的反美抗暴斗争更加声势浩大的反饥饿、反内战运动。15日，南京中央大学等校的学生3000余人向国民党政府行政院和教育部请愿，反对饥饿，要求增加伙食费，并质问行政院副院长王云五："国家的钱到哪儿去了？""国家财政困难，为什么还要打内战？"南京学生的斗争，迅速得到各地学生的巨大声援。华北学生成立了反饥饿反内战联合会。19日，上海、杭州、苏州等各校学生代表汇集南京，应邀参加"五二〇"大示威。5月20日清晨，京、沪、苏、杭等地学生，从各自的集合地点出发，冲破阻拦，在鼓楼广场汇成了6000余人的洪流。他们以"和平奋斗救中国"的大标语为前导，高举"挽救教育危机联合大游行"的横幅，高呼口号，浩浩荡荡向前进发。游行队伍行至珠江路口，遭到了国民党政府的宪警特的水龙喷射和棍棒、皮鞭的毒打，重伤19人，轻伤90余人，被捕20余人，造成震惊一时的"五二〇"血案。同日，北平、天津等地的大、中学生也进行了反饥饿、反内战的示威游行。嗣后，学生斗争进一步发展为"反饥饿、反内战、反迫害"运动，并席卷全国，推动了国民党统治区工人、农民和市民斗争的发展。

新华社相继报道了国民党统治区人民爱国民主运动不断高涨的消息。5月23日，新华社播发题为《蒋介石的末路》的时评，指出：蒋介石在进攻解放区的军事战线上，遭到了严重的危机；在压迫剥削人民的经济战线和政治战线上，同样遭到了严重的危机。5月以来由于粮价狂涨引起粮食危机，各地以反饥饿、反内战、反迫害、挽救教育危机为中心口号的学生运动，又达到了一个新的高潮。评论说："中国近代只有三次群众运动可以和今天比较，就是1919年的五四运动，1925年的'五卅'运动和1935年的'一二·九'运动。"而这次运动的广泛性和学生们的勇敢表现，"为以往任何时期所未有"。5月30日，新华社播发了毛泽东写的《中共中央权威人士向新华社记者发表关于目前局势的评论》①。评论指出："中国境内已有了两条战线。蒋介石进犯军和人民解放军的战争，这是第一条战线。现在又出现了第二条战线，这就是伟大的正义的学生运动和蒋介石反动政府之间的尖锐斗争。"无论是战争的第一条战线，还是以学生运动为主的民主运动的第二条战线，"蒋介石政府都打了败仗，都已被它所宣布为敌人的力量所包围，并且想不出逃脱的方法。"评论最后指出，中国事态的发展，比人们预料的要快些，号召人民为中国革命在全国的胜利迅速地准备一切必要的条件。

第三节　新华社战时体制的建立

一、中共中央提出全党办通讯社

1946 年春，战争的乌云笼罩全国。局势发展显示，蒋介石是在假和谈，真备战，国民党已逐步完成发动全面内战的军事部署，一场全国性的战争已不可避免。

在战争的条件下，如何把中共中央的方针、政策和指示迅速及时地传播到各个解放区和全国人民中去，动员和鼓舞人民群众，指导和推进革命斗争，是宣传战线必须解决的一个迫切问题。显然，靠发行报纸地面传递，存在着诸多局限和困难，已不能适应形势的要求。只能依靠无线电广播这个最便捷的工具，加强新华社的文字和口语广播工作，建立从中央到地方的新华社通讯网，才能保证这个伟大任务的实现。因此，中共中央提出了"全党办通讯社"的决策。

从 4 月到 5 月，解放日报社和新华社编委会多次开会，讨论和贯彻全党办通讯社的问题。如 4 月 30 日会议，除编委会全体成员

---

① 此文收入《毛泽东选集》时，题目改为《蒋介石政府已处在全民的包围中》。

出席外，中央派陈伯达、胡乔木参加。会议由余光生主持。他传达了有关情况，指出毛主席很强调全党办通讯社这个问题。陈克寒在发言中回顾了中国共产党创办通讯社的历史，介绍了新华社的发展、现状和目前工作中存在的困难，并提出了改进的措施。经过讨论，大家在思想上达成了共识，即要用全党办报的精神来办通讯社。因此，必须大力加强新华社的业务建设和组织建设。5月8日，两社编委会再次开会，继续研究"全党办通讯社"的问题。陈伯达、胡乔木参加。这次会议明确了今后编委会的工作中心应放到新华社，并决定对两社的组织机构进行调整，其原则是解放日报社合并到新华社，而不是新华社合并到解放日报社。

二、新华社、解放日报社的改组

根据全党办通讯社的精神，在余光生的主持下，经过多次讨论，两社编委会提出改组新华社、解放日报社的具体方案，制订了《新华社、解放日报暂行管理规则》上报。1946年5月13日，中央组织部副部长安子文给余光生复函："管理规则简单明了，甚好，我同意。报社的组织应该是首长负责制，而不是委员制。"5月27日刘少奇报毛泽东："此件书记处会议已批准，请你审阅并修改。如你同意，请送给余光生同志。"5月28日毛泽东批示："照办。"文件下达后，同日，新华社、解放日报社召开编委会扩大会议，随后又召开全社大会，传达中央批准的《管理规则》。

《新华社、解放日报暂行管理规则》是新华社历史上的一个重要文件，它对新华社的性质和隶属关系作了明确的规定。《管理规则》中关于新华社与解放日报的性质与隶属关系，规定如下：

（一）新华通讯社及解放日报为中央之机关通讯社与机关报。解放日报并为中央所在地最高党委（现为西北局）之机关报。

（二）新华通讯社及解放日报社隶属于中央宣传部，并在重大问题上受中央书记处之直接指挥。

关于内部组织机构，规定如下：

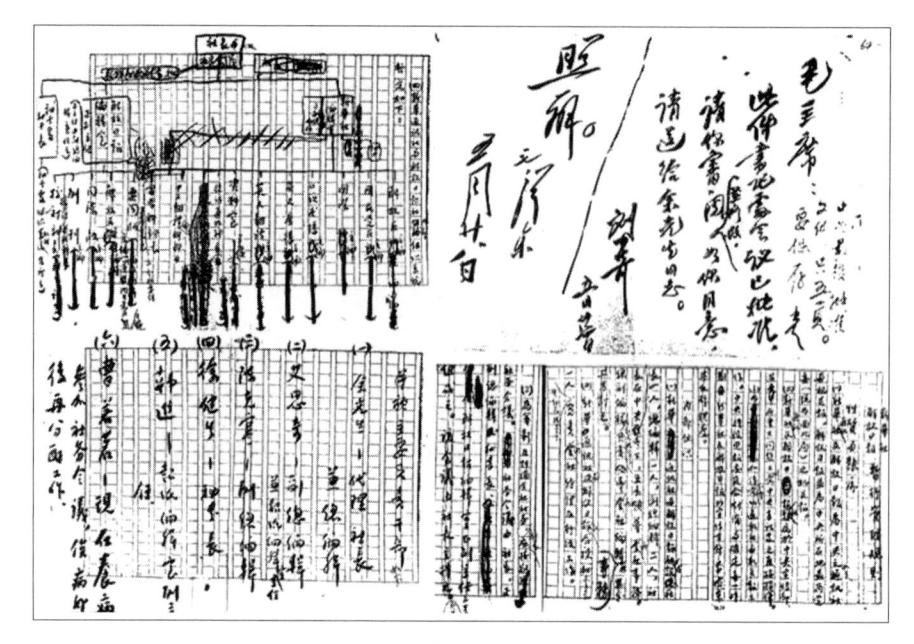

1946年5月，毛泽东、刘少奇批准的《新华社、解放日报暂行管理规则》和主要负责人名单。

（一）新华通讯社与解放日报社合设社长一人，总编辑一人，副总编辑二人。社长在中央指导下，负责领导两社事务。正副总编辑在社长指导下负责领导两社编辑事务。

（二）新华通讯社及解放日报社合设秘书长一人，在社长指导下负责两社经理及行政工作。

（三）为筹划及讨论全社社务，社长应按期举行社务会议。社务会议由社长、正副总编辑、秘书长、解放日报编辑室正副主任及其他必要人员组成之。

经中央批准，两社主要负责干部配备如下：

余光生代理社长，兼总编辑

艾思奇副总编辑，兼报纸编辑室主任

陈克寒副总编辑（分管新华社工作）

徐健生秘书长

韩进报纸编辑室副主任

曹若茗现在养病，参加社务会议，俟病好后再分配工作。

随后，在余光生主持下，社委会根据管理规则及中央批示，具体实施两社组织机构的改组和人员调整的工作。改组工作六七月间基本结束。

改组后，新华社组织系统及各部门负责人与编辑、业务人员名单如下：

新华社秘书：杨述。

解放区新闻编辑部：主编扬文，副主编林朗。编辑赵棣生、许诺、方实、张纪明、张铁夫、吴玉森、成也竞、刘稚农、鹿野。

余光生，1946年5月任新华社和解放日报社代理社长兼总编辑。

国民党统治区新闻编辑部：主编高戈，副主编廖盖隆、邵红叶。编辑王匡、徐方略、蓝芸夫、左荧、黄炽。

国际新闻编辑部：主编吴冷西，副主编黄操良。编辑胡韦德、蒋齐生、王唯真、黎伟、丁明、吴棕音。

口语广播部：主编温济泽。编辑韦君宜、苗力沉、刘志云、刘衡、高虹。

英文广播部：主编沈建图，副主编陈龙。编辑郑德芳、钱行。

英文翻译科：科长陈适五，副科长王飞。科员杜宏、白光、彭迪、林宁、卢吉茵、萧希明、言彪、严文杰、杨云实、石风。

资料室：主任黎伟（兼），副主任丁树奇。科员袁林、刘斯、赵萍、周健一、叶华。

采访通讯部（当时划归解放日报社）：主任胡绩伟，副主任雷波（缪海稜）。记者先后有张潮、刘漠冰、普金、田方、李千峰、林间、延国民、乔迁、冯森龄、叶滨、高向明、马永和、艾仙芝。

陈克寒，历任华北《新华日报》总编辑和新华社华北总分社社长、新华社副社长。1949年6月任新华社总编辑。1949年11月至1952年初任新华社社长。

电务处：处长耿锡祥，副处长李伍。一科（负责中文译电）：科长李宏烈；二科（负责抄收新闻电讯）：科长曹怀银，副科长李光绳（不久曹调走，李任科长）。下设美联合众社领班张连生，路透社领班聂德耀，塔斯社领班彭志义，中央社美新处领班喻俊庭。三科（负责通报联络）：科长冯月潭。四科（负责文字广播）：科长毛动之。后来增加五科（机务动力）：科长吴兴周。

干部科：科长王康，副科长丁拓。

这是一次具有重大历史意义的改组。改组的重点，是加强新华社。报社与通讯社虽然还是统一领导，但是，社委会的领导重心和主要编辑力量转移了，从过去以解放日报社为主转变为以新华社为主，解放日报社的一大批采编人员调入新华社，加强了新华社的业务力量。而解放日报社则留下少数编辑负责版面工作。报纸和广播的一切新闻稿件，均由新华社编发。陕甘宁边区和延安的新闻，则由采访通讯部供给。这次大改组，使新华社的新闻通讯事业进入了一个新的发展阶段。

这年7月，廖承志被任命为新华社社长，总编辑仍为余光生（余于1947年1月同高戈等离开延安去北平，后转赴东北）。这时的副总编辑除原来的艾思奇、陈克寒外，先后增加了陆续从北平、南京、上海撤退到延安的范长江、石西民、梅益、徐迈进和钱俊瑞。随同他们撤回来的还有一批新闻工作者，如李慎之、陈昌谦、杨兆麟等。从新疆监狱获释回到延安的李何、瞿独伊等也加入了新

三、廖承志任新华社社长

1946年7月，中共中央任命廖承志为新华社社长。当时，廖承志在南京参加中共代表团工作。9月到延安。

廖承志（1908—1984），广东惠阳人，生于日本东京。1924年8月加入国民党。1925年参加广州学生运动并参与领导所在学校岭南大学的工人罢工斗争。1927年蒋介石发动四一二政变后，廖承志愤而退出国民党，去日本进入早稻田大学第一高等学院学习。1928年5月，因参加声讨日本帝国主义制造的济南惨案，被日本当局拘捕并驱逐出境。8月加入中国共产党，在反日大同盟上海分会工作，编辑《反日新闻》。同年11月被党派赴欧洲，先后在德国和荷兰从事海员工会工作，中间曾去莫斯科参加职工国际第五次代表大会。1932年回国，在上海任全国总工会宣传部长、全国海员总工会中共党团书记。1933年3月被国民党当局逮捕，后经宋庆龄等营救获释。9月赴川陕革命根据地，参加中国工农红军，任中共川陕苏区省委常委。1934年任红四方面军总政治部秘书长。因反对张国焘的"左"倾错误，被关押并开除党籍，后被押解参加长征。1936年冬，红军第一、二、四方面军会师后，被周恩来解救并恢复党籍。12月在保安参加红中社工作。1937年3月在延安任中央党报委员会秘书，参与创办中共中央理论刊物《解放》杂志，并领导新华社工作。1938年1月任八路军驻香港办事处负责人，支持国际新闻社和《救亡日报》的宣传工作。1941年创办并领导《华商报》。1942年5月在广东乐昌被捕，被秘密关押近4年之久。1946年1月在重庆获救出狱，5月3日随周恩来到南京，留在中共代表团工作。

廖承志是新华社艰苦创业的开拓者和外电翻译工作的奠基人之一。1936年在长征途中，他就为红四方面军新闻电台抄收的外电新闻做过译电工作。当时，他是张国焘关押的"犯人"，失去自由。

1946年6月,廖承志(右)与时任新华社南京分社社长的范长江在南京时的合影。

但他通晓多种外语,其译电的熟练程度使电台人员十分佩服。1936年底参加红中社后,从保安到延安,他不仅负责全部外电的翻译工作,还为通讯社的广播撰写一些评论。1937年1月,红中社改名为新华社。他是当时新华社的3名成员之一。他调到中央党报委员会工作后,仍领导着新华社,并承担着新华社外电的翻译任务,直到1937年10月离开延安为止。

廖承志重返新华社(同时兼任解放日报社社长)后,按照党中央的要求,积极完成了新华社(解放日报社)的战备工作及其向战时体制的转变。在新华总社撤离延安,两次长途转移中,廖承志发挥了杰出的组织和领导才能。他在范长江、陈克寒、徐健生、石西民、梅益、钱俊瑞、徐迈进、祝志澄等协助下,胜利实现了新华社从延安到太行、到平山县的大转移,同时组建了全国的军事报道网和通讯网,出色地完成了解放战争时期的宣传报道任务。

四、建立特派记者机制

1946年4月5日,解放日报社、新华社编委会通过了《关于编辑、记者的任用、培养、提拔暂行办法》,其中规定:根据现有干部及新来干部对宣传政策、新闻业务熟练程度之不同，以及历史贡献之差别，将编辑分为：编辑、助理编辑、实习编辑；记者分为：特派记者、记者、实习记者。

8月28日，新华总社制订了《新华社特派记者工作条例》，共6条。其主要内容有："为加强对外宣传，充分介绍解放区情形，派出特派记者分赴各地采访""特派记者负责采写一定地区具有全国宣传意义和教育意义之新闻及其他总社委托事宜。""总社特派记者每月至少供给新闻文稿7件（包括电讯、通讯及资料），每3个月总结工作一次，在外工作以半年为期，其新闻文稿及与总社来往函电，均可利用总分社（分社、支社）电台收发。""特派记者政治上受当地党委领导，业务由总社直接管理，其采访地区与工作调动均由总社决定，但应尊重当地党委及总分社（分社）社长指导，并应协助当地新闻工作，与总分社（分社）在工作上取得密切配合。当地党委及总分社（分社）应予特派记者工作上以各种便利。特派记者所发新闻文稿，应经当地党委或总分社社长审阅，始发总社。""特派记者得参加总分社（分社）的编委会或类似会议。当地党委应尽量在政治上予以照顾，使有机会阅读和参加有关宣传的文件和会议。特派记者之生活和用费，统由分社负责供给与审核。"

9月3日，总社发出《关于特派记者工作的指示》，对于特派记者的任务、报道对象和内容、写作方法等方面，作了更为明确而具体的规定。关于特派记者的任务，指出："总社特派记者任务主要在于对外宣传，根据国民党区和海外人士需要，系统地介绍解放区各阶层人民政治、经济、社会、艺术生活，政府各种政策具体实施情况及其成果，以及中共和人民军队的力量和活动，使他们对中共和解放区有更多了解，以释疑窦，争取同情。因此，无论在报道内容或写作形式上，都要适合国民党区和海外人士的口味。"

关于对外报道的内容，指出应着重下列各项：（一）宣传中共主张和实施政策。目前应针对国民党区严重经济危机，介绍我们实行自由贸易，保护民族私人资本，实行劳资合作发展生产的工商政策，以及解放区的民主政治、文化教育、军事和实施土地改革情况，如何做到耕者有其田，而又能照顾地主，使其保持一定的生活水平等。（二）解放区社会与人民生活。报道人民经济生活与民主生活、市场贸易办法、司法、婚姻制度、社会秩序、人民衣食住行、文娱生活、男女社交是否公开与正常、家庭夫妇老少之间是否和睦、民间风俗，政府对乞丐、妓女、巫神、囚犯采取什么教化办法等。

关于写作方法问题，指出应照顾国民党区和海外读者的水平与爱好，与解放区内部宣传大有不同：（一）要根据他们的需要和口味，来攫取题材，确定报道内容。大到政治问题，小到日常生活，应尽可能联系国民党区人民的生活经验，进行对比和解释。（二）题材力求饶具趣味性和故事性，写作力求活泼。这种趣味性题材并非记者身边琐事的描绘，而是要发现蒋管区人民寡闻鲜见，富于故事性而又有教育意义的新鲜事物。（三）态度应力求客观，以普通公正记者的面貌出现，多引用事实和材料来说明问题，切忌生硬说教。应把对国民党区人民的宣传教育渗透和溶化在具体的事物中，那种"填鸭式"的宣传教育，蒋管区人民是难于接受的。（四）力求具体明了。只有具体才能生动，才能避免生硬说教。至于明了，更为万分必需，一定要设想到国民党区读者对解放区是一无所知的，对我们是十分熟悉的事，在他们或许很难理解，如什么叫做"三三制"，什么叫做拥军爱民等，在写到时都需简单说明。

《新华社特派记者工作条例》最初以草案的形式发给各地总分社和分社，征求意见，后经修改，总社于9月14日公布，15日起正式施行。

11月15日，总社向各分社和特派记者发出《特派记者工作简单总结》，通报了特派记者工作的情况，指出：总社自建立特派记者工作业已两月，先有记者六人：晋冀鲁豫朱穆之，华中陈笑雨，东北杨赓，晋绥穆欣，晋察冀仓夷、杨朔。其中除仓夷在从张家口赴北平执行报道任务途中"失踪"（后来证明被国民党特务秘密杀害于山西大同），杨朔赴冀中未取得联络外，其余几位都先后赴指定地区采访，并取得了可喜成绩。举最初数月的工作为例，朱穆之从 9 月中旬到 10 月底向总社共发稿 6 篇，采用 5 篇，系统地报道了晋冀鲁豫解放区的工商业建设。总社肯定了朱穆之的工作成绩，并指出他的来稿，"其总的优点为：（一）善于发掘材料，发现过去没有报道过的新闻。（二）几篇来稿都是比较典型的材料，不是泛泛空论，而是用具体事实说明。（三）文字格式布局都相当新颖生动。"陈笑雨担任总社特派记者后，仍兼任华中总分社通讯部副主任，他一面组织别人采访，一面自己动手写稿。3 个月写了 25 篇，多数被总社采用，其中《南线战局特点》《我们也有美械师了》等篇比较出色。杨赓到职后，因工作需要参加了《东北日报》的采编工作，后来又代理东北总分社的领导职务，故未能专职致力于采访，3 个月共写稿 4 篇，总社采用两篇，其中《人民的处决》写得颇有特色，受到好评。穆欣派赴晋北绥蒙一线采访，因情况多次变化，又忙于行军，客观上给采访带来诸多困难。自 9 月 22 日至 10 月 4 日共来稿 8 篇，总社采用 6 篇，另两篇因时间已晚未用。

总社在《特派记者工作简单总结》中表扬了朱穆之、陈笑雨、杨赓、穆欣等人的工作成绩，同时指出了他们工作中的缺点，并决定今后继续派出记者加强这一工作：增聘华山为驻冀热辽的特派记者，另派刘白羽、李普、鲁明为特派记者，分别出发至指定地区进行采访工作。在通报中，总社要求第一批特派记者做出工作总结，新任命的特派记者到达指定地点后，迅速制订工作计划并报告总社。

新华社的特派记者工作是适应全国新形势的需要而建立起来的。特派记者全部由资深记者担任，政策水平和业务能力都较强，机动灵活，直接由总社指挥。先后担任过特派记者的还有庄重、周而复、安岗、穆青、李千峰等。在解放战争时期，特派记者深入各个战场，随军转战，写出了不少有影响的新闻名篇，出色地完成了重大报道任务。

五、口语广播的恢复发展

抗战胜利后，1945年8月，新华社恢复口语广播，设口语广播组，组长杨述，编辑张纪明、韦君宜。

1946年6月，新华社机构改组，口语广播组扩大为语言广播部，主任温济泽，编辑韦君宜、苗力沉、刘志云、刘衡、高虹。播音员先后有李慕琳、孟启予、王恂、钱家楣、于一、杨慧琳等。为进一步做好广播工作，新华社制定了《语言广播部暂行工作细则》，规定了语言广播部的任务、对编写稿件和组织广播节目的要求。同时对稿件处理、指导播音方法、会议制度等都作了比较详细、具体的规定。7月，延安台向全国各地及东南亚听众发出公开信，广泛征求听众的意见。公开信从节目内容、播音时间到收听效果向听众进行了询问，并欢迎来信提出意见。尽管国民党军队严密封锁，还是有热情洋溢的来信从国民党统治区寄到延安。口播部在工作上注意加强和国民党统治区听众的联系，经常邀请国民党统治区来延安的人员发表广播讲演，或播出各地民主人士写的文章。据1946年7月至8月的统计，延安台播出的89篇文章，其中就有34篇是上海、重庆、南京、北平、昆明等地以及国外民主人士写的。延安台的记录新闻经常被上海、南京、重庆、昆明、西安等地的进步报纸采用。远在新加坡、菲律宾出版的爱国华侨报纸上，也可以不断看到根据延安广播抄录的重要消息和评论。

1946年9月，遵照中共中央指示，新华社在延安开办了英语口语广播。英语口语广播更直接、迅速地把中国革命的形势和解放区的情况介绍给关心中国共产党的国内外的进步人士。新华社的英语口播稿件由英播部提供。除担任部门领导的沈建图和陈龙外，编辑有郑德芳、彭迪、钱行等人。他们一大早从《解放日报》和前方记者发回总社的电讯稿中选编改写成英文广播稿，文播后再转为口播。早期只有一名英语播音员，就是英播部英文编辑钱行。直到北平解放，她一直做英文编辑兼播音工作。

当时英播部的工作，得到了两位国际友人的帮助。一位是美国作家和记者安娜·路易斯·斯特朗。1946年她来延安采访，8月，毛泽东在同她谈话时，提出了"一切反动派都是纸老虎"的著名论点。9月29日出版的《参考消息》上，刊登了她写的《毛泽东访问记》一文，详细报道了这次谈话的内容。社长廖承志同沈建图商量，邀请斯特朗给英播部的工作人员讲课，每周一次。斯特朗欣然同意。课堂是在清凉山一个小窑洞。斯特朗讲课的教材就是新华社已经播发的稿件。她一篇一篇地分析，直言不讳，批评尖锐，并提出改写的具体建议。同时，她也举出写得好的稿件，说明好在哪里。她的评析使大家获益匪浅。

另一位是美国友人李敦白。他原是联合国救济署的人员，1946年在华期间受到中国共产党的影响，向往解放区，遂辞去工作，经北平军调部中共代表叶剑英安排，7月来到张家口，参加张家口新华广播电台的英语广播工作。10月从张家口到延安，随即来到清凉山，参加新华社英播部的工作。延安撤退时，他同新华社人员一起转移到太行涉县，后来又转移到平山县。在英播部期间，他主要承担对外英文（语）广播稿件的审校和润色工作，有时也辅导播音员的英语播音，为新华社的对外英播事业作出了贡献。1949年初，在苏联采访并编辑英文报纸《莫斯科新闻》的安娜·路易斯·斯特朗被诬为美国间谍被捕，后被驱逐出境。由于受此案牵连，李敦白在平山县被捕。1955年平反出狱，李敦白被分配到中央广播事业局，作为外国专家负责英语广播稿件的审核工作。

第四节　新华社的战斗转移

一、召开战备会议，保证广播不中断

1946年10月，国民党军队侵占张家口，蒋介石得意忘形，立即下令召开国民大会，同时进一步扩大对解放区的全面进攻。全面

进攻受挫后,从1947年3月开始,改为重点进攻,重点是东西两翼:一头是山东解放区,另一头就是延安和陕甘宁解放区,被一些人称为"哑铃战术"。中共中央的战略方针是,在运动战中消灭敌人的有生力量,不计较一城一地的得失。因此,决定主动撤出延安。1946年11月18日,中共中央发出关于暂时放弃延安和保卫陕甘宁边区的第一个指示,指出:"蒋介石日暮途穷,欲以开'国大',打延安两项办法,打击我党,加强自己。其实,将适得其反。""各地对于蒋介石开'国大',打延安两点,应向党内外作充分说明,团结全党全军和全体人民,为粉碎蒋介石进攻,建立民主的中国而奋斗。"

在战争的条件下保证新华社的广播不中断,这是中央对宣传战线提出的要求。11月下旬,中央军委副主席周恩来在延安主持召开战备会,研究新华社在战争情况下广播不中断的问题,中央办公厅、军委三局和新华社等单位的负责人参加。会议决定,在延安东北180里的子长县(原名安定县)瓦窑堡建立第一线战备电台,在黄河以东(从晋绥、晋察冀、晋冀鲁豫3个解放区中选一个地点)建立第二线战备电台。廖承志说,这叫做"狡兔三窟",即延安一摊,瓦窑堡一摊,河东一摊。延安不能广播时,由瓦窑堡接替。瓦窑堡不能广播时,由河东接替。(后来,由于晋绥、晋察冀两个解放区建立战备电台有困难,新华总社就转移到晋冀鲁豫解放区去了。)

周恩来主持召开的战备会开过后,军委三局局长王诤到新华社电务处,召开科以上干部会议,部署电务处向瓦窑堡转移的问题。决定三局立即派出技术人员和器材,协助新华社在瓦窑堡建立文字和口播电台。新闻台和联络台组成前后两个梯队,以便交替转移。

新华社、解放日报社进行了紧张的战备工作,立即派出先遣队到子长县(瓦窑堡)筹建战备点,选中了史家畔、任家畔、丹头、冯家岔、好坪沟等村作为营地。紧接着两社向这一地区紧急运送器材物资,并首次疏散了人员,主要是老弱妇孺和有病的人员。

第三章
解放战争时期的大发展

从 11 月 20 日起,《解放日报》由每天出对开四版缩减为对开两版。

1947 年 1 月,周恩来再次主持召开战备会议,主要是检查落实新华社的战备问题。会上,周恩来强调,新华社的广播(包括中文广播、英文广播和口语广播)在任何情况下都不能中断,而且对外广播的功率还要加强。在此前后,毛泽东、周恩来、朱德都曾和廖承志、王诤谈过关于保障无线电广播不中断的问题。

在中央的重视和关怀下,新华社对撤出延安和保证广播不中断作了周密的部署。

二、延安撤退

1947 年 3 月,国民党集中 34 个旅共 25 万兵力,向陕甘宁边区发动进攻。其中,胡宗南指挥 15 个旅 14 万兵力,自洛川、宜川地区分两路向延安猛扑过来。

3 月 8 日,延安各界举行保卫边区保卫延安的动员大会。朱德、彭德怀、周恩来、林伯渠、邓颖超等均发表演说,号召边区军民紧急动员起来,粉碎蒋介石的进攻。新华社发表了消息。

3 月 11 日,国民党飞机开始空袭延安。延安这天遭到狂轰滥炸。12 日,新华社就此发表评论称:正当马歇尔在莫斯科侈谈世界和平之际,他的美帝国主义政府赠给蒋介石的飞机,即在美军观察组人员撤退后 7 小时,来延安投弹轰炸。蒋介石以武力赶走中共在南京、上海、重庆的代表联络人员,公然斩断国共 10 年联系之后,现在竟敢对延安滥施轰炸,可见蒋介石在美帝国主义支持下,决心内战到底,而以轰炸延安为其大规模进攻延安之揭幕。评论指出:不论美帝国主义者如何替蒋介石撑腰,陕甘宁边区和全解放区人民有充分准备必能粉碎其进攻,直到最后取消蒋介石的统治。

13 日,国民党飞机再次袭击延安,清凉山上落了炸弹。新华社中译科的窑洞被炸塌下来的尘土封闭了大半,电讯稿被气浪掀起,四处乱飞。英播部窑洞门窗被摧毁,办公桌、打字机上落满了厚厚的黄土。电务处窑洞也尘土飞扬。轰炸过后，工作人员镇定自如，迅速清理了场地，继续工作。

14日，新华社、解放日报社开始撤离延安。清早起来大家就忙碌异常：整队编组，收拾行装；对器材打包装箱，交运输队驮运；笨重而不急需的东西，就掩埋在附近的山沟里。直至傍晚，大家才全部完成了撤离前的准备工作。撤离时，大家心头是沉甸甸的，憋着一股闷气。当天夜里，两社的大部分人员在社长廖承志的率领下，翻山越岭60里，到达青化砭，然后向东北方向的子长县（瓦窑堡）战备点进发。清凉山上只留下吴冷西、胡韦德、彭迪、卢积仓、秦学、杜牧平等少数编辑、行政和电台人员坚持工作，他们直到17日与18日晚、国民党军队占领延安的前一天，才最后撤出延安。在撤离延安前，廖承志说，现在撤离延安这座空城，意味着不久的将来，我们不但要收复它，还要蒋介石用西安、用整个西北来加倍偿还！

延安新华广播电台在14日播完当天中午的节目后，就转移到子长县播音。新华社的中文和英文广播也于当天结束，由子长县战备点接替。《解放日报》在延安出版的最后一天是13日，从15日起由子长县接替出版，不同的是，篇幅由大张变为小张，由对开两版改为四开两版。18日晚，党中央机关全部撤出延安。

19日，国民党军队占领延安。子长县战备点的电台接替了延安的全部广播业务。在撤离延安的过程中，新华社的广播没有中断，经受了第一次考验。

正当国民党当局得意忘形，欢庆和炫耀胜利的时候，20日，新华社和延安新华广播电台播发消息《西北解放军主动撤出延安》，称：蒋介石进攻民主圣地延安，经过我陕甘宁边区军民坚强抗击，予以重大杀伤，19日，我人民解放军因任务已经完成，主动撤出延安。我人民解放军的战略向来是不死守一城一地，而以消灭敌人有生力量为目的。这次保卫延安则重在破坏蒋介石的突然袭击，保卫首脑机关的安全转移。现在可以向全世界宣告：这项目的已经完满达成，蒋介石的计划已被打破，中国共产党中央机关完好无损，仍然留在陕北，继续指挥全国的爱国自卫战争。

从21日起，新华社播发新闻的电头由"延安"改为"陕北"。延安新华广播电台改名为陕北新华广播电台继续播音。中国共产党的声音飞越万水千山，震慑着蒋介石政府，鼓舞着解放区和敌占区英勇作战的广大军民。

新华社在子长县的战备点，分设几处。对外名称叫"文化供应社"。编辑部设在史家畔，行政处驻丹头，电务处驻任家畔。收讯台也在任家畔。文字广播（包括中文和英文）和口语广播电台设在好坪沟。印刷厂则分为两地，报纸印刷在冯家岔，书籍印刷在魏家村。在子长县战备点主持工作的是副总编辑范长江。他先期到达，负责筹备事宜。在清凉山大队人马抵达前，他召集编辑、电务、印刷厂的工作人员开会，宣布用3天的时间作准备，接替延安出版《解放日报》，播发文字和口语广播。编辑、电务部门没有什么困难，只有印刷厂提出，由于安装、运转机器，3天时间恐怕没有把握。范长江说："3天后出报，这是党中央的决定。执行吧！"范长江坚决执行中央指示的雷厉风行的作风，给大家留下了深刻的印象。

新华社的大多数人员仅在史家畔停留了几天，就按预定计划于20日离开子长县。在廖承志的率领下，他们东渡黄河，经晋绥、晋察冀等解放区，经过长途跋涉，最后转移到晋冀鲁豫解放区的太行山涉县，在那里继续完成中央交给的宣传任务。在行军期间，工作人员分成梯队，轮流在沿途临时住地编写稿件，有时在大树下打字发稿。

在总社队伍转移期间，晋冀鲁豫中央局在党中央的指示下，从当地紧急抽调一批人员组成临时总社，接替行军中的新华总社的广播工作，保证了广播没有中断。

在子长县战备点，范长江领导下的《解放日报》继续编印出版，新华社的文字广播和口语广播照常播发。好坪沟距史家畔20

多里，是一个很小的村子。它隐蔽在一个山沟里，村口有一座残破的小庙。陕北新华广播电台的机房和播音室，以及文字发报台，就设在这里。新华社从这座简陋的小庙里播出了陕北战场和全国战场上许多鼓舞人心的捷报，还有中共中央和人民解放军总部发言人的一篇篇重要谈话和评论。如24日，新华社播发评论《解放军总部发言人谈保卫延安之战》，指出：此次保卫延安之战，我军以极少代价，使敌人伤亡5000，并击毙其四十八旅旅长何奇。敌人是进退维谷，现在打进来了，退是不能退的，进就陷得更深。

3月25日，周恩来、朱德先后来到好坪沟村，视察了陕北新华广播电台和文播台，鼓励大家做好工作，保证广播不中断。就在这一天，西北野战兵团在延安东北青化砭地区全歼胡宗南部第三十一旅2900余人，活捉旅长李纪云，狠狠打击了来犯蒋军的嚣张气焰，取得了中共中央撤出延安后，陕北战场的第一次大胜利。《解放日报》刊登了这一消息，并且通过新华社电台播发全国。

中共中央撤出延安后，引起国内外舆论很大关注。特别是中共中央的去向，使国民党政府捉摸不定。他们胡乱猜测，造谣诬蔑，并派出侦察电台，侦察解放军总部电台的地址，企图窥测中央首脑机关的行踪，但一无所获。26日，新华社播发评论《解放军总部发言人谈蒋贼阴谋必归失败》，指出：胡宗南部占领延安后，24日以六七个旅约5万人之众做了一次武装大游行，由延安游行到安塞，扑了一个空，毫无所获。蒋介石5路进攻之目的是要打击中国共产党的首脑机关，他们的宣传机构不断猜测中共中央机关到哪里去了。其实这些猜测都是枉费心思，我们老早公布过中共中央机关仍在陕北。

27日，进犯的蒋军逼近子长县新华社驻地不到20公里，军情紧急。由于敌机不断来骚扰和轰炸，报纸已无出版条件。《解放日报》于上午印完最后一期后停刊，终刊号为2130号。从3月15日到27日，《解放日报》在这里共出版了13期，完成了它的历史使命。编辑人员编入新华社队伍。印刷厂的干部、工人100多人，埋藏了机器设备，拿起枪支，组成游击队，向西转移，不久编入西北野战军后勤司令部警卫连，随军战斗。

陕北新华广播电台为了不让敌人侦察出电台所在地，白天停止播音。敌人造谣说："延安新华广播电台被炸毁了。"可是，每到夜晚，它的声音仍然传播到四面八方。28日，敌军离史家畔、好坪沟村愈来愈近，驻守瓦窑堡的中央机关已先后转移，新华社的人员坚持到最后。当晚，陕北新华广播电台在播出青化砭大捷等消息（播音员钱家楣、杨慧琳）后，与文字发报台一起结束了在子长县的广播业务。留在史家畔坚持编发英播稿件的陈龙和成也竞、韦君宜、石风3位女同志，在副秘书长祝志澄带领下，最后撤离史家畔，东渡黄河。随后，范长江带领新华社队伍，绕着崎岖的山路，向东转移，追赶中央纵队。

他们经过两昼夜的急行军，越过十架山，于3月31日到达清涧县的孙家河村。在这里稍作休整，随即兵分三路：温济泽带领部分人员东渡黄河，去太行涉县临时总社；刘祖春、林朗带领几位报务、译电人员去西北野战军总部，进行战地报道工作；另由范长江率领部分人员，组成一支精干的工作队，以"四大队"的番号编入中共中央机关队伍，跟随党中央转战陕北。

三、太行山区的临时总社

1946年11月28日，中共中央宣传部致电中共晋冀鲁豫中央局负责人薄一波、王宏坤："望在太行山内找妥善地点，设立广播电台，以便在任何困难情况之下，我们能不间断的对全国全世界说话，将来中央可能用该台作国内国外文字及口头广播，望依实际情况斟酌处理，并告我们。"[①] 晋冀鲁豫中央局接到电报后，1947年1月开始筹备，3月起，由晋冀鲁豫中央局宣传部副部长兼《人民

---

① 《中央宣传部关于在太行山区设立广播电台给薄一波、王宏坤的指示》，原载《中国共产党宣传工作文献选编》（1937－1949）第643页，学习出版社1996年出版。

日报》（晋冀鲁豫中央局机关报）社长张磐石负责调配人员，迅速从各方面抽调得力的新闻干部，集中到涉县西戌村，组建新华社临时总社，接替在行军中的新华总社的广播工作。涉县西戌地处太行山东麓，属于晋冀鲁豫解放区（当时属河南，现归河北省）。

经过半个月的紧张工作，临时总社正式成立。临时总社的队伍，包括编辑、翻译、电务、经营管理人员，主要来自《人民日报》和新华社晋冀鲁豫总分社，另有部分来自太行《新华日报》、太行先锋剧团、太行文联等单位。临时总社由《人民日报》总编辑吴敏（杨放之）总负责。其他主要干部有朱穆之、安岗、左漠野、张更生、李庄、吴象、林里、王匡、穆家军、罗林等。抽调的外文干部有王晶尧、陈理昂等。还从军区政治部宣传科抽调科长钱抵千，负责编发英文电讯。电台负责人为高飞、张连德、安文一。

陕北新华广播电台的编播工作，由设在沙河村的邯郸新华广播电台接替。这里距西戌约5里。在筹建广播电台的过程中，晋冀鲁豫《人民日报》电务科付出了艰苦努力。他们在晋冀鲁豫军区三处的大力协助下，与邯郸台同志一起，用缴获的美制导航台改装成广播发射机，加大发射功率，迅速架设天线，完成了建台任务。陕北台和邯郸台的编辑部设

1947年4月至1948年4月，陕北新华广播电台在太行用的广播发射机。

在西戌村，发射台和播音室在沙河村。邯郸台的编、播工作一分为二，除邯郸台本身的业务外，还另设接替陕北台的班子。在邯郸台台长常振玉、编辑部主任萧风、副主任顾文华的主持下，编播人员开始了紧张工作。编稿人员试编陕北台的口播稿，女播音员模仿延安（陕北）台播音的声调和语气，反复练习播音。

总社在转移过程中，与太行临时总社之间一直保持着频繁的电台联络。3月28日，总社就从晋绥解放区致电晋冀鲁豫总分社，指出："29日、30日拟各发若干条英文，试验我们之间的收发情形，31日发往你处的英文稿，供1日晚7至9时正式广播用"。3月29日，又致电晋冀鲁豫总分社及晋冀鲁豫中央局宣传部："4月1日起你处正式开始4种广播。在编辑工作上，4月1日起你们负担对蒋区2000字及语言广播两种，其余8000字大广播及英文广播仍由我处编辑，按日发给你们。即日起指定专台与我处联络，24小时不停。4种对外广播之编辑工作、新闻台及对解放区之通报台务于4月10日前完成。"3月30日，总社再次致电晋冀鲁豫总分社："必要时我们以通报台向你们发新闻稿，你们收到后交邯郸台作口语广播用。我处4种广播29日晚已停，望你们速收各总分社及外国电讯，自己编稿，立即接替工作。"

3月29日，临时总社在太行山区已完成各项广播准备工作，处于待命状态。这天，他们照例于18点守候在播音室，在发现总社的广播停止，还有敌台假冒干扰的情况下，便立即果断地决定"开机"，迅速接替了总社的播音，呼号沿用"陕北新华广播电台"和新华社陕北电头。

4月1日，在临时总社全体干部会议上，传达了薄一波的指示：新华总社人员已随中央安全转移。今后我们在这山沟里要面对全国、全世界，代表党中央发言。我们在工作中要尽力克服困难，小心谨慎，不能出任何差错。临时总社从这天起，正式接替了总社的全部广播业务。在交接过程中，新华社的中文和口语广播及收讯业务一天也没有中断。只是由于技术原因，英文广播暂停了3天。

1947年4月新华社在太行山区时的部分广播稿。

  陕北台在太行山区的继续播音，使中国共产党的声音通过电波不断传向祖国的四面八方。当时，临时总社的广播计有：（1）对莫斯科广播，每日7时至9时；（2）对旧金山英文广播，每日21时半至23时半；（3）对国民党统治区中文广播，每日零时至2时；（4）对解放区中文广播，每日10时至14时；（5）口语广播，每日18时至20时。（以上均系上海时间）

  临时总社的工作人员在太行山区克服困难，努力工作。他们不仅与行军中的总社保持联系，还与转战陕北的四大队保持联系。电台联络每天24小时不断，在报道方针和政策上得到诸多指导。这个时期，在陕北的中央负责人为新华社撰写了许多评论和社论，皆由四大队电台传到太行，再由临时总社播发全国。中央的宣传方针、意图和对报道的意见，也随时由陕北电台传达。临时总社艰苦奋战3个多月，编辑和播发了大量稿件，出色地完成了中央交给的任务。后来，廖承志等在抵达西戌后，曾致电范长江，其中说："3

个月来，临时总社在你协助和指导下，渡过难关，完成任务甚为漂亮。"

4月底，温济泽等人赶到西戌。6月5日，陈克寒、石西民、梅益率领先遣队共计22人（其中有吴冷西、廖盖隆、王飞、方实、王宗一、许诺、蓝芸夫、左荧等），从晋察冀解放区的东漂村离开总社，途经定县、河间、献县、衡水、南宫、威县，于14日赶到邯郸武安县的冶陶镇。这里是晋冀鲁豫中央局的所在地，距涉县西戌有30里。他们稍事休整后，即移驻涉县西戌村。6月28日，廖承志、祝志澄为了与薄一波等晋冀鲁豫中央局领导人会商总社选址等问题，先行离开总社大队，赶到冶陶。他们于七一前夕到达西戌。除钱俊瑞、徐健生带领新华社少数人员留在晋察冀解放区参加土改工作外，总社大队人马于7月上旬全部抵达涉县。总社与临时总社胜利会师后，临时总社人员大部分回归原单位，少数人员留在总社工作。至此，临时总社光荣地完成了它的历史使命。

四、新华总社在太行

1947年7月上旬，新华总社到达太行山新址涉县。这是新华社撤离延安后的第一次长途大转移，历时3个多月，行程3000多里。

撤离延安后，为了保密起见，新华总社在转移途中名称多次变动，先后用过"文化供应社"、"昆仑支队"的代号。社长廖承志代号"三〇二"。队伍编成军事序列，1个支队辖3个大队。离开陕北时，为了防止空袭，白天宿营，晚上行军。陕北老乡出动牲口和船只，护送新华社的妇孺和病号安全渡过黄河。3月下旬到达晋绥解放区首府兴县，后到三交镇，薛家圪台，经过短期休整，又经方山、岚县、静乐、忻县，从原平越过同蒲路，进入晋察冀解放区，沿五台山西南侧行进，于5月14日到达五台县境内的东漂村和西漂村，在此休整待命，住了21天。6月初，新华社接到中央指示，先后分批向太行转移，至7月初胜利完成任务。在行军途中，新华社还抄收中外电讯，油印出版《今日新闻》和《参考消息》，供大家了解战局发展和国内外形势。

新华总社抵达太行后，首先面临着选址的问题。经廖承志与晋冀鲁豫中央局领导人商议后，决定地址不变，仍在涉县西戌村。编辑部门设在西戌，通报台、英译与广播电台仍在东戌和沙河村。社长廖承志同时兼任晋冀鲁豫中央局宣传部长。

太行时期，新华社的领导机构为社务委员会，由廖承志、陈克寒、石西民、梅益、徐迈进、祝志澄6人组成。陈克寒、石西民轮流负责发文字广播稿，梅益管口播，徐迈进管《参考消息》和资料研究。英文文字和口语广播由廖承志直接领导。由于徐健生留在晋察冀解放区搞土改，祝志澄任秘书长，主管行政工作和印刷部门。重要稿件，除陈、石审改外，都经廖承志终审签发，廖还撰写评论和述评性新闻。编辑部门及其负责人为：解放区部朱穆之，国民党区部廖盖隆，国际部黄操良，英译部陈适五，口播部温济泽，资料研究室丁树奇，对蒋管区广播左漠野，英文广播彭迪，参考消息吴江（吴寄寒）。总分社由安岗负责，社委会秘书吴冷西。电务处处长耿锡祥，副处长李伍、高飞。

编辑部从8月份起恢复了半月一次的国内述评和国际述评。除原有的文字广播、口语广播和英文广播已全部恢复到延安时期的规模外，又增发"简明新闻"和"新闻情报"。前者每日1500字，专供行动中的野战部队收听，供给油印小报资料；后者为《参考消息》摘要，每日2500字，专供陕北中共中央、建屏中央工委和临县三交镇的中共中央后方委员会以及远征外线的部队指挥员参阅。供给各总分社、分社的《业务通报》恢复出版。新闻台的外电抄收也很快恢复到延安时期的规模。

由于涉县地处太行山区，交通不便，资料来源困难。除抄收中央社消息外，远不及在延安时可以经常从重庆、西安、南京、上海、北平等地收到国民党统治区的报刊。为了改变这种情况，总社派出鲁明、马乃庶到冀中河间，派蓝芸夫到地处鲁西南的冀鲁豫分

第三章 解放战争时期的大发展

1947年3月，新华总社从延安撤离后，曾由晋冀鲁豫解放区在太行山区组建临时总社，接替转移中的总社的广播业务。7月，总社大队人马到达太行，与临时总社会师。图为太行山区河北省涉县西戌村的新华社编辑部旧址。

社，搜集蒋管区报刊资料。采取这些措施后，资料缺乏的情况得到了改善。

1947年8月，总社建立了印刷厂。在延安时期，新华社没有自己的印刷厂，《今日新闻》《参考消息》皆由中央印刷厂承担印刷任务。转移到太行后，有了印刷技术人员，建厂就提到了议事日程。筹建初期，器材很少，主要是从晋冀鲁豫《人民日报》社调拨来的，人员只有从重庆《新华日报》来的10多位印刷厂的干部和工人，由原重庆《新华日报》印刷部副主任杨允庸和排字房领班（车间主任）何国强负责。杨任厂长。

新华社在太行的时期，正是战争形势发生根本变化的时期。1947年6月30日，刘伯承、邓小平率领的晋冀鲁豫野战军在鲁西南强渡黄河，揭开了人民解放军从战略防御转入战略反攻的序幕。在此前后，新华总社在各野战军中先后组建了前线分社和前线记者团负责军事报道工作。廖承志鉴于战局迅速展开，决定建立前线通讯体制。这年 8 月，总社根据华东前线和中原前线的经验，草拟了在野战军中成立前线分社的工作条例草案，通告各地试行。1949 年 3 月，又根据战局的发展和野战军的扩大，逐渐发展成为野战军总分社（野战军一级）、分社（兵团一级）、支社（军一级）的体制，造就了大批英勇果敢、不怕牺牲、刻苦勤奋的军事记者，出色地完成了伟大的人民解放战争的报道任务。

为建立野战分社，陈克寒做了大量工作。他在 7 月 30 日受总社派遣，离开涉县西戌，去刘邓部队组建新华社的野战分社。他先到冀鲁豫解放区进行了短期的调查工作，参加一些会议，与宣教干部深入交谈，对地方分社和报纸工作给予具体帮助。九十月间，他来到鲁西南前线的华东野战军前线分社，考察和总结野战军分社建设的经验，并写了介绍华东前线分社的考察报告。总社加编者按将报告转发给各地总分社和野战分社，指出"其中所提诸点对各野战分社的工作，有很大参考价值，盼吸取其好的经验，加强军事报道。"12 月 1 日，陈克寒随李先念部到达大别山地区，廖承志复电同意他着手筹建鄂豫皖总分社。后来刘邓大军北上，他奉命跟上刘邓部队和中原局，遂于 1948 年留在中原地区，筹建了中原总分社，并担任社长，还担任中原局宣传部副部长。陈克寒在南下途中，根据考察所得，3 次写信给社委会和廖承志，对改进和加强新闻报道、培养新闻干部等问题，提出了许多重要意见。总社向各总分社、野战分社和特派记者转发了这些意见，对推进新华社的业务建设和组织建设，起到了良好的作用。

人民解放军战略反攻开始后，总社各部门全力投入大反攻的报道，播发了一系列大反攻的新闻和各个战场的胜利消息。1947 年 9 月 11 日，新华社播发胡乔木写的新闻《人民解放军的全国性反攻开始》，报道四路大军挥戈南下，全线出击的消息。12 日，发表社论《人民解放军大举反攻》，指出："人民解放军的大举反攻，标志着战争形势的根本改变。蒋介石的全面攻势已被打得粉碎，已经一去不复返了。"13日，在陕北的四大队致电太行总社，对大反攻社论和新闻的主辅和播发的安排作出提示：应十分强调"打倒蒋介石"的口号，不要强调"再打两年"；大反攻新闻应以四路大军挥戈南下一条为主，其他个别新闻为辅。如此重要时机，百年难逢，口头广播请考虑变更节目两三天，把俘虏名单等暂时取消，先播一切大反攻战报，次播社论，再重播大反攻战报，最后记录新闻。这时期新华社的报道，介绍了战局的新发展，鼓舞了全国人民的胜利信心。

1947年冬至1948年初，根据中央指示，新华社机关开展了"三查"（查阶级、查思想、查作风）整风，在学习文件的基础上，开展批评与自我批评，着重解决编辑记者对待土改运动的立场问题和严格遵守"新闻必须真实"的原则问题，总结经验教训，使大家在政治思想上和业务水平上都有所提高。

太行时期，由于中共中央的机关报《解放日报》已经停刊，新华社集党报、通讯社、广播电台的任务于一身，报道任务十分繁重。此时新华社远离中央，物资和交通条件又十分困难。尽管全体工作人员付出了艰辛的努力，在宣传报道上还是犯了一些错误，有的甚至是严重错误。例如，土地改革运动的报道，发表了一些包含"左"倾错误观点的通讯和文章；在抨击美国特使魏德迈访华、抨击国民党的部分评论文章中，文字欠庄重严肃。由于中央及时发觉和批评，才得以纠正。又如，在总社播发的毛泽东1947年12月《目前形势和我们的任务》文稿中，错漏达20多处。中央发现后，来电提出严肃的批评。四大队致电总社，传达中央指示："毛主席报告译错及改错之经验，须召集全体编辑、收报、译电及校对同志开会，向他们公布。""抓紧一件事做一次普遍的教育。""总社应将此次检查情形及开会情形通报各地，并对各总分社也分别抓住某一重要稿件作一次仔细的检查。"总社认真传达和落实中央指示，使大家从中受到教育，切实改进了工作。

对这段时期的工作，在陕北中央工作的陆定一曾致信廖承志提出表扬:"总社同志们远离中央,艰苦工作,积极热情,大家都很称赞。""所应改善之处,已有几个电报给你,望大家讨论,并请常常给我们以答复,让我们知道你们对这些电报的意见是否可行,已否执行,及情况如何?"

新华总社在太行一直工作到1948年5月下旬才奉命北迁,转移到河北平山县。

五、转战陕北的"四大队"

1947年,毛泽东转战陕北。

1947年3月,中共中央从延安撤出后,29日在清涧县石嘴驿附近的枣林沟村举行会议,讨论中央机关的行动。会议决定:成立前敌委员会和中央工作委员会,毛泽东、周恩来、任弼时留在陕北,主持中共中央和人民解放军总部的工作;刘少奇、朱德等率一部分中央机关人员转移到华北,组成中央工作委员会,刘少奇为书记,"进行中央委托之工作"。4月11日,又决定中央和军委大部分机关工作人员暂住晋西北的临县地区，组成以叶剑英为书记、杨尚昆为后方支队司令员的中央后方委员会，统筹后方工作。

在枣林沟会议后，留在陕北的中共中央机关、解放军总部的工作人员以及警卫部队共800人，按军事编制组成中央纵队，代号"三支队"（后改为"九支队"、"教导旅"），任弼时为司令，化名史林，陆定一为政委，化名郑位。毛泽东化名李德胜，周恩来化名胡必成，寓意解放战争必胜，中国革命必成。中央纵队下辖4个大队。其中，第四大队为新华社工作队，负责新闻通讯联络。

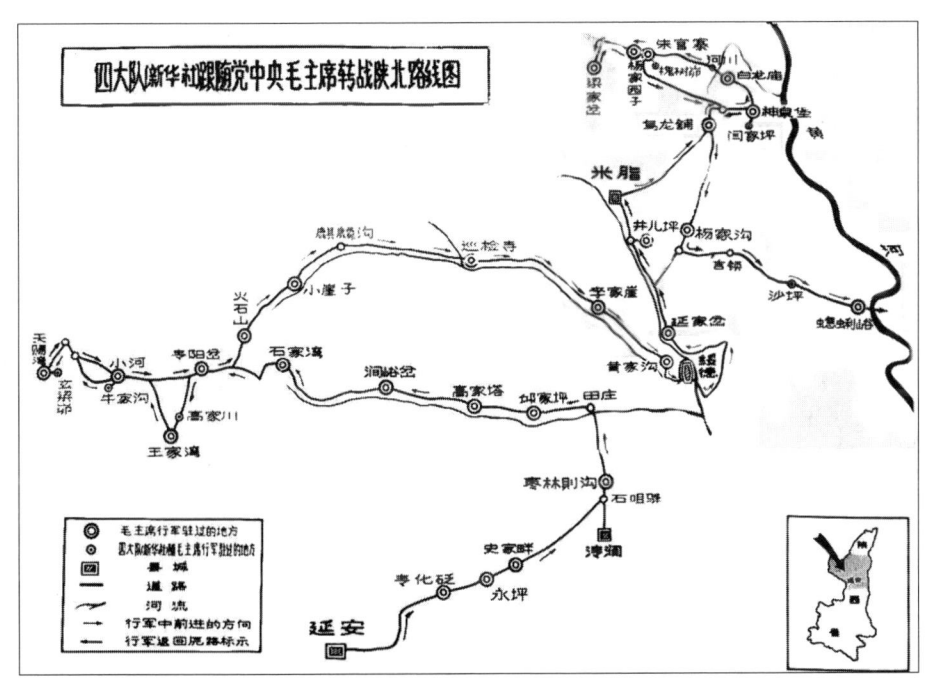

1947年3月，国民党军进攻延安。3月28日，新华社部分工作人员由范长江同志率领组成工作队，代号"四大队"，跟随中共中央和毛泽东主席转战陕北，历时一年有余。图为"四大队"转战陕北路线图。

新华社的这支工作队，由编辑、翻译、电务和后勤工作人员组成，最初40余人。大队长范长江，副大队长耿锡祥。下设3个分队，第一分队为编辑和英译人员，有沈建图、赵棣生、胡韦德、言彪、东生等。第二分队为电务和中译人员，有杜牧平、孟自成、张连生、梁文汉、李宏烈、赵抗、雷晓伍、刘金恒、李庆昌等。第三分队为行政后勤人员，有卢积仓、秦学、赵申、刘学恩、高天真、党得胜、张肖恩、魏海龙、白庆玉等。其中，运输班和炊事员有9人。

后来，在行军过程中，因工作需要，陆续有人员调出调进，组织系统和工作人员均有变化。据8月29日范长江致太行总社电报，汇报四大队的组织机构及负责人为：编辑科科长刘祖春，电务科副科长杜牧平，国际组组长胡韦德，蒋管区组组长赵棣生，英译组组长言彪，出版组组长林坚。11月16日报告，全队发展到107人。1948年1月建立了研究室，范长江兼主任。

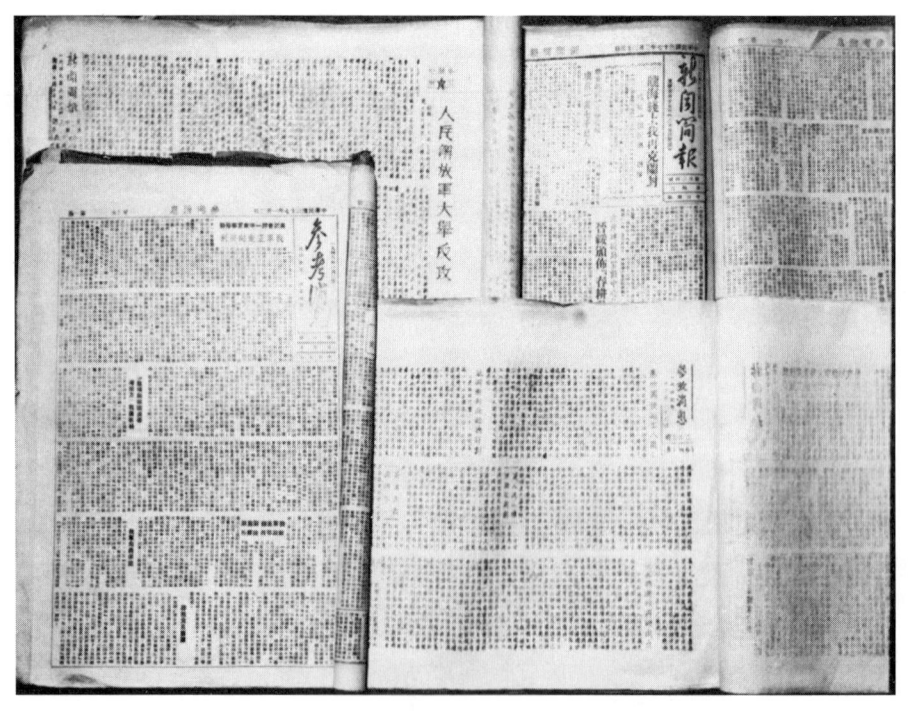

新华社"四大队"在转战陕北期间，每天坚持油印出版《新闻简报》和《参考消息》。

四大队的主要任务是：(1) 抄译国民党中央社电讯和路透、美联、合众等外国通讯社的部分英文电讯，供党中央领导人及时了解

第三章 解放战争时期的大发展

国内外情况。(2) 同太行总社保持电台通讯联络，一方面传送人民解放军总部的战报和中央领导人为新华社撰写的评论、社论、新闻等各种文稿以及党中央对宣传工作的指示；另一方面向党中央转达太行总社有关宣传报道工作的请示报告。(3) 抄收太行总社的文字广播和外国通讯社的电讯，编辑出版《新闻简报》和《参考消息》(这两种刊物初期是刻蜡纸油印，每期各4000字左右，12月后改为铅印，四开四版)，供中央纵队干部阅读。(4) 代表总社就近指导新华社西北总分社和西北野战军记者的报道业务工作。

四大队跟随党中央转战陕北，与太行总社紧密配合，出色地完成了上述任务。在这期间，新华社的许多重大新闻和重要社论、评论，都是由四大队电台发到太行，再转播全国的。

1947年，解放战争的形势非常严峻，陕北战场更为全国人民所瞩目。当时敌我力量的对比是：陕北地区人口不到200万，西北野战兵团的兵力不过三四万；而国民党占据全国广大地区，投入陕北地区的兵力达30万之众。敌强我弱，力量悬殊。中共中央能否安全转移，渡过难关，人民群众十分关注。新华社的陕北电讯，维系着全国民众的心。四大队留在党中央身边，每个工作人员都深刻理解自己的责任，在艰苦紧张的环境中，始终保持高昂乐观的革命热情，坚决完成自己的任务。

新华社紧随战局的发展，播发了许多重大新闻和重要评论、社论。继3月下旬青化砭大捷之后，4月14日，西北野战兵团在羊马河地区获得大捷，全歼胡宗南部第一三五旅共4700余人。4月18日，新华社发表社论，题为《战局的转折点》，指出：这标志着进攻陕北的国民党军"从此走下坡路"。

5月上旬，西北野战兵团发起蟠龙战役，全歼胡宗南部整编第一六七旅6700余人，活捉旅长李昆岗，取得了西北战场的第三次胜利。5月8日，新华社播发了陆定一写的评论《新华社记者评蟠龙大捷》。评论末尾赋打油诗一首："胡蛮胡蛮不中用，延榆公路打不通，丢了蟠龙丢绥德，一趟游行两头空！官兵六千当俘虏，九个半旅当狗熊；害得榆林邓宝珊，不上不下半空中。"毛泽东听了这篇文章的口播后，称赞女播音员（钱家楣）爱憎分明，广播得很有感情。

5月9日，新华社播发评论《志大才疏阴险虚伪的胡宗南》。这篇文章的原稿是记者林朗从前线发到四大队，经过范长江修改后，送周恩来审阅。周恩来认为需要补充改写，并在窑洞住地口述充实内容，由编辑赵棣生当场笔录而成。那天晚上，正是西北野战军向蟠龙发起总攻之时。第二天，捷报传来。这篇述评的末尾写道："胡宗南'西北王'的幻梦必将破灭在西北，命运注定，这位野心十足、志大才疏、阴险虚伪的常败将军，其一生恶迹必在这次的军事冒险中得到清算。而这也正是蒋介石法西斯统治将要死灭的象征。"

5月14日，陕北军民在安塞县真武洞（西北野战兵团司令部所在地）举行祝捷大会。在大会上，周恩来代表中共中央向全体军民祝贺，并宣布："党中央、毛主席从撤出延安后，一直在陕北与边区军民共同奋斗。"新华社次日播发了这条重要新闻，极大地振奋了军心民心，给予国民党反动派以沉重打击。

5月20日，新华社发表时评《祝蒙阴大捷》，祝贺华东野战军在蒙阴东南50余里的孟良崮地区取得的胜利。孟良崮战役全歼国民党的王牌部队整编第七十四师3个旅及整编第八十三师1个团共3.2万余人，击毙该师师长张灵甫，迫使进犯蒋军全线溃退。文章高度评价了这一伟大胜利在人民解放军历史上的重要意义。同日，新华社还播发了人民解放军3个月来综合战绩的述评新闻。述评通过与之前7个月的战绩相比，指出：蒋军显示出严重的危机，在整个战局中蒋军已日益陷入被动，而人民解放军则日益取得主动。

这个时期，前线捷报频传。新华社播发的重要新闻还有：7月3日播发刘邓大军渡过黄河，挺进中原，揭开人民解放军战略反攻的序幕；8月22日播发西北野战军在沙家店战役中取得歼灭胡宗南部三大主力师之一、整编第三十六师的胜利；23日播发《陈谢

第三章 解放战争时期的大发展

大军由晋南渡河挺进豫西》；9月播发华东野战军在鲁西南沙土集歼国民党军整编第五十七师，俘虏师长段霖茂，并越过陇海路南下，解放豫皖苏广大地区，等等。重要的评论、社论还有：《新筹安会》（4月22日）、《蒋介石的末路》（5月23日）、《中共中央权威人士向新华社记者发表关于目前局势的评论》（5月30日）、《破车不能再开》（6月5日）、《哀号无济于事》（6月21日）、《努力奋斗，迎接胜利》（7月1日）、《家臣失态》（7月5日）、《总动员与总崩溃》（7月31日）、《人民解放军大举反攻》（9月12日），等等。这些新闻和评论，及时报道了人民解放战争的胜利喜讯，反映了中共中央的英明预见和决策，深入分析了战局的发展，揭露了国民党军队的丑态，坚定了全国人民的必胜信念。10月10日，新华社播发了毛泽东撰写的《中国人民解放军宣言》，响亮地提出了"打倒蒋介石，解放全中国"的口号。

这些稿件，绝大部分都是经过中共中央领导人毛泽东、周恩来、任弼时以及陆定一、胡乔木审阅修改后发出的，其中不少还是由他们起草的。据初步统计，这一时期他们撰写的各类文稿达70余篇。毛泽东后来说："中央留在陕北靠文武两条线指挥全国的革命斗争。武的一条线是通过电台指挥打仗。文的一条线是通过新华社指导舆论。"①

7月3日，新华社领导廖承志、陈克寒、梅益等联名致电范长江。电文说："三个月来，临时总社在你协助与指导下，渡过难关，完成任务甚为漂亮。今后还盼你与陆公在政治上方向上给我们更多帮助，尤其：（一）每星期必须给我们政治军事方面宣传要点一次，定一如忙，须你负责向中央请示并电告我们，我们根据这要点来写各种评述。（二）请你就近领导晋绥、西北各总分社。（三）随时留意我们口、文广播稿，并随时提意见。"

陕北转战一年，中共中央领导人对四大队人员言传身教，其认

---

① 原载《胡乔木回忆毛泽东》第483页，人民出版社1994年出版。

真负责、精益求精的工作精神，严格要求、一丝不苟的工作作风，使四大队人员深受教育。四大队抄译的中外电讯稿，厚厚一大叠，每天都要送给中央领导人审阅。从退回的稿件中，可以看到上面都有用毛笔、铅笔画的圈、点、线等各种符号，有的还有批注。中央送来的社论、评论，篇篇都是用钢笔抄写，字迹清楚，标点分明，一笔不苟。送来时总是仔细叮嘱：在传往太行总社以及总社播发时，对译发抄编各个环节都要注意把关，包括标点符号，不要出错。当时，电台常靠手摇马达发电，电力弱而不稳，以致总社广播中会出现一些差错。因此，中央要求新华社对电务工作要"严加检查和改进"。

范长江在1947年9月11日写给社长廖承志及社委会一封长信，报告了半年来四大队在陕北转战中的工作情况和自己的体会，称这是他一生中"难得的向中央同志学习的极端可贵的机会"。这种体会，他归结为5条：首先是中央同志始终压倒敌人的气概；其次是真正的对人民负责；第三是自力更生的精神；第四，科学的工作方法；第五，动人的工作作风。在关于工作作风这一条中，范长江写道："在写文章的过程中，这种认真与求精的精神完全推翻了我过去十几年来所认为的最高的'认真'的标准。一篇社论，一个谈话，一条新闻，往往要改好几遍，甚至重写几遍，其中绝大部分都在任、周、陆等详细传阅研究之外，主席又加以一字不苟地修改。我回想过去写文章那种'大笔一挥'的作风，不觉满身出汗，实在可怕。"

四大队从1947年3月底离开瓦窑堡地区，跟随党中央转战，历时一年有余，行程2000余里，在极端艰苦的战争环境中经受了考验。这一年多，中央纵队途经12个县，在37个村庄住过。四大队总是住在党中央附近。大的转移有8次：清涧县孙家河，靖边县青阳岔，安塞县高川，靖边县悬梁岇、牛家沟，葭县（今佳县）槐树岇、阎家坪，米脂县杨家沟。四大队在这些驻地，少则数日，一般月余，最长的一段时间是最后在杨家沟，住了4个月。转移途中

第三章 解放战争时期的大发展

的工作条件是十分简陋的，一孔窑洞，几盏油灯，老乡的炕沿、磨盘或门板就是办公场所，有时甚至在双膝上编译稿件。编辑所用的文具、纸张、字典等装在身边的挎包里，随时可以带走。一到宿营地，电台人员就赶着架起天线，安装机器，抄收中外新闻电讯，与太行进行通报联络，还要摇马达发电。后勤工作最辛苦，负责电台设备运输，行军打前站，寻找宿营地，筹备粮草、木炭，安排全队生活。陕北贫瘠，粮食困难，能吃上小米是上品，经常是用黑豆等杂粮以及野菜充饥。

转战陕北时最大的考验是在山沟里与国民党军巧妙周旋，时刻确保人员和器材设备的安全。最危险的遭遇有两次。一次是6月上旬。国民党军侦察到中共中央在王家湾一带，其整编第二十九军军长刘戡率4个半旅的兵力进行突然袭击。当时，西北野战兵团主力已挥师陇东作战，而中央的警卫部队只有3个步兵连，1个骑兵连，共约三百来人，形势相当危急。中央纵队连夜向西北方向转移。其时电闪雷鸣，风雨交加，山路崎岖，泥泞难行。夜行军中不许打手电，不许抽烟，不许大声说话。大家浑身湿透，跌跌撞撞，互相携扶，前后照应，艰难地在暴风雨中行进。距刘戡部最近时仅十余里，隔着一道山梁，可以望见对面燃起的篝火，听见敌军的叫骂声和马嘶声，而敌人却懵然不知。危急时，毛主席的警卫排也上了前线准备阻击敌人。幸好，最后转危为安。

另一次是在8月间，由靖边县到达葭县境内，中央纵队冒着狂风暴雨，行进于深山大谷之中，南北两面都有国民党军逼近。前面由于连日大雨，山洪暴发，过河受阻，形势危急。为了抢渡过河，周恩来、任弼时亲自指挥架桥，战士们跳入奔腾的激流，搭架浮桥。四大队在架桥前早已赶到，面对着上涨的河水，牲口驮着电台器材，死活不肯下水，十多个小伙子跳入深及胸部的急流中，组成人墙，饲养员前拉后赶，大家在两边吆喝推护，终于把几头驮骡拖拽过河岸。当时指挥这一行动的范长江感叹地说：将来写新华社历史，这里应当记上一笔！

陕北转战一年，极大地锻炼了四大队的人员。1948年3月下旬，全国和西北战场的战局发展很快。为适应解放战争胜利发展的形势，党中央决定东渡黄河，向河北平山县西柏坡转移。四大队随着中共中央机关队伍告别了陕北。

六、平山县胜利会师

1948年春，人民解放战争的形势已发生根本变化，各战场的人民解放军在内线和外线配合作战，构成全国规模的战略进攻的总态势。各战场捷报频传，革命胜利的曙光在望。

（一）新华总社迁至平山县

为了便于指挥全国的革命战争，迎接解放全中国的伟大胜利，中共中央从陕北移往河北省平山县，与中央工委会合。1948年3月23日，毛泽东、周恩来、任弼时率领的中央纵队，从陕西吴堡县川口村出发，东渡黄河，于3月25日到达晋西北中共中央晋绥分局和晋绥军区司令部的所在地——兴县蔡家崖村。4月2日，毛泽东在这里接见晋绥日报和新华社晋绥总分社的编辑记者，发表了著名的《对晋绥日报编辑人员的谈话》。4月13日，中央纵队抵达晋察冀军区所在地阜平县城南庄。23日，周恩来、任弼时率中央机关部分工作人员到达平山县西柏坡（毛泽东暂留城南庄），同刘少奇、朱德、董必武等会合。

范长江率领的四大队是同日随中央机关队伍离开陕北，经晋绥解放区抵达晋察冀地区的。由于党中央即将进驻西柏坡，按照中央指示，地处太行的新华总社也将北迁。于是，太行总社在4月16日派出先遣队，由石西民、徐迈进、耿锡祥率领，离开涉县西戍，前往河北省平山县，筹备新华总社的迁移事宜。

4月22日，范长江率领的工作队在平山县同总社派出的先遣队会合，成立了由范长江、石西民、徐迈进、卢积仓、温济泽、刘祖春、朱世纶、韦明、万启盈等12人组成的筹委会，加速筹备接替太行总社的广播工作。这时，一年前由钱俊瑞、徐健生带队，留在平山县一带搞土改工作的新华社部分人员也回到陈家峪,参加总社搬迁工作。4月24日,范长江、石西民、徐迈进致电廖承志,报告筹备工作情况,并说:中央指示我们要大精简,除广播机与发电机工作人员以外,只能有250人,我们正在研究具体办法。另外,筹委会积极寻找驻地,在西柏坡附近找到了陈家峪、盖家峪、韩家峪、张胡庄等村作为总社新址(当时,这些地方均属于建屏县,中华人民共和国成立后,建屏县撤销,其地并入平山县)。

5月20日前后,各项筹备工作基本就绪。21日,廖承志由涉县致电范长江等,指出交接工作中的注意事项,其中说:"小广播每周5次,时间、字数不变,《业务通报》逢星期三、星期日发,已发至46号。"这里的小广播,指《参考消息》摘要。

5月22日,太行总社的工作最后结束。23日,在平山县的搬迁筹委会正式接替了太行的各项广播业务。之后,太行总社的全部工作人员撤离涉县西戍等村,开始分批北移。首批人员于6月4日到达平山县总社新址,6月6日即开始上班。这天,廖承志宣布已到的各部主任均归原职,立即负责开始本部门的工作。7日,召开各部主任联席会议,范长江宣布总社开始工作的临时机构。6月15日,从涉县转移来的总社最后一批人员抵达平山县。从延安撤出后新华社的两支队伍,经过长期转战,终于胜利会师。

当时,总社各部门分散住在西柏坡附近的16个村子里。编辑部住在陈家峪(同年冬搬到通家口)。印刷厂先在陈家峪,后来迁到燕尾沟。收讯台开始在韩家峪和盖家峪,后来迁到窑儿上。陕北新华广播电台和广播发射台,开始设在距陈家峪20公里的张胡庄,10月迁到井陉县窟窿峰村。年底在距西南不远的天户村,由军委三局建立了一座发射功率为3000瓦的发射台,交给新华社使用。这是建国前,解放区功率最大的一座发射台。电务处办公室和通报台开始在邸家庄,后来搬到北石门。

(二)胡乔木任总编辑

在平山县,党中央恢复并加强了对新华社的直接领导。1948

胡乔木，1948年6月至1949年6月任新华社总编辑。1949年6月至10月任新华社社长。

年6月中旬，周恩来召集廖承志、范长江、石西民、梅益、徐迈进等开会，胡乔木参加。会上，对新华社撤离延安一年多来的工作，既有表扬，又有批评。随后，中央任命胡乔木为新华社总编辑，负责审阅新华社稿件。

6月20日，铅印的《新华社电讯稿》复刊，每期印清样8份，分送中央领导人审阅。当时，中央分工是由刘少奇管新华社工作，每天都要看全部电讯稿清样，经审阅后才能播发。后来因为工作太忙，便把每天审阅清样的工作委托给了胡乔木。

7月间，中宣部会议批评新华社工作方法上存在经验主义。接着，总社认真检查改进，在组织上作了一些调整和部署。首先是从编辑部抽出部分工作人员，加强资料研究室，通过资料研究工作，配合宣传报道，指导新闻业务。该室下分解放区、蒋管区、国际三个研究组和一个图书室，工作方针是密切结合新闻业务和斗争实际，编写解释性的文章，并逐步向评论部的方向发展。此外，还担负新闻资料的搜集整理工作，管理图书资料。至10月份，资料研究室有研究员、资料员及勤务员共31人，每日可收到解放区报纸60种、蒋管区报纸18种。每月可收到各类杂志40种。图书增加到3000册。资料研究室的工作人员剪贴报纸，并进行初步分类。同时，还编辑《新华社电讯稿》和《参考消息》的索引。他们还写出了新闻评论、新华社信箱、资料和综合报道多篇，供文播、口播和英播采用。

在中央的指示下，新华社还成立了远东南洋问题研究小组，其任务是：搜集远东南洋地区的有关资料，进行整理、分析和研究，提供给中央领导和有关部门参阅。研究小组下分日本朝鲜和南洋（包括菲律宾、马来亚、印尼、缅甸等国）两个研究单位。后来由于形势变化快，人员调动频繁，这项工作没有完全开展起来。

在组织上的重大调整，还包括将口语广播部与英文广播部合并，成立统一对外宣传的广播管理部。建立了社务办公室。过去的社委会这时也扩大成为管理委员会。管委会由廖承志、胡乔木、范长江、石西民、梅益、徐迈进、徐健生、祝志澄、吴冷西、温济泽组成。

10月上旬，总社管委会举行会议，讨论中央关于健全党委制的指示和建立与健全集体领导的问题，廖承志作了检查并听取大家批评意见。会后，廖承志给毛泽东主席写了《新华社四个月工作综合报告》，全面汇报新华社的工作概况和业务现状，对领导工作中的事务主义和官僚主义作了自我批评。

在这份报告中，提到新华社当时的组织机构及负责人，情况如下：

编辑部门共设两个部，一个是编辑部，部长范长江，副部长石西民，下设编辑室，主任吴冷西，副主任朱穆之、陈适五。编辑室内设八组：军事组（组长方实）、城市工作组（组长韦明）、农村组（组长丁树奇）、国际组（组长胡韦德）、蒋管区组（组长王宗一）、英译组（组长萧希明）、中译组（组长李宏烈）、参考消息组（组长陈昌谦）。在编辑部统一领导下，设资料研究室（主任由石西民兼，秘书吴江），下分解放区组（组长余宗彦）、蒋管区组（组长廖盖隆）、国际组（组长黄操良）、图书室（负责人袁林）。另一个是广播管理部，部长廖承志，副部长梅益，下设口语广播编辑部（主任温济泽）和英文广播编辑部（主任沈建图、副主任陈龙）。

除编辑部门外，增设社务办公室，主任徐健生，下辖机要科、干部科及党总支办公室。电务处设室委会，徐迈进为主任委员，耿锡祥为副主任委员，管理文字广播台、新闻台、联络台、电话小总机、广播员组等。行政方面，秘书长祝志澄，负责管理印刷厂、托儿所以及会计、保管、运输等事务。

全社总计工作人员 743 人，其中编辑部人员 129 人，电务人员 215 人，行政人员包括印刷厂在内 399 人。

（三）成立统一编委会，改进编辑工作

为了加强对业务工作的领导，改进编辑工作，10 月 14 日，总社管委会在西柏坡胡乔木处开会，决定成立一个统一的编辑委员会，由廖承志、胡乔木、范长江、石西民、梅益、吴冷西、温济泽为委员，胡乔木为主任委员。廖承志兼任副总编辑。编委会负责处理宣传方针、编辑业务及对各总分社的领导。在编委会之下分设两个小编委会，第一编委会管理文字广播，由胡乔木负责；第二编委会管理口语广播、英语广播，由廖承志负责。还决定成立总编室（在西柏坡），范长江、石西民、梅益由陈家峪搬到西柏坡办公。广播部成立编辑室，负责编写对外宣传的稿件。加强言论工作，由总编室负责领导。实行按月总结经验制度，提高编辑水平。设法扩大英文广播稿的来源。会后，陆续从陈家峪迁到西柏坡（相距四五里）工作的新华社业务干部有 20 余人。他们在胡乔木领导下的总编室（大家称为"小编辑部"）集体办公，编写和处理重要稿件。大部分人员仍留在陈家峪做日常的编稿发稿工作。

平山时期，新华社的业务工作有了较大发展。每日收讯情况，计：（一）解放区各地来稿，约 2 万字；（二）国民党中央社电讯，1.5 万字；（三）外国通讯社消息，约 10 万字（因英译人力不足，只能译出 2.5 万字）；（四）美国新闻处中文稿，约 4500 字；（五）各野战分社密台发来战报，约 1 万字。每日发稿（广播）情况：（一）文字广播，日均 8000 字，发文件时增至 1.5 万到 2 万字；（二）口语广播，1.3 万字；（三）英文广播，10 页至 14 页（合 2500 至 3500 字）；（四）参考消息小广播，2500 至 3000 字。出版的印刷物有：《各地来稿》，日刊，由各地发来的稿件原料汇集；《电讯清样》，日刊，将各地稿件加以编辑加工后送呈中央审阅；

第三章 解放战争时期的大发展

1948年新华社编辑出版的《新华社电讯稿》和《参考消息》。

《新华社电讯稿》，日刊，是中央审批后准备当夜播出的稿件；《参考消息》，日刊，刊登中央社和外国通讯社发出的电讯；《业务汇报》，双周刊，是总社的业务刊物（前身是《每周业务一览》）；《党内资料》，不定期，刊登各地新华分社发来的党内材料和中央政策研究室对各地党内材料的摘要，专供领导同志参考；《书报快讯》，不定期。

在中央的直接领导下，新华社这个时期的报道增强了政策性和指导性，报道质量明显提高，开始改变了新闻零碎、片面的状况，加强了综合报道，增辟了新华社信箱等。编辑部门制订和公布了编辑条例：事实不允许篡改，如有疑问并认为须改动时，必须请示。还加强了对各总分社的思想、政治与业务领导，按月对各地来稿作出总结，发出指示也更为迅速及时。新华社在业务建设和组织建设上这些新的措施和新的进步，保证新华社在解放战争取得决定性胜利的时刻，完成了一系列重大战役报道和其他重大宣传报道任务。

323

七、新华广播电台在转移中播音

1947年3月，新华社随中共中央撤出延安，延安新华广播电台从20日起改称陕北新华广播电台。随后又转移到太行山区涉县。1948年5月，陕北新华广播电台转移到西柏坡，在这里继续播音，直到1949年3月转移到北平。

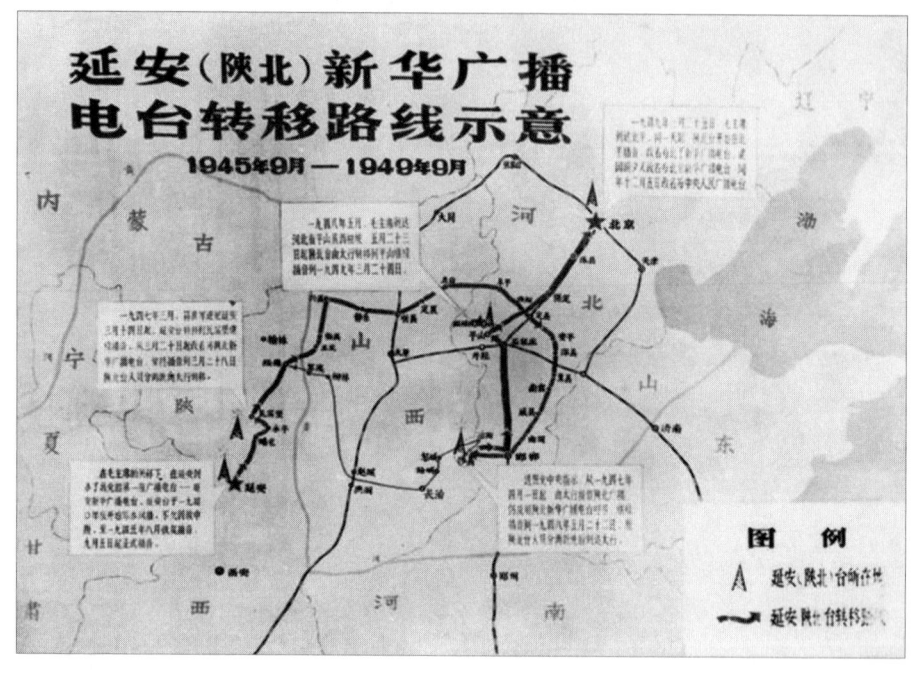

陕北新华广播电台转移路线图。

陕北台编辑部由温济泽任主任，胡若木为副主任，编辑有杨兆麟、刘衡、左荧、鹿野、高而公等。1947年8月，播音队伍中增加一名男播音员齐越。9月11日，总社在太行恢复撤离延安后一度中断的英语口播，除钱行外，增加了女播音员魏琳。当时，北平、天津、青岛和南京、上海等地都可听到英语广播，许多外国记者根据这个广播来报道中国共产党的主张和人民解放军取得的胜利。同年12月毛泽东在杨家沟会议上的报告《目前形势和我们的任务》英文稿，是由钱行口播的。她参加了这篇文章的翻译、校对等工作。据她回忆，"文字稿完工后，坐下来喘口气，才开始仔细领会文件精神。为了更好地播出这篇重要文章，我在稿子上画了不少提示性记号，做了重点演练。傍晚单身一人步行赶到约5里外的沙河播音室，播完后如释重负。组里的同志留在编辑室用小收音机收听了这次广播，说我播得不错，有力量，我才感到宽慰。"[①] 有一天傍晚，她赶往沙河去播音途中，一只大灰狼从山坡上冲她跑过来。她不禁大声叫喊，同时急中生智，拿出平常总是随身携带的吃饭用的铜勺子和罐头铁饭筒，高高举起叮当乱敲。那只大灰狼调头朝山坡逃窜，算是有惊无险。

解放战争时期，延安（陕北）新华广播电台根据战争形势的发展和中国共产党的战略方针，把宣传重点放在集中一切力量加强军事宣传和政治宣传，以全面配合人民解放战争，动员和鼓舞解放区军民和国民党统治区人民起来粉碎国民党的军事进攻，争取中国革命的胜利。主要宣传内容是：（一）根据战争形势的发展，发表有关战局的评论文章和报道人民解放军取得的胜利；（二）动员和组织解放区人民支援解放战争；（三）开办《对国民党军广播》节目，直接配合军事斗争，从政治上分化、瓦解国民党军队；（四）声援和促进国民党统治区的爱国民主运动，推动第二条战线斗争的胜利开展；（五）举办文艺节目，既丰富了广播节目，又反映了解放区文艺创作的成果。

当时，新华社的口语广播产生了很大的影响。国民党统治区的地下党和进步群众秘密收听解放区广播的人很多。1947年2月28日，重庆《新华日报》被国民党当局查封后，国民党统治区的地下党和各界人民更多地通过延安（陕北）台来获得中共中央和解放战争的真实消息。1947年3月底，中共川东临时工委委员彭咏梧在

[①] 彭迪、钱行：《星星之火的"中国之音"》，原载新华社《新闻业务》专辑2007年第5期。

新华广播电台播音员齐越,在刚刚解放的北平广播新闻。(摄于1949年春)

重庆领导建立起一个新华广播电台收音站,每天收听陕北台的新闻,并把记录新闻抄收下来印成电讯小报,在山城秘密散发。中共重庆市委地下机关报《挺进报》于7月创刊后,这个收音站就成为《挺进报》的收音站,专门收听、抄录陕北广播,至1948年4月停止。另外,《挺进报》还派成善谋负责抄收新华社广播新闻,供报纸刊登。1947年10月,中共重庆市委创办的《反攻》半月刊和地下党办的《突击报》,也刊登陕北台广播的重要文件、消息和评论。在成都,1947年春,中共川康特委负责人之一的马识途,曾组织专人秘密抄收陕北台广播新闻,刊登在油印小报《XNCR》上,秘密散发到党组织和进步群众中去。在北平,地下党为及时听到中共中央的声音和解放军胜利消息,秘密安排陆元炽等人每天抄收陕北广播,编印《新闻资料》分送地下党各支部。从1947年夏到1948年8月,编印出版近60期,加上专辑、特刊,共约80期。在上海和南京,都有地下党组织收听和抄录新华社广播,秘密印制成传单，采取投寄或秘密散发的方式加以传播，鼓舞人民群众坚持斗争。

从1948年5月23日起，陕北新华广播电台开始在平山播音。从这时到1949年3月25日迁入北平，陕北台在10个月的时间里，陆续制定了《播音手续》《编稿发稿工作细则》《口播清样送审办法》等文件，使编辑制度更加完善，培养了一批高素质的广播工作者，从而保证了在紧急状况下完成播音任务。1948年5月29日，陕北台播出了毛泽东为中共中央起草的文件《一九四八年的土地改革工作和整党工作》。文件全文3300字。播音员拿到文件只有一小时准备时间，编辑部指定齐越口播这篇稿件，并在稿件上注明："毛主席指示：此文件不要播错一个字。"齐越认真备稿，播音时注意力高度集中，一字不错地播完全文，圆满地完成了这项重要的播音任务。

第五节　解放区群众运动和土地改革的报道

一、解放区群众运动的报道

在解放战争初期，新华社的中心任务，除了军事宣传外，还有解放区的群众运动和生产建设的宣传。1946年5月26日，总社根据中央精神，对各分社发出了《大力报道解放区群众运动的情况和经验》的电报，指出：在减租尚未贯彻，群众尚未发动起来的地区，群众反奸、诉苦、清算、减租减息，是最重要的宣传中心之一，应大力组织，不断地报道（在减租已贯彻地区，主要是宣传群运效果，如生产及各项建设等）。电报列举了4个方面内容作为报道的重点，要求报道方法要多注意介绍典型生动事例，写作力求具体，切忌抽象化、一般化和泛泛地报道概括情形和笼统数字。要学会在字数有限的电讯中，扼要写出具体生动的典型或运动过程，纠正"要介绍经验，非长篇大论不可"的观念；也可运用文章、通讯、特写、报告等形式。同年6月和7月，总社再次发出指示，提出对解放区群众运动和生产建设的报道意见。

各地分社组织学习和贯彻总社的指示，纷纷派出记者深入各地，报道新解放区开展的反奸反特、清匪反霸等斗争，摧毁旧政权，建立民主政权和农会、工会等群众团体，以及随后转入大规模的群众性的减租减息运动；报道老解放区对于减租减息法令贯彻情况的复查工作，以及各地在减租减息的基础上开展的生产运动和建设解放区的积极性，报道了在群众运动中涌现的典型事例、先进人物、新事物和新气象。

新华社的报道指导了解放区的工作，鼓舞了广大群众保卫解放区的热情。对国民党统治区的群众来说，则打破了国民党的造谣诬蔑，增进了对解放区的了解。

随着解放战争的胜利发展，解放区的土地改革运动也在深入进行。轰轰烈烈的土地改革运动在解放区开展以后，千百万翻身农民扬眉吐气，欢欣鼓舞。他们积极投入生产建设当中，农业生产得到了明显的发展。为了保卫胜利果实，大批农民青年踊跃参军，社会各界全力支前。新华社和各地报纸对土改中涌现出的典型作了大量报道。新华社特派记者华山曾经这样记述东北解放区人民发展生产建设支援前线的情景：当时给我印象最深的是一路上的大屯子秫秸堆成山，粮食囤子又高又大。大马车装着冰冻生猪，一眼看去，就是成百上千辆，浩浩荡荡，直奔前线。老百姓用火烧着木头，把冰冻三尺的土地烧透，挖出反坦克壕。马拉的雪橇上，用高粱席子做个暖罩，两头都有挡风的小门。雪橇里摆一条厚棉被子。兵站用火烧热青砖，用棉花和碎布包起，把青砖塞到被窝两头，伤员躺在被里，走5里地是冻不坏耳朵和双脚的。就是在这个背景上，东北前线展开了"三下江南"战役，配合南满，四保临江。

二、土地改革的报道

土地改革，是新华社新闻报道的又一项重要任务。新华社和解放区报刊一起，热情报道了土地改革这一伟大的群众运动，并从土改运动和当时的整党工作中经受了考验，锻炼了新闻队伍的立场和作风。从1946年到1948年，新华社对土地改革的宣传充分反映了这场伟大的群众斗争，为群众讲了话，撑了腰。

1946年5月4日，中共中央发布《关于土地问题的指示》（即《五四指示》），决定将抗日战争以来实行的减租减息政策，改变为没收地主土地分配给农民的政策。为总结前段土改工作的经验，推动解放区土改运动的进一步发展，1947年7月至9月，中共中央工作委员会在西柏坡召开全国土地会议，会议着重讨论土改和整党两大问题，制定了《中国土地法大纲》，于10月10日正式颁布。《大纲》明确规定废除封建性及半封建性剥削的土地制度，实行耕者有其田的土地制度。随后，各地抽调大批干部组成工作组，深入农村开展工作。同时，结合土改运动，又开展了整党工作，进行三查（查阶级、查思想、查作风）三整（整顿组织、整顿思想、整顿作风），解决各地党组织特别是农村基层党组织中，思想、作风和组织不纯的问题，以保证土地改革的顺利进行。

从1946年8月起，总社开始了土地改革运动的宣传。当时人民解放战争初起，中共中央在5月13日曾发出关于目前解放区土地改革宣传方针的指示，指出："在目前斗争的策略上，我们在各地报纸上除开展宣传反奸、清算、减租、减息的群众斗争外，暂时不要宣传农民的土地要求、土地改革的行动以及解放区土地关系的根本改变，暂时不要宣传中央1942年土地政策的某些改变，以免过早刺激反动派的警惕性，以便继续麻痹反动派一个时期，以免反动派借口我们政策的某些改变，发动对于群众的进攻。"总社按照中央指示，多次发出业务通报，提出报道要点。如8月4日的《情况通报》第3号中关于"土地改革运动"这一条指出，报道中尤需介绍农民发动和组织的具体过程，斗争中对汉奸、豪绅恶霸的揭发打击与对中小地主和富农的照顾，开明地主的献地，整个运动的系统和典型经验，农民翻身后的欢乐生活和农村面目的改观。9月22日发出的《情况通报》第4号中，"关于土地改革"的条目指出：(1)介绍减租清算斗争的范例，最好能介绍出群众斗争的场面和办法，既使农民得到土地，而又能适当照顾地主，勿过分损害富农，不侵犯工商业部分，丝毫不损伤中农的事例。(2)土地改革后，社会安定，农民生活提高，购买力增大，促进市面繁荣，工商业发达，农民生产热情高涨，积极为保地保家而斗争的情形。(3)介绍开明地主、返乡地主和工商业家的生活，说明政府照顾、安置情形，并由他们的言谈，说明土地改革为正义之举。11月27日发出的《情况通报》第6号中，"关于土地改革"条指出："除了报道翻了身的农民如何参加和拥护自卫战争以外，还须报道照顾和争取地主和地主拥护自卫战争的典型事例。"

1947年3月1日，总社致电各总分社，表扬朱穆之采写的《太行小型合作社》稿件，认为它"简练地报道了一个生产致富的工作典型"。3月3日，总社又致电各总分社，表扬《冀中中心地区土改大体完成》一稿，是同类报道中较好的一篇。

1947年10月全国土地会议以后，新华总社加强了对土地改革的宣传报道。

首先是迅速播发中共中央颁布的《中国土地法大纲》和《关于公布中国土地法大纲的决议》等重要文件，广泛宣传土地改革的路线、方针、政策，把土地改革和人民解放战争联系起来，着重宣传通过土地改革消灭几千年封建剥削制度，推翻地主阶级，就是挖掉蒋介石国民党政权的统治基础。这一宣传通俗形象，很快深入人心，以致当时解放区人民群众中普遍流行着"前方打老蒋，后方挖蒋根"的生动说法。同时，新华社还及时编发了国内外媒体的反应。如上海美商办的《密勒氏评论报》评论说：中国"国内战场的真正分界，是在这样两种不同的地区中间，在一种地区（指解放区）是农民给自己种地，在另一种地区（指国民党统治区），是农民给地主种地"，由此造成的人心向背，"将不但决定国共两党的前途，而且将决定整个国家的命运"。纽约《先驱论坛报》也认为，在中共领导的声势强大的土地改革面前，蒋介石国民党失败的命运不可避免。

其次，揭露地主阶级的罪恶，报道农民申诉冤苦。新华社播发了大量稿件，报道封建地主阶级利用高地租、高利贷以及强取豪夺等手段，残酷剥削和压迫农民的种种事实；通过诉苦运动，揭发地主的罪恶，提高农民的觉悟，使广大贫雇农扬眉吐气，积极参加土改斗争的事迹。同时还及时报道了地主阶级抗拒和破坏土改的罪恶活动，激发人们的革命警惕性。

再次，介绍和推广典型经验，宣传党的纠"左"政策，指导土改运动的健康发展。土地改革运动猛烈地冲击着几千年来的封建土地制度。在急风暴雨式的群众运动中，许多地方发生了扩大打击面的"左"的偏向。党中央发现这些偏向后，及时采取措施加以纠正。1947年12月，新华社播发了中共中央重新颁布的《怎样分析阶级》和《关于土地斗争中一些问题的决定》两个文件，1948年1月又发布了任弼时《土地改革中的几个问题》的讲话。3月，新华社播发了通讯《山西崞县两个区是怎样进行平分土地的》和毛泽东的批语。

《山西崞县两个区是怎样进行平分土地的》这篇通讯讲到，那里的群众斗争已经展开，群众对于分配土地已经酝酿成熟，在一个农民的代表会议上完成了平分土地的一切准备。那里对于划分阶级成分，曾经划错了许多人，但是已经公开地明确地经过群众代表的讨论，决定改正。对于不给地主以必要的生活出路，不将地主富农加以区别，侵犯中农利益等项错误观点，作了批判。批语指出："现在是成千万的人民群众依照党所指出的方向向着封建的买办的反动制度展开进攻的时候，领导者的责任，就是不但指出斗争的方向，规定斗争的任务，而且必须总结具体的经验，向群众迅速传播这些经验，使正确的获得推广，错误的不致重犯。"在这之前，新华社还播发了陕甘宁解放区绥德县黄家川土改工作的经验和晋察冀解放区平山县农村整党工作的经验。所有这些，对纠正"左"的偏向，指导土改运动的健康发展，都起到了重要作用。

三、土地改革宣传中的错误

新华社在土改宣传中，虽然取得了很大成绩，但是也存在着不少错误，主要表现在传播了许多包含"左"倾错误偏向的通讯和文章。

1948年2月11日，中共中央发出毛泽东起草的党内指示《纠正土地改革宣传中的"左"倾错误》，指出了这些错误偏向：

（一）不是宣传依靠贫雇农，巩固地联合中农，消灭封建制度的路线，而是孤立地宣传贫雇农路线。不是宣传无产阶级联合一切劳动人民、受压迫的民族资产阶级、知识分子和其他爱国分子（其中包括不反对土地改革的开明绅士），推翻帝国主义、封建主义和官僚资本主义的统治，建立中华人民共和国和人民民主政府，而是孤立地宣传所谓贫雇农打江山坐江山，或者说民主政府只是农民的政府，或者说民主政府只应该听工人和贫雇农的意见，而对中农，对独立劳动者，对民族资产阶级，对知识分子等，则一概不提。这是严重的原则性的错误。而我们的通讯社、报纸或广播电台竟将这类通讯发表。各地党委宣传部，对于此类错误竟没有任何的反映。此类宣传，在过去几个月中虽然不是普遍的，但是相当多，以致造成了一种空气，使人们误认为似乎这是正确的领导思想。甚至因为陕北广播电台播发了某些不正确的新闻，人们竟误认为这是被中央认可的意见。

（二）在整党问题上，关于既反对忽视成份、又反对唯成份论的宣传，有些地区不够有力，甚至有唯成份论的错误宣传。

（三）在土地改革问题上，关于既反对观望不前、又反对急性病的宣传，有些地区是抓紧了；但在许多地区却助长急性病，甚至发表赞扬急性病的东西。在领导者和群众的关系问题上，关于既反对命令主义、又反对尾巴主义的宣传，有些地区是注意了；但在许多地区却错误地强调所谓"群众要怎样办就怎样办"，迁就群众中的错误意见。甚至对于并非群众的、而只是少数人的错误意见，也无批判地接受。否定了党的领导作用，助长了尾巴主义。

（四）在工商业和工人运动的方针上，对于某些解放区存在着的严重的"左"的倾向，或者加以赞扬，或者熟视无睹。

各地工作中的这些错误偏向，在新华社的宣传报道中都有不同程度的反映。当时新华总社在太行，对中央政策学习不够，对文件精神领会不深，对许多分社来稿没有认真推敲，没有及时请示汇报，因而在政策宣传上出现偏差，组织纪律上也犯了错误。

在中央发出党内指示后3天，即2月14日，毛泽东、周恩来通过范长江领导的工作队发电报给总社，指出："关于政策宣传问题，中央已有2月11日电，总社在宣传中必须把握该电精神，慎重处理。不健全的通讯或文章，宁可不发，并将发现的问题，立即反映给我们。"还指出："你们工作紧张，又要三查，所以请考虑不要派许多干部去参加土改。你们的重要任务，是使总社工作做好，对于整个反帝反封建革命，保证其胜利。三查的目的，须为改进工作，改造思想，不要反而妨害工作。"①

总社遵照中央指示精神，于3月22日组织3个小组，开始对总社自《土地法大纲》颁布以来的土改稿件，进行一次全面系统的大检查。这次检查历时两周，查出有错误的稿件74篇，占全部土改稿件的三分之一。通过检查，开展批评和自我批评，总结经验教训，大家在思想上受到了教育，政策水平得到了提高。

多年以后，1978年3月11日，廖承志在《人民日报》发表题为《教诲铭心头　恩情重如山》的文章，缅怀周恩来，其中提到了这件事。他说：撤出延安之前，"毛主席同周总理找我去布置任

---

① 原件存中央档案馆。

务……周总理还指示我,到晋冀鲁豫解放区后,必须事事向中央请示。我按照他老人家的指示,坚持将各地送来的战报严密向中央请示,先发给陕北,由毛主席逐字逐句修改后,我们才发表。但是,关于土地改革运动的报道,我却没有请示主席和周总理……不加选择地传播了许多包含'左'倾错误的通讯或文章。""陕北战役结束后,毛主席和周总理经晋绥到河北,我们就到河北平山县西柏坡去和中央会合。头一天,我们去主席那里作检讨。主席说,你的错误是严重的,但也是九个指头与一个指头的问题。周总理对我的批评就严格些。他说:'我嘱咐过你要向中央请示,为什么只是战报作了请示,土改宣传就不请示呢?你要留下来整风,向中央和新华社同志作检讨。'后来我们认真作了检讨。这一次,毛主席和周总理对我的批评,是对我的极大的教育,我时刻都铭记在心。"

第六节　反对"客里空"运动

一、建立好的作风

1947年8月3日,中共中央宣传部部长陆定一在转战陕北途中给社长廖承志和社委会发出一封指示信,代表中央对新华社工作提出严格要求。总社把这封信印发各地总分社,并转各分社、支社和特派记者,要求讨论和贯彻执行。陆定一在信中说:

"这次撤出延安之后,希望大家把一个好的作风建立起来,以此影响整个解放区新闻工作。很认真地做到这个作风,就是种极其负责的态度,就是不马虎不苟且,拿精制品来。要拿出精制品来,当然更不要坏东西。例如作文章,写消息,总要能解决一个问题,或解释清楚一个问题,不是以成语堆砌起来,作空洞无物的所谓宣传。要达到这个目的,就需要掌握材料,研究所写的问题,深思熟虑地做分析,总要使自己写出去的东西,对人民有些益处,没有益处就是白吃了'公粮',对不起人民。在内容上如此。在形式上要向人民大众的语汇学习，尽量使我们写出来的东西，一方面是意思确切，一方面又是我们所需要的作风，就是实事求是。实事就是要真实反映，求是就要依据材料，分析问题，这样来解释问题与解决问题。自从退出延安以后，深深觉得资料少了，许多事情许多方面不知道，也没有用苦功来搜集与研究材料，因此所写的文章是在'吃老本'，是'聊胜于无'，如此下去，就会造成上面二种坏的作风。新闻工作者的小资产阶级的一套，如自高自大，浮草了事，不安心工作等，就会发展起来，留在这里的一些同志们也有此种现象，尤其是作品水平亦降低了。你们在行军中，这种情形也必然会发生和发展起来。记者同志中如此，其他部门的工作人员也是如此，这就会损害总社的工作和质量。统计解放区的新闻工作的害处，将这问题能完全在同志中深入地动员，并切实加以检查，好的奖励，坏的批评，就会较好和有进步。如果你们注意这个意见，望与各同志商量后执行，并将情况告诉我们。"[1]

这封信指出了当时新华社业务工作中存在的一些缺点，如工作作风上不严谨，不能下苦功夫搜集和掌握材料，深入研究和分析问题，因而影响到新闻工作质量的提高。中央要求新华社在工作中建立一个好的作风，并以此影响和推动解放区新闻事业的发展。这种好的作风，就是实事求是，严谨细致，调查研究，分析问题和解决问题。关键是拿出"精制品"来。

对陆定一代表中央的这封指示信，总社高度重视，立即印发全社，在编辑记者中开展学习和讨论，并检查工作。在大家的努力下，这封指示信的精神，在总社编辑部门和各地总分社、分社、支社及特派记者中，都得到了不同程度的贯彻。例如，编辑工作更加细致和谨慎，加强了材料的搜集和研究工作，记者更精心于写作，军事报道和评论的质量逐步提高。在战争年代艰苦动荡的环境中，这封信对于整顿工作秩序，建立良好的作风，促进新华社的思想建

---

[1] 原件存中央档案馆。

设和业务建设发挥了重要作用。

二、开展反"客里空"运动

新华社在太行时期，由晋绥日报和晋绥总分社发起，经过新华总社的推动引导，解放区新闻界曾普遍开展过一次反对"客里空"[①]的运动。这是我国新闻史上的一次大规模的反对弄虚作假、以维护新闻真实性为内容的教育运动。这次运动捍卫了新闻必须真实的原则，提高了新闻队伍的素质和读者对人民新闻事业的信任。

1947年6月25日、26日，《晋绥日报》分两日连续发表了署名"本报编辑部"的长篇文章《不真实新闻与"客里空"之揭露》，公开检查该报自1946年5月以来登载的严重失实的新闻报道。以后，又连续刊登记者、作者、通讯员的自我检查和揭露的失实报道材料，从而揭开了反"客里空"运动的序幕。

在此之前，《晋绥日报》曾在报上选登《前线》剧本中有关"客里空"的段落，并配"编者按"指出：关于"客里空"的描写，"会使我们的眼睛更明亮起来"，"我们的编者作者应该更加警惕，并勇敢地严格检讨与揭露自己不正确的采访编写的思想作风，更希望我们每一个读者都起来认真、负责、大胆地揭发客里空和比客里空更坏的新闻通讯及其作者，在我们的新闻阵营中，肃清客里空。"

从《晋绥日报》发布的一系列材料看，当时新闻工作中的失实报道是严重的。少数记者不尊重客观存在的事实和斗争实际，在采访写作和编辑工作中存在个人主义、主观主义和粗枝大叶作风，造成新闻报道的失实和夸大。例如，采访中道听途说，捕风捉影，渲染夸大；编辑工作中主观臆断，任意增删；译电、校对等工作中责任心不强，马虎、错漏等。不真实的报道引起了广大群众的不满，暴露了新闻工作队伍中存在的思想、立场和作风不纯的问题。

---

① 客里空原是苏联卫国战争时期剧本《前线》中的一名捕风捉影、捏造事实的新闻记者的名字，后被新闻界借用，"客里空"就成为不真实新闻和弄虚作假的新闻作风的代名词。

新华总社一直关注着晋绥解放区开展的反"客里空"运动。8月下旬,总社播发了《晋绥日报》开展反"客里空"运动的新闻。8月28日,新华社发表署名总社编辑部的文章《锻炼我们的立场与作风——学习晋绥日报检查工作》,推广《晋绥日报》反"客里空"运动的经验,指出:"人民的新闻事业已发展成为一支强大的军队,它是人民解放运动中一个有力的思想战斗武器,它的发行最大量,影响最普遍,反映最迅速,因此与人民联系最密切……过去各解放区都曾做过一些改进新闻军的工作,而且已有若干成绩,但如晋绥日报六月下旬开始的这样公开地、群众性地检查工作,则没有做过。所以晋绥日报这次的反对'客里空'运动,在人民新闻事业建设过程中是有历史意义的,而且不但对晋绥一地有意义,对其他解放区同样有意义。"文中号召:"各解放区的新闻工作单位、部门及个人,均应普遍在公开的群众性的方式下,彻底检查自己的立场与作风,要由此开展一个普遍的学习运动。"

8月29日,新华社发表题为《学习晋绥日报的自我批评》的社论,进一步指出:"晋绥日报的自我批评,是土地改革中的一个收获,它必将使新闻工作更加向前推进一步。这种自我批评,不仅各解放区的新闻工作者要学习,而且一切工作部门都应当向它学习,以便更加改进自己的工作。"

9月1日,新华社再次发表社论,题目是《纪念"九一",贯彻为人民服务的精神》,对人民新闻事业的特点作了深刻阐述,指出这种特点,即是明确的人民的立场,为人民服务的极负责的态度与实事求是的作风。

11月9日,中共中央宣传部发出反"客里空"运动的指示,指出:"由晋绥发动的反客里空运动,是土改中的一个重要收获。中央已号召应将此种自我批评的精神应用到各种工作中去,使我们的各种工作,都能有带有根本性质的某种改变,以适合于改变了的土地政策，彻底消灭封建与半封建制度。"①

在中宣部和新华总社的号召和推动下，反对"客里空"运动迅速在全国各个解放区开展起来。《晋绥日报》和新华社晋绥总分社在9月间连续发表了《更虚心、更勇敢、更彻底的揭露与改正错误》《关于"客里空"的检查》等文章，继续深入检查自己的工作，并把肃清"客里空"和整党工作，检查端正党内领导作风结合起来。在晋冀鲁豫、晋察冀、陕甘宁、山东、东北、华中等解放区，党报和新华总分社也纷纷行动起来，揭露工作中的"客里空"现象，检查失实报道及其原因。许多报纸转载了《晋绥日报》的有关材料和新华社的评论文章，举行座谈会，在报纸上以大量篇幅向读者公布在组织报道、采访、编稿和校对工作中发生错误的详细检查材料，发表了部分读者来信和作者的自我批评，把报纸对不真实新闻的检查，置于广大读者的监督之下。

各地新华分社联系实际，对照检查自己采写和编发的稿件，查找事实、技术、政治性错误，分析产生错误的原因，查思想，查立场，总结经验教训。以吕梁分社为例：由分社负责人主持，参加运动的记者有6人，多是参加新闻工作不久的青年人，他们缺乏新闻工作的必要常识，有些记者道听途说、凭空想象，发生失实报道的现象比较严重。经过检查，发现不少问题，主要表现在下列几个方面：（一）采访不深入，不调查研究，偏听偏信，人云亦云。如有的记者把一个当过日伪警察、便衣特务的杀人凶手，作为杀敌有功的英雄人物进行报道；（二）片面追求新闻写作创新，任意篡改客观事实。如在一条战斗消息中，为了写出"速战速决"，竟把30分钟结束攻城战斗，写成"守敌于5分钟全部投降"；（三）主观臆造，明知故错。如在采写农村抗旱打井时，为了突出打井的艰难，故意抬高地势，写成高出平川1500公尺。这个数字毫无根据，完

---

① 《中央宣传部对反客里空运动的指示》，原载《中国共产党宣传工作文献选编》(1937—1949)第672页，学习出版社1996年出版。

第三章
解放战争时期的大发展

全是凭空想象。对敌斗争，夸张渲染，如写侵入汾阳文水等地的阎锡山军队"陷入游击战争火海"，实际上当时这几个县的群众情绪低沉，当地地方部队也已暂时转移。作者为了鼓舞斗志，主观臆想出一个开展游击战争的框框，所用材料也是道听途说，并非亲眼目睹；（四）编辑稿件，随意修改，如把计划中的事写成已付诸实际行动等。1947年12月8日，《晋绥日报》应吕梁分社的要求，把他们的检查材料及有错误者的名字一起在报上刊出，以便读者批评监督。吕梁分社同志在自我检查中，不仅检查了失实事例，还检查了造成错误的思想根源和心理状态。如检查到有些稿件失实，是记者片面追求见报率造成的，这种为了个人出名而不顾客观事实的思想作风，是个人主义的表现。

解放区开展反对"客里空"的运动取得了很大成绩。它维护了新闻的真实性原则，密切了党的新闻事业和人民群众的关系，使新闻工作者在思想上受到了很大教育，锻炼了立场和作风，提高了新闻队伍的素质，恢复和提高了党的新闻事业的威信。但是，反"客里空"运动是在当时土地改革运动发生"左"倾错误进程中开展的，带有"左"的思想的偏向，因而存在着乱扣帽、乱上纲等问题，批评的问题有的与事实不符，有的干部因此受到伤害。新华社记者艾柏被作为"客里空"的典型受到批判，就是一个教训。

1947年6月25日，《晋绥日报》在《不真实新闻与"客里空"之揭露》一文中，首次点了艾柏的名字。这篇文章说，"去年11月（注：应为10月）本报二版《临县张家湾抢收》一讯，作者艾柏，当时在临县县委任宣传干事，是本报的通讯员，现在太岳某纵队当记者……艾柏被派到张家湾，调查所谓'侵犯中农'的情形，他一去就住在地主张顺鸿家里，帮助地主夺回群众清算斗争果实，硬说该地主是一个'中农'。"文章批评说："艾柏这一报道，其动机是恶劣的。"

事实是，1946年艾柏在中共临县县委担任宣传干事期间，被派到张家湾纠偏。他下去进行了调查研究，发现张顺鸿是中农，由于"左"倾错误，土改中被错划成地主。他报告县委和区委批准，在村里多次召开座谈会后，恢复了张的中农成分和退还没收的财物。这是按政策办事。

但是新华总社在8月28日的编辑部文章中引用了《晋绥日报》的报道，并说："对于这种人应有愤慨，大家努力把我们的新闻军的立场锻炼提高一步。"在第二天发表的社论中，再次批判艾柏"站在地主方面反对农民"。新华社的文章经陕北新华广播电台向全国播发，并广泛刊登在许多报纸上，使艾柏成为"客里空"的典型人物。1947年10月，艾柏受到撤职处分。

艾柏，原名艾石安，解放后改名艾长青，四川奉节人，1938年参加革命工作，同年加入中国共产党。抗日战争时期历任八路军三五九旅政治干事、晋西北《抗战日报》《晋绥日报》记者。1946年曾在中共临县担任宣传干事，11月调新华社吕梁分社，后随陈赓部队进抵太岳地区采访，1947年8月任新华社豫陕鄂野战分社记者，随军转战中原。《晋绥日报》和新华总社点名批判艾柏时，艾柏正在陇海西线随军采访。闻此讯息，他当即写了申诉信，寄给总社。后来又提出澄清事实、恢复名誉的要求。由于当时处于战争环境，有关问题被拖了下来。后来，艾柏被调回总社，分配了工作。解放后，艾柏历任新华社南京分社采编主任，天津分社副社长、社长，河北分社社长。

第七节　解放战争时期的军事报道

一、自卫战争的报道

在重庆谈判期间，蒋介石为了以军事行动向中共施加压力，迫使中共代表在谈判桌上屈服，除加速向前线调运兵力外，还下令各地的国民党军队向人民军队和解放区进攻。中国共产党对此进行了针锋相对的斗争。遵照中共中央、中央军委的指示，解放区军民奋

第三章
解放战争时期的大发展

起抗击，相继组织了上党、绥远（平绥）、邯郸（平汉）、津浦和同蒲路等战役，挫败了国民党军队的进犯。

据不完全统计，从1946年1月到6月，国民党对解放区的大小进攻达4365次，占领解放区城市40座，村镇2577处，使用兵力累计达277万人之多。从1月到5月，国民党军队进行师以上的调动达42个军118个师，约130万人。在关外，蒋介石以"接收主权"为名，利用停战机会，不断大量增兵东北，抢占东北战略要地，同时，不承认人民军队在东北的合法地位。因此，停战协定签订后，在全国形成了关内小打、关外大打的局面。

在自卫战争期间，新华社按照中央"力争和平，坚决自卫"的方针，坚持有理、有利、有节的策略原则，进行了积极有力的报道。报道的重点，是宣扬解放军的胜利战绩，和自卫战争之爱国、正义与自卫性，同时注意揭发蒋军之进攻与暴行。

1945年10月30日，国民党第十一战区副司令长官兼新八军军长高树勋，率其直属之新八军（包括暂二十九师、新六师两个师）全体官兵在战场起义，反对内战，站到人民方面来。新华社迅速发表起义消息和高树勋将军的通电，还播发了毛泽东修改的综合消息《冀南我军自卫战大捷》，产生了重大影响。11月26日，新华社又播发了安岗在太行前线采访被俘的国民党第十一战区副司令长官兼四十军军长马法五的谈话，表示四十军全体官兵反对国民党进行内战，渴求和平。至1946年夏，各地总分社和分社发来不少战斗通讯和综合性的战报，经总社播发全国。其中受到总社表扬的军事报道，有进驻长春，四平街保卫战，解放泊头，胜芳保卫战，解放五台、忻口及山东战报等。

四平街保卫战历时较长，引人瞩目。1946年4月中旬至5月中旬，国民党军队为夺取长春，以七十一军和新一军为主力共7个师开至前线，在飞机大炮坦克的掩护下，向四平街地区发动猛烈进攻。东北民主联军进行了英勇抗击，打退敌人多次反扑，战斗激烈。新华社记者深入前沿阵地，连续地多侧面地进行报道，发出了多篇消息和通讯。刘白羽写有《英勇的四平街保卫战》，陈沂写有《民主联军士气旺盛坚守四平街阵地》《四平保卫战完成任务进犯蒋军损失重大》《以和平为重——民主联军挥泪别长春》等报道，总社都及时播发，让全国人民了解真相。

这里，还须提到关于东北抗日联军斗争事迹的报道。那是1946年2月，新华社记者穆青和作家魏东明接受中央交给的紧急任务，从东北总分社和东北日报社驻地吉林海龙县出发，在东北局派出的一个班战士护送下，日夜兼程，冒着零下30多摄氏度的严寒，前往北部山区，采访东北抗日联军领导人周保中将军。周保中是东北抗日联军的统帅，是威震敌胆的民族英雄。在东北沦亡的14年当中，特别是在杨靖宇将军牺牲后，他率领抗日健儿，长期转战于白山黑水之间，出生入死，独撑危局，是人们心目中富有传奇色彩的英雄人物。这次采访，是抗联部队与党中央中断联系十多年来第一次见到关内来的亲人，使周保中激动得热泪盈眶。穆青采写的《周保中将军答记者问》，发表于3月12日延安《解放日报》上（刊登时改题为《周保中将军纵谈东北抗战历史与现势》）。穆青撰写的《抗日联军十四年斗争史略》在延安《解放日报》和《东北日报》上同时刊出。这些稿件以无可争辩的事实和大量材料回答了一个问题：谁是东北大地的主人？谁有权接收东北？中国共产党领导的抗日武装，在东北大地同日本帝国主义进行了长达14年的浴血奋战，为挽救民族危亡做出了最大的牺牲，建立了丰功伟绩。而国民党未出一兵一卒，现在根本无权接收东北。这些报道有力地配合了当时的政治斗争。

总社在播发报道的同时，加强了评论工作。从1945年8月至1946年6月，新华社播发了《评蒋介石发言人谈话》《揭露阎锡山滔天罪行》《美军武装干涉中国内政真相》《驳斥中央社无耻造谣》《驳国民党军委会发言人诡辩进攻中原热河责任》《评东北内战形势》《驳斥何应钦制造内战借口》《驳斥蒋记国防部发言人荒谬谈话》《光荣的四平街保卫战》等重要评论，以确切的事实，严密的说理，揭露了国民党政府，教育了人民。

对于自卫战争的宣传，1946年9月，总社发出通知，要求：（一）多宣传胜利战绩。每一大的胜利，都应连续组织报道，并配以评论、通讯，强调消灭其有生力量，不时统计蒋军之被俘、伤亡、逃跑、疾病等各种损失。宣传我方之参战动员和俘获补充情形。对于战局多加分析，说明我之有利形势与蒋方之种种困难。城市撤退可作适当报道，但须尽可能简明，避免助长蒋方气势，并应尽可能报道撤退的有计划，蒋军付出多少代价，人民反抗意志和情绪增长，游击战广泛展开，蒋军困难增多等。（二）不仅报道主力兵团的运动战，而且要多介绍游击队（包括武工队）、民兵和广大群众的游击战，特别是被侵占区及边缘区，以显示我之自卫战为全民战、群众战性质，立于不败之地。要介绍其各种传奇性、故事性的活动，描写其气势和作用，特别要介绍地雷战和武工队活动，以及消耗和瓦解蒋军情形。介绍他们的领袖，英雄和典型人物，手法上不妨多采用简短的报告文学形式。（三）报道双方群众关系。反映我方在战争中发动群众，分配土地，从事建设，巩固治安，人民踊跃参战，军队纪律良好，保护和帮助人民，军民亲如家人等。报道蒋方城市腐败黑暗，横征暴敛，军行所至，奸掠焚杀，以致民怨沸腾，群众奋起自卫等。但对恐怖行为不宜报道过多，而要选取一二典型着力描写，以激起同仇敌忾。（四）介绍我方政治工作与后勤工作，士气高涨，粮弹供应良好，人民慰劳军队，彼方则粮食缺乏，弹药不济，伤病员弃置不顾，士气萎靡不振等。

对于总社提出的报道思想和报道要求，各地总分社和分社认真贯彻执行。记者深入前线，随军采访，及时报道了各地人民解放军英勇战斗，粉碎蒋军进攻的英雄事迹，写出了一批较好的稿件。

二、从记者团到野战分社

1946年6月解放战争全面爆发后，新华社各地总分社和分社以及地方报纸迅即派出记者，组成随军记者组或记者团，进行战地采访，后来发展成为新华社在各野战军中的前线分社和支社，形成了庞大的军事报道网。

（一）在部队建立野战分社

中原前线，1945年10月，以新四军第五师为基础，包括南下支队及河南的豫西、水西地区的部队，成立中原军区，并将鄂豫皖中央局改为中原局，统一领导斗争。中原局机关报《七七日报》和新华社中原分社亦随之成立，夏农苔任报社和分社的社长，谢文耀和周立波任副社长。编辑部主任由谢文耀兼任，副主任顾文华，采通部主任马仲凡，报社记者也是分社记者，有夏牧原等。由于国民党军队的进攻，中原军区从桐柏地区向东转移，后来被国民党30万大军围困在纵横不足百里的宣化店地区。至1946年夏中原突围前夕，新华社中原分社派出记者随军采访，及时报道了战局的发展。

在华东地区，1946年6月底，奉华中总分社之命，新华社淮北分社的戴邦、沈定一、宋琼等带着一部电台，前往山东野战军政治部，与从山东地方来部队采访的刘亮、郝世保（摄影记者）等几个记者会合，成立了淮北前线分社，即山东野战军前线分社。山东野战军政治部宣传科长康矛召兼任社长，戴邦任副社长。山野前线分社受新华社和山野政治部的双重领导，属野战军建制。这是新华社在野战军中建立的第一个编制属部队的前线分社。7月13日至8月27日，华中野战军取得了苏中战役"七战七捷"的胜利，新华社华中总分社派记者季音、冒雨吉、樊发源组成记者组，华中总分社通讯部副主任乐静任组长，携一部电台和报务员，前往苏中前线采访。随后成立了华中野战军前线分社，但编制不属华中野战军，社长乐静。

1947年1月底，山东野战军与华中野战军合并，组成华东野战军。山东野战军前线分社与华中野战军前线分社亦同时合并，成立华东野战军前线分社，受新华社华东总分社和华野政治部双重领导。社长康矛召，副社长邓岗，编辑部主任庄重，采访部主任丁

第三章 解放战争时期的大发展

1947年春，华东野战军前线分社组成，社长康矛召（右一）、副社长邓岗（左二）、编辑部主任庄重（右二）、采访部主任丁九（中）、副主任戴邦（左一）。

九，副主任戴邦。庄重任新华社特派记者，常驻华东前线司令部。编辑沈定一、王甸、蒋元椿。记者先后有季音、叶家林、刘亮、沈如峰、陆仁生、郝世保、邹健东、杨玲（女）、梅关桦、李后、辛冠洁、朱民（后4人不久调回山东大众日报社）等。1947年八九月间，陈毅、粟裕率领华野主力外线出击，华野前线分社在随军转战中原战场时，曾同时称西线兵团分社。留在山东坚持内线作战的3个纵队组成东线兵团（山东兵团），同时成立东线兵团分社，亦称山东兵团分社，社长陈冰。留在江苏北部坚持战斗的3个纵队组成苏北兵团，同时成立苏北兵团分社，社长徐进。这两个兵团分社都和留在山东的华东总分社直接联系。直到1948年秋，华野前线

1947年1月我华中、山东两野战军合编为华东野战军。两军前线分社也合编为新华社华东野战军前线分社（下属8个支社）。图为华东野战军前线分社部分同志和军队领导的合影。

分社随华野主力回师山东。1947年10月，戴邦调离华野，任新华社豫皖苏边区分社社长。

1948年3月，华野前线分社改组，华野政治部宣传部部长陈其五兼任分社社长，邓岗、丁九任副社长。庄重调离华野前线分社，任新华社东南野战军第一兵团分社社长。9月下旬，被任命为新华社华东前线分社副社长。据1947年10月统计，华东前线分社共有正副社长、正副部主任及编辑记者10人，电台3部，电务人员20余人，其下设9个纵队支社。华野各纵队都出版油印小报，支社实为纵队报纸的通讯采访部，管理记者和通讯员，向分社供稿的同时，向纵队报纸供稿。报纸和支社统一领导，都有二三个编辑和三五个记者，有的支社有一个摄影记者。各支社设电台一部。报务员及其他人员大部都由部队配备。华东前线分社以支社为支柱，以部队的团报和连队的通讯员组织为依托，扎根部队，面向全国，

第三章
解放战争时期的大发展

晋冀鲁豫野战分社于1947年8月5日成立。这是分社全体记者合影。

成为野战军中比较健全的分社之一。

在晋冀鲁豫地区，从1946年7月起，晋冀鲁豫《人民日报》、新华社晋冀鲁豫总分社派出记者齐语、方德、吴象，《冀鲁豫日报》、冀鲁豫分社派出阎乃一、丁曼、陈勇进，到晋冀鲁豫野战军中随军采访。8月1日，新华社冀鲁豫前线记者团在菏泽成立，团长齐语。陆续参加记者团的，还有鲁西良、周子芹、吴振全、唐西民等。同年11月，新华社特派记者李普和沈容抵达冀鲁豫前线采访，沈容曾一度参加记者团工作。1947年初，晋冀鲁豫文联派出葛洛、胡征、曾克、李南力参加前线记者工作。8月5日，冀鲁豫前线记者团扩建为晋冀鲁豫野战军（刘邓大军）野战分社（又称鄂豫皖野战分社），社长李普，副社长谢文耀，采编人员有王匡、黎辛、张铁夫、方德、杜宏、何力夫、张克刚（柯岗）、曾克（女）、丁曼、陈勇进、阎乃一、庄栋、周君谦等。

1948年1月,中原(刘邓)野战军政治部研究了野战分社的工作,决定野战分社及各纵队、军区的支社隶属各级政治部宣传部,社长由宣传部长兼任,宣传部在新闻工作上应接受新华总社的指示,负责计划及执行通讯报道工作,并把部队报纸通讯工作与新华社工作结合起来。根据这一决定,鄂豫皖野战分社改组为中原野战分社,野政宣传部长陈斐琴兼社长,李普任副社长。这年7月1日,中原总分社在中原野战分社的基础上建立,地点在河南伏牛山下的宝丰县。起初规模较小,直至7月底华东新闻大队到达宝丰县,其人员并入中原总分社。在这之前,新闻大队大队长谢冰岩和陈笑雨去总社请示,8月间他们带了总社调给中原总分社的报务、译电人员回到宝丰。谢、陈传达总社社长廖承志等的指示:由中原局宣传部副部长陈克寒规划和安排扩建中原总分社及豫西分社、豫西日报社工作。中原总分社社长为陈克寒,副社长谢冰岩,编辑部主任陈笑雨,采访部主任李普,副主任张铁夫。下辖豫西、江汉、桐柏、陕南、豫皖苏等分社和豫陕鄂野战分社。

同年11月初淮海战役打响后,由于战场辽阔,战争规模巨大,由中原总分社再兼负野战分社的任务已不适宜,因此,中原总分社同中原野战军政治部研讨,并经总社同意,决定抽调人力,重新筹建中原野战分社。但因人员、电台等问题一时不能落实,故延至淮海战役第一阶段结束,11月25日才正式成立。重组的中原(刘邓)野战分社,由野政宣传部长陈斐琴兼社长,缪海稜任副社长,主持日常工作。编辑记者有李翼振、李朝、杨毅、石峰、林田等。

1947年8月,由陈赓、谢富治领导的太岳纵队在晋南强渡黄河,挺进豫西地区。跟随纵队采访的新华社豫陕鄂野战分社成立,穆欣为代社长(后为社长)。记者最初只有冯牧、艾柏,后来增加朱言晋,朱不久在采访中牺牲。后陆续加入赵慎应、陆柱国、寒风、张结、吴祯祥、尚文、王蘅、孙肆、李翼振、于东挺、李侠等。1949年1月,中原野战军整编为中国人民解放军第二野战军,辖第三、第四、第五3个兵团,9个军。陈谢兵团为第四兵团,豫陕鄂野战分社改称二野四兵团分社。

在晋察冀地区，早在解放战争初期，为加强军事报道，《晋察冀日报》和新华社晋察冀总分社就派出了前线记者团。1947年4月10日，晋察冀中央局宣传部和晋察冀军区政治部联合发出关于成立新华社晋察冀前线野战分社的通知，并颁布分社组织条例，规定各纵队设立支社，旅建立通讯网，团建立中心小组，连建立通讯小组。当日，晋察冀前线分社成立，社长由野政宣传部副部长丘岗兼任，副社长李希庚。下辖4个支社，支社社长由野战军各纵队政治部宣传部长兼任，各支社副社长为：二纵队支社杜导正，三纵队支社张帆，四纵队支社王惠德，后勤系统支社林间。分社有编辑张磊，记者李肖白、程予等数人，配备有电台，各支社记者有萧逸、秦江、张鸣、朱汉、姚镕炉、韩庆祥、羽山等。1948年，晋察冀野战军改编为华北野战军，下辖第一、第二、第三兵团。1949年春会攻太原前夕，改称为第十八、十九、二十兵团。各兵团均成立新华分社，社长由兵团政治部宣传部长或副部长兼任，新华社派去的均任副社长，其组成情况为：第十八兵团分社，负责人袁毓明；第十九兵团分社，负责人张帆；第二十兵团分社，负责人杜导正。

在西北战场，1946年冬，新华社和解放日报社作为备战措施之一，组织了鄜（县，现改为富县）、甘（泉）前线采访队，队长刘祖春，副队长缪海稜，队员田方、张潮、蓝钰。采访队成立后，立即前往驻扎在南泥湾、以王震为旅长的第三五九旅采访，因当时战争尚未打起来，故未去鄜甘前线。1947年2月，总社派田方去陇东随军采访，3月报道了歼灭国民党军第四十八旅1500余人、击毙该部少将旅长何奇的西华池战斗。在此期间，先后派到西北野战军各纵队采访的记者，有缪海稜、胡若木、韦明、刘漠冰等。3月，新华社和解放日报社在撤出延安前，曾派出胡绩伟、延国民、杜鹏程、雪凡、刘星全等到西北野战军前线司令部，进行军事报道。撤出延安后，在转移途中，新华总社又派出刘祖春、林朗率领电台、译电人员，赴西北野战军总部，与胡绩伟等会合。3月下

1946年,新华社、解放日报社组成的鄜(县)甘(泉)前线采访队出发前在清凉山留影。右起:缪海稜、刘祖春、蓝钰、田方、张潮。

旬,新华社西北前线分社成立,胡绩伟任社长。不久,胡绩伟调出。6月,西北前线分社扩建为新华社西北野战分社,西北野战军政治部宣传部长鲁直兼任社长,副社长由新华总社指派干部担任。从1947年到1949年,田方和普金先后轮流负责野战分社的日常业务工作。编辑、记者先后有:刘漠冰、杜鹏程、延国民、雪凡、刘星全、高向明、毛岚、午人、汤洛、侯毅、汪波清、延晓、马光耀、霍春禄、关君放、李成、杨彦、冶锋等。

在东北战场,1947年5月中旬,东北野战军开始发动大规模的夏季攻势。新华社东北前线分社于夏季攻势前成立,社长杨赓,驻野战军总部。记者刘白羽、华山、常工分驻一纵、四纵、二纵,各纵队设有支社。

(二)野战分社的任务和组织体制

1947年8月10日,新华总社发出《反攻部队野战分社工作条例(草案)》,要求:"前线反攻部队设立随军野战分社",并对野战分社的任务、组织和体制等作了明确规定。条例指出,当前主要任务为:(1)负责前线军事报道,在战地地方通讯工作未建立及健全前,兼顾并协助报道地方情况与工作。(2)与部队报纸共同努力建设部队通讯工作,培养部队新闻干部,使军事宣传工作成为群众性活动。(3)开辟战地地方新闻工作,建立新解放地区的地方报纸与新华总分社。体制方面,野战分社为野战部队政治部的一个组成部分,受部队首长或由部队首长指定若干同志组成的报道委员会负责领导,行政、供给、生活均由政治部管理,业务上受总社直接指导。野战分社之内部组织,人员编制,具体分工,均由部队首长或报道委员会决定之,一般以精干为原则,并宜将大部力量配置于新闻采写方面。

1948年6月24日,中央军委和中宣部联合发出《关于建立野战兵团新华分社、改进发布战报办法的指示》,重申"各野战兵团均须成立新华分社",尚未成立者应由"各总分社负责于短期内选派可靠的适当的人员建立,在未建立前先指派专门、合格记者与总分社联络。""各野战兵团分社的工作,由总分社与野战兵团首长共同领导。"在中央军委和总社的重视与督促下,在野战兵团的新华分社普遍建立起来,军事报道的队伍迅速扩大。

野战分社成立以后,内部组织一般分为编辑、采通两科(部),配备电台一部或数部。干部队伍较为精悍,机动灵活,便于深入前线,随军采访,与战士们打成一片。某些比较健全的野战分社,如华东野战军前线分社,人力和物力都较雄厚,装备较好,除把主要精力投入军事报道外,还把指导支社、发展部队和地方新闻工作,作为自己的重要任务。

1949年1月,中央军委发出关于各野战军番号改为按序数排列,对全军进行整编的决定。3月5日,中央军委、总政治部及新华总社联名发出《关于野战军各级新华社名称、任务的规定》,指出:"鉴于各野战军新闻业务发展的需要,特别是南征后各野战军在广阔的新区分散作战的需要,现有各野战军新华分社应即扩充为野战军总分社，称为新华社第×野战军总分社，直接与总社联络。各兵团设分社，称某某兵团分社，各军设支社。"按照这一规定，从3月到5月，新华社在各野战军中的军事分社先后实行了重大调整：西北野战分社扩建为第一野战军总分社，社长由一野政治部宣传部长鲁直兼任，总编辑普金。中原野战分社扩建为第二野战军总分社，最初社长由二野政治部宣传部部长陈斐琴兼任，第一副社长为二野政治部宣传部副部长王敏昭，第二副社长缪海稜，一个多月后又进行了调整，社长由王敏昭兼任，副社长缪海稜。华东野战分社扩建为第三野战军总分社，社长陈冰，副社长邓岗、丁九。两个月后，陈冰调浙江省工作，邓岗接任社长。东北野战分社扩建为第四野战军总分社，社长由野战军政治部宣传部部长萧向荣兼任，不久由副部长王阑西兼任社长，副社长杨赓。在各野战军总分社之下，均各辖若干兵团分社和军（纵队改称军）支社。

在解放战争时期，新华社的军事报道队伍不断发展壮大，遍布各个战场。他们在野政和总社的双重领导下，随军转战，出生入死，出色地完成了人民解放战争的宣传报道任务。战争的炮火考验了新华社记者，培养和锻炼了新闻干部队伍。

三、全面内战爆发，战略防御阶段的军事报道

中国人民的解放战争，是从中原突围揭开序幕的。

1946年6月26日，国民党军队以围攻中原解放区为起点，相继向苏皖、晋南、山东、晋冀鲁豫、晋察冀等解放区大举进攻。从此，全面内战爆发，军事报道成了新华社整个宣传报道的重心。

（一）研究战局指导报道

新华总社对军事报道极为重视。总社编辑部门遵照中共中央的战略部署和宣传策略，经常研究战局变化和分社来稿，根据形势发展的特点，多次对各地总分社和分社发出报道提示或业务通报，组织和指导报道工作。仅7月份，总社向各分社下达的各种指示和通报，就达80余件。如7月3日，总社发出《情况通报》第二号，

指出：目前宣传中心有两方面，一是揭发蒋介石破坏协定，发动内战，镇压人民的罪行，宣传我党"力争和平，坚决自卫"的方针；二是宣传解放区的群众运动、生产建设和人民生活。军事宣传应掌握自卫原则，但立场应坚定明确，着力于暴露蒋军暴行，提倡同仇敌忾，发扬胜利战绩，鼓励士气，提高信心。

7月21日，总社发出《关于军事报道的几点意见》。这是编辑部在认真研究了各地分社来稿的得失后，总结出来的一份带有经验性的指导性文件。文件指出：蒋介石部署之全国规模内战，已经或正在若干地区展开，中央社近日在军事上的造谣大大增多，必须在宣传上予以反击。在目前这一阶段，首应把重点放在报道蒋军之部署和进攻，揭发其内战阴谋，使全国人民明了内战发动者为蒋。还指出：军事报道将在我们今后一个长时期中占有重要地位，各分社必须努力迅速加强这一方面的工作。

文件提出了加强军事报道的战斗性的要求，具体做法是：（1）用一切力量与各种改进办法，尽可能迅速发出稿件；（2）力求完整，根据材料的具体情况，恰当地提供历史背景、地理情况、人物烘托、分析形势、暴露对方企图，暗示前途发展，务必前后左右照顾，并保持连续性；（3）注意多样性与作必要的侧面配合，内容上可恰当地与政治、经济等联系，在报道形式上可根据材料分别写成速写、特写、通讯、报告、故事等，要短小精悍，切忌冗长；（4）生动。战报是容易流于枯燥的，只有深入采访，插进一些简练、生动的事实，注意分析并与历史、地理、人物、形势等各种有价值的材料，恰当地联系，生动始有可能；（5）注意并研究对方，主要是（国民党）中央社与各分社所在地区有关的宣传，以便针锋相对，给以有力还击，或先发制人，给以暴露揭发。

在以后发出的报道提示或业务通报中，编辑部根据战局发展和变化，都随时提出新的要求和内容。

（二）各个战场的报道

（1）中原突围的报道

中原部队的战事消息，是新华社中原分社报道的。1946年3月，中原分社就发出《中原各界通电全国要求国民党军停攻解围》，宣告："鄂豫交界地区，正酝酿一个惨剧！在武汉外围坚持敌后八年抗战的新四军第五师、八路军豫西支队、南下支队及中原解放区民主政府、群众团体、学校、机关等近十万人，正遭受饥饿和军事围困，处于万分危急之境。"5月5日，又发出中原军区严正声明《反动派如甘当祸首必将玩火自焚》，指出："国民党反动派蓄谋已久的对我中原军区部队的'围歼'计划，已如箭在弦上，一触即发"；"三个多月来，各种事件的发展已证明，这是国民党反动派破坏三大协议的行动之继续。中原内战的爆发，必将成为全面内战的起点。"宣称："一旦刀枪已经架在我们头上，我们将毫不犹豫地拿起自卫武器，来坚决保卫和平与争取自己的生存。"并警告反动派："你们必将自食'玩火自焚'的恶果。"这两篇讨蒋檄文，都是中原分社社长夏农苔执笔的。

6月26日拂晓，蒋军开始进犯中原，各路军民奋起自卫。6月底，中原军区部队按预订计划，分路突围。7月7日，随军突围的夏农苔，在行军战斗的环境里，又以新华社中原分社的名义，发出了中原军区李先念将军对新华社记者的谈话《反对蒋军违约进攻》。这篇谈话，揭露蒋军对中原军区所在地宣化店地区大举进攻的事实真相，谴责"蒋介石背信弃义、灭绝人道的滔天罪行"。最后，严正表示："我6万官兵誓当不惜一切，死里求生，并坚信我全国解放区军民决不就此甘休，其一切严重后果，唯由蒋介石本人负其全责。"

在此期间，新华社多次播发来自中原的电讯，报道国民党当局悍然撕毁停战协定，实行蒋介石新"围剿"计划。7月2日，新华社播发述评，指出，"国民党为实现其蓄谋已久的围歼我中原部队的毒策，在武汉协议以后，即背弃诺言，有计划的向我猛烈蚕食和进攻，逐步压缩对于我军的包围圈，并加强对于我军周围地区的封锁。据不完全统计，自5月10日起至6月25日止，45天中曾向我进攻120余次，动用兵力在10万人以上。"揭露了国民党军队进攻中原解放区的真相。

中原军区部队主力在李先念、郑位三等指挥下，分两路向西突围：右路包括中原局、中原军区共1.5万余人，越过平汉路，突破敌人的合围堵截，于7月下旬进入陕南，同当地游击队会合，8月3日组成鄂豫陕军区，创建游击根据地。其中第三五九旅在王震率领下，继续北进，于8月底胜利返回陕甘宁解放区。左路共1万余人，在王树声率领下冲破敌人围追堵截，进入武当山地区，8月27日成立鄂西北军区，创建游击根据地。掩护主力突围的皮定均旅向东突围，转战千里，于7月20日进入苏皖解放区，编入华中野战军序列。

对于中原解放军胜利突围的壮举，新华社及时播发了消息、通讯和评论。如皮定均旅从中原突围，胜利抵达苏皖解放区后，华中总分社通讯部主任庄重、副主任陈笑雨闻讯，立即带领记者章海蓝及时进行采访，由海蓝执笔写出通讯《胜利的突围》，生动地报道了皮旅冲破国民党军队的重重包围线，英勇杀敌，千里征战的情景。总社于8月4日播发，解放区各报都以显著地位刊登。9月1日，总社还播发了王震将军所部突破蒋军包围，安抵陕甘宁边区的消息。2日，总社发表评论，论述中原突围的伟大意义，称：李先念部主力"不但未受损伤，而且锻炼得更加坚强，并和广大地区的人民结合起来。而且除王震将军与皮定均将军所部已分别开抵陕甘宁与苏皖边区外，其他中原部队已在陕南、豫西地区和川陕边境站稳脚跟，并在鄂东、皖西地区继续坚持游击战争，与苏皖及华北的解放区成犄角之势"。它使"蒋介石'消灭匪军有生力量'的计划根本破产，这是中国人民军队的又一次光辉胜利。"10月3日，延安新华广播电台约请王震将军发表谈话，概述胜利突围的经过，题目为：人民军队是不可战胜的！

(2) 华东战场的报道

在华东战场，华东解放区战略地位重要。1946年7月起，国民党顽固派先后出动近百万军队，一波又一波向我华中和山东解放区大举进攻。华中野战军主力3万余人在粟裕、谭震林指挥下，首先在华中的苏中解放区奋起迎击国民党军队12万人的进攻。从1946年7月中旬到8月下旬，先后在宣（家堡）泰（兴）、如（皋）南、海安、李堡、丁（堰）林（梓）、邵伯、如（皋）黄（桥）等地区，连续进行7次作战，共歼敌5万余人，给予敌人以沉重打击。苏中战役七战七捷，是人民解放军在解放战争初期取得的重大胜利之一，有力地挫折了敌人的锐气，取得了内线作战的宝贵经验。新华社华中总分社派出记者季音、冒雨吉等到苏中前线采访，相继发出了战斗报道。季音写的长篇通讯《在苏中前线》，生动地报道了七战七捷的胜利，受到好评。

山东野战军主力在陈毅率领下，于7月下旬南下迎敌，转战淮北战场，首战朝阳集，全歼国民党军一个整编旅，生俘旅长冼盛楷。新华社山东野战军前线分社进行了战役的系统报道，记者戴邦采写的《冼盛楷将军访问记》一稿，受到了总社的表扬。9月，为了加强统一领导，改变华中局势，经中央军委批准，华中和山东野战军指挥部合并，对内暂称华东野战军指挥部，以陈毅为司令员兼政治委员。10月至11月，两大野战军先后在苏中、苏北、鲁南地区进行了一系列战斗，歼敌4万余人，稳定了苏北、鲁南局势。12月中旬举行宿北战役，全歼敌整编师第六十九师，师长戴之奇自杀，并歼敌整编第十一师一部，共歼敌2万余人。这是山东野战军和华中野战军会合后取得的第一个较大的胜利。

1947年1月2日至20日，山东、华中两野战军又发起了鲁南战役，在峄县、枣庄地区歼灭国民党军整编第二十六师和配属该师的第一快速纵队（机械化部队）和整编第五十一师，生俘第二十六师师长马励武和第五十一师师长周毓英。此役共歼国民党军5.3万余人。鲁南战役后，根据中央军委指示，决定取消山东、华中两野战军番号，成立华东野战军，陈毅任司令员兼政治委员，粟裕为副司令员，谭震林为副政治委员。2月20日，华东野战军又发起莱芜战役，经过激战，至23日，华野各路大军在莱芜城北地区全歼国民党第七十三军、第六十四军等部共7个师5.6万余人，生俘敌第二绥靖区副司令李仙洲，连同南线及其他方向的作战，共歼国民党军7万余人。莱芜战役是华东野战军组成后的第一个大规模的歼灭战，取胜之快，歼敌之多，创造了解放战争第一年的最高纪录。

在华东前线的战火中，新华社华野前线分社的记者深入战地，随军采访，对战役战斗进行了及时充分的报道，发出了大量战报、消息、通讯和评论。其中，《涟水保卫战胜利纪实》（华中通讯）和反映宿北战役的战地速写《马陵山南望》（戴邦），均受到好评。鲁南战役后，1947年1月10日，新华社播发了前线记者季音采写的战地通讯《蒋军二十六师和快速纵队被歼记》。陈毅司令员曾率领新华社记者巡视战场，后来亲自动手，写了《华东军事观察家评论鲁南战局》，2月12日由新华社向全国播发。这篇评论指出，蒋介石的新攻势必然以失败而告终。

莱芜战役报道的规模，超过前几次战役。参加报道的除前线分社和支社的记者外，还有地方分社的记者。从2月21日至30日，收到记者稿件302篇，共19万字；从2月23日到3月5日，平均每天向总社发稿3000字。报道内容丰富，形式比较多样，除战报及战斗报道外，英模事迹、民众支援、俘虏政策等等方面都有反映，在宣传战役胜利、分析战争形势、表扬英雄行为、教育人民群众、争取瓦解蒋军等方面，都收到了良好效果。有的通讯稿除发文播外，还进行了口播，如《请将军下马——蒋军旅长甘成城就擒记》。配合战役报道，发表了陈毅将军谈鲁中大捷的评论一篇和陈毅写的鲁中吟四首，他在其中一首词《如梦令·临沂蒙阴道中》写道："临沂蒙阴新泰，路转峰回石怪。一片好风景，七十二崮堪爱。堪爱，堪爱，蒋贼进攻必败。"

3月23日至25日，华野前线分社在淄川大矿地召开了分社支社社长联席会议，主要研究加强支社的组织、思想建设和通讯员工作，研究如何加强记者工作。会议提出，前线分社、支社的记者，要"思想入伍"，深入部队面向全国，完成好新华社对（军）外宣传和部队对内教育任务。会议还对支社编制、电台设置以及和纵队报纸的合作关系作了规定。三野政治部主任唐亮在作会议总结时对以上意见加以肯定。会议对华东前线分社的建设和发展影响深远。会议还对莱芜战役的报道工作进行总结。邓岗作了总结报告，指出：这次报道无论在组织上或业务上，都已建立了统一的领导。分社以及一些支社得到了军政首长的亲自指导，与参谋部门联系比较密切，在掌握报道方针、政策策略和了解情况等方面，都得到了很大帮助，减少了工作中的错误和许多困难。这是此次战役报道的一个显著特点。

华野前线分社及时报道了郝鹏举部叛变和被消灭的经过，获得总社的表扬。国民党新编第六军总司令郝鹏举（原为伪军）于1946年1月9日率部起义，转移至山东解放区滨海地区，改编为民主联军。1947年1月27日，郝又率部叛变，并向我临沂地区进犯。2月6日，华东野战军第二纵队在白塔埠地区发起讨郝战斗，一举歼灭郝军总部，生俘郝鹏举。新华社记者及时报道了有关消息，陈毅将军亲自写了《郝鹏举叛变革命投敌》的新闻报道。2月23日播发的《陈毅将军面斥郝鹏举》（见2月24日延安《解放日报》）一稿，一问一答，具体生动，描写了陈毅将军义正词严，痛斥郝鹏举罪行的场面。

1947年3月下旬，国民党军对解放区的全面进攻遭到惨败后，不得不改为重点进攻。重点进攻的方向是解放区的东西两翼，即陕甘宁边区和山东解放区。在山东，国民党军队以主力进犯沂蒙山区，遭到中国人民解放军的英勇抗击。为了钳制国民党军队，华东野战军于4月下旬发起泰安战役，歼国民党军整编第七十二师所部2万余人。5月中旬在孟良崮战役中，华东野战军采取诱敌深入的战法，将进攻突出的国民党军整编第七十四师分割包围。经过3日激战，将这个装备精良、被称为国民党军队"王牌军"的整编第七十四师（包括整编八十三师一个团），共3.2万余人，全部歼灭于孟良崮山区，击毙七十四师师长张灵甫。此役使蒋介石对山东解放区的重点进攻计划严重受挫，不得不暂时停止进攻。

华野前线分社和支社的记者全力投入上述战役报道，山东、华中等地方分社也在华东总分社的统一领导下，从各方面发出了不少战报、消息和通讯。戴邦写的战斗通讯《射击英雄魏来国》，报道了在蒙山阻击战中，神枪手魏来国以136枪打死敌人92个（加上前几次战斗中消灭的敌人，共打死敌人360多个）的英雄事迹，生动感人。徐熊的《阎王鼻子山下》，反映了沂蒙阻击战中解放军战士革命英雄主义和革命乐观主义精神，是阻击报道的创新之作。

孟良崮战役报道十分成功，有正面战场的报道，也有各个侧面的配合宣传，有头有尾，重点突出，反映了歼灭战、山地战和阻击战的特点。除战报外，还采写了一些反映解放军英雄气概的战斗通讯，如《夺取芦山顶》（徐熊）、《攻克六〇〇高地》；《一篮红枣》《喂春蚕》（尹崇敬）、《放心你的伤口吧》则报道了军民之间的鱼水深情。5月18日，新华社播发了根据陈毅将军口述写成的《华东权威军事评论家评孟良崮大捷》，阐明孟良崮之战对于全国战局，特别是华东战局的重大意义。5月20日，总社播发时评《祝蒙阴大捷》，向华东人民解放军致以热烈的祝贺和敬意，指出在不久的将来，将"彻底粉碎蒋介石的进攻，从而使全解放区转入全面反攻"。

5月26日，总社通报表扬华东总分社和华野前线分社，指出："此次华东对孟良崮战役报道及时，报道了50万人民支援前线，妇女民兵参战，及地方游击队配合主力作战等，显示了全民战争的特点，请各分社参考。"6月28日，华东总分社举行第十五次业务座谈会，总结孟良崮战役报道的经验。座谈会把这次战役中分社的来稿、总分社向总社的发稿和总社的播发稿，进行对照，找出成功和不足之处，为后来的战役报道积累了经验。

(3) 冀鲁豫战场的报道

在冀鲁豫战场，刘（伯承）邓（小平）率领的晋冀鲁豫野战军，从1946年夏至1947年夏，先后进行了陇海、定陶、巨野、鄄南、滑县、巨（野）金（乡）鱼（台）、豫北诸战役，大踏步机动作战，歼灭蒋军的有生力量，取得了辉煌战果。

冀鲁豫前线记者团随军采访，完成了历次重大战役的报道任务。记者们分散到各个纵队，除在指挥机关了解和掌握整个战局的发展变化外，经常深入到团、营和连队采访，写出了大量的战地新闻、通讯、特写、访问记等，及时地报道了战局的发展，鼓舞了人民的斗志和信心。齐语的《冀鲁豫战地散记》，丁曼报道蒋军整编第三师被歼、师长赵锡田被俘的新闻和《英雄的五十四团》《被解放的坦克队》《"八路军是无敌的"——晋冀鲁豫西线歼灭蒋军第十军速写》，苏众的《大杨湖歼灭战》，卢耀武的《多余的担心》，陈勇进的《在敌人心脏里搏斗》《红色蛟龙闹黄河》，唐平铸的《人炮俱存》，吴象的《鄄城追歼战》《活跃在自卫前线的驾驶兵》，李文波的《袄袖上的血》，柯岗的《铡上的血》，方德的《南下风云》，鲁西良的《李汝泰武工队》，乃一的《"我们回到了真正的祖国"》，周子芹的《访杨、李二旅长》，沈容的《劳动英雄会见蒋军将领》等，以及记者团团部根据前方材料整理的通讯《兰封自卫战的英雄们》，都是其中的佳作，有的还受到总社的表扬。

特派记者朱穆之写的《刘伯承将军纵谈战局》，特派记者李普写的滑县战役系列报道，包括《刘伯承将军谈蒋介石》《刘伯承将军谈滑县之战》《滑县战场巡礼》《蒋介石的"停战令"就是"攻击令"》，以及述评《冀鲁豫战场形势》《快速纵队的快速覆灭》等，都是新闻名篇。它们经新华社播发全国，在解放区的报纸上刊登，帮助人们认识形势，分析战局，产生了良好影响。

上述文章的作者并不都是前线记者，有的是部队宣传部门的负责人和军事指挥员，如唐平铸、苏众、卢耀武、李文波等。

第三章
解放战争时期的大发展

革命战争时期的邓小平与刘伯承。新华社发

(4) 邓小平口述新闻稿

还需特别提到的是，邓小平口述新闻稿的故事。那是在 1946 年 10 月间，巨野战役结束后。蒋军连吃败仗，便发动谣言攻势，国民党中央社发布消息，造谣说刘伯承将军"负伤""击毙"。新华总社来电，指示前线记者团迅速派人访问刘伯承司令员，写出消息予以驳斥。于是，记者团的记者前去采访刘伯承司令员。当时，刘伯承因指挥作战，日夜操劳，眼病又犯了，上了眼药，正躺在床上。记者说明来意后，他笑着说："谁知道我死了几回呢？这些无聊的谣言本来可以不去理它，但是总社有指示，大概是政治上考虑有必要，那就得当回事来研究。"恰好这时邓小平政委进来了，刘司令员说："好了，邓政委来了，听他的吧。"邓小平想了一下，接着便口授了一篇电讯稿。他文思敏捷，毫无停顿。记者连忙记录，整理誊清后，连夜发回总社。总社在 10 月 7 日播发。电文是这样的：

"刘伯承将军总部沉浸在紧张而冷静的气氛中，发动机的马达隆隆作响，街上电线纵横，电讯往来忙碌。刘将军在一幅巨大的地图前，以电话指示机宜。记者以中央社捏造刘将军牺牲的广播稿出示，刘将军一笑置之，仍继续其电话指挥。他正在创造一惊人战果。据刘将军总部某权威人士称：中央社这种无耻造谣，在于掩盖其接二连三的败绩，并图以此振奋其再三衰竭的士气军心。"

这篇电讯的发表，击破了国民党中央社的谣言。稿中"正在创造一惊人战果"不是虚语。11月18日，滑县战役打响，这次战役历时4天，攻克濮（阳）、滑（县）地区纵横80里蒋军据点百余处，全歼孙震所部近两个旅1.2万人。

新华总社对前线记者团的工作提出表扬。如1946年11月27日，在《情况通报》第六号中，关于战争一条，提到华东和冀鲁豫前线分社发来的稿件，指出："最近涟水和濮阳战役的报道，有战报，有镜头，有谈话，有评论，特别是刘、粟二将军谈话，生动活泼，对读者印象极深。"还指出："报道形式宜多种多样，但要避免重复，力求简练。除了大战役以外，游击战争要按时按地区加以综合，并特别注意典型的游击队、英雄人物和英雄事例。"齐语写过一篇关于冀鲁豫前线记者团工作的总结性文章，题为《爱国战争报道工作中的几个问题》。这篇文章具体而深入地谈到了他们组织前线记者团工作的体会，总结了前线报道的经验。新华总社曾加上按语转发各地分社，供大家学习和参考。

（5）*太岳、晋绥前线报道*

晋冀鲁豫野战军第四纵队（太岳纵队），在陈赓将军率领下，于1946年7月至9月间，在晋南作战中取得了闻（喜）夏（县）、同蒲、临（汾）浮（山）诸战役的胜利，其中临浮战役歼灭胡宗南部号称"天下第一旅"的整编第一师第一旅，生俘中将旅长黄正诚。1946年11月至1947年1月，第四纵队并指挥太行军区、晋绥军区部队，又先后发起吕梁战役和汾（阳）孝（义）战役，歼灭

第三章
解放战争时期的大发展

胡宗南部第六十七旅及阎锡山部主力第六十七师。这两次战役共歼敌 2.1 万人，推迟了胡宗南偷袭延安的计划，解放了吕梁山区，扩大了陕甘宁边区与晋绥解放区的联系。1947 年 4 月 4 日至 5 月上旬，陈赓指挥的太岳纵队和太岳军区部队发起晋南战役，给予胡宗南、阎锡山部队以沉重打击，取得了辉煌胜利。此役共歼敌 1.4 万多人，连续解放 25 座县城，使吕梁区和太岳区连成一片，把蒋军压缩到临汾、运城等少数孤立据点之内，牵制了胡宗南的兵力，有力地配合了解放军在西北战场的作战。

在这一系列战役战斗中，新华社各地分社纷纷派出记者深入前线，进行了大量报道。

吕梁分社负责人富文带领前线记者在吕梁、汾（阳）孝（义）两次战役中，采写了大量稿件，除新华总社播发外，仅在《晋绥日报》上刊载的消息和通讯，就有 70 多篇。林夫、艾柏写了《复仇的怒火》《某部开展歼敌立功竞赛活动》《夜战北监底——蒋军 91 旅"常胜营"的覆灭》《"铁壁堡垒"的毁灭——隰县歼灭战纪实》。马明写有《永和歼灭战》《孝义之战》《贺龙爆炸手张八》及《吕梁区群众热烈服务前线，运弹药、抬担架、救伤员、作向导》等。富文带领分社电台的报务员、译电员和摇机员，跟随军事领导机关行动，掌握战局的全面情况，指挥记者采访，编辑处理稿件。他很注意向第一线指战员作调查研究，了解战局变化及历史背景，写出了不少精彩的战报评论。汾孝战役结束后不久，晋中分社记者任丰平、王充、马明再次挺进晋西南，完成了解放汾城、襄陵、新绛、乡宁县和新解放区恢复生产的报道任务。

穆欣是吕梁战役打响后，从晋绥解放区的北线赶到南线的，随陈赓部队采访，后来负责筹建第四纵队的野战分社。分社记者有冯牧和艾柏（艾是由吕梁分社调来）。其间穆欣主要是编写战报和评论，也写了一些前线通讯，如《吕梁前线八路军野战兵团开展新英雄主义立功运动》《记王震将军》《解放襄陵之战》《晋南前线访陈赓将军》等。冯牧写了不少报道，如《一次小试锋刃的战斗》《神兵降临绛州城》。艾柏写有《禹门口解放前后》等。

太岳分社和《太岳日报》先后派出前线记者团，分别由江横（董谦）、金沙和何微带队，记者有鲁生、张克仁、古维进、朱言晋、荣一农、杨朗樵、李泽民等。他们深入战地，写出了大量新闻、通讯和特写。金沙、杨朗樵写了长篇通讯《"天下第一军"的毁灭》，生动地反映了临浮战役中解放军英勇善战，生俘"天下第一旅"中将旅长黄正诚的战斗事迹。金沙的特写《热泪》，叙述了阎锡山军队在洪洞县一带制造"无人区"，老百姓获得解放后重见天日的喜悦心情。晋南战役中，记者们深入前沿阵地，在枪林弹雨中，采写了多篇稿件，其中有《晋南我军攻克10座县城歼敌万余》《我军击落敌机两架，攻占运城机场》《摧毁蒋、阎军晋南要塞》《我是民工，也是战士》《陈赓将军评晋南形势》等。这次战役报道，曾获得晋冀鲁豫边区政府的嘉奖。鲁生采写的通讯《保卫我们的交通壕》荣获二等奖。1947年7月17日，中共太岳区党委宣传部通报表扬记者张克仁、杨朗樵，称：他们的主要优点是：亲自参加战斗，深入火线采访，在战斗中随军冲入城内，亲眼看到部队英勇杀敌的感人场面，深入体验战士的无私奉献精神，因而能发现不少好典型，写出了很多作品，堪称英勇奋斗为兵服务的模范。他们夜以继日地工作，深入调查，多方面采访，报道了摧毁晋南蒋阎军的要塞，荆来发的灵活战术，张庚午的思想互助和李书田的立功等典型创造。他们还帮助部队做了不少工作。

1946年7月初至8月中旬，为粉碎阎锡山、傅作义军队的大举进犯，晋绥军区协同晋察冀野战军部队，在同蒲路北段发起晋北战役，连续攻克朔县、崞县、繁峙、原平、忻口、定襄等城镇，歼灭蒋军6个团，孤立了大同的敌人。绥蒙、雁门分社的纪希晨、师海云随军采访，先后写出《晋绥军区部队正以巨大攻势指向同蒲、平绥沿线之敌》《我军收复武川、右玉、平鲁等县城》等新闻。

（6）*刘胡兰英雄事迹的报道*

1947年1月12日拂晓，晋中地区的文水县云周西村突然被阎

第三章
解放战争时期的大发展

锡山军队第七十二师的一个连包围，制造了一起骇人听闻的流血大惨案：荷枪实弹的阎军，当众使用铡刀杀害了年仅 15 岁的女共产党员刘胡兰和石三槐等 6 位农民。刘胡兰牺牲前，面对阴森恐怖的场面，预感到敌人要下毒手了，从容不迫地摘下奶奶临终前留给她的戒指，掏出入党时介绍人石世芳送给她的心爱的小手帕，一一交给身旁的母亲胡文秀。敌人威逼她"悔过自新"，她坚贞不屈。要她供出"谁是共产党员"时，她说"那是办不到的"，表示："只要有一口

《晋绥日报》1947 年刊登新华社记者李宏森采写的刘胡兰英勇就义消息的版面。

气活着，就要为人民干到底！"当阎军架起机枪对准村民时，她挺身而出，高喊："不许残害百姓！"为了村民的安全，她走向沾满鲜血的铡刀，献出了年轻的生命。

吕梁分社记者李宏森随军进入文水县阎占区，听到这个血案消息后，立即赶去采访。他向晋绥总分社发去两条消息，一条是《女共产党员刘胡兰慷慨就义》，另一条是《刽子手阎锡山大肆屠杀文水人民》。总分社编辑甘惜分修改后，很快发给总社。总社播发后，解放区各报都在显著地位刊登，在全国产生了重大影响。同年 3 月 26 日，毛泽东主席在转战陕北途中获知刘胡兰牺牲的悲壮事迹后，十分激动，挥笔写下了"生的伟大　死的光荣"八个大字。这幅题

365

词，经晋绥分局转到文水县，交给烈士母亲胡文秀收存，后来在战乱中丢失了。1957年刘胡兰就义10周年时，毛主席重新书写了"生的伟大　死的光荣"的题词。

揭露阎军的暴行，《枯井边的哭声》是又一篇具有广泛影响的稿件。作者英南，晋绥总分社来稿，总社于1947年2月22日播发。稿件揭露了阎军屠杀民众200余人投入枯井的暴行。23日，延安《解放日报》刊出。同日总社致电晋绥总分社并各分社，对此稿提出表扬："总社昨转播总分社来稿《枯井边的哭声》，作者英南同志以这一典型的惨痛事件和群众感情的生动真实描述，充分暴露了敌人惊人的残暴。特予表扬。"

记者随军进入阎占区，到处可见阎锡山强制推行"兵农合一"暴政的悲惨景象。青壮年被抓走，十室九空，土地荒芜，啼饥号寒，家家缺吃少穿，因无法生活，有的被逼上吊自杀。老农和妇女向解放军哭诉阎锡山的罪恶。记者马明怀着沉痛的心情，把所见所闻，综合写成一篇新闻，当做阎锡山统治区的缩影，揭露"兵农合一"暴政的罪行，经新华社播发，被《晋绥日报》等采用。

（7）*晋察冀战场的报道*

1946年9月，晋察冀野战军在晋北战役中消耗了国民党军有生力量，撤离大同和张家口后，总结经验教训，充实和加强野战纵队，调整战斗序列，转至平汉路作战。11月2日至1947年1月28日，先后进行了易满战役和保南战役，共歼蒋军1.7万人，解放了望都、定县、新乐等县城，斩断了保定与石家庄之间的联系，石家庄成为一座孤城，扭转了晋察冀战场的被动局面。

为了做好军事宣传工作，从自卫反击战开始，新华社晋察冀总分社和晋察冀日报就派出记者团去前线采访。如田雨、萧逸等到平汉线采访，张帆、李肖白、杜导正、姚熔炉等去大同、集宁前线采访。对大同、集宁之战的报道，是以新闻为主体，以野战军的英勇作战和胜利捷报为宣传内容，材料丰富，文风朴实。记者团写了大量战地特稿，如张帆的通讯《告别大同人民，永远忘不了你们》。

记者团接着又报道了东线怀来野战军阻击蒋军主力兵团的英雄事迹。9月14日，延安《解放日报》登出新华社播发的华山采写的通讯《我们还要回来的——承德撤退记》。同日总社通报各分社，表扬这篇稿子，指出：这篇通讯"以简洁生动的文笔，写出承德人民'眼前的难受和对未来胜利的信念'，内容均系典型生动事例，说明该记者采访之深入。最可贵的是作者的感情与人民的感情完全融合。"

撤出张家口后，记者团随野战军由察南转到冀西，报道了平汉线北段的破击战和满城以东自卫反击大捷的胜利，宣传了指战员们英勇顽强、不怕牺牲的革命英雄主义精神。这些稿件除发总社外，大部分在《晋察冀日报》上刊出。从1946年11月12日至21日，在《晋察冀日报》上刊登的战地通讯，有《前线野战军英雄故事》《人不要命，千人也难挡》《怒炸北河大桥》《歼灭敌人的坦克队》《六位英雄》《五勇士俘敌八十》《解放军战士勇不可挡》等数十篇。

这个时期，前线记者团对于"钢铁第一营"的典型报道引人注目。11月28日，《晋察冀日报》刊登平汉前线"钢铁第一营"开创奇迹的消息：在涞易前线，解放军一个营"以寡胜众，死守阵地，气壮山河，以180人击退美械蒋军13个连，激战竟夜，毙伤进犯军300余，缴获甚多。"报纸发表社评，号召边区军民向勇士们学习。后来还进行了连续报道。姚远方所写《钢铁第一营》、张帆所写《"钢铁第一营"怎样战斗》等通讯，在前线指战员中产生很大影响。

11月17日，总社致电各分社、报社：晋察冀总分社特派记者田雨，在10月5日去平汉前线采访时，误踏地雷，身受重伤，经医治无效，不幸牺牲。除对田雨同志表示沉痛悼念外，总社要求记者在前线采访时务须特别小心，同军事机关及部队取得联系，服从其指挥，并在行动中学习军事常识，力避危险，完成采访任务。

1947年4月，新华社晋察冀前线野战分社成立，加强了军事报道工作。邓拓多次来到野战军领导机关，与前线分社负责人李希庚交谈，了解情况，并在人力、物力上给以支持。当时报社的得力记者编辑，如张帆、杜导正、李肖白、林间、张磊、张鸣、萧逸、程予、王惠德、秦江、羽山等，都调到前线来了。还从华北联大新闻系毕业学员中，调来谭彪、韩庆祥等人。作家杨朔以新华社特派记者身份在前线采访。这个时期，晋察冀军事报道工作搞得有声有色。报道不仅有新闻、通讯、战报、综述、时评、短论等，还有各种典型和工作经验的报道。

（8）**东北战局的报道**

在东北地区，1946年6月休战以后，东北民主联军加紧部队的休整训练，进一步开展剿匪斗争和创建根据地的工作。10月底进行新开岭战役，歼灭国民党军8000余人。12月17日至1947年4月3日，进行了三下江南、四保临江战役，共歼灭国民党军约5万人，巩固了南满根据地。1947年5月中旬发起夏季攻势作战，至7月1日结束，历时50天，共歼灭国民党军8万余人，收复城镇40余座，将东北蒋军压缩在中长路及北宁路少数点线上，使东、西、南、北满和冀察热辽解放区连成一片，彻底粉碎了国民党军队继续分割东北解放区和各个击破的计划，改变了东北战局。

对于上述战役和战斗情况，东北总分社和前线分社都及时地作了报道。据总社统计，1947年3月至8月，东北军事及其他内容来稿共415篇，采用308篇。3月来稿39篇，采用31篇。4月来稿86篇，采用84篇。5月来稿55篇，采用52篇。6月来稿70篇，采用50篇。7月来稿101篇，采用50篇。8月来稿64篇，采用31篇。其中，杨赓写了不少综合战报，刘白羽写了《人民与战争》《三下江南战记》《为祖国而战》《1947年夏季战记》等系列通讯，华山和常工写了不少战地新闻和短通讯，报道了众多的英雄战士和连队，记录了蒋军进攻部队的覆灭和东北民主联军在人民支援下的英勇战绩。

（9）**西北战场的报道**

为粉碎国民党军队对陕甘宁解放区的重点进攻，西北野战军

第三章
解放战争时期的大发展

1947年春进行了延安保卫战。经过陕甘宁边区军民坚决抗击，予胡宗南部以重大杀伤，在保证中央首脑机关安全转移后，于3月19日撤出延安。从3月25日至5月4日，相继在青化砭、羊马河、蟠龙地区进行了3次歼灭战，共歼敌1.4万余人，给予胡宗南部以沉重打击，基本稳定了西北战局。5月下旬至7月上旬，又进行了陇东和三边战役，收复了环县、定边、安边、靖边等地，歼灭胡宗南部4000多人。

西北前线分社记者随军采访，积极投入西北战场的军事报道工作。最初几个月里的军事报道和评述文章，主要是由跟随总部活动的总社临时派出的记者，或留在陕北的总社人员编发和撰写的。新华社播发的许多新闻报道，如《西北野战军主动撤出延安》《解放军总部发言人谈保卫延安之战》，青化砭、羊马河、蟠龙等战役大捷，以及真武洞举行军民祝捷大会，周恩来宣布中共中央、毛主席仍留在陕北等消息，都极大地振奋了人心。特别是新华社播发的有关陕北和全国战局发展的评论及社论，大多出自党中央负责人之手或经过他们修改，议论精辟，分析深透，在群众中反响强烈，流传甚广。华东总分社在7月间曾就此致电总社："自卫战争宣传一贯很好，最近对陕北战事的宣传尤为出色，给我们不少启发。""各种评论新颖活泼，深入浅出，对鼓舞士气，指导工作，贡献极大。有一支游击队于坚持苦斗中，一遇到环境险恶，读一下《论战局》，即勇气倍增。"当时总社正处在艰苦的战斗转移中，读到这些来电，大家感到莫大的鼓舞。

新华社前线记者团和前线（野战）分社，在炮火硝烟中采访，出色地完成了军事报道任务。主要原因有以下几个方面：

一是部队首长重视和关怀，经常在思想上、政治上，乃至业务上予以指导。如华东前线分社，就一直得到华东野战军司令员兼政治委员陈毅的扶植和指导。陈毅重视部队的新闻宣传工作，他和政治部主任唐亮亲自审核重要的新闻文稿，包括战局述评，军政工作新创造和新经验，以及表扬和批评性质的稿件。在形势变化关键时刻和重要战役前后，陈毅常常接见分社负责人、编辑或记者，讲解战场形势，谈宣传方针和策略。他告诫记者，要深入连队，了解连队生活，体会战士的思想感情，发掘千百万群众的智慧和创造，报道英雄人物和工作经验。他号召记者向战争学习，以便报道上主动适应军事要求和利益。在晋冀鲁豫野战军，刘伯承、邓小平也很重视部队新闻工作，经常指示宣传方针和政策，找记者谈话和审阅重要稿件。齐语写过一篇题为《刘伯承将军谈采访和写作》的文章，是根据刘伯承对记者谈话整理而成，内容有"笔锋常带感情"、"新闻通讯要简练短小，写一个问题"、"要学习军事常识"、"取材求精，构思求密"等，对记者工作很有启发。彭德怀、陈赓、王震等都重视部队的新闻报道，经常作指示和审阅、修改稿件，并帮助记者解决工作和生活中的困难问题。

二是总社和总分社的具体指导。在平时往来的大量函电中，对报道及时提出具体要求，通报稿件采用情况，指出其中的不足和需要改进之处。同时，调配得力干部到前线采访，充实了采访力量，提高了军事报道的质量。

三是解决"入伍"思想问题。前线记者编入部队建制，从思想上树立为部队服务为兵服务的思想。这是华野前线分社的一条重要经验。记者编入部队建制，过着严格的军事生活，遵守部队的纪律和命令。他们与指战员们一起行军作战，同生死，共命运，思想感情发生了变化，采访作风也更加深入，受到部队欢迎。他们既是战争的参加者，又是胜利的宣传者。

四是军队与地方的密切配合。前线分社和支社的记者在战场采访，报道战斗场面和经过，宣传英雄人物和英勇事迹。地方分社则报道人民群众积极参军参战、支援前线的动人事迹，多侧面地反映了人民战争的特点。这些报道充分显示人民战争得到人民支持，国民党军队必败、共产党军队必胜的道理。

四、战略进攻阶段的军事报道

1947年夏，人民解放战争经过一年作战后，战争形势发生了重大变化。

国民党军队在遭到人民解放军大量歼灭后，总兵力已由战争开始时的430万人减少到370万人，其中正规军由200万人减少到150万人。由于国民党军主力深深陷在山东和陕北两个战场，处在两个战场之间的鲁西南、豫皖苏、大别山地区，兵力空虚，形成两头强、中间弱的哑铃状布局，战略态势对其越来越不利。而人民解放军的总兵力，已由开始时的120万人，发展到195万人，其中野战军发展到100万人以上，装备得到了很大改善，取得了丰富的作战经验，可以全部用于机动作战。我军已在一些战场上掌握了主动权。

中共中央紧紧抓住战局发展的有利形势，及时作出正确的战略部署，制定了"大举出击，经略中原"、"把战争引向国民党区域"的方针，指挥人民解放军由内线作战转入外线作战，由战略防御转入战略进攻，把中国革命推向新的高潮。

（一）新华社及时组织大反攻报道

1947年6月30日，刘伯承、邓小平指挥的晋冀鲁豫野战军主力4个纵队，从张秋镇（寿张东）到临濮集（濮县南）300华里的地段上突破黄河天险，发起鲁西南战役，揭开了战略进攻的序幕。接着，跨过陇海路，千里跃进大别山。8月下旬，由陈赓、谢富治指挥的晋冀鲁豫野战军第四纵队、三十八军和新组成的第九纵队，自晋南渡过黄河，向陇海线出击，接着，挺进豫西地区，开辟了豫陕鄂解放区。陈毅、粟裕指挥的华东野战军6个纵队及特种兵纵队和晋冀鲁豫野战军第十一纵队，在打破国民党军对山东的重点进攻后，9月进入鲁西南地区，挺进豫皖苏。

三路大军密切配合，协同作战，纵横驰骋于江淮河汉之间，胜利实现了战略展开，在中原战场上形成"品"字形阵势，歼灭了大量国民党军队，建立和发展了广大的中原解放区。彭德怀、贺龙指挥的西北野战军也在陕北发起反攻，向南疾进。

9月11日，新华社播发《四路大军挥戈南下》的新闻，综合报道了人民解放军在南线全面出击，捷报频传的战斗进程。12日，新华社发表社论《人民解放军大举反攻》，指出："我人民解放军在南线诸战场上，东起苏北，西至陕西，南抵长江，已经转入反攻。长江以北诸省的伟大解放战争已经揭幕了。我们已经打到蒋介石的后方去了。""人民解放军的大举反攻，标志着战争形势的根本改变。"10月10日，总社播发毛泽东执笔的《中国人民解放军宣言》，响亮地提出了"打倒蒋介石，解放全中国"的口号。

这篇社论和新闻，均是转战陕北的中央负责人所写，经过毛泽东审阅修改，气势磅礴，振奋人心。同时发表的，还有其他几条战报新闻。它们由范长江率领的四大队电台传到太行总社，向全国播发。在此期间，传达了中央对大反攻社论和新闻在口语广播上需掌握的精神："应十分强调'打倒蒋介石'口号，提要中不要强调'再打两年'"；"大反攻新闻应以《四路大军挥戈南下》一条为主，其他个别新闻为辅；"，"西北反攻新闻中应以包围第一、第二十九军一条为主，重点不在占永坪那条，新闻系定一所写，不应改掉"。还说："如此重要时机，百年难逢，请考虑变更节目两三天，把俘虏名单等暂时取消，先播一切大反攻战报，次播社论，再重播大反攻战报，最后记录新闻。蒋正开四中全会，要在这两天用我们的广播把他们的精神打得粉碎。"

解放军大反攻开始后，战局发展迅速，军事报道面临新的形势。当时在太行的总社编辑部连续发出急电，大力组织军事稿件。9月份，在总社发给各地总分社及分社的一份电报中写道：除战斗外，请将各地前后方战争动员、城乡人民支援前线等各方面英勇事迹及其同心努力精神，蒋军的动摇惶恐，蒋区人民的痛苦及反抗，作连续、生动、综合报道，以反映全民性的反攻声势，但应注意避免速胜思想，应表现出我军一致努力，克服困难，百折不挠，愈战愈强的精神。

同月,廖承志在发给晋察冀总分社的署名电报中说:"现在大反攻宣传已经开始,我们必须以一切力量投入这个宣传,给全国人民打气。晋察冀目前的每一胜利,群众支援前线的每一范例,以及暴露敌人恐慌万状与残暴无耻的每一新闻,深入土改、巩固政权、群众得益的每一消息,都是大反攻宣传的好材料。尤望改善质量,增加字数,我们很兴奋地等候你们的消息。"

经过总社和各地总分社、前线分社的努力,大反攻报道的稿件不断增多,质量也有所提高。8月7日,廖承志致华东总分社恽逸群等电报中说:"华东、华中在最困难、负担最沉重的情况下,来稿最精彩,数量最多(7月份占首位),对总社帮助亦最大。盼继续加强报道,供给粉碎敌人重点进攻的具有连续性及典型新闻,给全军打气。"

9月13日,总社在发给东北总分社的电报中,指出:"最近数月,华中及晋冀鲁豫分社军事报道有飞跃进步,其经验为在战争最主要地带组织临时分社,在各主要战线派出得力记者,报道力求迅速,消息本身大体已做到番号地点清楚,前后连续,并配合以战地小通讯、速写、评论分析、俘虏谈话和生活、民兵活动等多种多样,从而构成一个宣传整体。"

大反攻开始后,一些分社由于思想认识不足和缺乏经验,在报道工作中未能迅速确立新的报道着眼点,打开新的报道领域,一般报道仍感贫乏单调。客观困难是部队作战更为机动分散,交通联系不便,记者稿件不能及时送回。同时进军迅速,不易深入采访。新区地方分社无基础,配合困难。10月29日,华东前线分社在发给总社的电报讲到上述问题,并希望总社能多交流各地经验,以供学习。

陈克寒去华东前线考察,在同年10月发回的电报中也提出:"由于全国进入大反攻,华东野战军的任务更加重大和复杂,新闻工作也必须有新的创造。比如,如何经常掌握全盘政治形势和宣传方针，使新闻宣传更能适应现实斗争的需要；如何扩大报道范围，由一般地反映战斗的圈子（这些他们已有一套规律和经验），开拓和深入到广大领域，发挥千百万军民的智慧和创造，介绍部队及其所在地的各种生活和斗争，真正报道出大军所至，社会面貌焕然一新的情形；如何在新环境中做好军中新闻供应工作；如何节省人力、物力，提高工作效率；如何限定记者战时活动位置，减少损失，积蓄力量，都是亟待努力之处。"

总社十分重视这些电报中反映的问题。在往来函电中，总社加强了对中央精神和宣传方针的传达，加强了业务工作的指导，并及时转发各地分社和记者工作的经验，加强了对于战役报道的总结分析。因而使军事报道在战略反攻阶段逐步深入，报道领域不断拓宽。

为了提高军事报道的质量，总社要求各地分社和前线记者，对每次战役报道，务求迅速准确，并要求：重要战报力求说明战斗意义，写出主攻场面、人物；评论需早作准备，配合战报同发，及时介绍形势。要多反映群众活动场面，军事民主的运用与成效，以及遵守纪律、攻坚、支前等典型事例。对于失实报道，要抓住不放，除责令有关人员认真检查，通报批评外，要设法更正或补救。同时，总社还先后发出关于在报道中防止泄露军事秘密的通知，并作出具体规定。

转入战略反攻后，各战场的人民解放军在内线和外线配合作战，发动猛烈攻势，先后打破了国民党军队的全面防御与分区防御，取得了重大胜利。在此期间，从1947年冬至1948年夏，利用战役间隙，各部队先后开展了大规模的、有领导有计划的新式整军运动。运动的内容主要是，学习中国共产党的土改政策，通过"诉苦"（诉旧社会和反动派所给予劳动人民之苦）和"三查（查阶级、查工作、查斗志）三整（整顿组织、整顿思想、整顿作风）"，进行阶级教育，实行政治、经济、军事三大民主，开展群众性的练兵运动，提高部队的战术、技术水平。经过新式整军运动，普遍地提高了人民解放军的政治素质，增强了部队的战斗力。这些，都成为新华社报道的重要内容。

(二) 各地大反攻的报道

新华社记者跟随各路大军出击，在枪林弹雨中采访，不畏艰险，不怕牺牲，努力完成新闻报道任务。他们在大反攻时期的军事报道，真实记录了人民革命战争的历史转折，报道了人民解放军在各个战场所取得的胜利和人民踊跃支前的热烈情景，颂扬了全军指战员的革命英雄主义精神，鼓舞了全军和全国人民的胜利信心。其中不少作品成为我国新闻史上的名篇。

(1) 刘邓大军千里跃进大别山

跟随刘邓大军采访的前线记者，写出了一系列著名的战地消息、通讯和军事述评。李普于7月1月从鲁西南前线发出的消息《揭开大反攻的序幕》，是最早报道解放军开始战略反攻的一篇佳作，文字简洁生动，有气势，有情景，反映了我军勇猛强渡黄河的声威。华东总分社曾致电总社向晋冀鲁豫总分社表示祝贺："你们对此次南渡天堑，歼灭蒋匪之报道，声势雄壮，火力集中；特别是一条关于黄河的报道，奕奕如生，读之令人兴奋，特此驰电致贺，并愿向你们学习。"谢文耀的述评《刘邓大军如蛟龙出海纵横自如》，分析刘邓大军南征以来敌我态势，论证有力，事实充分，鼓舞人心。解清（即黎辛）的《西瓜兄弟》和《"过八路！"》，通过典型事例，以生动活泼的文笔，反映了解放军纪律严明，秋毫不犯，从而受到群众爱戴的新型军民关系。其他著名的新闻报道，还有《反攻大军南下途中各地群众狂欢迎送》（唐西民）、《强渡黄河》（胡征）、《急急忙忙跑来就被消灭了——记蒋军一五三旅被歼经过》（唐平铸）、《绝望的叫喊》（曾克）、《人民英雄周茂祥》（振全）、《访内战先锋宋瑞珂》（王匡）、《打出去——记九纵队建军南征大会》（王敏昭）、《大别山的神话》（李普）、《红军的妈妈》（柯岗）、《找红军》（葛洛）、《铁树开了花》（胡奇、曾克）、《记高山铺战役》（唐西民）、《兵败如山倒》（张铁夫）、《双合寨阻击记》（李峰）等。

跟随陈谢大军采访的前线记者，写出的通讯和述评有《陈赓兵团渡河大反攻》（穆欣）、《打过黄河去》（寒风、艾柏）、《豫陕鄂战场四个月反攻大好形势》（穆欣）、《新战士时来亮》（冯牧）等。

（2）**华野部队外线出击，逐鹿中原**

陈粟大军为了掩护刘邓大军南下，向鲁西南地区出击，随后挺进豫皖苏地区。

1947年9月7日至9日在菏泽以东的沙土集全歼蒋军整编五十七师。这是华野部队转入外线出击后打的第一个大胜仗。纵队支社记者对沙土集战斗及时作了报道。9月下旬，华野部队越过陇海路，挺进豫皖苏地区。为保守军事机密，华野前线分社10月3日才正式开始报道中国人民解放军发动战略反攻的消息：从9月20日到10月3日，外线出击部队在西起兰封（兰考）东至砀山的长宽数百里之间向南推进300里，解放河南的夏邑等9城，安徽的亳县等4城。当晚，华野前线分社连续向总社发出解放军前线指挥部公报、述评和新区群众反应等稿件。所有稿件都经陈毅司令员审阅修改。

11月至12月上旬，华野部队相继发起陇海路和平汉路破击战，并解放了许昌等多座县城。经过两个多月的作战，解放了豫皖苏广大地区。前线记者对两路破击战中解放军英雄事迹、群众支援、新解放区情况作了充分报道。其中有关解放许昌的报道较为出色。叶家林采写的《许昌西门上的四勇士》，尚力科和特约通讯员党生科合写的《神速突击顽强致胜的许昌连》，以及新闻《在平汉线上与刘邓、陈谢部队会师》《八连命名为许昌连》，通讯《没有炮的炮兵们》等，都得到好评。但也发了《许昌城关炮火声中分浮财》《我军进入长葛第二天开仓济贫》等有"左"的错误的报道，受到总社批评。

12月下旬，华野三纵和陈谢部队配合，在平汉线进行了金刚寺战役，歼灭了蒋军整编第三师。支社记者对金刚寺战斗以及与陈谢部队配合作战的情况，都及时向华东前线分社发了稿。华东前线分社记者季音写的短通讯《金刚寺会师》，报道了陈粟大军与陈谢兵团战地会师的动人情景。

1948年3月，华东野战军西线兵团和晋冀鲁豫野战军陈谢兵团联合发起洛阳战役。11日发起攻击，14日攻克洛阳，全歼国民党青年军二〇六师及保安团等约两万人，生俘该部中将师长邱行湘。洛阳是河南重镇，是解放军挺进中原以来第一次攻克坚固设防的大城市。洛阳战役的胜利，反映了整个战局形势的变化，反映了人民解放军攻坚作战能力的提高。由于国民党军两路援敌已靠拢并逼近洛阳，不易攻歼，解放军于3月17日撤出洛阳。4月5日，陈谢兵团再次解放洛阳。

在洛阳战役报道中，华东前线分社和豫陕鄂野战分社组织工作做得好，出色地完成了报道任务。据总社统计，前线先后来稿59篇，采用49篇（文播32篇，口播17篇），不用稿10篇（多为战斗经过稿，多因时间性未用）。播出的稿件有战报、消息、通讯和评论等，如《洛阳战役经过与战果》《洛阳蒋匪暴行》《洛阳英雄连》（冯牧）、《桌上的表》（张明）、《一个战士活捉一百七十多个敌人》《攻洛时各地群众支前》《陈赓将军接见邱行湘》（冯牧）、《邱行湘等安抵后方》《洛阳战役评述》等。

4月21日，总社发出电报，对洛阳战役报道提出意见，指出：优点方面，注意了政策报道，改变了单纯歼敌占城的老一套。体现在以下几点：一是对青年军、青年学生、士兵争取瓦解，陈赓接见邱、符（指邱行湘、符绍基）及战役评论，都抓住了这点。刘焕东致刘茂恩信，对揭露与分化敌人都较有力。二是反映了军事民主和强调纪律，涉及这两个问题的稿件有13篇。其中以《桌上的表》最好，今后值得发扬此种写作手法。三是城市政策方面，对古都洛阳的特点还能反映，如保护古迹等。四是洛阳蒋军暴行稿，较系统地揭露敌人罪行，配合群众支前等活动，予人印象较深。五是报道我军撤出洛阳及市府移城外办公，报道有头有尾，可多少取得主动。六是报道有组织，报道面较宽。来稿除5篇公报（战报及发言）性稿外，大部为记者采访稿，发挥了记者的作用。在缺点方面，电报指出，在政策思想上还须继续研讨，所发消息中有些是违背中央政策的，如洛阳经验总结中有"工资维持5人生活为宜"与对"开仓济贫"的处理稿件，望深切注意，并加检查。

在洛阳战役报道中，华野麓水（三纵队）支社工作出色，战前加强内勤工作建设，在各团普遍建立了团通讯站，各团站负责组织本团的通讯网和向支社转发通讯员的稿件。在整个战役期间，麓水支社收到各团站发来稿件353篇，大大充实了纵队《麓水报》的稿源，并为支社编发稿件提供了素材。如受到总社表扬的《桌上的表》一稿，就是首先突破洛阳东门的突击营营长张明所写，反映部队在战斗中严守群众纪律，生动活泼。支社记者冒着敌人炮火在第一线采访，及时把突击城垣和巷战的情况报道出去。在这次战役中，麓水支社记者共写稿47篇，平均每人8篇；向华东前线分社发稿24篇，其中战斗报道13篇，战前军事民主4篇，城市政策纪律3篇，群众反应及俘虏工作4篇，比较全面地反映了三纵队在攻城作战中的战绩和风貌。

5月2日至17日，中原野战军发起宛（即南阳）西战役，歼灭蒋军2.1万余人。支社记者报道了宛西战役的胜利。新华社播发了毛泽东写的综合性消息《中原我军占领南阳》。这篇消息分析战局，议论精辟，成为传诵一时的新闻名篇。

6月中旬，华东野战军主力在中原野战军的配合下，发起豫东战役（包括开封战役和睢杞战役）。我军在酷暑苦旱下，连续作战20多天，打了攻城、打援两个歼灭战，共歼敌9万多人。6月17日至22日，经过激战，攻克河南省首府开封。攻城部队入城后，华野前线分社副社长邓岗、丁九随即进城组织指挥报道。邓岗奉命起草《入城布告》，宣传中国共产党的城市政策。总社播发了这一布告。6月22日，新华社播发社论《开封大捷》。攻克开封，这是人民解放军在关内首次占领省会城市，在国民党统治集团内引起极大震动。6月26日，解放军主动放弃开封，全力打击来援之敌。6

月27日至7月2日，华东野战军集中优势兵力在睢县、杞县地区歼灭区寿年兵团部及整编第七十五师等部，俘兵团司令区寿年及整编七十五师师长沈澄年。7月3日至7月6日，又歼灭来援的黄百韬兵团一部。豫东战役共歼蒋军9万余人。这一战役的胜利，改变了中原和华东战场的战略态势，进一步削弱了中原战场国民党军的有生力量，提高了人民解放军的攻坚能力和野战能力，为不久后进行的济南战役和淮海决战创造了有利条件。

新华社华野前线分社对豫东战役进行了及时充分的报道，播发了大量战报、新闻、通讯和评论。在开封战役中，播发的稿件有《开封前线两支兄弟部队相互支援打垮敌军》《开封大捷》《开封我军严格执行城市政策》《开封文教机关惨遭蒋匪洗劫 我军在炮火中尽力营救保护》《嵇文甫等河南大学教授及开封文化界名流前往解放区》《被俘高级蒋军官供认蒋军轰炸开封惨状》《开封战役中豫皖苏新区人民热烈支前》《开封秩序迅速恢复》《我军布告暂撤开封全城市民依依惜别》等。这些稿件，报道了人民解放军攻克开封的胜利，显示了解放军攻破蒋军坚固设防城市的能力；宣传了解放军保护城市政策和严明的纪律，揭发了蒋军轰炸、纵火、抢劫、毁灭城市的罪行。在睢杞战役中，新华社播发了《爆破龙王店》《榴弹炮的惊人战功》（叶家林）、《区寿年沈澄年等低头认罪》《豫东大捷经过》《华东军事观察家评我军开封豫东之捷》等稿件，重点报道了解放军顽强坚守阵地的战斗情况，阻击战中纵队前后方指战员高昂的士气和不怕疲劳、连续作战的英勇事迹和精神，并通过俘虏和逃兵的供词，敌人狼狈溃逃、遗尸遍地的情景，报道了蒋军的惨重损失，揭穿了国民党鼓吹"豫东大捷"的谎言。

豫东战役报道的成功，是与前线分社和支社记者有充分的思想准备和必要的组织措施分不开的。开封战役前他们就组织记者认真学习中央的城市政策，临战时又参加部队政治机关举行的政策研究会，估计到进城后可能遇到的情况和问题，并对城内军政机关、文化单位、著名街道、名胜古迹作了一些了解，因而指导思想比较明确。华东前线分社与参战的"麓水"（三纵队）、"战旗"（八纵队）两支社记者随攻城部队入城，较好地完成了多方面的采访任务。记者郝世保和邓守智还入城进行摄影报道。另外，豫皖苏分社记者主动配合，及时采写了新解放区人民热烈支前的稿件，显示人民解放军在新区大规模作战的条件开始成熟。睢杞战役中，有华野6个纵队和中野第十一纵队参加，第一、第四、第六纵队和第十一纵队围歼，第三、第八纵队会同两广纵队阻击。各纵队支社记者都深入前线采访，向前线分社发来大量稿件，除部分转发总社外，大多在部队报纸刊出。

华东前线分社曾对开封战役报道工作进行了总结，并于7月26日用电报发给总社。8月总社发出电报，肯定了这个总结，指出："开封战役报道，基本上是成功的。你们克服炎暑与连续行军作战的困难，在敌人猛烈炮火与敌机狂炸下，亲至前线采访，战旗支社记者金雨困同志两处负伤，仍坚持工作。你们这种对于工作认真负责的精神，值得表扬。""这次开封战役政策报道上做得很好，报道了我军在开封的宽大政策，保护工商业政策，争取知识分子政策，争取逃亡地主政策与严明的城市纪律，揭发了敌人的轰炸、纵火、毁灭城市的政策，反映了开封人心的向背。"关于缺点方面，电报指出：对于"我军如何具体执行这些政策及开封人民对各种政策的反映的报道，稍感不足"。电报还把开封战役报道与许昌战役、洛阳战役报道作了比较，指出："许昌战役中有很多篇报道城市贫民分粮、分浮财、分房的斗争，洛阳战役中关于开仓济贫的报道也有偏差，而在开封战役中，则能比较正确地报道了我军各项政策。"还指出："在战斗报道上，则以洛阳战役较为成功。"

1948年4月，在华东野战军外线出击的同时，华野山东兵团（即东线兵团）在内线的胶济路中段发起潍县战役。4月2日战役发起，8日完成对国民党军的包围，26日突破城防，27日攻克国民党军长期经营、设防坚固的潍县城。此役全歼蒋军整编第四十五师及两个保安旅共4.6万余人，俘虏第九十六军军长兼整编第四十五师师长陈金城。7月，华野山东兵团又在津浦路中段发起兖州战役，全歼国民党第十绥靖区司令部、整编第十二军军部及所属十余个团。攻打潍县的主力部队是华野第九纵队，战后，山东兵团授予第九纵队第七十九团以"潍县团"的光荣称号，嘉奖该团第八连为"潍县战斗英雄连"。第九纵队支社对潍县战役进行了报道，发出了《解放潍县经过》等消息。记者黎明全程跟随第七十九团采访，写出了《潍县战斗英雄连》《英勇顽强的潍县团》两篇通讯。在兖州战役中，山东兵团的第七纵队和第十三纵队担任主攻任务。第七纵队支社和第十三纵队支社报道了攻克兖州的战斗经过及部队英雄事迹，扩大了人民解放军进入新区后的政治影响。

1948年5月，晋冀鲁豫野战军改称中原野战军。7月6日，中原野战军第六纵队及桐柏、陕南军区部队，乘汉水流域国民党守军空虚之际，发起襄樊战役，至16日攻克樊城、襄阳等城，活捉第十五绥靖区中将司令、国民党特务头子康泽。第六纵队支社迅速发出了解放襄樊的战报，记者靳思彤采写了通讯《攻占襄阳城最后一个碉堡——活捉康泽目击记》。

（3）**晋察冀捷报频传**

在晋察冀战场，人民解放军已取得主动权。1947年9月上旬，晋察冀野战军发起大清河战役，9月中旬，再次向保北出击，前后歼灭敌军5000余人。10月19日至22日，又在保定以南的清风店地区，将北进的石家庄国民党第三军军部率一个师及第十六军一个团包围，全歼国民党军1.7万余人，生俘军长罗历戎、副军长杨光钰。晋察冀前线分社记者采写了《清风店歼敌大捷》《蒋匪第三军的覆灭》（杨朔）、《评清风店大捷》等消息、通讯和述评。分社记者还报道了聂荣臻、萧克、罗瑞卿三将军在前线指挥部先后接见被俘蒋军将领罗历戎、杨光钰等的消息。

同年11月6日，晋察冀野战军又发起石家庄战役，经过激烈战斗，于12日攻占石家庄，全歼国民党军2.4万余人，俘获第三十二师师长刘英在内的高级军官多名。石家庄为华北战略要地，设防坚固，解放石家庄标志着解放军攻坚能力达到新的水平。朱德总司令发来贺电中，赞誉此役是我军"夺取大城市之创例"。新华社播发人民解放军总部发言人评解放石家庄之捷，指出：解放军反攻使敌人顾此失彼，更大胜利必将连串到来。

在这次战役中，晋察冀前线分社注意前后方的密切配合，不但报道了解放石家庄的全过程，而且报道了配合解放石家庄的外围战，既有新闻、战报、评论，又有通讯、特写、谈话，如《石家庄战役大捷》《解放石家庄之战》《十分钟攻占云盘山》（王惠德）、《突破石门蒋军核心工事的一角》（杨朔）、《三个英雄班》（萧逸）、《冲破市内沟之战》（朱汉）、《蒋军士兵的一封血泪书》（张帆）、《床下将军》（杨朔、谭彪）、《神话成了笑话》（杨朔）、《冀西各县农民热烈参战破击道路运送伤员》《石东人民悬灯结彩欢迎我军庆祝解放》，以及前线记者集体采写的《石家庄巷战》《匪"东进总指挥部"的破灭》《石家庄战场上刚缴获的坦克车立即炮轰匪工事》等，比较全面地报道了解放军首次攻克大城市的范例，在军事报道上是成功的。

1948年5月，晋察冀和晋冀鲁豫两大解放区合并成立华北解放区，同时成立华北军区。华北军区北线有两个兵团，一个在察绥，一个在冀东、热河。野战军万里征战长城线，艰苦卓绝，密切配合东北野战军作战。东北野战军进关后，华北南线部队在徐向前指挥下解放了临汾，横扫晋中，并组成了华北第一兵团，包围太原。杨得志、罗瑞卿率领华北第二兵团纵横长城内外，新保安战役歼灭傅作义部的王牌第三十五军。杨成武指挥的华北第三兵团在友军配合下，攻占包头，屯兵集宁，后挥师向东，解放张家口。新华社前线分社的记者、通讯员随军活跃在华北各个战场，报道了战役战斗捷报，写出了许多生动活泼的新闻通讯，如《望南山》《万里征战长城线》（张帆）等。

(4) *东北战场出名篇*

东北战场上也是捷报频传。东北民主联军为配合解放军南线作战，于 1947 年 9 月中旬发起秋季攻势，由南满部队对北宁路及其两侧地区发起进攻，歼灭守备薄弱之国民党军，而后北满部队在中长路沈阳以北段发动攻势，使敌首尾不能相顾。在为期两个月的战斗中，共歼敌 6.9 万余人，迫使敌国民党军队退缩在锦州、沈阳、四平、长春、吉林等 34 座城市及其附近地区，陷入被动局面。12 月中旬至 1948 年 3 月中旬，又在中长路沿线和北宁路沿线发动规模空前的冬季攻势，为时 3 个月，解放四平、辽阳、鞍山、营口、黑山等城市，歼灭国民党军 15.6 万余人，将蒋军压缩在沈阳、长春、锦州三个互不联系的狭小地区，为解放军后来在东北的全面胜利，奠定了基础。1948 年 1 月 1 日，东北民主联军改称东北人民解放军。

东北总分社和东北前线分社紧密配合，克服人力和设备缺乏的困难，深入前线，努力完成报道任务。他们发出了大量战报、新闻、通讯和述评，如《东北千百万人民支援秋季攻势》《东北我军冬季攻势战绩辉煌》（杨赓）、《东北各地翻身农民踊跃参军宣誓讨蒋》《塞北游击队奋战长城内外》《冀东边沿区游击战与土改结合》《解放军宣言纷传前线》（刘白羽）、《新年在前线》（常工）、《民主联军野战军一年战绩》《东北野战军发言人谈话，战局已起根本变化，我军完全掌握主动》《教师爷滚蛋了》（东北总分社）等，报道了东北解放军的昂扬士气和英勇事迹，人民支援的热烈情景，揭露了蒋军的失败及其丑态，有的受到了总社的表扬。《董存瑞舍身炸碉堡》一稿，报道冀热辽前线解放军攻克隆化县城的战斗中，爆破英雄董存瑞手托炸药包，舍身炸毁敌碉堡，为战友们打开前进道路的感人事迹，反响强烈，鼓舞人心。特派记者华山采写的长篇通讯《踏破辽河千里雪》，反映了广大指战员的革命英雄主义精神和东北人民支援战争的宏伟场面，成为传诵一时的名篇。

在报道过程中，新华总社与东北总分社之间往来电报频繁。总社加强指导，对稿件进行表扬或批评，使前线报道有所改进。如 1947 年 9 月总社在一个电报中指出："辽西两次大捷报道方面很有组织，较历次攻势报道已有很大进步，其中'126、133、138、159'数稿配合得极好，能够描绘出该区的过去和现在，而从过去和现在的情势下衬托出将来的远景，尤其重要的是，说明了冀察热辽人民解放军在发动群运进行土改后的成长和壮大。做得还不够的是，这次胜利的声势不够大，原因是稿子来得较零散，稿与稿的配合计划性不够，以致显得不集中，从而分散了宣传的力量。其次是这一战役中克服困难和英勇的事迹报道得不够，今天的战争是人民战争，我们应该从各个角度衬托出我们胜利的因素，东北日报社论后一段已述之颇详，而我们要报道的应该是支援战争的种种大场面。""其他军事稿件方面关于军队教育及表扬新英雄者为最好，写得有过程，也很生动。以后写这些稿件我们认为值得注意的还有文中主人翁思想过程的叙述及其深度。"

在 10 月的一次电报中，总社写道："秋季攻势第一次报道声势极大，为本旬报道上一大特点，除少数零星战斗消息外，大部报道及时，唯其中 28、44、47、62 诸稿战报与评论相互夹杂，不太合适，望今后予以注意，尽可能在新闻中不加意见，必要时以记者或适当人物之名义另加评论。如 49 号报有评论之功，亦有综合之效，且出诸权威人士，极有力量，使读者一目了然秋季攻势中东北战场之基本形势，能够满足读者之要求"，"再者，战报与战果续报之间隔，时间上望能力求缩短，如上次杨仗子歼敌两师，事隔三四日战果始来，实不能满足读者对这样大歼灭战之关心。"

（5）**西北前线奏凯歌**

西北战场的大反攻，是以沙家店大捷为标志的。1947 年 8 月 20 日，西北野战军乘南北国民党军尚未会合之际，发起沙家店战役，一举歼灭自榆林南下的国民党军整编第三十六师，从此，西北我军转守为攻，从根本上扭转了西北战局。9 月 23 日至 10 月 24 日，又发起黄龙、延（延长、延川）清（涧）战役，收复延长、延川、清涧、子长、绥德等县，开辟了黄龙山新解放区。1948 年 2 月 24 日至 3 月 3 日，又发起宜川战役，采取围城打援的战术，取得歼灭国民党军5个旅共2.9万人的胜利,在宜川西南瓦子街地区击毙其整编第二十九军军长刘戡。宜川战役是西北野战军新式整军后,转入外线作战以来的第一个大胜仗,从根本上改变了西北战场的形势,有力地配合了解放军在南线的作战。随后,西北野战军主力向西府(今凤翔、宝鸡地区)进军,延安守敌弃城而逃,被占领一年零一个月的革命圣地延安于4月22日重新回到了人民手中。

西北前线分社记者随军采访,发出了大量战报、新闻、通讯、特写和述评,如《沙家店大捷》《我军以重斧劈柴之势歼敌九千,残敌望风披靡狼狈溃逃》《活捉廖昂》(午人)、《蒋匪帮的谣言戳穿了》(闻捷)、《黄龙分区老百姓称赞我军真规矩》《王老虎》(杜鹏程)、《七郎山上逞英豪》(午人、延晓)、《西北我军再接再厉攻克宜川,蒋匪军长刘戡被击毙》《永丰战前见闻》(杜鹏程)、《西北随军担架队》《胡匪怯弱无能,北犯增援仅日行十余里拥塞咸榆路上好像粪蛆》《西北我军纪律严明,泾渭人民热烈欢迎》《宜川战役两万解放战士经过诉苦运动参加我军》《胡宗南匪军北线全部溃灭,解放大西北斗争胜利开展》《解放军收复延安》《延安民主秩序迅速恢复 数万群众欢迎解放军》《鸡毛信》(汤洛)、《毛主席万岁》(汤洛)、《陕甘宁边区地方武装和游击队配合我军主力作战》《去年蒋胡军占领延安后,抓老百姓装扮俘虏,造假坟虚构"辉煌战绩"》等,都经总社播发全国。它们报道战斗经过和胜利成果、解放军英勇事迹和游击队活动,揭露蒋军丑态等。总社还播发了评论《评陕北之捷》《解放军总部发言人评论,宜川大捷改变了西北形势》《中共中央委员会致电祝贺解放军收复延安伟大胜利》等,指出,西北战争形势已起决定性变化,彻底胜利已为期不远。

记者普金联系西北野战军总部,结合战局发展,写了不少军事述评。西北野战军司令员彭德怀重视新闻宣传工作,亲自出题目,指点记者写稿。上述蒋军北犯增援一稿中,"拥塞咸榆路上好像粪蛆"一句就是彭德怀授意加上的。

1948年8月,记者杜鹏程参加黄龙南线歼灭国民党军第三十六师的战斗，写出战地通讯《红旗插上壶梯山》，还给彭德怀写了一封长信，报告他目睹解放军指战员舍生忘死，奋勇杀敌的战斗精神。彭总看后批示："杜鹏程同志来信很好，其中略有词句修改，请广播。"总社以《前线记者向彭副总司令反映火线见闻》为题，并加上按语，于9月9日向全国播发。解放区的许多报纸都全文刊载，对提高部队的斗志，鼓舞士气，产生了很好的影响。

（6）*记者俘房阎军溃兵*

在大反攻战场上，新华社记者在战火中采访，不仅是胜利的宣传者，也是战斗的参加者。有的记者机智勇敢地俘虏敌兵的故事，被传为美谈。

1948年夏天，晋绥、太岳人民解放军，再次挥师北上，揭开了晋中战役的序幕，横扫阎锡山军队，取得一个个胜利。弃城逃窜和被歼漏网的溃兵，纷纷缴械投降。

7月14日，晋中分社记者吴钢带领一名通讯员和一名民兵，在护送担架队到清徐县途中，遇到在汾阳等县被击溃北逃的阎军。有一个浑身污泥的人，慌张地迎面走来，吴钢判定是阎军的溃兵，就喊："你是一个民卫军吧，说实话，不要怕。""是，被捉去当兵的。""你们哪里还藏着人，领我去就是你的功劳。"经过一番宣传后，那人便带着吴钢等向一片高粱地走去。果然，从葱绿的青纱帐里钻出20多人，连呼："我们缴枪，不用打！"吴钢派人把这些俘虏送到城里。当他带领担架队继续前行时，发现在另一片田地里，一棵棵高粱在摇晃，附近的坟堆上，还站着一个敌人的哨兵。吴钢等3人持枪冲过去，先把哨兵活捉了。吴钢用手枪顶着他的后背，高喊"缴枪不杀，优待俘虏！"命令那个哨兵去叫其他的人投降。接着，10多个疲惫不堪的溃兵走出来，在排长的指挥下驯服地放下了武器。当吴钢等过去收枪时，那个排长才发现他们只有3个人，比溃兵少得多，突然叫道："不缴枪，要不咱就干！"那些溃兵又从地上拣起枪，把枪口对着吴钢。这时，吴钢又用手枪对着他们，镇静地说："好吧！不缴枪也可以。但你们要知道，四面八方都是解放军,即使跑出去,过几天你们还是要当俘虏的。"接着,又给他们宣讲解放军的优待俘虏政策。在这紧张对峙的时刻,围观的群众越来越多,个个以仇恨的目光瞪着他们。溃兵们在强大的压力下屈服了,交出枪械弹药,老老实实地被押走。晋绥第八军分区政治部的收据上写着:"收到新华社记者吴钢交来俘虏37名,小口径火炮两门,轻机关枪两挺,步枪10多支和子弹2000多发。"1948年7月29日的《晋绥日报》上,以《记者吴钢等三同志俘虏溃兵37名的经过》为题,刊登了这一消息。

五、分化瓦解蒋军和俘虏政策的报道

解放战争中,军事报道的一个重要内容,是关于分化瓦解敌军和俘虏政策的宣传。新华社精心策划,积极组织,播发了大量稿件,对于宣传中共中央的政策,揭露国民党的欺骗宣传,争取广大群众,分化瓦解敌军,发挥了重要作用。

(一) 分化瓦解敌军

口语广播在分化瓦解敌军方面具有更大的优势。1947年1月20日,延安新华广播电台开辟了对蒋军广播节目,每日晚6时至6时半播出,连续介绍在各解放区战场上放下武器,脱离内战的国民党军将、校、尉三级军官的姓名、部别、职别、简历,在何地放下武器,及现在生活情况等。广播中特请军官们的家属、亲友注意收听。指出各家属亲友在听到自己亲属的下落以后,如有信件,本台愿意代为转达。在国民党统治区无法直寄延安的,可交重庆新华社、上海新华社、南京新华社代转。

当时,在侵犯解放区的战斗中,一年来被俘的蒋军军官,已有将官70余名,校官数百名,尉官千名以上。他们被俘后的情况,是国民党统治区人民,特别是他们的家属、亲友所渴望了解的。而国民党当局控制舆论,严厉禁止收听新华社广播,但收效甚微。人民大众暗地里收听新华社广播,就连蒋军官兵甚至高级军官,也在偷偷收听新华社广播,从中了解战争的真相。新华广播电台对蒋军

广播节目，甚受欢迎，影响巨大。最初是每天介绍被俘军官 10 名，后来逐渐增多。如 2 月 9 日介绍了被俘的整编第三师中将师长赵锡田、少将师长谭乃达，另有校官 8 名。还播出了赵锡田致国民党官兵的信："本人自菏泽前线被俘后，八路军官兵无论起居饮食，均招待甚周，从未加以侮辱，负伤的都给以医治。"听到广播后，果然有被俘军官家属前来联系。他们受到中共驻重庆、南京等地办事处的热情接待。

同年 8 月，为了加强对蒋军的政治攻势，总社向各地总分社、记者团及特派记者发出通知，要求有计划地为口播部组织稿件，并作为一项经常任务。内容有：战役发动前的政攻文件及宣传品；战役进行中被围被攻敌军番号、派系、指挥员姓名、略历；歼敌经过的叙述；战役结束后放下武器之敌军官名单、简历，俘获之日记、电报、文件、蒋俘家信，将校级及空军军官被俘时及俘后之感想、情绪及各种反应；首要指挥员毙俘经过之连续报道；后方敌俘生活、思想转变、参加工作经过报道；我党我军优待爱国军人及与友军合作情形。

1948 年 4 月 2 日，总社为加强瓦解敌军的宣传，再次致电各总分社和野战分社，指出：蒋俘名单，有些总分社野战分社在战役结束后很快发来，除姓名、职位、年龄、籍贯、简历外，还有简单的被俘情形及俘后感想等，蒋军很爱听，这点经验值得推广；蒋俘书信，最好能与名单同时发来。内容不要泛泛地讲解放区一般情况，应着重讲他们自己被俘后的生活及亲自见闻的事情，如前蒋军第五十五师副师长李明亚最近的家信中说："身体较以前胖了，至少加重二十磅。"前蒋军整编第三十六师营长张举才家信中说："旧历十月前，棉鞋棉袜就发给我们每人一双，其他一切就可想而知了。"或让他们谈些家庭琐事也好；敌军主要军官被打死后，报道处理其尸体情形，并通知其家属领尸，如通知戴之奇、张灵甫、刘戡等家属领尸，都收到很好效果。对受伤蒋俘军官治疗情形，也盼多报道；蒋俘送后方学习后，他们的生活学习情形，请多报道。对蒋俘空军、海军及青年军人员的名单书信等，请特别组织。蒋空军、海军及青年军中收听我广播者特别多，我们过去对他们的宣传重视不够；对困守孤城的蒋军讲话，如过去对石家庄、运城蒋军讲话，及最近对延安、洛川、临汾蒋军讲话，都起了一定作用。今后请与前方参谋处及指挥所密切联系。并酌量组织某些蒋俘给困守孤城的蒋军写信，如这次廖昂给困守延安的蒋军整四十八旅旅长康庄的信，李昆岗给蒋军整十七师师长何文鼎的信，都写得很好；每一战役结束后，请即将缴获敌人文件、日记等，摘要发来；请向新俘蒋军官调查他们收听我广播的情况和意见，越详细越好，以供改进工作之参考。

对蒋军广播节目，对于动摇军心，瓦解敌军，收到了很好的宣传效果。1948年1月14日，穆欣从前线给总社来信，反映了许多情况，为这种宣传效果提供了例证。信中说："口播对反攻部队成了唯一的消息来源，而这次歼灭整三师时，发现目前也是蒋军'唯一的慰藉'。他们全师上下并包括李铁军等，都听广播，不但陕、邯，东北的也听。他们每团有4个报话机，连长们都到营长那里听。他们饭后开玩笑说：'走，听听共匪的情况'。一般反映，对蒋军播俘单特别是谈话、生活等的介绍最欢迎。一般不喜欢听论文，喜听消息、故事，怕听骂蒋介石的文章。三师三旅那个报话机上的机务员，几乎能把武庭麟俘后谈话，背诵得完全。他们熟知每个广播员的音调。"信中还指出，被俘蒋军官反映，他们被俘前经常收听，一位连长（少校）讲，他是在该连用报话机听，每天傍晚旅部的参谋处、副官处的一些校官（有些营长）都来收听广播。并彼此相约："出去可不要讲。"他们对蒋俘书信特别感兴趣。播出让刘戡家属收尸通知，认为很好，令人感到共产党之宽大和非常有人情。

（二）王克勤运动的报道

在解放战争中，蒋军士兵投降和被俘者甚多。做好俘虏转化工作的宣传，在新华社的新闻报道中占有较大的分量。这是一项政策性很强的工作。国民党军士兵，一般地是可以迅速转变到革命方面来的。转变后如何与贫苦农民出身的战士搞好团结，提高部队的战斗力，等等，都是当时宣传中遇到的问题。这方面报道的一个范例就是关于王克勤运动的宣传。

王克勤是解放战争初期，晋冀鲁豫野战军第六纵队第十八旅第五十二团涌现的一位战斗英雄和团结互助模范。他原是蒋军士兵，1945年10月平汉战役被俘参加解放军后，经过诉苦运动，政治觉悟提高很快，先后当了班长、排长。他军事技术好，作战勇敢，善于组织平时的和战场上的团结互助，很快成为一个先进榜样。晋冀鲁豫野战军政治部发出通知，号召全军指战员向他学习。新华社冀鲁豫前线记者团多次报道了他的英雄事迹。冀鲁豫军区的《战友报》刊登了长篇通讯《王克勤班》和短评《创造自己的"王克勤"》，介绍王克勤班的新发展，反映各纵队开展学习王克勤的动态和经验，使王克勤运动的宣传更加深入。

1946年12月3日，新华社播发消息，报道冀鲁豫前线野战部队，积极开展王克勤运动。12月11日，新华社转发延安《解放日报》社论《普遍开展王克勤运动》，把这个范例的重大意义提升到一个新的高度。社论指出："开展王克勤运动的首要任务，是在我全体人民解放军中普遍热烈的提倡互助互学，提高技术与提高战斗力……强调我们部队中新老战士的团结，强调翻身农民出身与旧军队出身战士的团结。"总社还先后发表了多篇前线记者采写的有关王克勤运动的报道，这就使王克勤运动更加迅速和普遍地在全军开展起来，极大地提高了部队的战斗力。

（三）及时纠正俘虏政策宣传中的偏向

在对于蒋军俘虏政策的宣传上，各地总分社和前线分社来稿中，曾发生过一些偏差，主要是有右倾偏向。如1948年6月，豫西分社发出两篇采访国民党军第五十八师高级俘虏的稿件，其中内容存在若干问题，中原总分社提出意见并报给总社。总社收到后认为稿件中反映的问题具有一定的代表性，故于7月18日发出致中原总分社并各总分社的电报，阐明了对蒋军俘虏中高级军官的采访态度和报道方针。这个电报是经过毛泽东、周恩来、朱德、任弼时等中央领导人审阅修改过的，体现了中国共产党对于蒋军俘虏的政策和策略。电报指出：

"我们还有少数记者和编辑在采访、编写和广播高级敌俘稿件时，往往失去立场，或者立场不明确。这就是在一定程度上过高估计高级敌俘作用，不自觉地把他们当做是尚有若干权威的统治者，或某种独立自主的人物来看待，甚至表现某些阿谀捧场的态度。对于这些作恶多端、抵抗到最后的高级战俘，我们应有阶级仇恨与鄙视的感情，无论他们的'官'有多大，被俘后说得多么好听，他们都是反动与丑恶的。我们一般地不能以对待未作恶多端、不坚决抵抗的国民党军下级官兵的态度对待他们。

"国民党军士兵是一般地可以迅速转变到革命方面来的，国民党军下级军官也有一部分可以争取，但这些高级战俘是不易争取，也不宜轻易相信的。我们之所以不虐待、不侮辱他们，甚至在某些条件下对于个别的人稍予优待（根本上我军政策是宽待俘虏，而不是优待俘虏），以及发表他们的谈话，为他们转家信，释放他们中若干人回家，并不是为了爱护与同情这些高级俘虏，只是为了动摇与瓦解敌人所采取的一种策略。而运用这一策略时，又须顾到他们是嫡系还是非嫡系、作战顽强与否、平时作恶大小等区别。如果是罪大恶极的战犯，如放毒、残杀居民与我方俘虏等，则应照战犯对待。"

通知最后还说："只注意立场不注意策略是不好的，但是形式上注意了策略而忘了基本立场，更是不对的。学会在正确的立场上灵活地运用正确的策略，才不至于犯错误。"

同年7月下旬，中原前线分社发来《解放后的区寿年》和《区寿年通电》两稿，总社未予采用。8月10日总社发出通报，指出两稿犯有原则性错误，表现在：《解放后的区寿年》一稿，作者未能识破区的狡猾，反受其欺骗，丧失立场。该文颂扬区寿年"悠长的戎马生涯"，"冒着大汗起草反对蒋介石卖国独裁的通电"，"对国民党特务是恨的"，对于区的罪恶仅反驳了他数年前的光荣史，对于他在此次内战中的罪恶则没有指出，既然指不出区的罪恶，也就看不出我们的宽大，结果是片面地歪曲地庸俗地报道了我们的俘虏政策，如说："我们对解放后的蒋军军官照顾的不是牲口就是马车替他们代步"，"每天享受着二个菜到四个菜膳食招待"，"吸着解放区最上等香烟"等。在《区寿年通电》中，通电口气不像是战俘的忏悔，倒像是起义的号召，什么"尚望共襄大义"，"被迫参战"，"拥护我等之主张"及"做我等之后盾"等，显系企图卸脱罪名，并提高身价。通电中对我方宽大一字不提，其号召第一项"结束一党专政"是模棱两可的为将来反共留有余地。总社指出：各地关于蒋俘军官的报道，其中有不少或多或少地存在着与上述类似的缺点，要求各分社能将过去关于俘虏的报道加以检讨，并将检讨结果电告总分社。

11月18日，中宣部与新华总社联合发出关于纠正各地新闻报道中右倾偏向的指示，其中关于被俘蒋军军官的宣传，指出："宣传宽待一般国民党员和一般俘虏，是对的，利用他们来进行瓦解敌军的工作，是必要的；但不要给人一种印象，似乎他们一放下武器，就没有罪过了，所有罪过都已经被我们一笔勾销了，就可以宣传自己是如何如何觉悟立功了，似乎他们简直就是起义将领，革命军人。此外，对起义部队的宣传也要有适当分寸，不要夸大他们的作用和觉悟性，似乎他们比人民解放军还有功劳，还要革命。"最后重申："在上述各项宣传或报道上，必须防止右倾机会主义的偏向，必须指出此种偏向在宣传工作人员中，在全党中，已经时常发现，必须注意纠正。"①

12月24日，中宣部和新华总社又联合发出关于不可轻易宣传敌军起义及利用被俘军官进行宣传的指示，指出："对于国民党军，不要随便宣传他们应该起义、可以起义、曾经打算起义等等。国民

---

① 原载1948年6月《政策汇编》，原件存中央档案馆。

党军是反革命军队,是革命战争的直接敌人,而起义则是革命行动,只有少数有特殊条件者即原有联络准备者(例如何基沣、廖运周)才能这样做。在紧要关头有特别作用的反正,也可勉强称为起义。我们不应当一般地要求反革命变为革命,故不应当一般地要求国民党军起义。我们应当一般的要求他们缴械投诚"。还说:"对于被俘的已指名的战争罪犯,及显著的反动分子,不应随便利用他们来进行对外宣传,即利用某些有特殊作用的与敌方将领有特殊关系的,或过去作恶较少而现在确有转变的俘官,经过我们的报社、通讯社、广播台进行对敌宣传时,亦应令其承认过去的罪恶,不要把我们对人民的宣传工具轻易地给他们当做洗刷自己和表扬自己的工具。"①

新华社在中央的领导下,及时发现和纠正了宣传上的一些错误偏向,不断改进报道工作,在分化瓦解敌军和俘虏政策的宣传中,提高了军事报道的水平。

六、毛泽东写稿退敌兵

1948年10月下旬,正当人民解放军在前线取得节节胜利的时候,新华社在河北省建屏县工作的人员,突然接到紧急通知说,蒋介石密令驻守北平的傅作义军队偷袭石家庄,妄图窜扰西柏坡的中共中央机关,要求大家做好暂时撤离的准备。新华社立即动员,组成临时战备工作队返回太行,做好一切准备,一旦需要即可接替总社的相应工作。同时组织老弱妇孺向山区转移疏散。

原来,中共中央得到北平地下党的紧急情报:驻守北平的蒋傅军,乘华北野战军主力远在绥远地区作战,冀中一线兵力空虚之际,决定以骑兵第九十四军、新编第二军,共计10万余人的兵力,组织一支快速机动部队,经保定偷袭石家庄和西柏坡。

当时,华北军区留守西柏坡的兵力只有一个团约1000余人。

---

① 原件存中央档案馆。

华北军区共有3个兵团,一兵团在山西对付阎锡山部队,三兵团在绥远,只有二兵团在平绥路东段附近。从北平到石家庄只有600多里,其中北平到保定300里的铁路线基本为国民党军控制。保定到石家庄也有300多里的路程,敌军快速机动部队只需两天,最多3天即可到达石家庄。而华北二兵团从平绥路东段,即使日夜兼程,赶到保定以南地区也要4天。因而,石家庄处境危急。

面对这一严峻形势,中共中央领导人立即紧急研究对策,进行了周密部署。

一方面是在军事上调动部队和民兵抗阻奔袭南进之敌。中央军委副主席、代总参谋长周恩来立即调兵遣将,进行具体指挥,致电华北军区司令员聂荣臻等,通报敌军的偷袭计划,命令已在保定地区的第七纵队(司令员孙毅)主力即至保定南抗阻,另一个旅开新乐、正定间,沿沙河、滹沱河布置抗阻阵地;命令在绥远地区的第三纵队(司令员郑维山),立即日夜兼程,限5日内赶到望都、定县地区协同作战。杨成武、罗瑞卿、耿飚兵团主力相机行动。命令冀中、北岳地方武装,作出具体战斗部署。同时,还电话通知石家庄的华北军政大学校长叶剑英,立即将学员组织起来,做好迎击敌人的准备。在西柏坡的中共中央机关各部门,迅速调集汽车、马匹,随时准备向西部山区转移。

另一方面,在政治上揭露敌人,主要是运用新华社,发动宣传攻势,揭露敌人的偷袭阴谋。在这场特殊的宣传战中,毛泽东亲自组织和撰写了几篇重要新闻。

第一篇是胡乔木起草、毛泽东修改的新闻稿《蒋傅军妄图突袭石家庄》(新华社10月25日播出),指出:"当我解放军在华北和全国各战场连获巨大胜利之际,在北平的蒋介石和傅作义妄想以突袭石家庄,破坏人民的生命财产。据前线消息:蒋介石、傅作义决定集中九十四军三个师及新二军两个师经保定向石家庄进袭,其中九十四军已在涿县定兴间地区开始出动。消息又称:该部配有汽车,并带有炸药准备进行破坏。"这条新闻把蒋傅军企图偷袭石家庄的消息，及时公布于众。

第二条消息是毛泽东写的《华北各首长号召保石沿线人民准备迎击蒋傅军进扰》（新华社 10 月 26 日播出），其中写道："为了紧急动员一切力量，配合人民解放军歼灭可能向石家庄一带进扰的蒋傅军，此间党政军各首长已向保石线及其两侧各县发出命令，限于 3 日内动员一切民兵及地方武装准备好一切可用的武器，以利作战，尤其注意打骑兵的方法。闻蒋傅军进扰石家庄一带的兵力，除九十四军外，尚有新骑四师及骑十二旅，并附属爆破队及汽车百余辆。""进扰部队敌首有九十四军军长郑挺锋，新编骑四师师长刘春芳，骑十二旅旅长鄂友三（即今春进扰河间之敌首）。此间首长们指示地方各界切勿惊慌，只要大家事先有充分准备，就有办法避开其破坏，诱敌深入，聚而歼之。今春敌扰河间，因我方事先毫无准备，受到部分损失，敌部也被其逃逸。此次务希全体动员对敌，不使敢于冒险的敌人有一兵一卒跑回其老巢。"这条新闻，把这次偷袭的兵力组成、指挥官名单、装备等，揭露得一清二楚，明白告诉敌人，解放区军民早已做好充分准备，严阵以待，必将歼灭敢于来犯之敌。

第三篇是毛泽东写的口播稿《蒋傅军已进至保定以南之方顺桥》（新华社 10 月 29 日播出）。报道郑挺锋率其两个师在 28 日推进到保定以南的方顺桥地区，显示解放军对敌人的具体行动了如指掌，一切均在我掌握中。

第四篇是毛泽东写的述评稿《评蒋傅军梦想偷袭石家庄》（新华社 10 月 31 日播出）。文中写道："当着国民党军队的将军们都像一些死狗，咬不动人民解放军一根毫毛，而被人民解放军赶打得走投无路的时候，白崇禧、傅作义就被美国帝国主义者所选中，成了国民党的宝贝了……蒋介石原先是要傅作义组一支轻兵去偷袭济南的，傅作义不干。偷袭石家庄，傅作义答应了；但要两家出本钱。傅作义出骑兵，蒋介石出步兵，附上些坦克和爆炸队，从北平南下了。真是异常勇敢，一个星期到达了望都地区；指挥官是郑挺锋。

从这几天的情报看来,这位郑将军似乎感觉有些什么不妥之处,叫北平派援军。又是两家合股,傅作义派的是第三十五军,蒋介石派的是第十六军,正经涿州南下。"文章在结尾处,笔锋一转,问道:"这里发生一个问题:究竟他们要不要北平?现在北平是这样的空虚,只有一个青年军第二〇八师在那里。通州也空了,平绥东段也只稀稀拉拉的几个兵了。总之,整个蒋介石的北方战线,整个傅作义系统,大概只有几个月就要完蛋,他们却还在那里做石家庄的梦!"这篇评述,把国民党面临垂死挣扎的局势,偷袭石家庄的真实意图和经过等,剖析得一清二楚,特别是末尾的提问,有如千钧之力,打中了敌人的要害。

新华社播发的这些新闻,起到了巨大的震慑作用。在华北军区第七纵队和地方武装的顽强阻击下,进扰之敌进展缓慢,10月30日进到定县以北的唐河后再不敢冒进。与此同时华北野战军第三纵队也已陆续赶到。这次偷袭的敌军指挥、第九十四军军长郑挺锋报告傅作义,称:"昨收听广播,得知对方对本军此次袭击石门(注:石家庄旧称石门)行动,似有所警惕。广播谓本军附新二军两师拟袭石门,彼方既有所感,必然预有准备,袭击恐难收效。"傅作义得知阴谋暴露,也大为吃惊,自知取胜无望,为了确保平津地区的防御,只好撤回军队,偷袭阴谋彻底破产。

毛泽东巧妙运用舆论武器,发动宣传攻势,导演了一幕中国现代史上的"空城计",成为新华社历史上的一段佳话。

在此期间,冀中和北岳地区党委,奉中央军委和华北军区的指示,先后动员组织了20多万民兵、民工和地方武装迅速开到平汉路上,展开破路断交、埋雷设障,准备待蒋傅军到来时给以猛烈袭击。10月28日,敌人兵分4路,在10余架飞机的掩护下,齐头向石家庄奔袭。随之,一场十分激烈的阻击战在保南唐河沿岸展开。中共冀中地方武装经过6小时的抗击,打退了敌人的多次进攻,并击落敌机一架,后因工事遭到破坏,又迅速转至沙河沿线继续抗击敌人。正在这时,华北野战军主力经过4天的急行军,从平绥线赶来。蒋傅军闻讯狼狈逃窜。新华社冀中分社记者解力夫报道了保南地区的阻击战。他写的战斗通讯《唐河沿岸英勇阻击战》，在《人民日报》《河北日报》等报纸上刊登。

七、战略决战阶段的报道

（一）揭开战略决战的序幕——济南战役报道

1948年秋，人民解放战争进入了夺取全国胜利的决定性阶段。

经过两年的作战，国共双方力量彼消此长。人民解放军战场上机动作战的兵力已优于敌人。从1948年9月开始，人民解放军在各个战场先后发起规模空前的秋季攻势。而华东野战军发起的济南战役，是中国人民解放军攻克敌人重点设防的大城市的开始，由此揭开了战略决战的序幕。

济南是山东省省会，北临黄河，南依泰山，地势险要，设防坚固。它是津浦、胶济两铁路的交会点和连接华东、华北地区的枢纽，是蒋军维持华北残局的重要支柱。敌人重兵把守，以内城为核心，外城和商埠为基础，加上众多外围据点，构筑了5道防线。根据中央军委的指示，济南战役由粟裕统一指挥，决定以华东野战军绝大部分兵力和冀鲁豫军区的部分部队参战。作战部署是：以参战部队总兵力的44%（6个半纵队及特种兵纵队大部分附地方武装共14万人）组成攻城集团，由许世友、谭震林指挥，另以56%的兵力（8个半纵队及特种兵纵队一部分附地方武装共18万人）组成打援集团，由华东野战军司令部直接指挥，歼灭由徐州方向来援之敌。

9月16日，人民解放军对济南发起全线攻击，至20日扫清外围据点，22日占领商埠，23日攻占外城，于24日解放济南。此役经过8昼夜的激烈的攻坚战，全歼国民党军10.4万余人，争取了敌整编第九十六军军长吴化文部起义。蒋军第二绥靖区司令兼国民党山东省主席王耀武化装潜逃被俘。济南战役的胜利，严重地打击了国民党军坚守大城市的信心，使蒋介石在此期间无力旁顾东北战场。接着,解放军又收复了临沂、烟台等地,除青岛外基本上解放了山东全境。

济南战役的报道分工:攻城报道由许、谭兵团(东线兵团)分社负责。战报、评论和阻援、打援的报道由华野前线分社负责。新华总社十分关注济南战役的报道,9月24日总社致电华东前线分社及许、谭(东线兵团)前线分社,指出:"济南战役,我军进展神速,震动中外,我们的报道必须迎头赶上。你处应迅速将战况、主要战果及入城后情况等可报道消息,用万万火急报发来。只要事实确实,每报数十字一二百字即可。目前是新闻第一,根本没有新闻就谈不上其他了。你们应有主要负责人在司令部中,每日可发几个新闻,各种消息可交叉报道,不要拘泥于'步骤'与'质量'。望火速执行为要。攻济动员令已因迟到不用了。特告。"

同日稍晚,总社又紧急致电华野前线分社及许谭前线分社:"济南解放,我处已发出简单消息。你处应立即就济南解放后各主要方面情况写成简短新闻,迅速地连续地报道(如王耀武等重要敌军政人员下落,初步主要成果,城区主要战场状况,市面情况,车站、银行、大建筑物、教堂、名胜古迹现况,我军入城的军政设施,负责首长谈话,布告,难民救济,敌机轰炸,等等)。在报道新情况中,可以联系到进攻济南过程中的有关方面,即不要从过去写起,应从现在写起。目前几日内应主要写新闻,稍过几日再写些通讯,至于解放济南经过等少数极重要的通讯,则可以早发。此次报道方针,除应如开封战役一样注意攻坚与政策纪律之外,还应注意报道敌军起义,这是一个新特点。"

参加济南战役报道的华野前线分社和许谭兵团(东线兵团)前线分社及各纵队支社的记者,投入了战斗采访,发出了大量报道。如《千军万马向济南进军》(阎吾)、《解放济南之战》(新华社前线记者)、《强攻坤顺门》《十分钟突破杆石桥门》《直捣王耀武指挥部》《猛打猛冲猛追猛进,济南外围战役经过》《在团指挥所里》(尚力科)、《解放济南战斗中,我炮兵发挥无比威力》《解放济南战役中，我阻击部队士气昂扬》《山东各地人民全力支援济南战役》《配合解放济南战斗，破击津浦陇海两路，我军歼敌两千余》《吴化文将军等通电全国各界》《查获王耀武有功，寿光公安局受嘉奖》《华东野战军司令部公布济南战役详细战果》《华野两团坚决勇猛机智灵活，连续作战首先登城，军委批准授予"济南团"称号》《粟裕将军谈济南战役胜利》《英雄的"济南第一团"》《济南战地小故事》《济南市政府成立，郭子化徐冰任正副市长》《我军保护大明湖、趵突泉等名胜古迹》《济南战役中放下武器的国民党军高级将领王耀武等告国民党官兵书》等，都经新华社播发全国。总社还播发了中共中央的贺电和新华社社论《庆祝济南解放的伟大胜利》。

关于济南战役的报道，前线分社和总分社发稿约40篇。这些稿件报道了战役战斗的进展情况，从战前动员、扫清外围到勇猛攻城、激烈巷战，到阻击打援，及"火线军事民主"、"火线评功"等战地政工活动，表现了解放军强大的攻坚能力，反映了诸兵种协同作战以及入城后执行政策，严守纪律，迅速建立革命秩序等各方面的情况。

这次报道也暴露出来一些弱点，如战报的发布比较迟缓，城市工作的报道跟不上（原计划由华东总分社派人建立济南分社，但人员未赶到），报道组织领导分散，缺乏统一部署。如9月23日，我军已占领济南商埠和外城，但到24日才把战报发到总社。总社编发后，又立即收到济南解放的消息，因时间已晚，口播台（陕北新华广播电台）已经结束播音，不得不决定加播"号外"："陕北新华广播电台，XNCR！各位听众：人民解放军今天下午五点半钟全部解放济南，守敌全部歼灭，无一漏网，战果正在清查中！"不同时间发生的重要消息，挤到一天发布，这说明前线分社的思想跟不上形势的发展。

战后，许谭前线分社（东线分社）曾有一份关于济南战役报道的检讨，对这些问题作了检查。关于发布战报迟缓问题，检讨分析了原因，是思想上"对济南战役还是老一套的看法"，"还机械执行

'打完了仗再说'，"对于战报本身有求全思想"，"企图连战果等等一起发出"。关于组织领导问题，兵团首长事先即命令分社负责人住司令部，以求迅速发出战报，总社后来的指示，也提出这一要求。但由于只有一个副社长，住在司令部就无法照顾分社内工作（特别是掌握电台、译电与发稿时间），因此执行得不坚决，影响了战报迅速拍发。"打开济市后，城市无人采访（总分社人员未及时赶到），总社万万火急要报，副社长就自己去城内，并把分社全部（当时仅有一编辑、一记者）带去住了几天，又与部队脱节。现在我们正在研究在没有人力条件下，如何分工的办法"。10月，华野前线分社（济南战役的战报，是由分社转发总社的）在发给总社并报华东、中原总分社的一份报告中，对济南战役报道存在的问题，进行了补充检查，并从5个方面提出了改进措施。

济南战役取得胜利后，中央军委因势利导，及时地将秋季攻势引向就地歼灭国民党军队大兵团的战略决战，先后组织了辽沈、淮海、平津三大战役，把革命形势推向全国胜利。

（二）辽沈战役的报道

1948年9月12日，东北野战军发起的辽沈战役首先在北宁路打响。这是解放战争中具有决定意义的三大战役中的第一个战役。解放军以6个纵队和炮兵纵队主力及4个师围攻锦州，以5个纵队打援，以1个纵队和6个独立师、1个骑兵师继续围困长春之敌。10月13日解放军扫清锦州外围，14日对锦州发起总攻，15日即攻占锦州，全歼守敌10万余人，俘东北"剿总"副总司令范汉杰。在攻取锦州的同时，解放军塔山地区阻援部队展开了激烈的阻击战，成功地保障了锦州方向的作战。解放军攻克锦州后，长春守敌鉴于突围无望，在解放军攻锦胜利和强大政治攻势影响下，10月17日国民党军第六十军军长曾泽生率部起义，19日新编第七军投诚，21日东北"剿总"副总司令郑洞国率残部放下武器，长春宣告和平解放。接着，解放军在辽西集中主力歼灭廖耀湘兵团。26日在黑山、大虎山地区展开大规模的围歼战，至28日全歼廖兵团

10万余人，兵团司令廖耀湘被俘获。东北野战军乘胜分路疾进，东北"剿总"总司令卫立煌从沈阳乘飞机逃走。11月1日解放军突入沈阳市区，敌人迅速瓦解，2日东北最大城市沈阳宣告解放。同日，营口的国民党军除部分从海上逃跑外，其余被歼灭。至此，辽沈战役全部胜利结束。11月9日，锦西、葫芦岛之敌分别逃往上海、天津。东北全境解放。

1948年10月14日，人民解放军辽沈前线部队向锦州守敌发起总攻。曹兴华摄

辽沈战役历时52天，共歼敌1个"剿总"总部、4个兵团部、11个军部、36个整师共47.2万人。加上其他战场的胜利，至11月，人民解放军共歼灭国民党军队100万人，使其总兵力下降到290万人；人民解放军则增加到310万人。人民解放军不但在质量上占有优势，而且在数量上也占有优势，改变了长期来敌强我弱、敌优我劣的基本格局，使中国的军事形势达到了一个新的转折点。

为了搞好辽沈战役的报道，中共中央东北局和新华总社决定，军事报道主要由东北前线分社负责，东北总分社则作配合报道，如后方支援、各地解放经过及欢庆解放等。战役前，前线分社扩大了编制和人员，除社长杨赓、特派记者刘白羽、华山外，还增加穆青为特派记者，原前线分社记者常工（当时任东北日报记者），又调回前线分社。另外，还从东北总分社抽调了若干电务人员，组成了东北前线分社电务科。前线分社和总分社紧密配合，深入采访，从战报、支前、执行政策纪律、分化瓦解敌人等不同的角度与侧面，及时地报道了辽沈战役的主要进程、胜利战果和伟大意义。

9月初旬开始，前线记者连续发出新闻和通讯，报道被解放军围困两个多月的国民党长春守军的绝望哀鸣、残暴欺压百姓，以及在解放军强大政治攻势下纷纷反正的情景。9月29日，穆青从长春前线报道："在长春蒋匪'杀民养军'的残忍政策下，数十万因敌人抢光粮食，而奄奄待毙的长春饥民，正陆续投奔我解放区来"，"难民从城里到城外，一线之隔，立见地狱天堂，两个世界"。他写的《空中飞来的哀音》《哀音更加低沉》《月夜寒箫》等通讯，是围城情景的生动写照。东北总分社编辑部根据东北军区提供的材料，也编发了几篇关于长春在我军围困下的报道。如总社10月14日播发的《长春守敌恐慌混乱》，叙述了长春国民党守军惊恐万状和一片混乱。

新华社还相继发出解放军在北宁线大量歼灭蒋军的捷报，如9月27日报道："东北人民解放军一部，于9月13日起，在北宁线上滦县至秦皇岛间对敌展开攻击，至21日止，共计歼敌3000余"。10月3日的报道称："东北人民解放军于9月28、29及本月1日，先后攻克北宁线关外段上重要据点绥中、兴城及义县三城……使辽西敌指挥中心锦州、锦西两大据点，完全陷于包围。"

10月15日下午6时，解放军攻占东北战略要地锦州，16日总社播发消息《东北我军攻克战略要地锦州城，十万守军全部就歼》。17日东北总分社采写的消息《哈尔滨市人民欢庆锦州解放》，除发给总社外，还在东北本区广播。华山采写的前线通讯《坚持锦州北城战斗的尖刀连》,生动地反映了攻坚部队攻打公署大楼的英雄事迹。之后总社又相继播发《锦州战役经过》(10月23日)、《锦州战役中美援敌机十二架被毁》(10月25日)、《锦州战役详细战果》(11月3日)等稿件。

10月19日,新华总社致电东北总分社和东北野战(前线)分社:"(一)请立即布置解放长春的报道工作。(二)报道上望注意利用长春的事实证明一切被围城市敌军的唯一出路就是反正。(三)组织起义军的高级将领对沈阳承德与锦西的敌军官兵的专门广播稿供给口播之用。(四)报道要注意及时,攻克锦州的新闻发得非常迅速,这是值得表扬的范例。"就在总社电报发出后,长春解放。东北总分社迅速写出《长春完全解放》的消息,用急电发给总社。总社用"长春20日1时急电"的电头播发了这条消息。总社还播发了蒋介石致长春守军手令落入我军手中的消息。以后,又陆续报道了哈尔滨市人民连日欢庆锦州长春解放、解放军纪律严明,锦州和长春城市生活陆续恢复,以及郑洞国抵达哈尔滨、释放张作相等消息。

10月27日,当辽西血战方殷,解放军围歼廖耀湘兵团之际,新华社播发了毛泽东写的消息《东北我军全线进攻,辽西蒋军五个军被我包围击溃》,消息说:"飞将军从天而降,使该敌逃跑也来不及",在11天内,"蒋介石三至沈阳,救锦州,救长春,救廖兵团","每天睁起眼睛向东北看着","他看着失锦州,他看着失长春,现在他又看着廖兵团覆灭"。消息最后说"蒋介石到什么地方,就是他的可耻事业的灭亡。"全篇气势磅礴,形象生动。10月28日至11月4日,东北总分社和前线分社又迅速发出《辽西大捷全歼敌军十二个师》《廖耀湘就擒记》《蒋介石三飞沈阳》(华山)、《我军解放沈阳,守敌全部解决》《沈阳解放经过》《哈尔滨欢庆沈阳解放》《全东北军民欢庆沈阳解放》等消息、特写和通讯。11月15日总社播发的《辽西大捷全歼廖耀湘兵团经过》,不足千字,生动地报道了全歼廖兵团的经过。

11月5日，总社致电东北总分社并前线分社："你处在攻克锦州与歼灭廖耀湘兵团的报道中均甚及时，其余报道亦一般尚好。辽西大捷及沈阳解放，中外震动，望作较详细报道，并多注意此种报道在振奋全国人心军心，瓦解敌人士气与打击美国某些人的援华主张的作用。"根据总社指示和东北局领导人的意见，东北总分社迅速采写了《东北百万蒋匪军的覆灭》（陈禾）、《东北人民踊跃参战，一百多万民工开赴前线》（洛蔚、沈平）、《东北已完成土改地区，获得第一个丰收》（洛蔚）等稿件。其中《东北解放经过》（骆风）一稿，送罗荣桓审阅后发给总社，总社一字未改播发全国。

在东北战略决战时刻，特派记者深入前线，采写出一些优秀通讯，如穆青的《一枪未放的胜利——长春光复记》，华山的《英雄的十月》，刘白羽的《光明照耀着沈阳》等。它们真实地记录了我军解放东北的英雄业绩和不朽历史，场面波澜壮阔，成为脍炙人口的新闻名篇。

华山采写的通讯《英雄的十月》，是辽沈战役的一个缩影。当时，华山作为新华社特派记者，兼《东北日报》特派记者，在东北战场随三纵队活动。三纵队的主攻方向是攻打锦州北山制高点配水池。那是个控制全城的主要方向。一到晚上，西面锦西就战火纷飞，国民党十几个师正在拼老命打塔山部队。而在东面，国民党十几个师也正在向黑山部队进攻。这两个战场，特别是锦西战场，离锦州只有40华里。只要国民党部队一突破锦西，锦州就打不成了。所以，锦西国民党部队攻得越凶，解放军攻打锦州的部署进展得越快。各个突击连队都是敢死队。他们的任务，就是当炮火把城墙轰开了道路，就跟着炮火猛打进去，占领突破口，撕开一个200米宽的口子，保证后续部队源源进城，打进纵深。要完成这个光荣任务，伤亡都在100多人以上，能够坚守到最后，连彩号一起，也不过十几个人。但是，许多连队都争着要当突击队。这是什么原因呢？华山回忆说："这是因为，我们的胜利已经是看得见、摸得着，一定要打到关里去了。就是我这个连队打光了，中国革命也是一定要胜利的。"① 就是这种英雄气概，使得突击队撕开的突破口都能坚守下来。31个小时就把锦州城10万国民党军歼灭了。锦州的解放，震动了长春，曾泽生起义了，郑洞国投降了，长春10万国民党军又完蛋了。蒋介石还要组织西进兵团，打回锦州。谁知他从沈阳出来，刚刚打到大虎山，就被我们一个部队堵住了。于是又缩回沈阳。但是长春方向，我们的一支部队又从天而降，一下子堵住了蒋军逃沈去路。于是蒋军又想向南转进，跑到营口，渡海进关。但是跑到半路，又叫我们一支部队堵回去了。这样三堵两堵，廖兵团完全陷在方圆20里内。这个时间前后恰恰一个十月。真是英雄的十月。

刘白羽从三下江南，到四平攻坚的夏季攻势，再到辽沈会战，一直报道东北战场的胜利喜讯。沈阳解放后，陈云任沈阳军管会主任。陈云一见到刘白羽，就叫他搬到自己住的大和旅馆。刘白羽在陈云身边看到，历史把中国共产党人推到新的岗位，处理新的问题。有感于此，刘白羽写了长篇通讯《光明照耀着沈阳》。它回答了全国人民当时怀疑和观望的一个问题：中国共产党能打仗，可是能管理大城市吗？这篇通讯用事实告诉人们：解放军解放了这个百万人口的工业大城市，接收、管理都井井有条。

对于东北解放的伟大胜利，新华社在11月5日和14日，相继发表评论《东北解放震撼南京》和《中国军事形势的重大变化》。前一篇评论称："人民解放军完全解放东北的伟大胜利，震撼着南京的蒋家小朝廷。美联社记者报道：国民党'在满洲的严重败北，已使南京突呈紧张，人们已在公开谈论着政府迁移的可能性'。"后一篇评论为毛泽东的手笔，指出"中国的军事形势现已进入一个新的转折点，即战争双方力量对比已经发生了根本的变化。人民解放军不但在质量上早已占有优势，而且在数量上现在也已经占有优

---

① 华山：《在东北战场》，原载《新华社回忆录》（二）第126页，新华出版社1991年出版。

势。""现在看来,只需从现时起,再有一年左右的时间,就可能将国民党反动政府从根本上打倒了。"

(三)淮海战役的报道

紧接辽沈战役胜利之后,1948年11月6日,华东野战军和中原野战军在以徐州为中心的广大地区发起了淮海战役。这次战役至1949年1月10日胜利结束,历时66天。这是解放战争中具有决定意义的三大战役的第二个战役。解放军歼灭了国民党军1个"剿总"前进指挥部、5个兵团部、22个军部、56个师,共55.5万人,其中包括蒋介石的"五大主力"的第五军和第十八军,解放了长江中下游以北广大地区。至此,蒋介石在华东、中原战场上的精锐师团已丧失殆尽,使国民党反动统治的政治经济中心南京、上海以及武汉等地处于人民解放军的直接威胁之下。

淮海战役的报道任务,是由华野前线分社、中原野战分社、豫陕鄂野战分社,以及华东总分社、中原总分社等共同协作完成的。战役之前,各分社和支社均对战役报道作了研究和部署。华野前线分社向总社报告了报道计划,并在11月2日向各支社发出报道提示,指出:"各支社应根据所隶部队面临的具体情况,按照攻坚、阻击、追击、围困、野战等不同性质的战斗及不同兵种战斗的范例与特点,表现我军的军事政策与战斗作风,如英勇果敢,坚决顽强,自我牺牲,团结协作,军事民主,敌前学习,火线鼓励,政治攻势,即俘即补,以战养战等。"11月6日,战役开始的第一天,总社向华野前线分社和华东总分社发出对淮海战役报道计划的批复电报,指出:"同意你们的报道计划,并请华东总分社通知许谭及华中分社执行。"

(1)第一阶段的报道

从11月6日至22日,是淮海战役的第一阶段。在这一阶段中,华东野战军主力在徐州以东的碾庄圩地区,全歼国民党军第七兵团,击毙兵团司令黄百韬。驻守在徐州东北的第三绥靖区副司令何基沣、张克侠(均为中共地下党员)率两个军(3个半师)约

2.3万人起义,为战役的顺利进行创造了有利条件。中原野战军主力于11月15日攻克宿县,会同华东野战军一部,切断徐蚌线,完成了对徐州的包围。

新华社前线记者积极投入了战役第一阶段的采访报道。初期由于追歼黄百韬兵团,华野各支社记者不眠不休,随军追击,无法向前线分社发稿。11日华野前线分社致电总社,报告"我们于今日开始报道淮海战役,因与有关方面失去联络两天,故发稿较迟"。当日发稿3条,内容为我军已歼俘敌近两万;冯治安部何基沣、张克侠率3个师起义;冯治安部介绍。至15日,共发战役报道稿件27条,内容包括人民解放军进军动员南下,沿途人民欢送,我军不畏饥寒、疲劳、牺牲,分路勇猛出击,国民党军仓惶溃逃,或投降,或起义,或就歼,以及收复广大地区,某些城市迅速重建革命秩序,矿区被接管与开采等等。

随着战役的胜利发展,前线分社又分别向总社和总分社发出大量稿件。其中,凡战报、公报、战役经过、评论、高级将俘名单与重大政策性、政治性等稿件,均同发总社、华东、中原总分社;一般战斗通讯、政策纪律、军政工作、群众支前、敌暴政暴行、新区或恢复区情况等稿件,仅发华东总分社并请酌转总社。自12月11日至30日,华野前线分社发总社稿近百篇。其中有《淮海解放战争进展迅速,北路大军直迫徐州,东路攻占重要军港连云港》《强攻运河桥头堡垒》(习愈之、张希春等)、《十人桥》(黎明)、《人民解放军各路大军合围徐州》《某团追歼黄百韬兵团》《曹八集歼敌"荣誉二师"》(林智鸣)、《追歼黄百韬兵团战斗中,某部追击战转为攻坚,创以少胜多歼敌范例》《攻上宿县西城头》(郝宝璋)、《人民功臣朱秀英》(徐学增)、《一根火柴烧四百多锅开水》(徐学增)、《碾庄大歼灭战经过:迅速猛进分兵合围,歼黄百韬部十万人》《炮一团五、六连在碾庄战役中——机动歼敌摧毁敌阵》(张钊)、《淮海战役第一阶段我军战绩辉煌》等稿件。

其中不少生动的稿件,都是记者深入前线,艰苦采访的结果。

如短通讯《十人桥》，记述九纵"潍县团"二连三班架桥追击敌人的动人事迹：湍急的河流，三丈多宽的水面上排列着十顶"钢盔"，中间夹着一座不整齐的木桥，这是由战士们的身体支撑的大桥，桥上迅速通过进攻的队伍。记者黎明当时随部队追击黄百韬兵团第一五二师，目睹了战士们跳入河中，或站或跪，以身体架桥的感人情景，在行军途中迅速写出了这篇通讯。

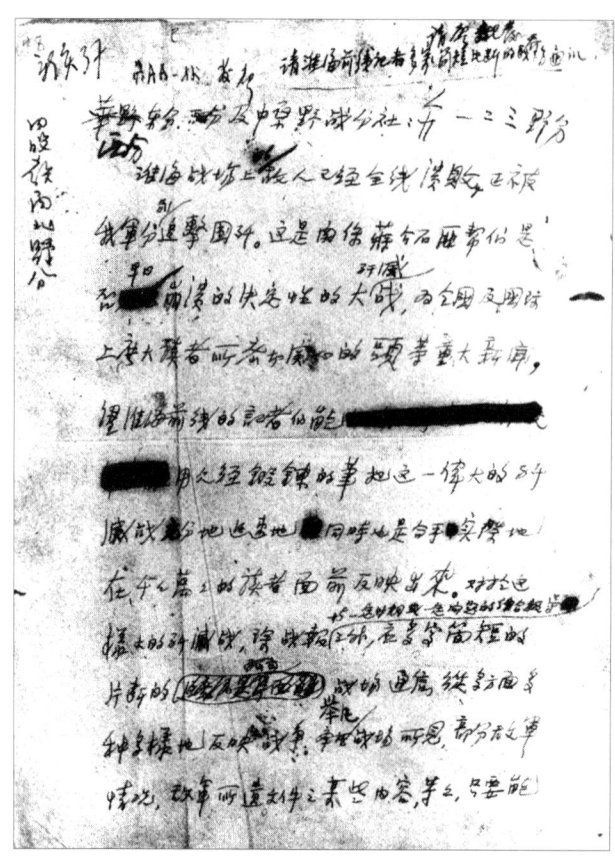

1948年12月，总社就关于组织淮海前线记者多写简短片断的战场通讯一事，给参战部队分社的电报稿。

12月6日，华东总分社对第一阶段报道至12月3日发稿有一个小结，指出："据野分来稿，已处理稿件共计80篇，从发稿内容和来稿情况看，战报能连续及时，并较迅速，是这次报道的一大特点。数量亦较多，反映了我军有准备、有计划、有步骤的攻势作战，克服疲劳、饥寒、河流等各种困难，追歼残敌，顽强阻援，敌军大量被歼与起义，大批投降、被俘，我解放广大城镇地区等等战役特点"。同时要求"要尽可能扩大新闻报道面，贯彻华野前分的报道要求，以及反映丰富的实际面貌，争取宣传战线上的胜利。"

(2) 第二阶段的报道

11月23日至12月15日为淮海战役的第二阶段。黄百韬兵团被歼后，黄维兵团已成瓮中之鳖。11月30日，徐州"剿总"副总司令杜聿明率所属部队向西南逃跑，12月4日被华野部队全部合围于永城东北的陈官庄青龙集地区。12月15日，中原野战军在华东野战军一部配合下，全歼国民党军第十二兵团，生俘兵团司令黄维；其中一个师在师长廖运周（中共地下党员）率领下起义。

面临淮海战役胜利发展的大好形势，12月7日，总社发出《把淮海战役伟大歼灭战报道好》的电报，指出："淮海战场上的敌人已经全线溃败，正被我军分别追击围歼。这是关系蒋介石匪帮们是否早日崩溃的决定性的大歼灭战，为全国及国际上广大读者所密切关心的头等重大新闻，望淮海前线的记者们能用久经锻炼的笔，把这一伟大的歼灭战充分地、迅速地，同时也是合乎实际地，在千千万万的读者面前反映出来。对于这样大的歼灭战，除战报与一定时期或一定问题的综合报道之外，应多写简短的、片断的战场通信，从多方面多种多样地反映战争。举凡战场所见，部分敌军情况，敌军所遗文件之某些内容等等，只要能说明它们与整个战役或较大战斗或较大敌军单位，较大事件，较重要的人物（如刘峙、邱清泉、李弥、黄维等），较大城市（如徐州）等之关系，片断报道是能被读者了解与欢迎的。"

为了加强淮海战役的报道，中原野战分社在淮海前线重新建立。在刘邓大军中，原有一个野战分社（亦称鄂豫皖野战分社或刘邓大军野战分社），在1948年7月1日扩建为中原总分社。淮海战役前，中原总分社就与有关方面协商，并决定调豫西分社副社长缪海稜负责筹组。在中原总分社与中原野战军政治部的协调和组织下，1948年11月25日中原野战分社在前线建立，负责中原野战军（刘邓大军）行动的报道任务。中原野战分社重建后，即全力投入淮海战役第二阶段的报道。11月28日，野战分社向所属各纵队支社发出"关于歼黄（维）战役报道提示"，指出：黄维兵团是反革命的急先锋,其十八军是蒋军五大主力之一,报道应抓住这一点,写出我军歼敌的决心与战斗的英勇和旺盛的士气,同时注意揭露敌人的窘态和罪恶行为;对英雄模范的介绍要有血有肉;报道缴获要注意敌人精良的装备和低劣的士气的对照;要注意报道大兵团作战中各部队间、各兵种间之协同动作与战术上的新创造;报道与友邻部队、与其他兵种协同作战所取得的胜利,不要孤立地报道自己或只宣传自己的功劳。12月12日,中原野战分社又发出"补充提示",分别从"对敌政治攻势""大力报道英雄模范的故事""火线鼓动工作与文化活动""战场生活""争取与改造解放的新战士""战场描写"等方面提出了要求。

在总社的指导和前线(野战)分社、支社的努力下,淮海战役第二阶段的报道丰富多彩,出现了不少生动感人、充满战斗气息的稿件。围歼黄维兵团的报道任务是由中原野战分社承担的,战地记者不畏艰险,深入前线,写出了不少优秀的新闻和通讯,其中以双堆集的战斗报道比较突出。如《歼灭黄维之战》(新华社中野分社)、《双堆集——黄维兵团的坟墓》(唐平铸)、《双堆集胜利之夜》《不让一个敌人突围》《黄维兵团覆灭的最后一个场面》《黄维就擒记》《血汗筑成的战壕》(吕梁)、《廖运周师长访问记》(史超、李翼振)、《某部后勤人员忘我工作》等。

随陈赓部队采访的豫陕鄂野战分社,对围歼黄维兵团带有关键性的南坪集阻击战,其后剥掉双堆集阵地外壳的李围子、沈庄、张围子攻坚战,特别是歼灭黄兵团十四军军部的杨围子战斗,都进行了及时、精彩的报道。如《高文魁和他的飞雷》(赵慎应)、《攻占沈庄的一支劲军》《六百公尺的长沟》《杨围子外围阵地的争夺战》《十二勇士》(吴祖乾)、《国民党十四军的覆灭》(冯牧)、《在敌人的军部里》《潘琦就擒记》(赵慎应)等。

华野前线分社及各支社记者在这一阶段也写出了一些优秀通讯,如《新年战地小景》《对表》(陆光中)、《洛阳营打虎》(刘亮)、《送铺草》(王愿坚)、《钢铁战士杨金堂》(张麟)、《解放军智捉梦中蒋军》(张华)、《王白楼受降记》(施强)、《攻克灵璧之战》(姜庆肇)等。

(3) **第三阶段的报道**

从围困到全歼杜聿明集团,约从1948年12月16日到1949年1月10日,是淮海战役的第三阶段。

夺路西逃的杜聿明集团在华东野战军的围追堵截下溃不成军。前线记者随军追击,及时报道。麓水支社记者阎吾一夜急行军180里,在萧县附近目睹蒋军兵车争路、人仰马翻、自相践踏的慌乱景象,随即发出了《蒋军弃城逃窜的狼狈相》的战场速写。总社表扬这篇报道"很受欢迎"。

黄维兵团被歼之时,平津战役已经开始,为了不使蒋介石将平津之敌海运南下,抑留并全歼傅作义集团于华北战场,以利全歼平津地区之敌,中央军委于12月中旬指示华东野战军作短期休整,对杜聿明集团围而不攻,同时向包围圈内的杜聿明集团"连续不断地进行政治攻势"。自12月16日至1949年1月初,华东野战军各部一面轮番战场休整,一面对敌发动群众性的政治攻势。这个时期前线记者大都不避艰险,深入前沿阵地,在战壕中采访报道了活跃的战地政治思想工作(如火线评功、入党)和战地文化生活、发动敌前政治攻势和蒋军官兵携枪投诚等。前线记者还采访了偷跑到我军前沿阵地来的蒋军官兵,报道了包围中的蒋军饥寒交迫、悲观绝望的情景。其中的优秀新闻和通讯有《淮海我军进行火线喊话,对敌政攻收效很大》《七〇团的火线入党》《火线上的女医务工作者》《杜聿明匪部面临饿死厄运》《蒋军末日景象》(阎吾、李耐因)等。麓水支社记者张麟在火线采访时光荣负伤。

1949年1月6日,华东野战军开始向被围困的杜聿明集团发起总攻,经4昼夜激战,于1月10日将敌全部歼灭,生俘杜聿明,击毙兵团司令邱清泉。华野前线分社和各纵队支社记者深入火线采访,及时地发出了《在杜匪覆灭的战场上》《杜聿明匪部最后覆没时的情景》(阎吾)、《战犯杜聿明落网记》(叶家林)、《丑恶的王国》（华野前线记者，吴牧华执笔）等，反映了战役的胜利进程和国民党军覆灭前的暴行与丑态。

在整个淮海战役中，新华社前线分社的发稿量是很大的。据统计，华东前线分社，从1948年11月11日至1949年1月底，共收到分社和支社来稿1547篇，向总社发稿267篇，向华东总分社发稿340篇；中原野战分社，从1948年11月30日至1949年1月20日止，共收到分社和支社来稿229篇，向总社发稿116篇；豫陕鄂野战分社，从1948年11月至1949年1月，共收到前线记者和部队通讯员来稿1000多篇，向总社和总分社发稿77篇。这些稿件，除了一部分被总社采用向全国播发外，更多的是被各地方报纸和部队报纸登载，起到了宣传解放军的胜利和鼓舞士气的作用。

淮海战役的胜利，是与广大人民群众的大力支援分不开的。支前报道是新华社报道的一个重要内容。1948年11月20日，华东总分社曾专门对各分社发出加强支前报道的电报，提出报道内容有：继续报道动员组织民工上前线；报道粮食弹药的运输，民工站建立，修桥、修路、邮电、交通等；报道前方民工英勇、顽强、艰苦、迅速地在复杂的情况下，追随军队及时完成任务等。

由于总分社的督促和及时组织，有关地方分社记者的艰苦努力，淮海战役中的支前报道取得了显著成绩。华中分社、鲁中南分社、苏北淮海支社等承担了采访任务，发出了大量稿件，如《迎接淮海战役的胜利，山东人民紧张支前》《华中人民响应总动员令，热烈支援淮海战役》《部队前进到哪里，民工支援到哪里》《冀鲁豫区聊城阳谷寿张等县人民热烈碾米运粮大力支援前线》《修复交通好支前，鲁中南修好公路千五百里》《女担架员李兰贞》（大策）、《四百里风雪淤泥荡》（朱学科、南岗）、《运粮路上》（吴以京）、《淮海新区人民热烈支援前线》《淮海战役支前概况》等。其中既有综合消息，也有典型报道，真实地记录了解放区200多万民工热烈支援淮海战役的动人场景，反映了人民战争的巨大规模和威力。

总社后来在发给华野前线分社、中原野战分社、豫陕鄂野战分社的电报中，对淮海战役的报道工作提出了总结性意见。电报指出："整个说来，你们对这次淮海战役的报道是有很大成绩的，宣传了我军胜利歼敌的声势，指战员的英勇顽强，供给、卫生人员的艰苦工作，敌人的慌乱与狼狈丑态，来稿一般及时迅速，多方面地反映了整个战役，写出了几篇比较精彩的通讯如《十人桥》《丑恶的王国》。"同时也指出了报道综合性不够，比较零碎、片断，写稿追求表面的"惊人事件"等缺点。对个别稿件在报道投诚军官政策上有右的问题提出了批评。

在淮海战场上，新华社的口语广播（陕北新华广播电台）对鼓舞士气、瓦解敌军，发挥了特殊作用。总社在对华东总分社和华野前线分社报来的关于淮海战役报道计划的批复中，就明确提出："除供文字广播材料外，望注意组织口头广播稿件供给我们，如描写敌军溃败、覆亡的通信，及我方军政首长或敌俘对敌军劝降的广播词等。广播词要能说得出，听得进，要有煽动性。"在战役期间，在山东正式建立了华东新华广播电台。它主要是配合淮海战役，对国民党军发动政治攻势。电台从11月12日起开始播音，每日下午6时至7时对国民党军广播，内容为投诚、起义的国民党军官的讲话、书信等，其中也有20分钟专对解放军野战部队广播，内容有胜利消息、评论摘要、群众支前、英模介绍、战斗通讯、后方建设等。

在淮海战役期间，毛泽东亲自抓新华社的广播工作。11月11日，当黄百韬兵团被华东野战军围困后，由粟裕、陈士榘、张震组成的华东野战军前线指挥部致电中央军委和刘伯承、陈毅、邓小平等："请告新华社即向被我军包围之黄兵团进行劝降广播。"毛泽东看到电报后，当即批示：请对黄百韬兵团写劝降口播，能每夜广播一次，明日多播几次为好。并要求廖承志、胡乔木认真组织。劝降稿当天就写好，送毛泽东审改后，连续几天由陕北新华广播电台反复播出。在淮海战役第二阶段，黄维兵团被中原野战军包围在宿县西南的狭小地带，为劝其投降，毛泽东指导新华社连续播出了5篇广播稿，其中有两篇讲话稿，是毛泽东在11月27日一天之内写成的。其经过是：11月26日晨5时，刘伯承、陈毅、邓小平致电军委，报告"迄本晨止，黄维兵团完全被我合围于南坪集、蕲县集、邵围子、双堆集、芦沟集之间地区"等军情后，提出："请军委令新华广播台，加紧对敌的政治争取和瓦解工作。"毛泽东看到电报后，指示胡乔木布置。胡把写稿任务交给新华社语言广播部（即陕北新华广播电台编辑部）的一位编辑。稿件写好后，送到毛泽东那里，毛泽东不满意，对这篇稿件进行了很大修改，实际上是重新写了。这就是第一篇讲话稿《人民解放军总部向黄维兵团的广播讲话》。接着，毛泽东又写了一篇讲话稿，即《刘伯承陈毅两将军向黄维兵团的广播讲话》。这两篇讲话稿同时送到编辑部，从11月27日起，由陕北新华广播电台在对国民党军广播节目里连续播出，加强了政治攻势的效果。

为使劝降广播更具针对性，就在写出上述两稿的当天，毛泽东又草拟了一个电报给刘伯承、陈毅、邓小平，电文中说："请你们描述一些黄维兵团在战场上的具体情况，以便写口语广播。"第二天就收到刘伯承、陈毅、邓小平联名发来的电报，描述了黄维兵团的狼狈处境，如被我军四面八方压缩于双堆集以东小韩马庄以西狭小地带、几次突围被打退，坦克被毁，死尸遍地、伤兵多，缺粮食，受冻受饥等。毛泽东看到后立即批示："请根据此电材料用人民解放军总部名义制定口播词，于明日广播。"胡乔木马上组织有关编辑写稿，送毛泽东审阅修改后，于11月29日播出，这就是第三篇讲话稿《人民解放军总部再向黄维兵团的广播讲话》。其后，根据前线战局的发展和加强政治攻势的需要，新华社又先后写了两篇广播稿，即《人民解放军总部给黄维兵团的最后警告》（12月2日播出）、《刘伯承陈毅两将军给黄维的命令》（12月12日播出）。这两篇稿件都是经过毛泽东审阅修改后播发的。

在淮海战役即将进入第三阶段，解放军歼灭了孙元良兵团，将杜聿明和邱清泉、李弥兵团包围在青龙集、陈官庄一带的时候，12月16日，毛泽东起草了一封电报，发给粟裕并告刘、陈、邓，电报中说："向杜、邱、李连续不断地进行政治攻势，除部队所做者外，请你们起草口语广播词，每三五天一次，依据战场具体情况，变更其内容，电告我们修改播发。"毛泽东在这前后撰写、修改了多篇以中原、华东野战军司令部名义，向杜聿明和邱、李的讲话稿，其中《敦促杜聿明等投降书》后来收入《毛泽东选集》。1月6日，解放军发起总攻，至10日以全歼国民党军而告胜利结束。

1949年1月10日，淮海战役胜利结束。整个战役历时66天，歼敌55万多人，解放了长江以北华东、中原地区。图为淮海战役战场一角。郝世保摄

毛泽东撰写和修改的广播稿，每篇几百字，语言通俗，说理透彻，针对性强，对敌人晓之以理，动之以情，陈明利害，指示出路，具有高度的政策性和说服力。它们对于动摇敌人的军心，分化瓦解敌军，起到了重要作用。淮海战场上不少国民党官兵，就是在宣传攻势的感召下，偷偷地跑到解放军阵地上来的。

（四）平津战役的报道

就在淮海战役胜利进行之际，中央军委部署和指挥东北野战军

和华北军区第二、第三兵团从 1948 年 11 月 29 日开始发起了平津战役。战役至 1949 年 1 月 31 日胜利结束，历时 64 天。这是解放战争中具有决定意义的三大战役中最后一个战役。此次战役，除塘沽国民党守军 5 万余人从海上逃跑外，解放军歼灭和改编国民党军 1 个"剿总"司令部、1 个警备司令部、3 个兵团部、13 个军部、50 个师，共 52 万余人，解放了大部分华北地区，并使华北和东北解放区完全连成了一片。

为了做好平津战役的报道，1949 年 1 月 12 日，刘少奇批发了新华总社致东北野战分社并转东北野战军政治部并范长江的电报，提出了对于平津战役报道的意见：

（一）应充分掌握这次战役中我方作战部队和攻击对象的特点，来报道我军旺盛士气、协同作战、执行城市纪律，及群众（特别是工人、青年学生）对我军的欢迎和拥戴，敌人的反动暴行，特别是要根据敌人必须无条件投降的方针来揭露敌人的和平阴谋。对于北平、天津二城，我们当然是努力保护的。此点表现于我军的约法八章、我军在市郊的行动及对敌军劝降的条件，但是敌人拒绝投降，拒绝保护城市，故城市有破坏均属敌人之责。

（二）请野政设法做到每一纵队有一个分社记者，广泛开辟稿源。东北野战分社应和华北第二、第三兵团分社及北平分社商定分工协作的办法。

（三）报道应分两类：一类力求其快，如战报及其他重要消息；一类力求其精，应指定专人，指定题目去写。希望你们除及时供给新闻外，还能写出几篇令人传诵一时的佳作，例如刘白羽所写的《光明照耀着沈阳》那样的通讯，足以记录这一段不朽的历史。

根据总社指示的精神，1 月中旬，由总社派出的范长江主持，在北平郊区召开了平津前线报道会议。东北野战分社的杨赓和东北野战军第三、第六纵队的宣传部长石峰、戴夫，华北第二兵团分社李希庚、第三兵团分社杜导正，北平分社李庄，以及韦明、李千峰等，参加了会议。会议开了两天，决定：解放平津的战役报道，由各野战分社负责;军管会入城后的报道,由北平、天津两分社分别负责。

由于野战分社和地方分社报道任务明确,分工协作,平津战役报道顺利进行。1948年12月21日起,人民解放军按照中央军委先打两头、后取中间的原则,首先攻克西线的新保安、张家口,歼灭了傅作义部队的直系主力。12月21日,解放军华北第二兵团扫除新保安外围的国民党军,22日7时向新保安的国民党军发起总攻。经过激战,攻克新保安,国民党守军第三十五军军长郭景云自杀。张家口的国民党守军闻讯仓惶西逃,6.5万多人被华北第三兵团和东北野战军41军聚歼。大同的国民党军企图弃城西逃归绥,华北第二兵团奉命向大同急进。隆冬季节,第二兵团官兵连续三昼夜,在塞上风雪中急行军400里到达大同,完成了包围大同的任务。东线原计划打塘沽,因地形不利于部队运动和开展,改为集中兵力先攻天津。经中央军委批准,东北野战军集中5个军22个师攻打华北第二大城市天津。1949年1月14日,由于天津警备司令陈长捷拒绝投降,人民解放军对天津发起总攻,经过29小时激战,15日全歼蒋军13万余人,活捉陈长捷,解放天津。17日,解放塘沽。在此期间,新华社发出了多条消息,如《东北大军入关盛况》《东北、华北我军胜利会师》《我军收复张家口,全歼傅匪五个师两个骑兵旅》《华北人民紧急动员全力支援解放平津》《我军解放华北最大的工商业城市天津》《我军解放塘沽》等。

天津解放后,天津分社随解放军部队入城,接管了中央社天津分社,立即开展报道工作,并草拟天津市军管会初期的报道要点报送总社。1月24日,总社致电天津分社,指出:除同意各点外,还须根据军管会、市政府所布置的中心工作作适当的调整补充。为了使新闻报道更有力量,请力避零碎的浮光掠影的笼统的报道方式,除重要新闻应每日作数百字的简要报道外,可采取两种形式:(一)一定时期或一定性质问题的长约1000字至3000字的综合报道,这种报道必须要有具体事实作为基础,但又要避免现象罗列,而要经过整理分析,与一般背景的概括叙述作适当的穿插。(二)具体说明某一著名工厂、学校、医院(不论公营私营)等的复业复课情形。除此而外,市民思想动态,军管工作中特别是在安定秩序与恢复生产工作中所存在的问题与工作经验,以及天津市各种工商社会调查研究等,在可能条件下均望写些资料发给我们参考。根据总社指示,天津分社迅速投入各方面的采访报道,先后发出天津工人、学生、市民与机关职员对解放的反映和接管工作经验,以及城市生产、生活恢复等稿件。

天津解放后,北平之国民党军完全孤立,陷入绝境。事实上,从1948年12月人民解放军包围北平起,共产党就开始与傅作义接触,但是直至天津解放的前夜,傅作义还不愿意接受人民解放军的条件,因而谈判未获结果。初期傅作义还梦想着作绝望的抵抗,随后又梦想着率部逃到绥远,或太原,或青岛、上海,并与蒋介石信使往还不绝,对于与人民解放军和平谈判采取敷衍的态度。傅作义直系主力在新保安和张家口被歼,以及国民党整个军事政治形势处于绝望境地,动摇了他的原定计划。1949年1月14日,中共毛泽东主席宣布8项和平条件,15日天津迅速解放,16日人民解放军平津前线司令员林彪、政治委员罗荣桓向傅作义送出关于北平解决办法的公函。这些事变,促使傅作义决心接受解放军的提议,谈判才得到进展。双方的谈判决定:为了便于移交和接管,在过渡期间,成立7人的临时联合委员会,人民解放军方面4人,傅作义方面3人,叶剑英为主任。这个委员会在人民解放军平津前线司令部的领导下工作。双方协议:开出城外的傅作义所部全军在大约一个月后开始改编为人民解放军。在过渡期间,北平市内的各级行政机关、企业机关、银行、仓库、邮电机关、报社、学校、文化机关等,一律暂时维持现状,不得损坏,听候处理。北平的解放基本上结束了华北的战争。1月31日,傅作义部主力全部撤出北平,人民解放军开始入城接防,北平实现和平解放。在和平解放北平过程中,新中国成立后担任新华社外事部主任等职务的李炳泉作出了特

第三章
解放战争时期的大发展

殊的贡献。他受我党委托，不畏艰险，作为北平地下党的代表参加策动傅作义起义，做了大量工作。

范长江率领的新闻接管工作小分队，包括新华总社和华北《人民日报》及新华社华北总分社的人员，于31日下午随人民解放军入城，分头接管了国民党在北平的新闻机构。他们分乘3部卡车，载着各种通讯器材，从西直门进入北平城，由于欢迎群众拥满街道及接管等原因，队伍前进速度很慢，到达设在南河沿的"联合委员会办事处"时已是黄昏了。在那里，在军管会领导下，接管国民党宣传机关的各军管小组组长，分别与国民党在北平各宣传机关负责人接触。随后，范长江与李庄等去西单以东石碑胡同，接管中央社北平分社，范长江讲话并宣讲接管政策后迅即离开，前往王府井大街，接管国民党在华北的主要报纸《华北日报》；李庄留下负责接管中央社北平分社事宜。第二天，就挂出了新华社北平分社的牌子。李庄任北平分社编辑主任，韦明任副主任。徐迈进则率领陕北新华广播电台人员去西长安街六部口，接管国民党的北平广播电台。

接管当晚，新华社播发了胡乔木撰写、毛泽东修改的新闻《北平解放》，宣称："世界驰名的文化古都，拥有200余万人口的北平，本日宣告解放。北平的解放是伟大的中国人民革命运动中最重要的军事发展和政治发展之一。"2月1日，新华社播发毛泽东写的新闻《北平问题和平解决的基本原因》。2月3日，人民解放军在北平举行了庄严雄伟的入城式。新华社记者华山后来描述了当时的动人情景："入城的解放军装载着缴获的全副美式装备，从一五五榴弹炮到各种汽车牵引的和骡马牵引的大炮都有，分列成特种兵、骑兵、步兵，从永定门开始入城，经过前门大街，穿过前门箭楼，从大前门拐进东郊民巷，沿途真是万人空巷。坦克上和大炮上都爬满了迎接的人。"

关于解放北平的报道，总社多次发过指示。如1月26日致电北平分社和东北野战分社，提出报道要求："我军接收北平，应大

1949年1月31日，北平和平解放。人民解放军开入北平城时，受到北平人民夹道欢迎。新华社发

力宣传，有关傅作义部出城改编的始末（其主要梗概由总社编发，请你们即据以作辅助报道），北平市民对我和平解决北平问题的热诚拥护，对我军入城的热烈反映，与我军的亲密合作，我入城部队的强大军容与严明的纪律，我接收各市政机关、公用事业、官僚资本企业的情形。同时，并可一般地报道市民对旧统治的深恶痛绝等等。分社主要负责人应亲自采访，亲自写稿，每天要有简要的稿件陆续发来。"

2月1日，总社致电北平分社、范长江并东北野战分社、天津分社：同意长江同志意见，北平和平解决细节、傅作义部队改编情形及我军各种情况，由东北野战分社负责报道，北平市内外情形则由北平分社负责报道。韦明可即留北平，不必再去天津。天津报道会议目前似可不开，以便集中人力进行采写。有问题可以用通讯方法解决。至于东北野战分社与北平分社的分工与配合，可由北平分社与东北野战分社就近随时商榷解决。

依照总社指示精神，北平分社与东北野战分社分工协作，组织采写了一系列稿件。当时的报道重点，是北平工人、学生及社会各界对和平解放北平的反应，解放军入城受到市民热烈欢迎、北平军管会工作的进展情况，解放军入城后的严明纪律等。北平分社采写的稿件，有《北平二十万人集会游行欢庆解放》《北平接管工作进展顺利》《北平开始呈现新气象》《北平军管会正式接管清华大学》《北平西郊解放后的燕京、清华两校充满新气象》《北平沉浸在狂欢里》《北平粮煤供应充足》《北平物价日趋下跌》《北平工人纪念"二七"伟大节日》《我卫戍部队纪律严明，北平人民交口赞誉》等。刘白羽采写了长篇通讯《沸腾了的北平城——记人民解放军的北平入城式》，以生动多彩的笔触，报道了2月3日庄严隆重的入城式，真实记录了解放军的强大阵容和军威，人民群众热烈欢迎的历史场面。他后来还采写了通讯《伟大人民力量的检阅》，报道毛泽东主席、朱德总司令及中共中央其他领导人，于3月25日到达北平，在西郊飞机场举行热烈欢迎会和检阅式的盛况。反映平津前线的通讯，还有《平郊军民》（张磊）、《解放石景山的英雄们》（杜展潮）等。

在平津战役期间，为了及时报道华北人民的支前情况和后勤供应工作，新华社河北分社组建了一个平津前线后勤支社，成员20多人，由萧风、高镜明任正副社长。记者们多方位多角度地报道了华北人民特别是河北人民的支前情况，共发稿160多篇。其中有解力夫写的通讯《条条大路通向平津》《平南地区支前工作经验》和萧风、李湘洲写的《河北人民对平津战役的巨大贡献》等。

八、渡江作战及解放南京、上海的报道

三大战役的胜利，使国民党的精锐部队丧失殆尽，加速了解放战争的胜利进程。但是，国民党当局不甘心失败，又玩弄"和平谈判"的把戏，企图阻止人民解放军渡过长江，实现其"划江而治"的图谋，以便争取时机，卷土重来。

蒋介石于 1949 年元旦发出"求和"声明，21 日又伪装下野，退居幕后指挥，由代总统李宗仁出面，派出代表团与中国共产党进行和平谈判。1948 年 12 月 30 日，毛泽东为新华社写了新年献词《将革命进行到底》，揭露中国反动派和美帝国主义力图破坏革命而保存反动势力的阴谋，指出："中国人民将要在伟大的解放战争中获得最后胜利，这一点，现在甚至我们的敌人也不怀疑了。""敌人是不会自行消灭的。无论是中国的反动派，或是美国帝国主义在中国的侵略势力，都不会自行退出历史舞台。""已经有了充分经验的中国人民及其总参谋部中国共产党，一定会像粉碎敌人的军事进攻一样，粉碎敌人的政治阴谋，把伟大的人民解放战争进行到底。"

（一）渡江战役的报道

1949 年 3 月下旬，邓小平为首的总前委，根据党中央关于"和谈以揭露敌人，备战以实施渡江"的指示，结合国民党江防情况，制订了《京沪杭战役实施纲要》。在这个《纲要》中，决定第二、第三野战军组成东、中、西 3 个突击集团，在江苏靖江至安徽望江段约 500 多公里的地段上，从正面、有重点地分路突破蒋军的江防，首先歼灭沿江防御的国民党部队，然后向南发展，占领苏南、皖南、浙江全省，夺取南京、上海、杭州等城市，彻底摧毁国民党反动政府的政治、经济中心。同时，第四野战军一部在武汉地区，配合中原军区部队，牵制白崇禧集团，策应第二、第三野战军渡江作战。

4 月 20 日，国民党反动政府拒绝在国内和平协议上签字。4 月 21 日，毛泽东主席、朱德总司令发出了《向全国进军的命令》，号召人民解放军"奋勇前进，坚决、彻底、干净、全部地歼灭中国境内一切敢于抵抗的国民党反动派，解放全国人民，保卫中国领土主权的独立和完整。"整装待发的人民解放军立即发起了声势浩大的渡江作战。4 月 20 日晚，三野中集团首先在裕溪口至枞阳段发起进攻，21 日晨突破安庆至芜湖间防线。二野西集团和三野东集团于 21 日夜分别从贵池、湖口间和镇江、江阴间发起攻击。二野和三野在千里江面上同时平行渡江，敌人防不胜防，数处突破，全线震惊。解放军先头部队占领南岸滩头阵地后，一面掩护后续部队渡江，一面乘胜追歼逃敌。23日，解放了国民党盘踞22年之久的南京。至此，敌人苦心经营3个半月的长江防线，完全土崩瓦解，中国人民解放军胜利完成了渡江作战的任务。

渡江后，各路大军乘胜前进，进军江南。三野的东、中集团，日夜兼程，迅猛进击，4月27日在吴兴胜利会师，29日在郎溪、广德地区全歼从南京、镇江南逃的国民党5个军。5月3日解放杭州。二野西集团分路直击浙赣线，5月7日控制了浙赣路义乌至东乡段400余公里的地段，粉碎了国民党军重新组织防御的企图，斩断了汤恩伯、白崇禧两集团的联系。5月22日，二野四兵团解放南昌。四野先遣兵团与中原军区部队，亦于4月下旬向长江北岸挺进，5月14日南渡长江，16日解放汉口，17日解放武昌、汉阳。同时，三野主力于5月12日发起上海战役，27日解放上海，6月2日解放崇明岛。至此，整个渡江战役胜利结束。

1949年4月渡江战役开始时，我军同时在各地登船渡江。新华社发

渡江战役，举世瞩目。为了完成这次历史性大进军的报道任务，新华社二野和三野总分社以及所属各分、支社，进行了充分的准备。渡江前，前线记者都进行了城市政策和纪律的学习。三野总分社还从分社、支社抽调季音、刘亮、牛芳稷、徐熊等8人为总分社特派记者，随先遣部队渡江，以便迅速报道我军强渡长江、突破江防的情景。三野总分社向各分、支社连续发出有关我军渡江作战的5个报道提示，要求报道解放军渡江作战和插入敌人纵深的英雄事迹，船工和老区人民的有力支援，解放军严格执行政策纪律和江南人民热烈欢迎解放军的情景。特别要求记者深入采访，及时写好多种形式的战斗报道和专题报道。二野总分社也向分、支社发出《向江南进军报道要点》《新解放城市初期报道提要》《关于报道江南游击队的指示》《对挺进浙赣线报道的提示》等文件。在《向江南进军报道要点》中，列出了应注意报道的15项要点，提出采访角度应是多方面的，写作形式应是多种多样的，但必须以新闻为主，首先用二三百字的新闻发来，然后发几百字的简短通讯。在报道中要表现出人民解放军的空前强大力量，胜利进军江南的气氛和江南人民对人民解放军的热望，军民团结的情形，注意选择模范单位和典型人物等。在时间上必须力求迅速，随写随发，勿因过于"求全"而迟缓，失去时效。号召记者、通讯员拿起久经锻炼的笔，写下中国革命史上光辉灿烂的一页。

4月25日，总社致电回复三野总分社，提出对渡江报道的意见：（一）渡江报道总社十分重视，已在陆续播发。（二）报道可按野政指示进行，注意三点：（A）我军奋勇前进，不怕疲劳，勇猛追击，沿途执行政策纪律，秋毫无犯，而敌一触即溃，望风而逃，奸淫掳掠，荼毒人民。同时，也应报道若干地点敌顽强抵抗，而终被我军坚决粉碎。（B）城乡人民热烈欢迎，组织临时治安组织，自动保护物资，听候接收，响应我军南征，以及我到达一地，迅速恢复治安生产。（C）敌人的破坏活动。（三）报道重质不重量，多了总社也播不出。稿件务求简短。通讯最好能写成三五百字，与当

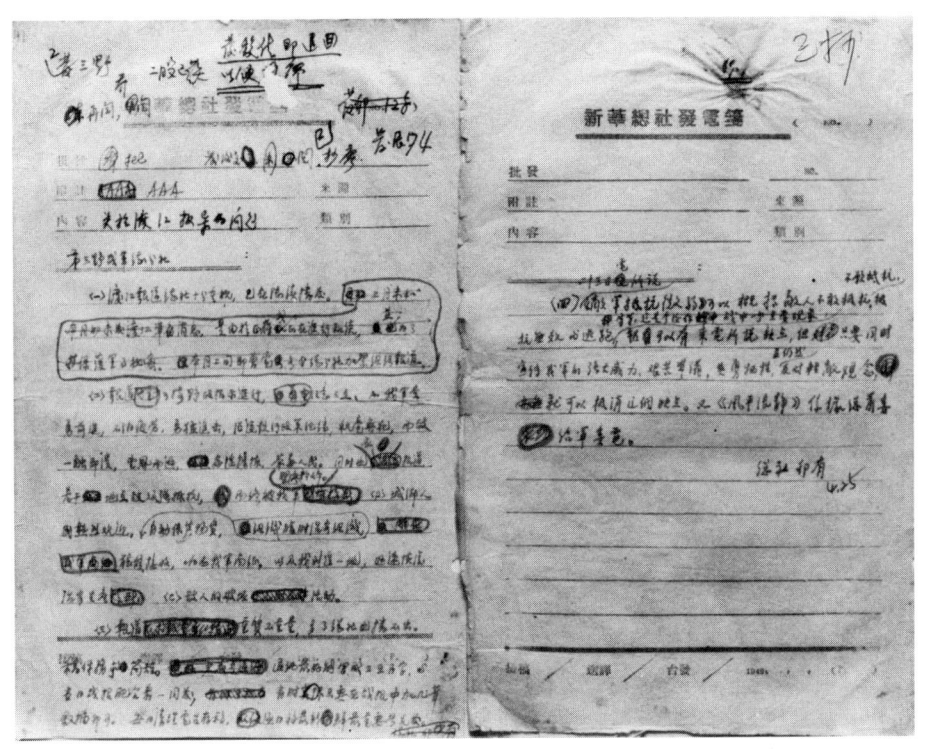

1949年4月25日总社发给三野总分社《关于渡江报道的问题》的电报。

日战报配合发，有时只要在战报中加几笔描叙即可。每日清理电台存稿，逐日将最新鲜、最重要者先发。

在渡江作战过程中，许多前线记者都随突击船或先锋船渡江，采访及时，发稿迅速，多方面地反映了这一伟大的历史壮举。各军支社、兵团分社都发了渡江战报和胜利渡江情景的报道。二野和三野总分社分别发了渡江作战的综合报道。4月22日2时，毛泽东为新华社写了《我三十万大军胜利南渡长江》，同日22时又写了《人民解放军百万大军横渡长江》。这两条新闻，短小精练，生动活泼，有声势，有情景，迅速、及时、全面地反映了解放军摧枯拉朽和蒋军狼狈溃逃的历史场面，成为军事报道的名篇。同日24时，毛泽东又提笔为新华社写了一条新闻述评《人民解放军战胜英帝国主义国民党军舰的联合进攻》。缘由是，4月20日和21日，英舰4

艘先后沿长江侵入镇江、江阴段,炮击解放军阵地,企图阻我渡江,遭到解放军反击,英舰紫石英号被击伤,搁浅于镇江附近江面(该舰于 7 月 30 日乘隙逃跑)。新闻述评指出:英军舰闯入人民解放军防区发炮攻击,直接参加中国内战,致使人民解放军遭受巨大损失,英帝国主义政府必须担负全部责任。

关于强渡长江、进军江南的报道,新华社发出了大量消息、通讯和评论,宣传人民解放军渡江作战、追歼残敌的强大声威和英勇事迹。其中有:《百万大军横渡长江》(阎吾)、《胜利横渡长江》(曾克、杜宏)、《渡江第一船》(陆光中)、《叶大嫂的船划在最前头》(胡奇)、《轻舟飞渡天堑》(唐西民)、《渡江中的船工们》《解放军战士在渡江中士气无比旺盛》《聂春台和他的小船》《某部第一连荣获"渡江作战模范连"》《抢占长江跳板——扬中》(季音)、《在榴弹炮阵地上》(林田)、《在炮兵阵地上》(孟擎宇)、《东路渡江大军向京沪路猛进连克镇江丹阳武进无锡,西路攻占马当要塞俘敌五千》《我军在广德山区围歼从南京、镇江、芜湖等地逃窜的蒋军八万余人》(叶家林)、《南窜蒋军的狼狈相》(冯牧)、《胜利会师贵溪城》(寒风)、《重逢》(吕梁)、《胜利进军南昌城》(寒风、陆柱国)等。还播发了叶家林采写的江阴要塞守军起义和国民党海军第二舰队司令林遵率舰艇 25 艘在南京笆斗山江面起义的消息。摄影记者邹健东拍摄了解放军英勇抢渡长江、渔家女摇船送解放军过江等珍贵的历史场面。

5 月 14 日,总社发出通报,表扬了几篇在渡江作战报道中的优秀通讯。指出:在这次渡江作战中,第二、第三野战军总分社及其所属分社,都写出了一些比较出色的通讯,或者提供了生动的材料,使总社得以综合编写。值得提出的是:《丹阳人民提灯欢迎解放军》(季音,4 月 27 日)、《江南人民的使者》(白艾,4 月 28 日)、《东路军强渡长江情形》(陈窗,4 月 25 日)、《扬中人民热烈欢迎解放军》(季音,4 月 26 日)、《敌前抢渡的第三连》(方德,4 月 27 日)、《"给红军妈妈报仇"》(苏策、卢忠,4 月 23 日)、《解放军回到革命故乡大别山》（总社根据二野总分社来稿综合编写，4月25日）。通报说，"这些稿件都能抓住这次作战中若干动人的侧面，写来简明活泼，富于感情，使这次渡江作战报道增色不少"。通报号召"各野战总分社、分社的编辑记者，都应该研究和学习这些稿件的优点，以便写出更多更好的作品"。

据二野总分社统计，从4月12日至5月7日，共收到各分社和支社来稿112篇，向总社和中原总分社发稿70篇（同时转发二野政治部《人民战士》报），被总社转播及《中原日报》采用者，约占三分之二。

（二）解放南京的报道

南京解放后，新华社于4月24日播发社论《庆祝南京解放》和毛泽东写的消息《南京国民党反动政府宣告灭亡》。最早进入南京的新华社机构是三野八兵团分社和三十五军支社。渡江前，八兵团分社随东突击集团进行渡江作战、进军江南的报道。但渡江后情况起了变化，22日晚，国民党军从南京、镇江和江防线全线撤退，国民党政府提前从南京逃跑，原担负解放南京任务的第二野战军第四兵团尚在西线，一时难以赶到。中央军委即令距南京最近的属于三野的第三十五军（原属第七兵团，当时划归第八兵团指挥）迅速占领南京。这样，第八兵团分社和第三十五军支社记者即随军进入南京，担负起南京解放和接管工作等报道任务，其中有李扬、季音、艾煊、金雨困、宫敬之、周泽民等。25日戴煌也到达南京。他们先后报道了人民解放军解放南京、南京工人学生市民热烈欢迎解放军入城、工人学生武装护厂护校、南京解放后各界反应、南京市军管会成立、工商业恢复生产，以及镇江解放、镇江江面4艘国民党军舰向解放军投诚等消息。八兵团分社还向中共南京地下党市委主办的《解放新闻》提供新华社电讯稿67条。摄影记者邹健东拍摄了人民解放军占领国民党"总统府"等照片，留下了富有历史文献价值的镜头。

4月29日，二野前线指挥部到达南京。4月30日，二野总分

1949年4月23日,人民解放军占领南京。图为毛泽东在香山阅读南京解放的新闻报道。陈正青摄

社也抵达南京,总分社领导同志会见了总社派到南京的范长江、石西民等。7月初,因二野大军即将进军大西南,三野领导机关从上海移驻南京,接管南京市的军管工作。曾经协同作战的二野和三野总分社也同时在南京会合,战友们亲切地交流了新闻报道工作的经验,增进了兄弟总分社的团结和友谊。应新成立的南京新华日报社社长兼新华分社社长石西民的请求,二野和三野总分社各抽调出一部分记者,支援报社和分社的采访工作。三野总分社副社长邓岗兼任南京新华日报社副社长,八兵团分社副社长李扬调任南京人民广播电台台长,八兵团分社记者季音、艾煊也调报社工作。

(三) 上海战役的报道

上海是中国最大的城市和经济中心,又是蒋介石坚固设防和决心死守的据点。第三野战军在夺取上海时,既要坚决歼灭敌人,又要完整保全市区和保护人民生命财产安全,这是上海战役的复杂性

第三章
解放战争时期的大发展

和艰巨性。为此，三野总分社在战前多次讨论了上海战役的报道方针和报道计划，具体部署了分社和支社的报道工作。同时认真学习了接管上海的政策和入城纪律。

5月12日上海战役打响，三野各路部队向上海郊区蒋军据点发动进攻，并从两翼钳击吴淞，阻断敌海上通路。蒋军凭多重永久性防御工事顽抗。这场持久的外围攻坚战打得异常激烈艰苦。总分社、兵团分社和各军支社的记者深入前沿阵地，冒着炮火采访。战事每有进展，即迅速报道。在向总社发稿时，一般做到有分析，有连贯性，在一定时期还有全面综合报道，连续地及时报道了战斗进展情况。

5月15日以后，每天都有战报。在初期10天内共发了十几条战报，如《人民解放军进迫上海市郊，解放黄渡南翔车站与青浦奉贤县城》《上海前线我军解放松江、平湖、金山卫》《上海前线四天作战中先后解放县城十一座》《上海前线我军进抵长江口，解放川沙、南汇、月浦、刘行》《解放上海县城》等。

5月23日晚解放军发起总攻，迅速占领苏州河以南市区及高桥、吴淞口，27日在苏州河北歼灭最后一股国民党守军，宣告上海全境解放。从总攻到占领市区的数日内，总分社发稿38篇，绝大部分为总社转播，形成战役报道的高潮。由于上海国民党守军坚固设防，战斗十分激烈。为了保全上海，解放军在进攻上海市区敌人利用高大建筑物作为顽固抵抗据点时，坚持不使用火炮等重武器，因此付出了重大伤亡的代价。记者艾煊写的通讯《瓷器店里捉老鼠》，就鲜明地反映了这一战斗特点。其他重要的新闻和通讯，还有《强攻高桥》《迅猛直捣周浦敌营垒的勇士们》《浦东全境大部解放》《上海前线我军攻占国际无线电台等据点》《上海敌军海上逃路被封闭，我攻占宝山、吴淞、高桥等城镇》《"我是这样打地堡群的"》《我攻占真如、大场、江湾等据点，敌军两个师及两个师残部投降》《上海中心市区已全部解放》《淞沪战役战果辉煌，歼敌十五万余，解放上海市及县城十五座》《上海战役中某部炮兵抵近射击受表扬》《上海战役中的医务工作者》《上海狂欢庆祝解放》等。

解放军战士进入市区后,模范执行城市政策,纪律严明,受到上海市民的热烈欢迎。随军入城的记者对此作了充分报道。摄影记者陆仁生拍摄了解放军战士抱枪露宿街头的感人场景。范长江、庄重等进入上海后,当时硝烟未散,解放军还在聚歼残敌,他们按照市委部署,迅即开展接管工作,首先去外滩附近的圆明园路接管中央社上海分社,范长江讲话并宣布接管政策后,又去汉口路接管《申报》,筹备出版《解放日报》。27日上海《解放日报》创刊。新华社上海分社于5月27日成立。华东总分社于6月1日在上海开始发稿。社址在圆明园路《文汇报》大楼。

5月29日,新华总社播发了胡乔木起草、毛泽东修改的社论《祝上海解放》,指出:上海的解放,引起了全中国人民和全世界进步人类的欢呼。这是因为,第一,上海是中国的最大的经济中心,上海的解放表示中国人民无论在军事上、政治上和经济上都已经打倒了自己的敌人国民党反动派;第二,上海是帝国主义侵略中国的主要基地,上海的解放表示中国人民已经确立了民族独立的基础。这两种情况,使得上海的解放在中国人民解放事业中具有特殊的意义。6月4日,总社播发了上海前线记者采写的长篇综述稿件《解放上海经过》,阐明了上海战役的形势、特点、发展经过、胜利原因及意义,赞扬了人民解放军英勇作战、纪律严明、爱护人民的革命精神以及广大人民群众的有力支援。各报都以显著位置刊登。

上海解放初期的城市报道,是由新华社三野总分社、华东总分社及上海《解放日报》等报社记者组成的记者团负责的。三野总分社副社长邓岗任团长。在战后困难的条件下,他们报道了上海市民护厂护校、庆祝解放、热烈欢迎解放军、稳定市场、工商业恢复等各方面情况,完成了上海接管初期的报道任务。稿件除发总社播发全国外,大部分稿件提供上海《解放日报》刊登。主要稿件有《上海市军管会和人民政府成立,陈毅将军任军管会主任兼上海市长》《上海各项接管工作顺利进行中》《上海工人阶级英勇护厂》《上海私营纱厂大部复工》《京沪路全线通车》《上海解放第一日》《上海最后一次的反革命大屠杀——记蒋匪毛森大搜捕和大屠杀案》等。记者团的工作于6月5日结束。以后上海市的城市报道工作移交给了范长江、恽逸群领导的新华社华东总分社暨上海分社和解放日报社。随即华东局任命范长江兼任新华社华东总分社（兼上海分社）社长，庄重任第一副社长兼总编辑。7月10日，总社致电华东总分社和三野总分社，指出："上海解放初期报道基本上是成功的，采取组织记者团的方式是正确的。只有这样，才能以突击的方式，在报社和地方分社未进入市区期间，完成像上海这样的大城市解放初期的报道任务。"

九、解放太原和向全国进军的报道

（一）解放太原的报道

太原战役是平津战役后，肃清华北国民党残部的一次重大战役。1949年4月，华北军区第十八、十九、二十3个兵团对围困数月的太原发起攻击，4月20日开始攻打市郊东山的牛驼寨、小窑头、淖马和双塔寺等"四大要塞"。经过浴血奋战，至22日将阎军外围5个防区13个师全部歼灭，逼进城垣。24日发起总攻，全歼守城阎军13.5万余人，一举解放太原，结束了阎锡山对山西人民长达38年的黑暗统治。大同阎军于29日投诚，大同获得解放。

参加太原战役报道的主力，是参战的华北军区3个兵团分社及各军支社记者，还有人民日报社等单位派来的随军记者，共90余人。在炮火硝烟中，许多记者随部队一起攻入城内，目击解放军指战员的英勇事迹和牺牲精神，广大民工支前的动人情景，写出了不少感人作品。其中新闻、特写、通讯有《攻克太原经过》《怒潮涌进太原城——太原解放战役纪实》（郑东、耿西）、《孙楚、王靖国就擒记》（郑东、耿西）、《戴炳南落网记》（张帆、刘贯文）、《"碉堡城"——战犯的坟墓》（吴象、袁明阮）、《太原东山的攻克》（吴象）、《阎军"坚贞师"官兵投诚》（张春旬）、《具有高度政治军事文化修养的部队》(何微)、《太原前线的攻心战》(任冰如、唐仁钧)、《太原前线的战场传单》(欧阳默)、《部队打到哪里,我们就跟到那里》(陈铿)、《民工随军登城记》(陈铿)、《南同蒲铁路员工支援前线的热潮》(马明)等。这些稿件,有的经总社向全国播发,有的刊登在华北《人民日报》和《山西日报》上。

在太原战役结束后,5月上旬,华北军区部队和第四野战军一部相继解放了安阳、新乡。9月19日,国民党绥远省主席董其武率部通电起义,宣布脱离蒋介石反动集团,加入人民民主阵营。绥远和平解放。至此,华北全境获得解放。新华社先后播发了消息。

(二)解放西北的报道

为了发展大好形势,加速战争的胜利进程,争取在1949年内基本解放全国大陆地区,人民解放军乘胜展开了全国性的大进军。

第一野战军担负着解放西北各省的任务。他们迅速向陕、甘、宁、青、新等省进军。华北军区第十八、十九两个兵团改隶第一野战军建制,参加解放西北作战。5月发起陕中战役,20日解放西安。6月,榆林和平解放。7月发起扶郿战役,14日解放宝鸡、凤翔等城。8月发起兰州战役,26日解放兰州。9月5日解放西宁。9月23日解放银川。9月25日、26日,国民党新疆警备总司令陶峙岳和新疆省主席包尔汉先后通电起义,新疆宣告和平解放。

西北地区地广人稀,地形复杂,条件恶劣。第一野战军总分社的编辑记者,与部队新闻工作者和通讯员相结合,随军转战西北各地,克服各种困难,努力完成解放大西北的报道任务。他们发出了大量战报、消息、战地通讯和特写、述评等,报道西北各地相继解放的胜利喜讯和人民军队的英雄业绩,充分反映解放军坚决执行民族政策的生动事例,揭露国民党嫡系部队与地方军阀青海马步芳、宁夏马鸿逵军队之间的矛盾,报道陕甘宁边区人民和新解放区人民踊跃支前,各族人民欢迎解放军的感人事迹等。西安解放后,总分社及时招收了一批知识青年,经过短期培训,即随军西进,在战斗中培养了一批新闻干部。

第三章 解放战争时期的大发展

1949年夏,一野大军进入甘肃后,兵分三路:一兵团为左路,连续攻克天水、武山、陇西、临洮、临夏,随后西渡黄河,夺取青海西宁,翻越祁连山,占领张掖、酒泉,解放河西。一兵团分社记者马寒冰、延国民、杜鹏程、汪波清、关君放、赵其、王安等随军采访,沿途写下了《卫戍天水》《陇上进军第一天》《会川解放记》《洮河胜利第一炮》《敌骑十五旅覆灭》《解放军到河州》《我们到了回民区》《雪山草原进军记》《抢救战友》《英雄越过雪山草原》《向伟大人民战士致敬》《驰进张掖》《人民的欢呼——张掖解放庆祝大会速写》《亲密团结消灭马匪》《酒泉庆功》等一系列报道,反映了人民解放军所向披靡、战无不胜的英雄气概。

一野二兵团为中路,经通渭、马营、内官、洮沙,向兰州城南攻击;十九兵团为右路,由隆德、静宁,越华家岭,攻击兰州城东。解放军勇猛前进,突破马部固关、平凉及六盘山三道防线,解放隆德、会宁、定西,像一把有力的铁钳伸向西北地区的统治中心兰州。8月24日,新华社于西北前线发表第一野战军司令部发布的进军甘肃第一阶段作战公报,称:"人民解放军第一野战军各部,自7月24日起向甘肃境内发起强大攻势,至本月11日止,在19天的作战中,共歼灭青宁马匪军及甘肃地方匪军11900余名,收复和解放县城23座……"

8月25日拂晓,解放军分两路向兰州国民党守军发动猛烈进攻,激战终日,先后占领沈家岭、狗娃山、营盘山、窦家山等重要阵地,打垮国民党军数十次的拼死反扑,至26日晨全歼城内守军2万余人,解放了兰州。30日,解放军举行了隆重的入城式。在进军甘肃,解放兰州的战斗中,新华社记者冒着枪林弹雨,深入前沿阵地采访。一野总分社记者霍春禄在激烈的狗娃山战斗中负伤。一野总分社先后发出了《人民解放军攻克甘肃省会兰州市》《兰州我军隆重举行入城式》《兰州市军事管制委员会、兰州市人民政府成立》《人民解放军挺进甘肃解放省城作战报告》(普金)、《西北各族人民箪食壶浆喜迎解放军》《兰州介绍》等新闻稿和多篇战斗通讯。

(三) 挺进中南的报道

第四野战军和二野四兵团（暂归四野指挥），挺进中南各省。4月中旬，四野主力由平津地区挥师南下，6月到达湖北襄（阳）樊（城）孝（感）浠（水）一线。7月发起宜（昌）沙（市）战役和湘赣战役，解放了宜昌、沙市、常德及湘赣边广大地区，并逼近长沙。8月4日，国民党长沙绥靖公署主任兼湖南省主席程潜、第一兵团司令陈明仁通电宣布起义，长沙宣告和平解放。

在四野大军南下时，4月初，刘白羽、穆青接到总社通知，速到北平总社，领受任务。总社负责人胡乔木谈话，要他们作为总社特派记者，立即跟随第四野战军南下，担负报道任务，并望写出一些好的新闻作品。重要稿件可以直接发给他。4月4日，总社发出《迅即报道大军南下消息》的指示，电文指出："请迅即准备报道大军南下的消息，着重宣传南下部队必胜的士气和浩荡的声势；各地人民支援战争的热烈情况；新解放地区的人民对国民党反动派的控诉、渴望解放和拥护我党我军的情况；后方机关、工厂、交通、医务等部门人员埋头苦干，为争取胜利而服务的情形等。上述各方面的材料，必须经过很好地提炼和综合，并望三五日内先有第一批稿件发来。"

穆青随军南下，转战各地，先后写出了一系列通讯，如《湘鄂道上》《"活捉白狐狸！"——记湖南人民的灾难和斗争》《狂欢之夜——长沙市民欢迎解放军入城速写》《记湖南的和平解放》《长沙的向导》《湘中的红旗——记湘中人民游击队姜亚勋所部》《二十年不屈的斗争》《"革命又回来了！"》等，生动地报道了解放军和平解放长沙和南方游击队的英勇事迹。他还向总社发回了一些重要内参。穆青采写的一些重要通讯，是在行军中直接发给胡乔木的。8月25日，新华社播发时评《湖南起义的意义》，指出："湖南的起义，严重地震撼了华南、东南、西南、西北的国民党残部。"

在这期间，发生一起迟误程潜等起义通电报道的重大错误。8月4日，程潜、陈明仁通电起义。这份通电由分社发到新华总社时错字甚多，且无上下款，经总社 7 次去电追查，并经中央 3 次电催，始于 14 日发清，迟误 9 天之久。毛泽东本于 5 日即写好复电，但因查核电文延误了时间，总社至 8 月 15 日才播发通电，16 日播发复电。为此，9 月 7 日，中宣部、新华总社联名发出致华中总分社、四野总分社并转长沙（湖南）分社，各总分社、分社并抄各宣传部、野战军政治部电，提出了严厉批评。电报在叙述事件经过后，指出："在总社批评你们时，你们两个总分社都说，明知电文有错，但发来交总社处理。四野总分社说：'此间收到的原来就有错误，无法改正。'而未准备设法查正。这是一种对党对人民不负责任的态度。"还说："据华中总分社来电说：湖南分社进入长沙后，对程潜起义事件和长沙解放后情形，几乎没有一点报道，曾先后去电 5 次，该分社始将程潜通电补发。同时，四野分、支社也十分不健全，不能真正起作用。我们认为，这种情形是严重的，这是宣传系统中只知地方，不知国家，以对国家通讯社报道为所谓对外宣传而视为额外负担的、极端错误观念的表现。"后来，华中总分社、四野总分社和湖南分社都为此作了检查。

（四）解放华东的报道

渡江之后三野第七兵团进军浙江，5 月 3 日解放杭州，5 月末向浙南、浙东地区进军，至 7 月上旬，解放除舟山群岛等多个沿海岛屿外的浙江全省。

8 月 20 日，三野第二十四军渡海作战，解放了位于胶东蓬莱与旅顺、大连之间的长山列岛。三野总分社第二十四军支社徐学增随军采访，作了报道。这是解放军首次渡海作战报道。8 月 23 日，新华社播发了渡海作战消息。30 日，总社致电山东总分社，指出：通讯《跨海解放长山岛》与许世友将军对该岛解放所发表的评论，都写得很好，唯为时较晚。若能与消息同时发来，宣传效果更大。以后对重要的新闻、通讯，必须注意争取时间。

三野第十兵团在 6 月末进军福建，8 月 11 日发起福州战役，17 日解放福州。9 月 19 日发起漳（州）厦（门）战役，当日攻占同安，漳州国民党守军向东逃窜。10月17日，解放厦门。前线记者先后发出了上述战报及战斗经过，人民庆祝解放、欢迎解放军，军管会接管海关、报刊、厦门大学，慰问救济归国华侨等消息和通讯。

十、战火中的摄影报道

在军事宣传中，新闻摄影发挥着重要作用。它以真实生动的形象和具体可感的画面，迅速直接地反映战争实际，发挥教育和鼓舞作用，为人民群众和解放军指战员喜闻乐见。

新华社开展摄影报道工作起步较晚。它是在解放战争中逐步建立和发展起来的。

抗日战争初期，一些进步的摄影工作者和摄影爱好者纷纷投奔延安和其他抗日根据地，成为中国共产党直接领导的新闻摄影事业的骨干力量。此后，各抗日根据地陆续开办摄影训练班，培训了一批学员，壮大了摄影队伍。在有条件的抗日根据地，先后创办了《晋察冀画报》《山东画报》《战场画报》等，拥有自己的摄影记者。有的军区成立了摄影科或摄影室，负责开展部队的摄影工作。但它们都隶属于军队的组织系统。那个时期，新华社还处在艰苦创业的阶段，由于条件的限制，业务上致力于发展文字新闻和口播新闻，没有摄影报道工作。

解放战争爆发后，中国共产党和国民党的政治斗争与军事斗争日趋尖锐复杂，新闻摄影的战斗作用就日益凸显出来，新华社开始重视新闻图片的搜集工作。1946年8月10日，新华总社从延安发电报给各分社，提出："凡遇蒋机轰炸，要组织摄影，除摄被毁情景外，最好能摄到飞机飞炸姿态，如击落飞机或捡得弹片，更应摄影留存。"这是新华社文件中涉及新闻摄影工作的最早的记载。它表明，新华社已开始认识到新闻图片在揭露敌人罪行的形象性的宣传功能和实证作用，是文字新闻无法取代的。

解放战争初期，新华社在部队中先后建立了一批前线分社，一些摄影工作者加入到前线分社中来。1946年夏，山东野战军前线分社（即淮北前线分社）成立时，山东画报社的郝世保即调山野前线分社任摄影记者。1947年1月，山东野战军前线分社与华中野战军前线分社合并，成立华东前线分社。原在新四军工作的资深摄影记者邹健东和宋大可、杨玲（女）、刘保章、邓守智、苏正平、姜树堂等，先后任前线分社和支社的摄影记者。1949年3月成立三野总分社后，原华野宣传部摄影组并入总分社，成立摄影组，陆仁生任组长，郝世保任副组长。前线分社提倡文字记者兼学摄影，成为多面手。宋大可原在山东画报社工作，十几岁参军，文化程度不高，但他勤奋努力，进步很快。原来搞木刻、美术，后来学摄影，又兼文字报道，是一位好学多能的青年记者。华野前线分社还经常讨论摄影报道的方针、任务及一个时期的报道中心。

1948年冬，淮海战役期间新华社记者在战壕里举办新闻照片展览。袁克忠摄

在其他野战军中，也有摄影组织和摄影记者。有的军区政治部办有画报，兵团和纵队（军）设有摄影股或摄影干事。在东北地区，办有《东北画报》，画报社和各军的摄影记者有：罗光达、陈正青、齐观山、曹兴华、钱嗣杰、葛力群、王纯德、李瑞峰、李基禄等。原在延安的著名摄影家郑景康1947年从山东渡海去大连，在东北画报社工作。在华北地区，初期有晋察冀军区的《晋察冀画报》和晋冀鲁豫军区的《人民》画报，1948年夏华北军区成立，晋察冀画报社与人民画报社合并，成立华北画报社。在画报社和各军的摄影记者，有沙飞、石少华、袁苓、孟庆彪、冀连波、高粮、高宏、袁汝逊、陈庆祥等。在冀中，办有《冀中画报》，摄影记者有流萤、纪志成、黎枫等。在中原地区，办有《中原画刊》，活跃在中原地区的摄影记者有裴植、袁克忠、高帆、王中元、李峰等。这些摄影记者的编制在军队系统，与新华社的前线报道紧密联系，协作完成革命战争报道任务。野战军总分社和分社的报道提示或报道计划，许多是与部队的政治部门联合发出的，经常包括摄影报道任务，统一部署。

战争年代，新华总社在行军转移中，没有条件播发新闻照片。当时，部队的摄影记者拍摄新闻照片后，主要用途有二：

一是举办战地摄影展览。摄影记者把照片（有的是放大照片，也有的是小照片）贴在卡纸和布条上，用绳子连起来，在部队驻地或战壕里展出。或者在行军途中休息时，张挂于树林中或墙壁上，供战士们观看。1948年6月开封战役中，华野前线分社的摄影记者，共放大新闻照片15套，共计1030张，供战地展出。在淮海战役中，豫陕鄂野战分社收到前线拍摄的新闻照片400多张，举办了战地展览；华野前线分社摄影记者也在前沿阵地展出了新闻照片。摄影记者有时还把照片制成幻灯片，为战士们放映。由于新闻照片内容丰富，及时迅速，反映革命战争和军队，表扬英雄人物和事迹，深受广大指战员的欢迎，发挥了激励斗志和鼓舞士气的作用。

二是提供给画报刊用，或编印成画刊、专集、画页、传单。当时，由于战斗频繁和条件限制，解放区的大多数报纸不能刊用照片。摄影记者拍摄的照片，除展览外大多提供给画报选用。华东前线分社在山东时，将摄影记者拍到的部分照片，及时地送给《山东画报》采用。除画报刊登外，还及时编印成画刊、画页、传单，向外发行，扩大宣传。如1947年10月出版的《中国人民爱国自卫战争华东战场一年画刊》，署名"大众日报社、华东新华社编印"。刊用华东战场第一年的作战实况照片240余幅，另有少许套色木刻和年画等。内页注明供稿单位有新华社华东前线分社等。华东画报社先后编印出版了《第一快速纵队的歼灭》《孟良崮》，以及《解放战争中华东战场两年战绩》等画刊，收入了华野前线记者和各摄影记者所摄照片多幅。摄影者有郝世保、康矛召、邹健东、宋大可、陆仁生、郑景康、苏正平、鲁岩、王纪荣、杨玲、陆文骏、陆明等。1948年10月，华野三纵队支社因陋就简，出版《飞影画报》，反映部队的战斗生活，很受欢迎。晋冀鲁豫野战军政治部人民画报社，曾编印出版《爱国杀敌英雄王克勤》，发行到连队。大反攻开始后，第二野战军政治部先后编印有《刘邓大军跃进大别山》《向江南进军》《襄樊战役》等画刊，反映刘邓大军强渡黄河，千里跃进大别山，驰骋中原，活捉康泽，渡江作战和进军大西南的战斗事迹，摄影者有裴植、袁克忠、高帆、王中元、李峰、康健、熊雪夫、郝长庚、李国斌等。晋冀鲁豫野战军第一纵队政治部办的《勇士影报》（前3辑原名《勇士影集》），用白报纸刻蜡版彩色油墨套印，每页分贴小照片，每辑24页，还配以文字、诗、歌曲等，先后出版5辑。它的主要摄影和编辑者为李峰。

有的野战部队还制作了摄影传单，在前线散发或交给释放的俘虏带回去。1947年10月，晋察冀野战军在平汉路前线编印了《清风店放下武器的蒋军官兵》《只要放下武器，就保证安全》等摄影传单，有照片，有文字说明，为蒋军官兵指出新生之路。1948年10月，在解放长春时，国民党东北"剿总"副总司令郑洞国率部投降，而国民党当局却在南京大肆宣传郑"壮烈成仁"，并为他举办"追悼会"。为了粉碎敌人的谣言,东北画报社派出有经验的摄影记者郑景康,拍下郑洞国等人抵达哈尔滨车站(特嘱要带有车站标志)的照片。照片被制成摄影传单,交前线部队向国民党军散发,并用宣传弹发射到被我包围的沈阳国民党军阵地,起到了政治攻心、瓦解敌军的作用。

部队摄影记者在前线拍摄的照片,由于传递困难,有的是通过新华社的渠道转发出去的。1947年冬,随刘邓大军采访的新华社野战分社记者王匡,收到野政摄影股负责人裴植交来的一包照片,内容是反映刘邓大军南下,挺进中原的行军战斗情况。当时电讯对这方面的情况已有报道,但具体图像还很少见到。前线记者千辛万苦拍摄来的这一包照片,非常珍贵。正在行军途中的王匡,千方百计把照片寄到香港,在《群众》周刊上发表了。这些来自前线的照片很引人注目,增加了港澳人民对国内战局的了解。

1947年以后,随着中国(解放区)代表团参加国际活动增多,新闻照片的需求量增加,逐步开展了对外图片宣传的业务。1948年2月,中国(解放区)妇女代表团出国参加国际活动,晋察冀画报社遵照邓颖超的要求,编选了反映"自卫战争""土改运动""解放区妇女"为内容的3套照片,共计150张,各放大6寸照片两份,加上画报几套,派人送去。邓颖超在6月28日写信给石少华,对晋察冀画报社表示感谢,并给予表扬,信中说,"你们对国际宣传作过很多的努力和贡献,我们甚为欣慰!"1948年11月30日,新华社布拉格分社社长吴文焘发给总社一封电报,提到了对外图片宣传工作。他说:"照片宣传作用甚大,去年青年代表团出国所带的500张照片,东南欧各画报社纷欲购得片权,如捷政策宣传部之《国际画报》,采用了百余张,印出费1万克郎(合美金200元)。斯特朗到捷时,我们另洗了一套送给她(约400张)带到美国去,她说:那等于送给她一笔财富。"这些事例说明,介绍中国革命和解放区的新闻照片,当时在国际上很受重视,销路很好,受到报刊的广泛欢迎。

第三章
解放战争时期的大发展

在战火纷飞的年代，摄影记者冒着枪林弹雨，用照相机记录了人民解放战争的历史进程，为人民留下了大批优秀的新闻照片，成为国家宝贵的历史财富。一些著名作品，如《解放张家口》（石少华）、《开赴前线》（高帆）、《夜攻单县》（袁克忠）、《挺进大别山》（王中元）、《政治攻势》（陆明）、《淮海战场一角》（郝世保）、《缴枪不杀》（王纯德）、《强渡长江》（邹健东）、《占领总统府》（邹健东）、《露宿街头》（陆仁生）、《抢救亲人》（袁苓）等，都具有珍贵的历史文献价值。

人民解放军占领南京总统府。邹健东摄。

解放战争时期的摄影记者，在新中国成立后大部分转为新华社记者，成为新华社摄影部门的负责人和骨干力量。

第八节　为革命献身的新闻烈士

解放战争时期，新华社记者活跃在全国各个战场，既是战争的参加者，又是胜利的宣传者。他们跋涉在艰苦的行军路上，冒着枪林弹雨，在战场上采写新闻和通讯，或拍摄战斗场景的珍贵镜头，其中有不少人光荣负伤，甚至流血牺牲，献出了年轻的生命。他们的光辉业绩和革命精神，永远为人们所崇敬和怀念。他们是新华社的光荣。

除了前面提到的因飞机失事遇难的新华社社长兼延安《解放日报》社长博古（秦邦宪），还有新加坡华侨仓夷。卢沟桥事变时他年仅16岁，只身从海外回国，投入抗日战争的洪流。1939年进入晋察冀根据地，长期担任《晋察冀日报》和新华分社的记者。1946年2月被派到北平，担任新华社北平分社和《解放》报记者。同年8月8日，他从张家口乘飞机赴北平拟去河北调查安平镇事件，途经大同时被国民党特务阴谋杀害。仓夷是晋察冀根据地的优秀记者，写有《爆炸英雄李勇》《平原地道战》《纪念连》等著名通讯和报告文学。在北平工作期间，在险恶的环境中，他总是能出色地完成采访报道任务。由于工作出色，1946年仓夷被选为解放区察哈尔省的人民代表。他是新华总社任命的第一批特派记者之一。

解放战争初期，在新华社记者队伍中，出现了一名巾帼英雄，

新华社晋察冀分社记者仓夷1946年8月被国民党特务杀害。

第三章 解放战争时期的大发展

她就是苏中分社记者叶邦瑾。叶邦瑾是江苏如东县掘港镇人，1940年读初中三年级时加入中国共产党，不久参加新四军。1943年，日、伪军对苏中根据地发动疯狂"清乡"，她带领一个行动小组，活跃在敌人的封锁线上，成绩卓著，获得"模范中心小组"的光荣称号。1946年，她调任新华社苏中分社一支社战地记者。8月9日傍晚，叶邦瑾在如皋县柴湾区不幸被捕。国民党反动派对她先是威胁利诱，后是施加酷刑，坐"老虎凳"，用烧红的铁丝穿乳房，逼她交代党的秘密。但她宁死不屈，厉声痛斥敌人，牺牲时年仅21岁。新华社和延安《解放日报》《新华日报》（华中版）等，都报道了叶邦瑾坚贞不屈、英勇牺牲的消息。新中国成立后，如皋县的文艺工作者将她的事迹编写为歌剧《叶邦瑾》上演，以纪念这位为人民解放事业献身的英雄。

叶邦瑾，新华社苏中分社记者，1946年8月在江苏如皋地区被捕，壮烈牺牲。

钱毅，新华社盐阜分社特派记者，1947年3月在江苏淮安采访时被捕，后被杀害。

牺牲在国民党反动派的屠刀下，宁死不屈的新华社记者，还有钱毅。他是著名文学家阿英（钱杏邨）的长子。1947年2月，他作为新华社盐阜分社暨《盐阜大众》特派记者，赴淮安县石塘区，随民兵联防队深入蒋军后方采访，3月1日在芦受乡被包围，不幸被俘，几天后被惨杀于石塘镇附近的涧河畔，时年22岁。钱毅在《盐阜大众》工作期间，编写出版有《庄稼话》《怎样写》等书，在报纸通俗化、语言大众化以及培养工农通讯员方面，作出了突出成绩。延安新华社播发了钱毅英勇牺牲的消息。当地人民政府为了纪念他，把烈士牺牲地命名为"钱毅乡"。

分社负责人中牺牲的有谢文耀烈士。他长期在鄂豫边区工作，曾任《七七报》总编辑、《七七日报》和新华社中原分社副社长。1946年6月底随军从中原突围，1947年4月到太行，任新华社临时总社总编室秘书。8月到中原前线，任刘邓大军新华社野战分社（又称中原野战分社）副社长。他所写关于刘邓大军南征的述评报道，在读者中有很大影响。1948年2月，他在河南汝南县新区开展土改工作时，遭到地主"还乡团"袭击，英勇牺牲。消息传到太行总社，廖承志社长致电哀悼，慰勉中原

谢文耀，新华社中原野战分社副社长，1948年2月在河南省汝南新区开展土改工作时，遇"还乡团"袭击牺牲。

前线分社："继承文耀同志遗志，为创建江淮河汉间革命新闻事业而奋斗！"

华东前线分社三支社记者宋大可，作风深入，下连队采访，总是和战士们打成一片，热忱为连队服务，为战士们画画、照相，帮助连队办墙报，深受指战员的爱戴。战士们不叫他"大可"，而是

第三章
解放战争时期的大发展

亲切地称呼为"大哥",并为打仗时立功受奖得到"大哥"照相为光荣。1947年9月,在鲁西南歼灭蒋军整编第五十七师的沙土集战斗中,他深入到突击营的前沿阵地采访。他所在的掩体被敌人迫击炮弹击中,不幸牺牲,年仅23岁。宋大可十几岁参军,文化程度不高,但他勤奋努力,原来搞木刻、美术,后来学摄影,又会写作,是一位好学多能的青年记者。噩耗传出,指战员们十分悲痛。战士们紧握拳头,发誓要为"大哥"报仇。纵队政治部发出纪念宋大可的决定,赞扬他是"文化战线与军事战线密切结合的范例",并追认他为纵队模范记者、一等人民功臣。总社发出唁电,表扬宋大可"堪称毛主席的学生,我们新闻工作者的模范",并号召大家向他学习。

宋大可,新华社华野前线分社第3支社记者,1947年9月在采访鲁西南沙土集战役中牺牲。

感人事迹同样体现在华北二十兵团分社记者萧逸身上。萧逸是文学大师茅盾的女婿,毕业于延安鲁迅艺术学院音乐系第一期,后从事文学创作。解放战争开始后,他任晋察冀前线分社记者,随军转战华北,参加过保南、正太、清风店、石家庄、平津等战役,写出了不少出色的战地通讯。1949年初他在北平见到了岳父,茅盾鼓励他参加完解放战争的全过程,这更加坚定了他采访和写作的决心。同年4月14日,在解放太原前夕,他深入前沿阵地采访。总攻太原前夕,萧逸在双塔寺前沿阵地碉堡内向阎军喊话,敦促他们放下武器时,不幸被冷枪击中头部,光荣牺牲。当时华北第十九兵团分社负责人张帆写信给茅盾,报告萧逸牺牲经过并寄去烈士遗

萧逸，新华社驻华北野战军二十兵团分社记者。1949年4月14日在解放太原前线向敌军喊话时中弹牺牲。

物。茅盾在回信中说："我已经多年来学会了把眼泪化为愤怒，但萧逸之死，却使我几次落泪。"

在解放战争中英勇献身的新华社烈士，还可以列举出一长串闪光的名字。其中有：在莱芜战役采访中因蒋机轰炸而牺牲的华东前线分社第四支社记者陈夏，在鲁西南转移途中抢渡滕河激流而遇难的华东前线分社第四支社副社长金革，在河南登封战役中阵亡的豫陕鄂野战分社记者朱言晋，在平汉前线踏中敌人地雷而牺牲的晋察冀前线分社记者田雨，在如皋县农村遭遇国民党顽军袭击牺牲的苏中分社一支社记者司徒惠，在围攻盐城的战斗中随我军突击队向敌人碉堡冲锋时连中数弹不幸牺牲的苏北前线支社记者胡捷，在诸城战斗中牺牲的华东前线分社第二支社记者田耘，在潍县战役中牺牲的华东前线分社第九支社记者高岩，在山东高密前线采访中牺牲的华东前线分社摄影记者苏正平，在邓县拍摄攻城战斗而牺牲的华东前线分社第十支社摄影记者刘保章，在兖州战役中随突击队登城阵亡的华东前线分社第十三支社摄影记者姜树棠，在南通敌人集中营里惨遭杀害的苏中分社记者袁素，为抢修电路而牺牲的东北总分社机务主任甘正，在渡江战役中牺牲的三野总分社第二十四支社记者陶迅和机要译电组长吕平（女），在上海战役中牺牲的三野总分社第二十三支社摄影记者陆明，在厦门战役中牺牲的三野总分社第三十一支社记者赵耕三，等等。据统计，在各野战军新华社系统中牺牲的新闻烈士，以三野总分社最多，有记者编辑16人、机要员1人。

当我们缅怀在解放战争中牺牲的同志们的时候，我们也深深地怀念中原分社社长夏农苔。他毕业于北平中法大学，曾留学法国，在法国加入共产主义青年团，抗战爆发后回国，投入抗日救国斗争，转为中共党员。1939年进入敌后，历任新四军豫鄂挺进纵队宣传部长，新四军第五师十四旅政治部主任，长江军分区政治委员，二纵队政治部副主任，豫鄂陕军区政治部副主任等职。在担任中原局机关报《七七日报》社长和新华社中原分社社长时，撰写社论和文章，揭露敌人阴谋，鼓舞革命斗志。他长期带病工作，中原突围后，病情加重，1947年3月12日在山西阳城逝世，年仅36岁。

1948年9月2日，新华总社在河北平山县陈家峪驻地召开"九一"记者节纪念会。会上，廖承志社长讲话，向在人民解放事业中牺牲的新华社烈士，致以沉痛哀悼，缅怀他们的光辉业绩和革命精神，勉励大家继承烈士遗志，忠诚于党和人民，把革命的新闻事业不断推向前进。

第九节　通信技术事业的发展

解放战争时期，电台是新华通讯社事业的重要组成部分。总社、总分社和分、支社的通信技术人员，与记者编辑一起随军转战各地，使用简陋的电讯设备，抄收国内外新闻电讯，确保通报联络和文字、口语广播不中断。他们在通信战线为革命战争的胜利作出了突出贡献。新华社的通信技术业务也在斗争中不断发展。

一、成立电务处，电台实行集中管理

1946年6月，新华总社电务处成立。这是新华社通信技术事业发展的一个转折点。

延安时期，新华社的通信技术事业机构分散，管理也分散。新

华社的新闻台设在清凉山,而4个通报台则分散设台。电台实行双重领导,业务上归新华社管,技术上由军委三局管。文字广播台和口语广播台设在盐店子村,由军委三局的总台管。显然,这种状况不适应迅速发展的形势要求,分散的电台需要集中起来管理,统一领导。

经过新华社和军委三局研究,决定成立新华社电务处,三局调耿锡祥任处长,新华社派李伍任副处长。耿锡祥原是红四方面军司令部电台队长,抗日战争时期在军委三局负责通信工作,很有经验。他到新华社后,把新闻台、通报台、文字广播台与口语广播台集中起来管理。电务处下设4个科:一科为译电科,科长李宏烈;二科为收讯科,科长曹怀银,总领班李光绳;三科为通报科,科长冯月潭,总领班杜牧平;四科为文字广播科,科长毛动之。口语广播、文字广播和通报台机房都设在大砭沟。后来又增加了五科,即机务动力科,科长吴兴周。在器材设备方面也有所调整和改善。这些措施有力地加强了新华社的通信技术力量,为在战争中保证广播不中断做了组织和技术上的准备。

1946年12月,新华社的口语广播和文字广播台迁到延安北关原美军观察组旧址。

1947年3月,新华社随党中央撤出延安后,队伍分成两部分,大部分人员随廖承志转移到太行山区;一部分人员由范长江率领跟随中央机关转战陕北。电务处抽调杜牧平等十余人,加入范长江率领的新华社工作队,编为四大队二分队(最初有耿锡祥,不久调回总社)。二分队由梁文汉、孟自成、李宏烈分别负责通报、外电抄收和中文译电工作。同年冬,孟自成接替杜牧平的工作。电务处的其他人员则随同社长廖承志率领的总社大队东渡黄河,转移到太行涉县,与临时总社会合。

在太行,会合后的电务处处长仍是耿锡祥,副处长是李伍、高飞。组织机构仍为5个科。电务处办公室和中译科驻西戌,新闻台在东戌和城子,联络台分设于西戌、城子和东戌各处。文字广播和口语广播台设在沙河。1947年9月新华社英语口语广播恢复播音。这个时期，组织人员和器材设备都有所改善。1947年12月，为了培养人才，电务处开办了第一期电务训练班。耿锡祥兼电训班主任，李光绳任副主任，负责日常工作。过去，新华社的电务人员多从延安八路军通信学校或军委三局调来，现在开始自己培养人才，标志着新华社电务建设开始了一个新阶段。这期电训班共招收学员近50人，大多是从晋南解放区来的中学生，政治和文化条件较好。在开学典礼上，廖承志谈了电务工作的重要性，勉励大家努力学习电务技术，为革命新闻事业作出贡献。

1948年5月，新华社撤出延安后的两支队伍，在河北平山县胜利会师。电务处办公室和通报台，最初在部家庄，后来搬到北石门。收讯台最初在韩家峪和盖家峪，后来搬到窑儿上。文字广播台和口语广播台，设在张胡庄，这里条件较好，使用3部美制BC－610报话两用机，一部10千瓦汽油发电机。同年10月又搬到井陉县窟窿峰。在六七月间，电务处的中译科划归编辑部，改为中译组，组长仍为李宏烈。

二、革命形势发展，技术条件改善

为了改善通信技术条件，加强对国民党统治区的宣传，中共中央决定在窟窿峰西南的天户村，建立一座大型广播电台，军委三局副局长刘寅为建台办公室主任，李强为总设计师。这是一座短波发射台，共有5副天线，分别向南京、上海、欧洲、美国方向广播。为了防止轰炸，专门修建了地下发射机房。这里距井陉煤矿不远，可以利用煤矿的电力。此台于1948年12月底建成，交付新华社，供文字广播、口语广播（陕北新华广播电台）和英文广播使用。1949年1月初，廖承志、梅益等参加了电台落成典礼。天户台发射功率为3000瓦，是当时解放区最大的发射台。

1948年8月13日，中央发出通知，由新华社密台发送党内文件、指示。从此，新华社又设一部500瓦的电台，以密台通报形式，专门播发中央的党内指示、决定等文件。

1948年10月，新华社的通信技术事业已有较大的发展。在收讯方面，共计可抄收全世界30家电台的新闻电讯，它们是：塔斯远东和全球系统，伦敦路透，伦敦合众和美联，英国新闻处，法国新闻处，美联、合众、路透在我国上海和南京设立的分社，旧金山美联，旧金山合众，马尼拉路透，马尼拉合众，国际新闻社，旧金山中央社，印尼安塔拉和安尼塔通讯社，美国新闻处，印度新闻处，越南通讯社，电报通讯社，共同社，南斯拉夫通讯社，阿尔巴尼亚通讯社，国民党中央社，以及东京的美联、合众、法新、路透、中央社等。收讯人员增加到50余人。

从1948年5月到1949年1月，陕北新华广播电台在今河北省石家庄矿区和井陉县交界处的天户村建立了一座发射功率为3000瓦的发射台。

在通报业务方面，在我军展开大反攻期间，总社为了及时报道前线的胜利消息，不仅与各野战军的前线分社和总分社电台联络，还和前方各独立作战的兵团分社建立通报联系。1948年11月统计，总社通报台已联络19个单位，即明台6个，密台13个。明台有：东北总分社、华东总分社、中原总分社、西北总分社、晋绥总分社及冀中分社。密台有：前线分社9个（东北、华野东兵团、华野西兵团、华中、华北一兵团、华北二兵团、华北三兵团、豫陕鄂、西北），分社4个（冀热辽、华中、豫皖苏、太行转邯郸广播电台）。通报台的报务员也增加到50人左右。

三、新中国成立前夕技术设备初具规模

1949年3月，新华社随党中央迁入北平西郊香山。随着长江以南广大地区的相继解放，电务处通报联络对象逐渐增多，8月份增加到23家。每月抄报和发报的总字数，共计106万余字；通报台用的发射机有10余部，交流外差收讯机20余部。进城后，口语广播业务从新华社分离出去，成立中央广播事业管理处，下辖北平新华广播电台（后改为中央人民广播电台），新华社专职发展通讯社业务。这个时期，新华社的文字广播业务有较大的发展，对国内外文字广播的能力和发射机的数量都有提高。9月电务处统计，每日对国内播发新闻2.2万字，还有参考消息摘要、业务通报及专门文章等近1.2万字，总计3.4万字左右。6部发射机分两条线同时广播。新闻台有收讯机20部，抄收23家通讯社的电讯稿，每日总计抄收141小时。具体广播情况为：

对国内文字广播：

（一）CSR1（对国内文字广播一台），每天广播20小时，发2万字左右，用3部发射机同时联播，使用的发射机是美造BC—610，输出功率500瓦，呼叫格式为CSR DE XNCR。

（二）CSR2（对国内文字广播二台），每天广播12小时左右，发4000－5000字，也是用3部发射机同时联播，发射机输出功率500瓦，呼叫格式为CSR2 DE XNCR。

（三）CQ（参考消息），每天用密码发稿3小时，4000字左右，与CSR2共用频率和发射机，呼叫格式为CQ DE XQW。

（四）CSRZ（业务通报），用密码发稿，发稿字数不多，它与CSR2共用频率和发射机，呼叫格式为CSRZ DE XNCR。

对国外英文广播：

每天广播 3 小时，同时用两部发射机分别对美国旧金山和欧洲地区（中心是布拉格）广播，呼叫格式为 CQ DE XNCR。

在整个解放战争期间，总社电务处发扬艰苦奋斗的革命精神，克服重重困难，坚持收发报业务和通报联络，出色地完成了新闻报道任务。总社电台在太行和井陉的时候，通信技术人员为了防止蒋机空袭，展开了反侦察、防轰炸的斗争。当时总社经常处于蒋机侵袭状态，电台地址必须隐蔽。天线架高必然成为敌机空袭的目标，不架高又不能保证工作。于是，电务处人员就在天线杆上绑了许多树枝作为伪装。为了防止机器受损，工作人员常常把机器、电池等统统捆在一块木板上，搬动起来非常方便，必要时搬起木板马上可以走，放下木板立即可以工作。联络台经常变换频率，以免敌人用无线电测向技术，侦知电台的位置。

1949 年初，新华社破译了国民党中央宣传部 2 月 13 日给"各党部、各党报"的"特别宣传指示"，并将破译件送毛泽东。毛泽东于 1949 年 2 月 16 日、18 日写了《国民党反动派由"呼吁和平"变为呼吁战争》和《评国民党对战争责任问题的几种答案》，两文均被收入《毛泽东选集》。

各地总分社和前线分、支社的电台，由于处在战火前沿，经常行军转移，工作条件更为艰苦。如华野前线分社电台，随军转战华东战场和中原战场。工作人员常是夜间行军，拂晓宿营。每到一地，立刻放下背包，架天线和机器。他们与总社和总分社联络，每天发稿约 3000 字。由于机器功率小，信号弱，3000 字常要断断续续发很长时间。有时电报尚未发完，队伍已出发了，电台工作人员还要坚持把报发完，收拾好机器，再去追赶队伍。电台人员靠集体主义精神，高质量高速度地完成新闻通信任务，多次受到社领导的表扬。

当时，前线分社电台的机器设备普遍十分简陋，效率低，收报机讯号小，如蚊子叫一般。电台的工作人员就是利用这样的设备，在全国各个战场，在人民解放军大举反攻的时刻，向总社发出了大量的胜利消息，鼓舞着解放区和全国人民。

第十节　新华社的后勤保障

新华社的后勤保障工作是为新闻报道创造良好条件的基础性工作。解放战争时期，新华社的后勤保障工作是非常艰苦的。在外部环境条件非常恶劣、物资非常匮乏的年代，为解决新华社全体工作人员的吃饭、穿衣、工作等问题，从事后勤保障的工作人员，甘当无名英雄，想尽一切办法，努力为大家服务。

一、行政管理体制的改革

1945年8月，日本投降后，中国革命进入了一个新的历史阶段，新华社也进入了一个大发展时期。8月31日，新华社及解放日报社召开编委扩大会议。社长博古宣布了新华社及解放日报社组织机构负责人员名单，徐健生任秘书长，统管新华社及解放日报社后勤保障工作。白鸿德任总务处处长。

新华社后勤保障工作内容繁杂、管理复杂，涉及单位职工衣、食、住、行、用等切身利益。为切实搞好这项工作，保障新闻报道工作的顺利进行，新华社及解放日报社从事后勤保障工作的人员，关心群众疾苦，想尽一切办法把后勤工作做好。

抗日战争结束后，从国统区撤回延安的一些人员陆续来到新华社参加工作。新华社的力量加强了，但也给新华社的后勤工作带来了一系列的问题，如这些同志的衣、食、住、行等。那时，新华社依然与解放日报社一起在延安清凉山上，在总务处的努力下，新华社很好地安排了这些同志的衣、食、住、行，让他们很快地适应了紧张的工作。

1946年4月底和5月初，根据中央的指示，新华社及解放日报社编委会两次讨论了全党办通讯社的问题。会议提出，要把新华社办成一个强有力的通讯社，今后编委会的工作中心放到新华社，报纸只负责版面，秘书处管行政。

5月28日，新华社及解放日报社召开会议，传达中央书记处、毛泽东批准的《新华社、解放日报暂行管理规则》和主要领导人员的任命。徐健生任秘书长。5月30日，余光生、艾思奇、陈克寒、徐健生等新华社主要领导讨论决定，把新华社党务、干部、行政、电务统在一起，分党务、行政、电务办公室，设秘书长负责制。6月3日，徐健生在编委会会议上提出今后工作方针，由总务处长处理新华社的生活问题，组织上还是采取秘书长负责制。

这个规定，是新华社历史上的一个重大改革，保证了新华社在整个解放战争时期新闻报道任务的很好完成。

二、转战陕北时期

1947年3月，国民党军队对陕甘宁边区发动进攻，中共中央撤离延安。新华社随中央机关同时撤离。一部分人员由范长江率领跟随中央转战陕北，编入中央纵队为四大队，四大队的三分队就是后勤分队。当时，三分队有13人，卢积仓是四大队领导成员，秦学是队长。他们主要担负着电台设备运输、寻找宿营地、安排房间、筹措粮草、供应伙食、警戒保卫等任务。其中，保护和运送电台，保证电台的正常运行是他们的首要任务。

中央纵队转战陕北人数不多，但行动的目标大。群众反映，这支队伍盒子炮多、骡马多、电线多、手电多，一看就是大机关。因此，保密工作、警戒工作尤其重要。新华社后勤分队常常被抽调担任警戒任务。当离开住地时，他们都要派人把碎纸、信皮等垃圾清扫干净，不留一点痕迹。每到一地，立刻封锁要道和消息，向群众宣传保守秘密，不要说出村里驻有部队。三分队的人每天都要同当地政府和老百姓打交道，严格执行纪律，不拿群众一针一线，不侵占群众一丝利益。他们借物归还，损物赔偿，买卖公道，绝不强买强卖。空闲时帮助老乡修房、扫院子、挑水、除草、割麦，与群众建立了深厚的鱼水之情。

1947年3月29日,大队长范长江指定卢积仓和秦学率领三分队的部分人员强行军180华里,运送电台到孙家河村。三分队9名工作人员押着8匹驮着电台设备的骡子上路,一路飞奔,强行军12小时,赶了130华里,终于抢在国民党军前面通过延榆公路九里山段。驮着电台的骡子浑身出汗像水浇过的一样,他们非常心疼。但是为了任务,他们稍作休息,又走了50里赶到孙家河村。

陕北缺雨水,可是1947年雨水却特别多。6月下旬,四大队在夜雨中行军,山高、夜黑、路滑,行进中不时听到牲口驮架摔倒的声音。为了保证电台的绝对安全,领导决定将电台设备卸下,靠人运输。当时随驮队而行的只有秦学、魏海龙、马生发、白庆玉、张肖恩、赵抗、刘学恩、高天真、党德胜等9人。他们肩挑背扛,往返接力,几十里的山路用了十多个小时,才将电台设备运到山顶。到达山顶后,天已大亮。他们顾不上休息,又迅速整理好驮架追赶大队。到达宿营地悬梁峁时,只比大队晚到5个小时。范长江赞扬他们是能打硬仗的英雄集体。

三、艰苦工作在太行

新华社在太行涉县时,后勤机构叫总务科,科长马映泉,副科长黎光煜。总务科下面有管理股、公务办、运输班、通信班、供应股等,负责采购、供应、运输、医疗保健等工作,总务科把伙食服务当成重点。在驻地分散的情况下,大的村子成立了正规厨房,小的村子,人不多就送饭。食堂分大、小灶。随着战争节节胜利,伙食也有了改善,尤其是夜餐品种多了,质量好了。

在太行期间,后勤工作任务十分繁重。各单位居住分散,交通不便,主要交通工具是几十匹骡马和若干辆大车,既要保证宣传报道任务的完成,又要保障全体工作人员的生活必需品供应。行政后勤人员负责物资采购,还要给分散各村的单位配置发放生活用品,如点灯用的油、文具纸张等。有人生了重病或有人生孩子,运输队要及时把他们送到医院。

战争年代的通信工作是由后勤部门负责的。那时从太行涉县到平山县西柏坡的信件都是靠人徒步送交。为了加快送信速度，有时骑马。骑马也很累，到了地方还要搞草料，后来大家都不骑了。总务科就派人到邯郸买了一辆自行车。由于游庆芳会骑自行车，领导派他坐上小火车到邯郸取了自行车直接去西柏坡送信。到了西柏坡，累得他连炕都上不去了。在太行，游庆芳骑车往西柏坡送了两次信，每次往返近千里，很是辛苦。

1947年11月至12月间，徐迈进、黎光煜、张松林3人奉命前往西柏坡打前站，为将要转移的新华社作准备。1948年5月下旬，新华社结束在太行的工作，向平山县西柏坡地区转移。这次行军，行政后勤任务十分艰巨，特别是幼儿园的孩子、印厂的设备、电台的机器，转移起来困难大。祝志澄秘书长精心组织，分成3批行军，有条不紊，工作人员和家属300多人，都陆续平安到达。

四、西柏坡后勤事业大发展

到达平山县后，新华社的后勤机构进行调整，成立了总务处，增设了一些科室。总务处副处长卢积仓负责日常具体工作。行政秘书洪影；总务科长马映泉（主要负责广播电台的总务工作），副科长秦学；会计科长李应海；材料供应科长耿健，副科长黎光煜；基建科长余坚；医务所长卢璋；托儿所长周萝；运输队长党德胜。还成立了收发通信班。

在总务处的领导下，首先开展了清查与建制工作。清查财务的重点是经济往来是否清楚，对所存物资和现金明确监管责任人。结合清查出来的问题明确了财务实行集中管理，建立起预算审批制度、物资购置保管领用制度、津贴发放制度、伙食管理制度、差旅费报销补贴制度、办公用品领用制度等一系列管理制度。

在平山县，生活比较安定，物资比较丰富，新华社人员的生活开始有了改善。但是，随着战争的发展和工作的需要，新华社的工作人员由刚到平山的 400 多人，几个月就增加到 800 多人。加上各部门驻地分散，给后勤工作带来一定的压力。总务处为了搞好生活，克服困难开办了生产基地。基地有田 21 亩，菜地 15 亩，磨坊每天磨白面 300 到 400 斤。

通信工作是后勤工作的一大重点。为了保证电台及时广播，通信班全体人员当年与洪水搏斗了一个月。在这一个月里，他们面对汹涌的河水，想尽办法不让电台广播中断。他们挑选会游泳的人，渡河取送稿件。为御寒喝口酒，用酒在背上擦一擦，湿了换件干衣服，稿件收发从未中断。

战争时期的托儿所工作是个非常特殊的工作。它是"马背上的摇篮"。战争年代，经常有敌机轰炸。托儿所转移是用驮骡，一边一个大筐，每个筐里放两个孩子。女兵护卫着他们。到达西柏坡后，为了解决女职工因孩子拖累不能到一线工作的问题，总务处在郜家庄组建了临时托儿所，后来迁到窑上（傅作义军偷袭石家庄时，曾一度疏散到秘家沟）。除张胡庄未统计，有 50 多名儿童进了托儿所。后来，托儿所又建立了小孩灶（包括小孩病灶），又能使一部分刚断奶的孩子入托。食堂变着花样给孩子们做着吃，保证孩子们的营养需要。

托儿所设在老乡家里，没有桌子，就用土坯垒起短墙，上面搭一块木板。孩子在上面玩耍、学习、吃饭。每个孩子一块毛巾，用后集中起来洗干净送到食堂消毒。为了孩子们的健康，还定期打预防针，实行病孩隔离制度等。

医务所增加了医生、护士。医务所负责全社职工、家属日常看病，陪送重病患者和临产妇女到中央医院就医。一段时间，在工作人员中，特别是在运输员和青年中患痢疾和疟疾的比较多，因此，医务人员除了看病，还要对后勤人员进行卫生常识教育，并动员大家开展灭蝇，搞好环境卫生。新华社在冀家庄建立了一个可容纳 10 多人的休养所，病员经医护人员精心护理，健康恢复较快。

当时没有汽车，只有骡马大车，运输队的任务繁重。运输队喂养着几十头牲口，每天要吃大量的草料。通信班和领导人用的马匹也由运输队统一喂养。在平山的日子里，除了日常生活材料的采购供应，搬家是一大任务。当时傅作义军队企图偷袭石家庄，威胁西柏坡安全，新华社托儿所搬家，一些部门紧急转移，都要用车。特别是电务处、印厂，转移时重东西多，都要用到运输队。机关搞副业生产，种菜、养猪，都离不开运输队。1949年3月，新华社向北平香山转移时，运输队的车辆都上交到中央直属机关供应部。进城之前，秦学等人组成善后小组，负责清还老乡物资的工作。他们一家一家走访，清还借物，说了不少感谢话，惜别之情溢于言表。

五、从香山到北平城

1949年3月5日，总社指示先期到达北平的徐迈进，负责指挥在平人员准备总社搬迁事宜，参加者有黎光煜、梁文、李慎之、蒋齐生、章若宏等人。他们在北平城内司法部街（现人民大会堂附近）挂上了新华通讯社驻北平办事处的牌子，开始对外办公。另在西郊香山的北辛村、南辛村等13个院子安排总社各部门临时驻扎。行政处（总务处从此改称行政处）驻在北辛村靠路边的一个大院子里。

8月，在副秘书长汤宝桐领导下，成立一个临时小组，任务是为新华社在城内选择社址。余坚任组长，组员有耿健、梁文和两个工人。原在中央社工作的地下党员孙保权做向导。选址小组在城内看了几处院子，经比较，选中国会街原议会大院的地址。院内有工字楼二层可做办公室，有口字楼，当时北大的教授在里面住着。有红一楼、红二楼，那时这两栋楼分别叫仁义楼、礼智楼。有大礼堂（原国会礼堂）、图书馆、食堂，还有30间比较简陋的平房。

议会大院地处宣武门国会街一带，历史上为金大都城东北角，元大都城西南角，明、清时代为内外城的交界处。清宣统3年，这里为"财商学堂"。北洋军阀时代，这里设众议院和参议院，曹锟贿选"总统"就是在这里选举的。大礼堂及圆楼均建于民国初年。建筑用的木材是从美国运来的红松，金属构件是德国制造的。北洋

第三章
解放战争时期的大发展

1949年3月，新华社迁到北平西郊香山。这是当时新华社行政处旧址。

军阀垮台后，这里先后成为北平大学法商学院、法政学院，日本占领期间改为新民学院。抗战胜利后，这里设东北行辕。1946年改为北京大学第四分院。1949年初，解放区的华北联合大学从石家庄迁到北平，华北联大的三部就设在这里。新华社从联大三部接收了整个大院。

选定这里作为新华社的办公地址，原因是这里环境条件比较好，更重要的是离中南海近，离长安街电信局近。经过一段时间的清理和维修后，新华社一些部门开始有序地从香山等处搬到国会街26号院新址。

新华社进入北平后，立即投入到人民政协会议报道的准备工作。后勤部门派出马映泉等人去筹备中央人民广播电台的后勤管理班子。为了适应工作需要，行政处科级机构作了调整。秦学任总务科长，高希圣任膳食科长，陈绿原任收发科长。材料科由黎光煜兼管。新华社到北平，接收了雪佛莱大轿车1辆，道奇、普雷茂、库勒斯小轿车3辆，成立了交通班。会计科、材料科、托儿所、医务所、收发科、食堂等后勤部门很快安排到位，开始了工作。

新华社迁进北平城后的社址——国会街26号（现宣武门西大街57号）。

1949年9月26日，新华社全部搬迁完毕。从此，新华社一直在国会街26号（现为宣武门西大街57号）办公。

第十一节　最早建立的一批境外分社

一、香港分社

解放战争时期，为了加强对外宣传，新华社开始在境外建立分社。第一个境外分社，是于 1947 年 5 月成立的香港分社。

1946 年夏，蒋介石集团发动全面内战，逐步关闭了国共两党和平谈判之门。以周恩来为团长的中共驻南京代表团大部分人员于 11 月 19 日从南京撤回延安，只留下董必武等继续在南京坚持工作。在撤退以前，周恩来对各方面工作做了全面部署，其中重要安排之一就是把香港作为第二线据点，开展斗争。10 月 29 日，他致电中共中央转方方、林平并香港工委，指出："目前香港成为南京、上海的二线，而香港本身也要建立三线工作。争取出版英文杂志和《群众》。《群众》可标明是沪版在港翻印。新华分社由章汉夫、乔冠华负责。"于是，一大批著名文化人士和学者，如夏衍、章汉夫、乔冠华、刘思慕、龚澎、廖沫沙、金仲华等，来到香港，创办报刊，加强对外宣传工作。建立新华分社，就是周恩来的部署之一。

乔冠华 10 月离开上海抵达香港后，在香港中共地下党的帮助下，负责筹建新华分社（章汉夫负责筹办《群众》杂志并任主编）。当时，港英当局一方面同蒋介石集团关系密切，另一方面也想与我拉关系。乔冠华以个人名义提出建立新华分社的申请，取得了港英当局的同意。在筹建过程中，香港地下党特别是黄作梅大力帮助，具体筹备工作是他一手操办的。

黄作梅是香港人，因家境贫寒，考上香港大学未能就读，后报考港英政府文员，录取后在湾仔区政府工作。太平洋战争爆发后，香港被日军占领，他投身抗日斗争，参加了共产党领导的东江纵队港九大队的活动，成为一个国际工作小组的负责人，其任务是营救被囚禁在日军集中营里的英军官兵和国际友人。这个小组前后共营救出 89 名盟军人员和国际友人。因此，在第二次世界大战结束后，黄作梅获得英王乔治六世授予的 MBE 勋章，可称为 SIR（爵士）。他是获得该项勋章的唯一华人，在香港产生了很大的社会影响。抗战胜利后，他是东江纵队驻香港办事处负责人。由于黄在香港的社会地位，成为乔冠华筹建香港分社的得力助手。为了筹集资金，他卖掉自己的一处房产，作为开办费。与港英政府打交道，都由他出面。当一切筹备妥当后,分社成立前夕,他又受命前往伦敦创建分社。

香港分社的筹建,人员来自3个方面:一部分是中共南方分局在香港出版的《正报》月刊编辑部的3人(包括李冲,后来曾任分社总编辑;谭干,后来曾任分社副总编辑),这是基本编辑队伍。一部分是南方分局地下电台的5位报务员,负责抄收陕北新华社电讯稿。还有一部分是东江纵队驻港办事处的5名工作人员,负责总务、交通、发行等事务。乔冠华任社长,萧贤法(萧群)任副社长,共15人,社址设在九龙尖沙咀弥敦道172号3楼。

香港分社成立后,乔冠华负责对外联系和其他事务,还为香港报刊特别是为中共主办的《华商报》写文章,因此分社的具体业务由萧贤法主管。分社于1947年5月15日正式开始发稿,出版《新华社电讯》,提供给《华商报》和香港其他报刊,后来发行范围逐步扩大到岛外中文报刊。还以香港分社名义发行英文刊物《远东通讯》,由金仲华主编。后来,香港分社人员增加,还负责采编香港的新闻,社址迁到尖沙咀加拿芬道26—28号的一幢3层小楼。

由于革命战争形势的发展,新中国即将成立,1949年上半年乔冠华等人奉命北上。6月,黄作梅调回香港,担任香港分社第二任社长。

二、伦敦分社

1947年2月,黄作梅前往英国伦敦,奉命筹建新华社伦敦分社。当时,他的公开任务是去伦敦参加反法西斯战争胜利大游行。秘密任务是,应邀参加英国共产党代表大会,并负责筹建新华社伦敦分社。

在伦敦,黄作梅见到了刘宁一。刘是中共在欧洲的代表。建立伦敦分社印发新华社新闻稿,是中共在欧洲活动计划的一部分。刘宁一向黄作梅交代了任务。筹建工作得到当地英籍华人、进步人士陈天声和杰克·陈(陈依范)的协助。经过多方努力,伦敦分社在

第三章 解放战争时期的大发展

6月10日成立。同日，《新华社新闻稿》（英文）出版。刊头注明为"新华通讯社伦敦和欧洲分社"。创刊号前言中说："《新华社电讯稿》每周一期，刊登新闻和评论。本期为第一期，刊登了两篇文章，为读者了解中国目前的形势提供重要的背景材料。"目录中列了3条：1. 新闻；2. 中国最大的内战；3. 军事形势。当时，分社实际上是出稿站，以陈天声作为法人代表，用私人企业（天声公司）的名义登记，从路透社租了一间房子办公，门口挂的牌子是天声公司。他们使用手摇收报机抄收太行总社发出的英文电讯，再油印装订，寄发伦敦报刊和欧美国家报刊。

1947年6月10日，新华社在伦敦出版了英文《新华社新闻稿》，向欧美国家发行。这是新华社在海外出版的第一份英文新闻稿。

这件事在伦敦引人瞩目。6月16日，英国驻上海领事馆的英国新闻处编印的《英国新闻处新闻稿》（中文），刊登了一条消息，题为《新华社在英设分社》，文内称："中国新华通讯社，上周在此（伦敦）成立一分社。据悉该社之目的，在沟通中国解放区与英国及欧洲各国报界方面的联系，每周拟出周刊一种，内容包括电讯评论等。"

当时，伦敦分社的主要任务是抄收和发行新华社的新闻稿，介绍中国革命战争和解放区的情况，让世界了解中国的局势和变化，扩大中国共产党和解放区的影响。国民党政府在伦敦的使馆，时常干扰和破坏伦敦分社的工作，分社人员还得时刻与他们进行斗争。工作是紧张而艰巨的。

1948年5月16日，伦敦分社在给总社的一份电报中，汇报工作情况：每周出星期刊一次，印350份，日稿6份，另出一种不定期刊，包括总社一切重要稿件。此外，还为英共报刊寄送关于中国问题稿件。电报中还反映：我之胜利在英已开始引起人们注意，曼彻斯特卫报、泰晤士报、新政治家与观察家报等，均不断刊登中国消息（非我社消息），其共同点为均不得不承认我之胜利前途与蒋之失败。同年10月12日，黄作梅自巴黎向总社汇报伦敦分社5个月来的工作：分社发的电讯星期刊每期发450份，发行范围是东欧、英、美、加拿大、阿根廷、日本、印度、缅甸等，每期都通过电通社发到他们各海外分社。遇有重要文章，如毛泽东讲话，则出增刊。分社发的日稿每天发6份。南斯拉夫4月份已直接抄收我陕北台广播，7月份已停止订我日稿。

总社对境外分社极为重视和关心，1948年上半年的一份业务通报中指出："目前我们香港、伦敦新华分社已先后成立，稿件发行远及北欧，我们国际宣传的条件已初具雏形，而对外宣传报道的重要性在工作中必须提高一步。"同年7月15日，总社又通电各总分社："我已在伦敦、香港等地建新华分社，今后急需加强对外报道，下列材料，请发来：（一）解放区工青妇工作情况，（二）文化工作……"

1949年6月，黄作梅调回香港，担任香港分社社长。伦敦分社的出稿工作由陈天声负责，仍坚持出版新闻稿。

伦敦分社是在艰难的条件下开展工作的，主要任务是抄收和印发新华社的英文电讯稿，没有记者采访，不能向总社发稿。因此，它属于出稿站性质。直到新中国成立后，1956年7月底彭迪、钱行作为记者被派去，伦敦分社才正式建立起来。彭迪、钱行回忆说："我们到英国任常驻记者是经过中英双方达成交换记者的正式协议的。陈天声个人主持的出稿站成为正式的新华社驻伦敦分社的一部分。办公室外的铜牌从陈天声个人的名字改成了'新华通讯社 XINHUA NEWS AGENCY'。"[①] 新华社伦敦分社的影响不可低估。当时，新华总社在一份介绍伦敦分社的材料中，这样写道："分社成立发稿以来，影响大，威信高，新民主主义国家及英、法、印各国报纸多采用分社消息。捷克某电台每日根据分社稿子作口头广播。在重大事件发生时，各国记者以至政府人员均到该（分）社探问消息，甚至还有个别英国议员与工厂经理亦至该（分）社探询，企图与我解放区进行贸易。总社的广播由于电力不足，欧陆收不到。法国政府电台对中国消息极为注意，指定专人经常寻找我方广播，并抄收塔斯社的转播。我方每次发表重要文件时，法国政府都向伦敦新华分社要一份。"

三、布拉格分社

1947年春，蔡畅作为中国解放区的代表参加了在布拉格举行的国际民主妇联理事会议，会后又到巴黎国际民主妇联总部停留了一个月，与有关部门和人士进行广泛接触和交流，为加强中国妇女与各国进步妇女的团结和友谊做了大量工作。回国后她向中共中央东北局建议，派一个人长驻东欧，在那里设立一个据点，开展国际宣传工作，同时还可以做一些对外联络工作。因为那时国际上还很

[①] 彭迪、钱行：《新华社海外事业的开拓者之一——陈天声》，原载新华社《新闻业务》专辑2006年第3期。

少听到中国解放区的消息，而国外许多人都是很关心中国局势的。东北局报经中央同意，决定派吴文焘前去。

时任新华社东北总分社社长的吴文焘，1941年11月曾任新华社副社长，并长期主持新华社对外英文报道工作。1947年第一届世界青年联欢节要在布拉格召开，中国解放区派出代表团参加。团长是陈家康，团党支部书记是蒋南翔，代表中有战斗英雄和劳动模范等。经研究决定，吴文焘作为代表团成员前往，联欢节结束后，就以新华社记者名义留在东欧工作。

新华社布拉格分社社长吴文焘。

1947年7月初，吴文焘随代表团从哈尔滨动身，途经苏联到达布拉格。8月联欢节结束后，吴文焘留在布拉格。当时捷克斯洛伐克政府是共产党为主的联合政府，吴文焘去时带有东北局的介绍信，直接与捷共中央联系，受到欢迎。捷共中央国际联络部立即介绍他去政府宣传部门办理了常驻记者的手续。这样，吴文焘就以新华社记者的身份留在布拉格，参加了当地的国际记者俱乐部，与当地记者和东欧各国驻布拉格的记者以及西欧的进步记者建立了联系，逐步开展了活动。

初期，吴文焘主要是依靠从国内带去的材料，编写一些介绍中国解放区情况和革命形势的稿件,发给东欧国家的党报如捷克斯洛伐克《红色权利》、波兰《人民论坛》、南斯拉夫《战斗报》等。他写的第一篇英文稿件,先在捷广播电台播发,随后附上一张标明解放区所在位置的中国地图,在广播杂志上刊载。另外,他作为电通社的通讯员,给电通社提供中国解放区消息和稿件,通过它向世界各国广播。电通社是捷方的一个进步的半官方性质的媒体,总社设在布拉格。它对中国共产党友好,对伦敦分社和布拉格分社帮助甚大。

1948年,东欧发生了两件大事,一件是捷克斯洛伐克的"二月事件"。当时捷联合政府内的反对派利用辞职的办法,以退为进,企图逼政府内第一大党共产党和政府总理哥特瓦尔德转向,把政权拖回到资本主义道路上去。经过斗争,共产党取得胜利,反对派退出了政府。吴文焘写了长篇通讯报道了事件经过。稿件寄到香港,在3月25日出版的《群众》周刊上发表。第二件大事是九国共产党情报局关于开除南共的决议。吴文焘在街头巷尾采访,目睹群众议论和不满情绪,写了一篇内部参考材料,用挂号信寄到章汉夫、乔冠华那里,由他们转给党组织参考。

1948年夏天,党组织派胡国城去布拉格,协助吴文焘工作。他们发现南斯拉夫的通讯社抄收到了总社播发的英文新闻稿,于是积极设法购置收报机,准备建立收报台。10月12日,吴文焘致电总社,报告:"(一)在布拉格成立收报台,收总社英文广播稿,向欧美国家转发。(二)对外供应解放区照片,照片稿由东北局宣传部宣传科协同《东北画报》提供。(三)向总社发消息和资料。"[①] 11月,布拉格分社正式成立,社长吴文焘,秘书胡国城。12月,章蟾华、李士玮从巴黎来到布拉格,参加了分社的工作。

1949年春,捷政府的邮电部门与中国解放区开展了电讯业务,布拉格分社与总社的电报联系也沟通了。这时,从国内调来李玉厚(译电)、刘吉祥、吕文启(报务)等。4月14日,布拉格分社电

[①] 原件存中央档案馆。

台建立，正式抄收总社英文电讯。这是新华社在国外建立的第一个电台。

分社当时主要有两项任务：对外宣传和对国内报道。对外宣传方面，分社抄收总社的英文新闻稿，经过打字油印，每天约印500份，分发捷克斯洛伐克、东西欧、美洲以至非洲和印度。抄报工作开始由刘吉祥、吕文启担任，不久刘吉祥调回国内，刘群英调来分社。他们工作将近两年后回国。而打字、校对方面的工作，则由章蟾华、李士玮、胡国城负责。对内报道方面，主要是对分社所订的上百份报刊（世界各地的，有英、法、俄文），进行阅读、分析，从中摘发消息。每天大约摘发几千字的稿子，用英文或中文发给总社。急稿用电传打字机直接往邮局传送。中文译电工作由李玉厚负责。当时国内曾传来朱德给《争取持久和平，争取人民民主！》报写的一篇文章，李连夜把电码译成中文，交吴文焘，由吴迅速译成外文，及时送出。

当时，总社为布拉格分社制定的工作方针，是以摘发世界各地报刊对中国的反应、评论为主。因此，布拉格分社发回大量的国际舆论稿件，大大补充了总社国际报道的稿源，不少稿件为国内主要报刊采用。

布拉格分社还承担着对外联络的任务。当时新中国即将成立，还没有驻外大使馆，因而一些对外联络工作就落到分社身上。这些工作可分为两类，一类是参加国际性会议。吴文焘曾奉命就近出席了多次国际性会议。如代表解放区新闻工作者参加了在芬兰赫尔辛基召开的国际民主记协代表大会；代表广播工作者参加了国际广播协会；代表《人民日报》参加英国《工人日报》21周年的庆祝活动，并在大会上发表了讲话。另一类是送往迎来。由于形势的发展，国内要到欧洲甚至美洲参加会议，以及由欧美国家来中国解放区的人员日益增多，他们经过布拉格时，由分社负责联系和接待。国民党驻法大使馆的参赞凌其翰和秘书孟鞠如在巴黎起义参加革命时，周恩来给凌、孟二人的电报，也是由分社转给他们的。后来他们回国，也是途经布拉格的。

四、平壤分社

平壤分社成立于新中国建立前夕。1949年9月16日，中宣部致电东北局："派丁雪松同志为新华社特派员，刘桂梁为记者，前往朝鲜工作。"9月21日，平壤分社成立，丁雪松任特派记者。1950年初，丁雪松被正式任命为社长。

最初，平壤分社的工作人员共4人，除丁、刘外，还有李芬、焦德禄。不久，增加了孙念国、吴永勤、王明友等。丁雪松早在1946年就随丈夫、作曲家郑律成来到平壤。1949年3月任东北行政委员会驻朝鲜商业代表团的第三代表。这个代表团的主要任务是加强中朝友好关系，负责中朝双方经贸协定的谈判、签署和执行等。她还兼顾华侨工作和朝文干部的培训任务。新中国成立前夕，她又接到负责在平壤筹建新华分社的任务。丁从没接触过新闻工作，但她没有推辞，而是发挥她对平壤情况熟悉的优势和组织才能，依托华侨帮助，很快把分社建立起来。丁雪松当时兼商业代表团和新华分社的工作，每天工作很忙，具体的采编业务工作由刘桂梁负责。

分社创建初期，除丁雪松外，其他几位工作人员都不会朝鲜语。刘桂梁毕业于燕京大学新闻系，英文很好，但不懂朝语。为了尽快投入采访工作，分社专门雇用朝鲜籍翻译，大家努力学习朝鲜语。不久，刘桂梁就能掌握一些基本的口语，为外出采访带来了便利。

1949年9月，平壤分社向总社发回了多条消息，报道中朝友谊和朝鲜人民生活情况。第一条消息是《朝鲜人民欢迎中国人民政协会议》，总社于9月28日播发。消息报道了朝鲜各阶层人民关注中国人民政协会议召开，以及《劳动新闻》等报纸以巨大篇幅刊载政协开幕及会议进展的情况。10月1日，中华人民共和国成立。分社连续发回《北朝鲜劳动党中央委员会与南朝鲜劳动党中央委员会电中共中央祝贺》《金日成电毛主席祝贺》《金科奉电人民政协全国委员会祝贺》等稿件,把朝鲜党政领导的反应及旅朝华侨的喜悦心情及时地传播到国内。

新中国成立前,新华社的境外分社虽然只有4处,人员很少,但他们在困难的条件下,艰苦创业,开拓进取,为发展新华社的对外报道事业,作出了重要贡献。

第十二节　西柏坡的"小编辑部"

一、胡乔木负责集训

1948年秋,为了迎接全国即将解放的新形势,中共中央加强了对新华社的领导及业务骨干的培养。其中一条重要措施,就是把新华社的一批主要干部,集中到西柏坡,就近接受中央领导同志的指导和训练。负责具体领导工作的是胡乔木。

胡乔木(1912—1992),江苏盐城人。1930年扬州中学毕业后,考入北平清华大学学习,在校期间加入中国共产主义青年团,曾任团市委宣传部长。1931年九一八事变后,参与领导北平学生抗日救亡运动,是革命刊物《北方青年》的撰稿人。1932年加入中国共产党。1935年到上海,任左翼文化总同盟书记、中共江苏省委临时委员会宣传部长。1937年到延安,先后任战时青年训练班负责人、中共中央青年工作委员会委员、毛泽东青年干部学校教务长,主编《中国青年》。1941年起,任毛泽东的秘书、中共中央政治局秘书、党中央宣传委员会秘书,参与起草党中央的文件,为《解放日报》撰写了大量的社论和评论。解放战争期间跟随毛泽东转战陕北,参与指导新华社的宣传工作,为新华社写过大量评论、社论和新闻。1948年夏,一到西柏坡,他就奉命具体领导新华社的宣传报道工作,旋即被任命为新华社总编辑。

二、紧张的工作，严格的训练

西柏坡位于晋察冀解放区河北省平山县（当时属建屏县，新中国成立后建屏县撤销，并入平山县），是中共中央所在地。

当时，胡乔木除担任新华社总编辑外，还担负着中央的其他工作，不能到新华总社驻地陈家峪办公。因此，中央决定抽调一部分业务干部组成一个精干的编辑班子，到西柏坡胡乔木领导下的总编室（大家称为"小编辑部"）集体办公，并接受政治和业务训练。

图为复建后的西柏坡新华社旧址。解放战争形势迅猛发展时期，这个设在中共中央大院里的新华社总编室，指挥了新华社在全国各战场和各解放区的新闻报道。

先是5月20日，刘祖春、许诺、洪沛然3人调去西柏坡，参加中央政策研究室工作，写稿供给新华社。8月30日，方实调去乔木处管军事报道，主要是编写战报。大批调干部去西柏坡则是10月中旬至11月29日这段时间。除负责干部外，还有各编辑部门人员，总计先后调去20余人。他们是：范长江、石西民、梅益、吴冷西、朱穆之、黄操良、许诺、方实、廖盖隆、刘祖春、曾彦修、丁树奇、陈龙、沈建图、赵棣生、胡若木、左荧、田林、吴江（吴寄寒）、余宗彦、王宗一、计惜英、韦明、郑之东、吴玉森、邹适今等（这中间有因工作需要而调出的）。陈克寒从中原前线调回总社，于12月22日起参加了培训。

在西柏坡，中央领导人住的是简易的土房，外面有围墙。胡乔木住在一个两进院落的前院，后院住的是刘少奇。前院正房隔成3间，一间是乔木的办公室兼卧室；一间稍大点，有10多位编辑挤在那里办公；另一小间则先后是范长江、石西民、梅益、陈克寒和吴冷西的办公室。其他人员分住在前院东西两间小厢房办公。

当时，中央书记处分工主管新华社工作的是刘少奇。最初他审阅送来的全部稿件，后来他忙不过来，就委托胡乔木负责。总编室人员增多后，胡乔木宣布范长江为总编室秘书长，负责有关学习、生活、行政和干部问题。总编室的主要任务是，根据各地分社和前线分社的来稿，编写新闻和评论，并就近接受中央领导人的日常指导。新华社的文字广播、口语广播和英语广播的主要稿件，都在这里编发。范长江12月18日去北平前线，其工作由吴冷西接替。

据方实回忆："每天早8时左右上班，到晚上12时左右，除了3餐饭和午休的时间外，大家都集中在办公室里埋头工作。那时没有星期天和节假日休息制度，有家可归的隔一两个星期到总社驻地看望一下家属外，大家基本上都在坚持工作。每逢星期六晚上，西柏坡中央机关经常举行跳舞晚会、文艺演出或放映电影，毛泽东、周恩来、刘少奇、朱德、任弼时等中央领导人和机关工作人员一起娱乐。但乔木很少参加这样的活动，仍然在办公室里工作。小编辑部也有不少人陪同乔木一起工作。"

"乔木对待工作十分严谨认真，对大家要求也很严格。小编辑部里每天编发的稿件，都要经他过目。他不是一般地看看就发，不少稿子经他看后提出意见退回重写，很多稿子作了大量的删改。他从稿子的主题思想、体现的方针政策乃至文字技巧、错别字、标点符号等等，凡是不符合要求的，他都仔细地一字不漏地加以审阅修改。修改之后，还经常把写稿人找来，讲明为什么要这样修改，提醒以后写稿要注意的事项。"① 编辑部人员在乔木领导下工作，政治水平和业务水平都提高得很快。

参加集训的吴冷西，当时是社委会秘书，他也有一段回忆文字："当时的新华社，是三位一体的新闻机关，兼有中央党报、通讯社和广播电台的职能。集训从讨论毛泽东对晋绥日报编辑人员的讲话和刘少奇对华北记者团的讲话开始。这两个讲话明确地提出了党的新闻工作的性质、任务、方针、工作方法和工作作风，是这次集训的纲领。下来就是新闻工作的基本训练。这里包括领会和贯彻党中央的路线、方针、政策，多方面地迅速地反映解放区、国统区和国际情况，新闻和评论的选材、选题、立论、布局、遣词造句、文字修饰以至标点符号。在这方面，少奇和乔木对大家的要求非常严格。"②

吴冷西在这个回忆中，特别提到晚上的编辑会议："这是一个生动活泼的会议。会上乔木同志传达毛泽东、刘少奇和周恩来的指示，评点稿件，大家各抒己见，议论风生。乔木对稿件的意见，大至方针政策，小至标点符号，他都要求严格，评点入微，其苛刻有时到了尖酸刻薄的地步，令人哭笑不得。对一般编辑如此，对范长江、陈克寒、梅益、石西民也不例外。大家在会上可以解释、辩论。但在大多数情况下，乔木持之有据，言之成理，大家不能不口服心服。有的稿件，被他从头到尾批得体无完肤，要求重新撰写。有的稿件，经过3次、4次返工才获通过。像范长江这样经验丰富、全国闻名的老记者，他写的一篇战局评论也受到乔木严厉批评。事后他对我说，如果不是在随毛主席转战陕北过程中，经常看

---

① 方实：《紧张的工作 严格的训练——西柏坡编辑生活回忆》，原载《新华社回忆录》第223页，新华出版社1986年出版。

② 吴冷西：《回忆胡乔木同志指导西柏坡集训》，原载《吴冷西论新闻报道》第399页，新华出版社2005年出版。

到陆定一和胡乔木起草的稿件被毛主席修改得等于重写，很受教育，他根本接受不了乔木的意见。要是在《大公报》，他早就撒手不干了。"

在西柏坡集训期间，还有几件事给新华社同志留下了很深的印象。1948年9月下旬，新华社华北总分社记者组成的华北记者团，由华北人民日报社副总编辑袁勃带队，来新华总社学习。10月2日，刘少奇在西柏坡的大会议室接见他们，就党的新闻工作问题发表了长篇谈话，这就是著名的《对华北记者团的谈话》。新华社小编辑部的同志参加了接见，聆听了讲话。毛泽东在这期间经常对新华社工作给予指示，同时还为新华社撰写了大量文稿，包括社论、评论、新闻、发言人谈话、广播讲话等，有时还亲自到新华社小编辑部来看望大家。1949年2月的一天清晨，毛泽东手里拿着一卷稿子，兴冲冲地走进院子。大家都很惊喜，迎上前去问候道：主席已经起来啦！他笑着回答："我还没睡觉呢！昨晚赶写了一篇稿子，你们看看如何。"原来他用一个晚上的时间，为新华社赶写了一篇述评文章，题目是《蒋介石李宗仁优劣论》。当晚大家看到了原稿，遒劲潇洒的笔迹，写在两张横约二尺、竖约一尺的纸上，一看就知是毛泽东的亲笔。当时周恩来兼任人民解放军总参谋长，新华社的许多重要战报新闻，都是送周恩来签发的。集训过程中，胡乔木还就"记者的工作方法""新闻学""写作方法"等专题，举行讲座，使大家获益匪浅。

西柏坡时期，是人民解放战争胜利形势快速发展的时期。战场上捷报频传，国民党败局已定。小编辑部的工作紧张而有秩序地进行。总编室从各地来稿和编辑工作中发现了一系列带有普遍性的问题，并及时地提出了解决这些问题的意见。从1948年10月起，至1949年3月进入北平止，总社（有些是与中宣部联名）发出了许多有关新闻工作的指示。这些指示大多是胡乔木起草或者是根据他的意见写的，经过中央领导人审阅后发出。其中比较重要的有：《关于纠正各地新闻报道中右倾偏向的指示》《关于改进军事报道与加强对敌斗争的指示》《新闻要说明必要的背景》《关于加强综合报道的意见》《关于改善新闻通讯写作的指示》《关于改进新闻报道的指示》《关于克服新闻迟缓现象的指示》《关于用语的指示》《关于使用统计数字的意见》等。这些指示对于新华社以至全国的新闻工作，发挥了重要的指导作用。

西柏坡小编辑部在党中央的直接领导下，工作了半年多时间。在西柏坡后期，1949年1月5日，胡乔木宣布由陈克寒任总编辑。同时宣布了总编室的组织机构及人事变动：设立城市、农村、军事、评论4个编辑组。评论组由胡乔木负责，其余3个组直属总编辑。这样，一直工作到1949年3月新华总社迁往北平。

这次集训是选择在人民革命事业即将取得全国胜利的前夕。它为全国胜利后新华社作为国家通讯社的胜利发展，也为全国新闻事业的胜利发展，在思想建设和人才建设上作了准备。

第十三节　党中央的关怀

解放战争时期，新华社的新闻报道工作，紧密配合了党的政治斗争和军事斗争，发挥了宣传鼓动和对敌斗争的作用，在群众中享有崇高信誉，业务建设也获得了重大发展。这些成绩的取得，是与中共中央的直接领导分不开的。

一、毛泽东与新华社

毛泽东极其重视和关怀新华社的工作，指导新华社的发展，倾注了大量心血。

早在解放战争前夕，毛泽东就考虑到新华社在战争期间的重要作用，提出了"全党办通讯社"的口号。在蒋介石挑起内战，向解放区发动进攻时，他根据政治斗争的变化和需要，及时指导新华社的宣传报道工作。1946年5月22日，他写信给新华社、解放日报社代社长兼总编辑余光生,指出:"从 23 日起,磨擦消息暂行停止广播,惟报上仍可登载一部分。对马歇尔声明如写评论,请送我一阅为盼!"6 月 30 日指示:"从现时起,凡各地蒋军向我进攻之消息,均请发表,并广播;因蒋口头说停战,实际在作战,我应发表新闻予以揭穿。本日《参考消息》中,《顽军侵占青州龙山两车站》《文水阎军占我孝义镇》等项消息请补发后播,并登报。"① 9 月 27 日,他写信给中宣部长陆定一,指出当前"我们的文章和新闻立论之重点",是宣传"我军必胜蒋军必败"。对此方针"请加考虑,并与乔木、光生商酌实行"。新华社根据毛主席的指示,把中央的宣传方针和报道精神,通过《业务通报》等形式,及时下达各地分社,贯彻执行。

毛泽东转战陕北时期,把新华社的小分队带在身边,通过新华社电台抄收中外电讯,及时掌握国内和国际的重要信息,同时还通过新华社指导舆论,传播中国共产党的方针政策,指导全国的革命斗争和土地改革。新华社这个时期的许多重要社论、评论,多由陆定一和胡乔木撰写,并经周恩来、任弼时审阅,最后经毛泽东审改后发出的。新华社这一时期在宣传上的错误,如土改宣传中传播了"左"的观点等,也是毛泽东及时发现和纠正的(当时总社在太行,有的稿件没有送中央审阅)。1948 年 3 月 9 日,毛泽东在胡乔木送审的稿件上批示:"请乔木将此件(《山西崞县两个区是怎样进行平分土地的》)交给范长江,用明码发给新华社,转播全国,在报上发表。翻译时,文字和标点符号不要弄错。发出,广播及登报,时间愈快愈好。"② 从这里可以看出,毛泽东对新华社工作的指导,是多么具体和细致。在整个解放战争时期,毛泽东就有关新华社工作以及如何写文章等问题写给胡乔木的信件,就有 20 多封。

1948 年 4 月 2 日,毛泽东在离开陕北途经晋绥解放区时,在

---

① 《毛泽东新闻工作文选》第 133—134 页,新华出版社 1983 年 12 月出版。
② 《毛泽东新闻工作文选》第 144 页,新华出版社 1983 年 12 月出版。

第三章 解放战争时期的大发展

中共中央晋绥分局和晋绥军区司令部驻地兴县蔡家崖村，对《晋绥日报》编辑部和新华社晋绥总分社人员，发表了关于新闻工作的著名谈话。毛泽东就大家提出的问题并联系《晋绥日报》的实际，进行了精辟的论述。其中，谈到党报的任务和作用，办报的路线和方针，党报工作的原则和立场，如何总结经验教训，党报的战斗风格以及报纸工作人员的学习、锻炼、作风、文风和工作方法等。谈话生动活泼，理论联系实际，一口气谈了两个多钟头。这篇谈话由晋绥总分社记者纪希晨记录整理，后来经过毛泽东审阅修改，收入《毛泽东选集》第四卷时，题为《对晋绥日报编辑人员的谈话》。它深刻阐述了党的新闻工作的基本方针和基本原则问题，成为中国共产党新闻工作的重要文献。

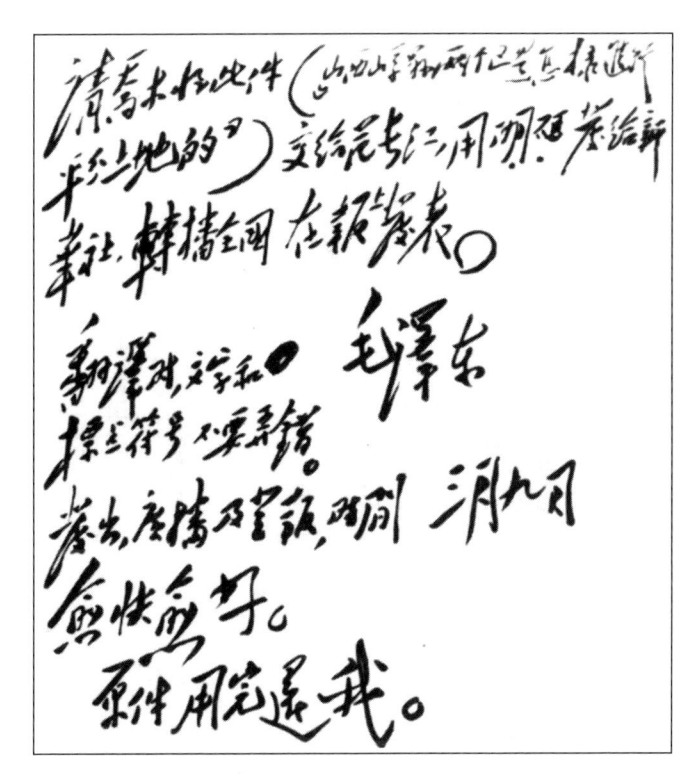

毛泽东1948年3月9日关于新华社新闻广播问题给胡乔木的指示。

解放战争时期，是毛泽东新闻写作的高峰时期。他为新华社撰写了大量的新闻作品，包括消息、评论、社论、声明、发言人谈话、广播讲话等。其中收入《毛泽东选集》第4卷的有17篇；收入《毛泽东新闻工作文选》的有21篇；收入《毛泽东等老一辈革命家为新华社撰写的新闻作品》的有39篇。此外，经他修改的新

这是毛泽东为新华社写的两条消息，内容都是他同朱德总司令给国民党起义将军等的复电。左图是 1949 年 9 月 28 日给陶峙岳、包尔汉等的，希望他们"团结军政人员，维持民族团结和地方秩序"，"并和现正准备出关的人民解放军合作……为建立新新疆而奋斗。"右图是 1949 年 9 月 20 日复董其武将军等电。

华社稿件数量更多。据统计，他为新华社撰写和修改的稿件总数达百篇以上。这些作品写于革命发展的重大转折关头，是人民革命领袖运用新闻武器指导革命实践的产物，具有鲜明的战斗性和指导性。

毛泽东写的新闻作品，简明精练，充满敢于斗争、敢于胜利的革命精神，其中不少是传诵一时、影响深远的新闻名篇。消息《中原我军占领南阳》（1948 年 11 月 5 日）巧妙地运用历史背景，阐明南阳的战略地位和现实的重要意义，把现代战争与历史掌故自然地融合在一起，纵论战局，气势恢弘，夹叙夹议，妙趣横生。稿件播发后，毛泽东写信给胡乔木，指出要加强综合报道，"其办法是借着一个适当的题目如像占领南阳之类去写。"他写的渡江作战的两篇新闻《我三十万大军胜利南渡长江》（1949年4月22日）和《人民解放军百万大军横渡长江》（1949年4月22日），简明生动，气势磅礴，有声有色，反映了摧枯拉朽、横扫千军如卷席的进军场面，成为这段历史的真实记录。

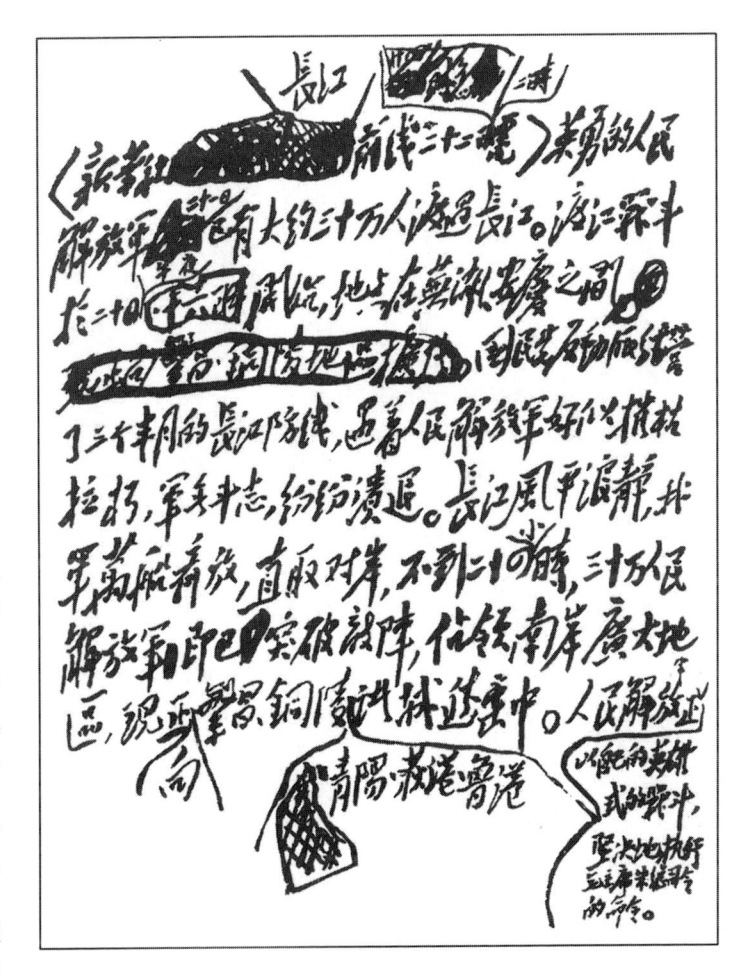

1949年4月22日毛泽东为新华社撰写的消息《我三十万大军胜利南渡长江》手迹。

毛泽东写的评论、社论，如《蒋介石政府已处在全民的包围中》（1947年5月30日）、《中国军事形势的重大变化》（1948年11月14日）、新年献词《将革命进行到底》（1948年12月30日）、《评战犯求和》（1949年1月4日）、《南京政府向何处去？》（1949年4月4日），以及《丢掉幻想，准备斗争》（1949年8月14日）、《"友谊"，还是侵略？》（1949年8月30日）等评论美国国务院白皮书的文章，高屋建瓴，势如破竹，说理透辟，分析深刻，写作上

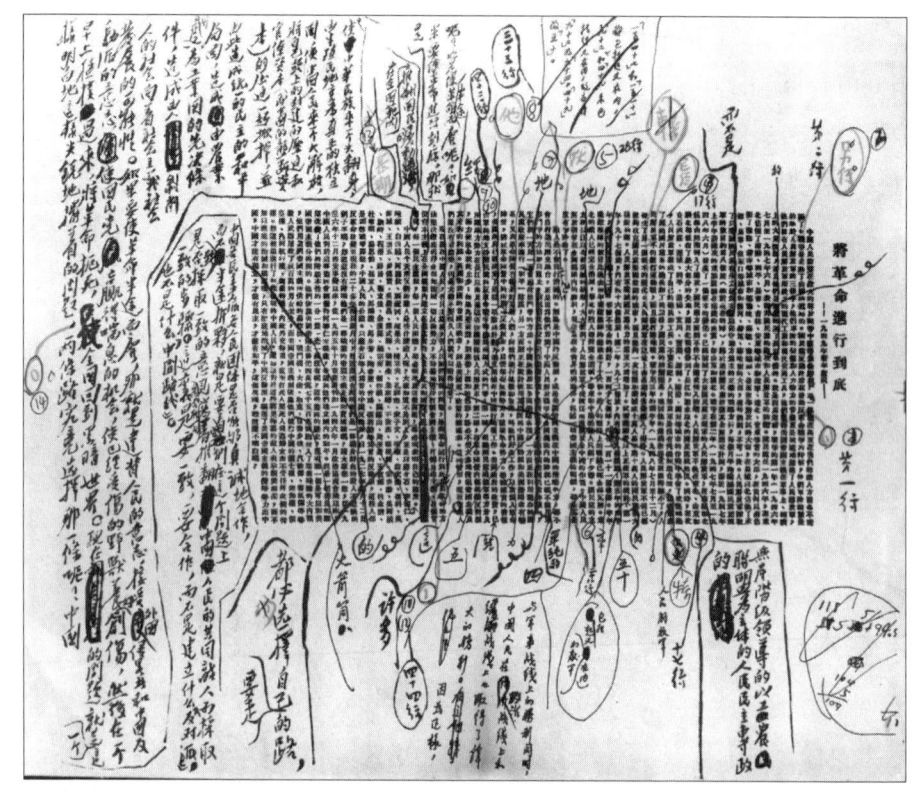

1948年12月30日，毛泽东为新华社写的1949年新年献词《将革命进行到底》的校样。

不拘一格，显示了深刻的政治洞察力和高超的新闻写作技巧。这些文章随着新华社的电波传遍神州大地，配合了中国共产党的政治斗争和军事斗争，在宣传上发挥了克敌制胜、振聋发聩的作用。它们已作为新闻的珍品载入史册。

二、周恩来与新华社

周恩来长期关怀新华社工作，指导新华社的宣传报道和事业的发展。

1946年在重庆和南京期间，周恩来是参加和谈的中共代表团的首席代表。新华社重庆分社和南京分社的宣传报道工作，一直是在他的领导下进行的。分社发表的揭露国民党破坏和谈、挑起内战

1946年1月27日,周恩来由重庆飞返延安,向中共中央汇报政治协商会议情况。毛泽东、朱德、刘少奇、彭德怀到机场迎接。图为周恩来(左)、朱德(中)、毛泽东在机场交谈。

的重要稿件,都是经过他审阅修改后发出的。

同年11月返回延安后,周恩来曾多次与新华社负责人谈话或写信,对改进新华社的宣传工作提出意见。11月30日,他在审阅新华社的稿件后,就广播新闻的特点问题,致函廖承志、余光生,指出:带综合性报道各地战况,要具体生动,但重要捷报,又必须成为头条独立新闻;带综合性报道各地动员参战实况,更要生动具体,但也不取消个别典型故事,毋宁说更重要;报道各地政治、经济、文化、社会改革和建设情况,尤其在事实的描写;后方不易得或不被注意的国际消息,但非每天都有,这与对解放区广播不同;解放日报社论、评论乃至发言人谈话或记者评论,甚重要;每周或半月军事、政治、国际述评甚为重要,须指人撰述;军事上各种统

周恩来1946年11月30日关于新华社对蒋管区新闻广播的特点问题给新华社社长廖承志的信。

计，每月须有几次；解放区文艺动向或短作品，每周有一两次报道，也有必要。综合这些内容，其特点便为以解放区的情况、中共的意见，有系统的教育大后方人民。

这封信对于新华社改进对蒋管区的新闻广播工作，具有重要的指导意义。

1947年2月10日，周恩来写信给廖承志、范长江，对办好新华社的中文广播提出建议，要求广泛听取意见，以便适合各方需要。还具体推荐报载的两篇文章，说压短后，便很适合广播需要。

在战争爆发后如何保证新华社广播不中断，更是周恩来重视和牵挂的问题。1946年底和1947年初，周恩来在延安两次召集有关部门开会，认真研究和落实新华社的战备工作，事后还多次督促和检查。由于中央的正确领导，战备工作部署周密，保证了新华社在战斗转移中广播工作的交接和正常运转，胜利完成了中共中央交给的任务。

1947年3月撤出延安后，在转战陕北途中，范长江率领的四大队（即新华社工作队）一直在毛泽东、周恩来、任弼时等领导下

1947年9月28日，周恩来在陕西佳县神泉堡向中央机关干部和战士作关于时局问题的报告。新华社工作人员聆听了周恩来的这次报告。

工作，许多重要稿件都是经过他们审阅修改后发出的。4月初，在陕北子洲县小河沟村，西北前线分社的工作人员偶遇周恩来。他见分社人员背着电台行军，行动不便，就把自己使用的一头骡子和一头驴子送给分社人员。这件事使大家受到了很大的鼓舞。

在新华社传颂最广的，是周恩来两次"说稿"的故事。那是在转战陕北期间，靖边县王家湾村。第一次是4月下旬。当时，国民党正在筹开"国大"，"改组"政府，蒋介石由"主席"改称"总统"，并拉拢青年党、民社党等参加政府，以示结束"一党专政"，借此装潢门面。4月22日，新华社播发了陆定一写的社论《新筹安会——评蒋政府改组》，揭露这场闹剧的欺骗、虚伪和反动实质。为了配合社论，还需要发一篇评论，一并揭露参加这场闹剧的党派。但是，四大队编辑人员对情况不熟悉，也无资料。经范长江请示周恩来，他同意派一位编辑来找他谈。于是，青年编辑赵棣生去了。时近黄昏，周恩来不断来回踱步，陷入沉思。在窑洞里，凭借一支烛光，由周恩来口述，赵棣生记录。口述从头到尾，没有停顿。该在哪里另起一段，他也及时提醒；遇到不熟悉的人名、史实，他便稍停给以指点。一篇几千字的夹叙夹议的文章，就这样记录下来并很快定稿，向全国播发了。

另一次是5月9日，新华社播发记者述评《志大才疏阴险虚伪的胡宗南》。这篇述评的原稿，是西北前线分社记者林朗从前方发回的，经范长江修改后，送周恩来审阅。周恩来审阅时认为，需要作较大的补充和修改。于是，范长江又派赵棣生去，仍是在原来的窑洞，周恩来口述，赵棣生记录整理，回来后很快播发了。这两篇评论在国内都产生了很大反响。

西柏坡时期，周恩来为中共中央起草了不少贺电，祝贺人民解放军各路大军攻城歼敌的重大胜利，由新华社播发。1948年6月19日，华东野战军围攻开封国民党守军的激战中，周恩来为中共中央军委起草致粟裕等电，并指示：从今日起，（新华社）广播电台将播送对开封的国民党官兵及市民的广播，你们可收录后印成传单，用炮打入城内。7月6日，周恩来为新华社撰写了消息《豫东大捷》，内有他写的以陈毅、粟裕两将军名义致国民党整编七十二师的文告，由新华社播发。

周恩来尽管工作繁忙，但时常关心"小编辑部"的工作。一天傍晚，他在散步时遇到了石西民、吴冷西，关切地询问他们的情况，勉励他们在西柏坡要好好接受严格的训练，并嘱咐他们：原来在解放区工作的和原来在国统区工作的人员要互相学习，取长补短，共同进步。他说：这次集训条件很好，由胡乔木带领，少奇同志亲自掌握，重大宣传问题都是由中央书记处议定的。这是为迎接全国解放新局面而作准备的。

1949年3月进驻北平香山后，新华社面临新的形势，报道任务更加繁重。4月，周恩来对新华社负责人谈话时指出：新华社是党的通讯社，也是国家的通讯社，同时也是人民的通讯社。新华社的编辑、记者，都要明确认识新华社是党和人民的耳目喉舌这个根本性质，无论写报道或评论，都要记住新华社的这个身份。报道要照顾到各个方面，要多给中央反映情况。当前特别要照顾你们不熟悉的、但是在国内政治生活中地位越来越重要的各民主党派和民主人士。你们的宣传报道要充分体现党的统一战线政策，要充分尊重各民主党派和民主人士。

三、刘少奇与新华社

刘少奇关怀和指导新华社工作，为新华社事业的发展作出了重大贡献。

解放战争前夕，党中央提出"全党办通讯社"的时候，刘少奇亲自主持中央书记处会议，审阅新华社和解放日报社的改组方案，并送毛泽东主席审批，这就是《新华社、解放日报社暂行管理规则》。《规则》明确规定了新华社是"中央之机关通讯社"，"隶属于中央宣传部，并在重大问题上受中央书记处之直接指挥。"

刘少奇在西柏坡。

在西柏坡时期，刘少奇直接领导新华社的工作达 9 个月之久。当时，中央分工由刘少奇主管新华社工作。新华社的每日电讯（已恢复铅印）在印发前需经刘少奇审阅。刘少奇领导总社这支刚安定下来的队伍，进行整编，扩大编制，充实力量，调整机构，使新华社的编辑业务得到加强，逐步走上了正轨。这一期间新华社工作人员增加到 800 多人。

西柏坡集训是刘少奇直接领导的。他和毛泽东、周恩来对新华社宣传工作都有过很多指示、批示、意见，有的通过《业务通报》等形式发到各地分社和野战军总分社，有的当晚就在"小编辑部"传达。当时，新华社的一般稿件由胡乔木审阅后即可发出；重要稿件须经中央有关领导人审阅才能播发。审阅新华社稿件最多的是刘少奇和周恩来。刘少奇审稿非常认真，要求严格。据参加过集训的方实回忆：有一次他到后院给刘少奇送审稿件时，受到了批评。原因是稿件中"华北剿总"这个词未加引号，也没有写它的全称。刘少奇说：以后写这个词时，应该加上引号，第一次出现时应写全称，即：国民党"华北剿匪总司令部"。方实说，这给他留下了深刻印象，至今记忆犹新。

西柏坡时期，刘少奇对新闻工作提出了许多有远见卓识的意见。给大家留下深刻记忆的，是他对华北记者团的谈话。华北记者团是新华社华北总分社和华北《人民日报》组织的一个记者团，是到新华总社学习的。1948 年，华北解放区由新华社晋冀鲁豫总分社、华北总分社先后组织过 4 个记者团，华北记者团是最后一个。它于 8 月下旬组成，主要任务是采访华北解放区定于 9 月份开始的土地改革和整党工作。下乡之前确定去西柏坡总社学习。记者团由华北《人民日报》副总编辑袁勃带队，参加者 20 人。总社主持这次学习的是范长江，原订学习时间一周，学习内容主要是记者工作方法。后来刘少奇过问了这件事。他很重视这次学习，把学习内容扩大到政治、经济、军事、新闻工作等项，成为对新闻工作者的一次基本训练，时间也延长为 3 周。中央和各部门的负责人为记者团作报告的有：刘少奇、彭真、胡乔木、李克农、廖承志、廖鲁言、齐燕铭、薛暮桥、陈伯达等。报告内容十分丰富，涉及新闻工作的各个方面。学习结束后，华北总分社和华北人民日报社组织了传达。

刘少奇的报告是 1948 年 10 月 2 日下午在学习结束前作的，地点在西柏坡一间会议室。新华社在西柏坡工作的编辑人员都听了这个报告。报告后经整理成文，就是那篇著名的《对华北记者团的谈话》。

刘少奇在谈话中结合解放区新闻工作的实际，重点阐述了党的新闻工作的重要性，它的作用和任务，以及新闻工作的基本原则和记者的修养等问题。

关于新闻的重要性，他指出：报纸办得好，就能引导人民向好的方面走，引导人民前进，引导人民团结，引导人民走向真理。如果办得不好，就存在着很大的危险性，会散布落后的错误的东西，而且会导致人民分裂，导致他们互相磨擦。因此，新闻工作的影响是很大的，做得好，对党对人民的帮助就大；做不好，帮助就不大；如做错，来个"客里空"，故意夸大，反映得不真实，就害死人了。

关于新闻工作的作用和任务，他指出：新闻工作要发挥桥梁的作用，是党联系群众的桥梁。党通过千百条线索和群众联系起来，你们的工作是很重要的一条。报纸每天和群众见面，每天把党的政策告诉群众，没有桥梁，党和人民群众的联系就断了。办报是联系群众的很重要的工作。中央就是依靠你们这个工具，联系群众，指导人民，指导各地党和政府的工作。记者要到群众中去，把人民的呼声、要求、困难、经验以至我们工作中的错误，反映上来，反映给各级党委，反映给中央。

刘少奇在这次谈话中提出，报道一定要真实，不要加油加醋，不要戴有色眼镜，不要带着成见。第一是真实，再就是全面、深刻。他说，在群众中考察党的政策的执行情况和问题，是记者的任务。记者要依照获得的材料和看法提出问题，如果政策正确，就说正确，如果政策错了，就说错了。要真实、全面、深刻地把群众的情绪和呼声反映出来，说出人民不敢说的、不能说的、想说又说不出来的话。

关于新闻工作者的基本条件和修养，他提出：一、要有正确的态度。人民的记者要全心全意为人民服务。二、必须独立地做相当艰苦的工作。首先思想上要艰苦，要独立思考，作出正确判断。三、要有马列主义理论修养。要做马克思主义记者。四、要熟悉党的路线和政策。

他告诫记者："你们的笔，是人民的笔，你们是党和人民的耳目喉舌。你们不能采取轻率的、哗众取宠的、'客里空'式的态度，而应当采取负责的、谨慎的、严肃的态度去做工作。"

这篇谈话，与毛泽东《对晋绥日报编辑人员的谈话》一样，对解放区的新闻工作发挥了指引和推动的作用，是解放区新闻工作经验的理论总结，是中国共产党的新闻工作的重要文献。

第十四节　迎接新中国的诞生

一、新华总社迁至北平

随着全国革命胜利形势的急剧发展，辽沈、淮海、平津三大战役的胜利结束，中共中央积极做好迁入北平的准备。

1949年3月25日，中共中央由西柏坡迁往北平。最初暂住西郊香山。从22日起新华总社的工作人员分3批从平山向北平西郊迁移，途经石家庄、保定，到达北平香山。编辑部门随同胡乔木住在香山慈幼院旧址，其余部门分住在附近北辛村、南辛村等13个院落。电务处及三科（负责通报联络）住城内石碑胡同，二科（抄收中外电讯）在香山南辛村，四科（文字广播）住城内草场大坑。印刷厂在碧云寺前香山小学校内（后在城内司法部街接管《北平时报》及其印刷设备，在此基础上组建了新华社第二印刷厂）。为便于采访和发稿，记者与发稿部门在司法部街总社驻平办事处。

广播管理部的工作人员（包括口播和英播两部分），由廖承志、梅益率领，进入北平后，未去香山，直接到西长安街北平新华广播电台，与先期进城的该部人员会合。6月5日，中共中央发出关于成立中央广播事业管理处的通知："为了适应广播事业日趋扩大的需要，中央已决定将原新华社的口语广播部，扩充为中央广播事业管理处，管理并领导全国广播事业。以廖承志同志为处长，李强同志为副处长。"从此，口语广播电台就从新华社分离出去，成为独立的机构，即后来的中央人民广播电台。

进入北平后，新华社的报道工作开始了新的阶段。3月25日起，新华社开始从北平向全世界广播。当天播发的重大新闻有：《中共中央及解放军总部迁来北平》《毛主席等中央领导人受到广大群众热烈欢迎，并于西苑举行阅兵式》《新华通讯社总社迁至北平工作》《陕北新华广播电台改名北平新华广播电台》《中国妇女第一次全国代表大会揭幕》等。

二、调整机构和培养干部

在香山期间，为了迎接新中国即将成立的新形势，担负起国家通讯社的责任，经党中央批准，新华社的领导机构进行了一次新的调整。

1949年6月24日，经毛泽东、周恩来批准，新华社社务委员会成员为：胡乔木（兼任新华社社长）、范长江（副社长，拟将来调回任新闻事业管理处处长，届时即将副社长名义取消）、陈克寒（副社长兼总编辑）、徐健生（秘书长）、吴冷西（第一副总编辑）、朱穆之（第二副总编辑兼国内部主任）、陈适五（秘书室主任）、陈翰伯（国际部主任）、黄操良（国际部副主任）、廖盖隆（国内部副主任）、黎澍（资料研究室主任）、纪坚博（外文翻译部主任）、汤宝桐（第一助理秘书长兼秘书处长）、耿锡祥（第二助理秘书长兼电务处长）、丁拓（干部处长）。

总社的组织机构，有：总编室、秘书室、国内新闻编辑部、国际新闻编辑部、外文翻译部、参考消息编辑组、资料研究室、电务处、行政处、干部处、机要科、中译科、校对科、发行科、印刷厂等。全社工作人员共计700余名。

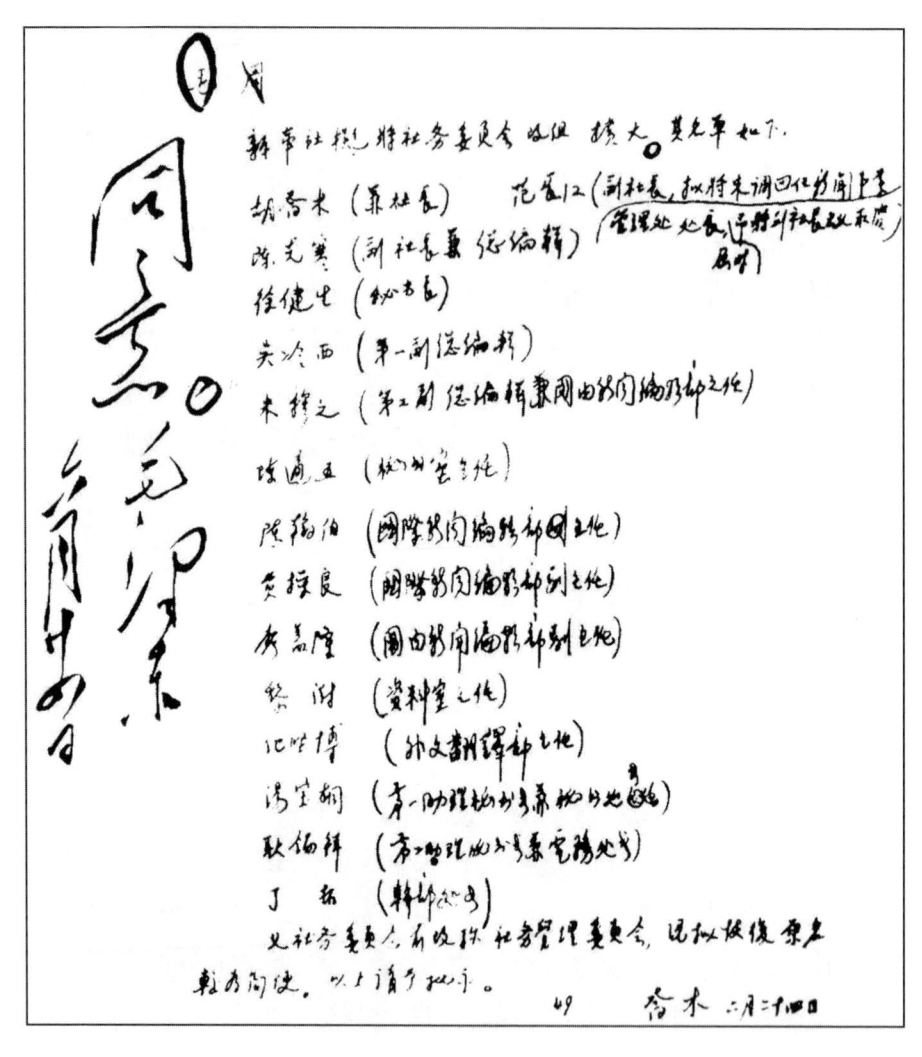

1949年6月，毛泽东、周恩来批准的新华社社务委员会的名单。

8月初，为了迎接即将召开的全国政治协商会议的报道任务，总社编辑部从香山迁到城内，暂驻司法部街办公。9月26日，总社迁入国会街26号（今宣武门西大街57号）办公。

香山时期，新华总社继续抓紧进行培训新闻干部的工作。重视记者队伍的培养，这是新华社的优良传统。在解放战争开始后，为

第三章
解放战争时期的大发展

弥补新闻干部的不足，一些地方分社和野战军分社便开办训练班或新闻学校，吸收知识青年参加学习，经过短期集中的培训后，分配到新闻部门工作，在实践中锻练成长。如1946年2月，新华社华中分社在清江市创办了华中新闻专科学校，校长范长江。1947年3月，华东总分社在山东莒县开办了华东新闻干部学校，校长恽逸群。1948年至1949年，华野前线分社、中原总分社、西北野战军分社、二野总分社、华东总分社等，都先后举办过新闻培训班或新闻学校。

中华人民共和国成立前夕，总社在发给华东总分社的一份电报中说："你们训练出500名新闻人员是很大的收获……我们希望能将文化水平较高、懂得一种外国文、政治质量较好者，为总社挑选二三百人。因为新华社不久即成为政府的通讯社，需将翻译部、资料室、国际编辑部大加扩充；同时需在国外建立许多分社，必须补充一批后备力量。"

新华总社开办新闻训练班，是从1948年9月开始的，地点在西柏坡附近的陈家峪。第一期新闻训练班负责人为梅益、张纪明。学员近30人，绝大部分是从河北正定县的华北大学调来。学习时间为3个月。讲课人有廖承志、胡乔木、石西民、梅益、朱穆之、廖盖隆等。这一期毕业生，大部分留在新华总社工作，少数分配到华北人民日报社。

总社迁到北平香山后，开始筹办第二期新闻训练班。陈翰伯、许诺、徐亚南、孙正4人组成班委会，领导新闻训练班工作。1949年6月20日，第二期新闻训练班开学，学员51人，全部从华北大学调来，学习时间两个月，8月20日结束。毕业后学员绝大多数分配到新华总社工作。

紧接着，总社筹办第三期新闻训练班。学员从全国招考。总社在全国分设9个考试区，对象为大学毕业生（包括新闻系毕业生）和具有同等学历、掌握一门外语的青年知识分子。这一期学员按规定分别于9月22日（北平考区）、23日（天津考区）、27日（其他考区）到指定地点报到（也有极少数晚报到），其中多数人都参加了开国大典。

中华人民共和国成立后，11月1日，中央人民政府新闻总署宣布成立，同时决定原属新华总社的新闻训练班改名为"北京新闻学校"，隶属新闻总署，由新闻总署副署长范长江兼任校长，原班主任陈翰伯任副校长。下设教务科（科长许诺）、组织科（科长徐亚南）、总务科（科长党德胜）等工作机构。校址仍在香山，学习时间为7个多月。主要聘请中共中央、国家机关负责人和首都一些知名专家、学者讲课。1950年5月毕业时，学员272人，分配到华北（包括京、津两市）、中南、西南、东北、西北5个地区。不少学员分配到新华总社和分社工作。

北京新闻学校于1950年8月20日续办了第二期，校址迁到城内西单大磨盘院2号，分设研究班和普通班，共有学员200余人。学习时间近一年，其间部分学员因参加抗美援朝、保送军干校或其他原因离校，1951年7月毕业时仅有163人。除研究班大多数人回原单位外，其余117人统由学校分配到北京和西南、西北地区工作。其中不少学员分配到新华社。第二期结束后，北京新闻学校停办。紧接着，利用原有校舍和工作人员，办了一期宣传干部训练班，改隶中共中央宣传部。

新闻训练班和新闻学校的开办，为新华社事业培养了大批新闻人才，解决了战争时期和新中国成立初期新闻干部十分短缺的燃眉之急。其中许多人后来成为新华社采编部门的业务骨干。

三、向国家通讯社转变

新中国即将成立的新形势，给新华社提出了新的要求。过去，新华社长期工作在农村，采编人员熟悉农村而不熟悉城市，熟悉农民而不熟悉工人，熟悉农村政策而不熟悉城市政策，特别是不熟悉知识分子、民族资产阶级。因此，进入新解放的城市后，报道工作面临着许多新的问题。

为了使通讯社工作顺利实现从农村到城市的转变，担负起国家通讯社的职责，新华社采取一系列重大措施，狠抓了几个方面的工作：

（一）加强政策学习和纪律教育

1949年上半年，中国人民解放军南下和进入新解放城市后，宣传工作中的无纪律无政府状态，游击主义习气的残余不断出现。个别城市还比较严重。华东局在关于加强宣传工作中纪律性的指示中，曾列出几种主要表现予以通报。认为产生种种偏向及无纪律、无政府状态的原因，主要是由于党内、部队内政策与纪律教育不够普遍深入，组织约束也不够严格。中宣部和总社对此非常重视。中宣部转发华东局关于加强宣传工作中纪律性的指示，作为宣传工作部门的学习和教育材料。总社要求各地总分社普遍检查纠正和防止工作中的无组织无纪律现象。要求各分社进入城市后，深入调查研究，掌握党的各项城市政策，善于分析各种复杂情况，判断是非，对一时难以彻底查清而又需要报道的问题，要作有保留的报道。各地总分社也结合报道工作实际，检查和纠正不良作风。如山东总分社就曾指出，我们由农村转入城市，工作、思想、组织、作风、方法等各方面，均必须有所转变。通过三令五申的教育，新闻队伍中的无组织无纪律现象减少，学习政策的自觉性大大加强，从而提高了新闻报道的质量和政策水平。

（二）熟悉新的报道对象和读者对象

新华社进城后，新闻报道领域和读者对象，都发生了很大变化。针对这种变化，总社先后发出《关于城市工作综合报道的意见》《关于工矿交通建设的报道意见》《必须有计划有步骤地加强对妇女、青年、文化等工作的报道》《要组织工人群众写作》《关于经济新闻报道办法的指示》（此件系与中共中央财经部联名发出）等文件，要求记者熟悉工业，研究当地生产建设和工人运动情况，学习经济工作和建设事业的多方面知识，加强对工人、妇女、青年和文化事业的报道，迅速培养出一批专业性的记者。总社还及时推荐和表扬在工业报道方面的好稿,供各记者学习和参考。如1949年2月8日,总社发出通报,表扬华山采写的通讯《旅大中国工人技术界的诞生》,指出这篇通讯"生动具体地介绍了旅大工人学技术的过程和经验,内容充实,选材典型而生动","各地在处理这类问题时,常因不善选材,写作呆板而流于枯燥无味,这是应该改进的。"

(三)面向全国,改进新闻写作

进城后,新华社既是中共中央机关通讯社,也是未来的国家通讯社。地位的变化,迫切需要树立新闻的全局观点。

1949年2月22日,总社发出《关于改进新闻报道的指示》,明确指出:"各地在向总社发稿时,应有全局的、全面的观点。必须从全国范围报纸读者的需要和实际斗争的需要,来有计划地采写和选择稿件,而不要仅仅根据当地或本部队或记者的主观愿望。"指示说:例如,在东北报道一条新闻,就要设想陕北和郑州的读者,以及其他各地的读者,是否能够看懂?是否有必要看这条新闻?看了这条新闻后会引起何种兴趣和感想?这些问题的考虑,是新闻报道者决定是否向总社,亦即向全国人民中的读者报道这条新闻,以及如何报道这条新闻的根据。如果不考虑这些问题,就向总社报道,那就是一种盲目的或主观的报道。这种报道是目前新闻工作中一个基本缺点。

与全局观点相联系的,是连续深入的报道。总社指出,要依据事物的发展进程,有始有终地连续地报道,使我们的新闻内容更加丰富多彩。如城市新闻报道,不要只局限于发布入城命令,接管机关企业,恢复工商业,在入城当时热闹一个月。还要深入报道如何建立人民民主政治,如何兴办与城市人民生活有关的市政建设和公益事业,如何由消费城市转变为生产城市,如何逐步改造学校教育,如何密切城乡关系,使城市为市民、农民和解放战争服务,我们的干部在入城后思想上、生活上、作风上有何问题并如何解决的,这些都应进行连续地报道。

第三章
解放战争时期的大发展

（四）组织上社、报分开

新中国成立前夕，新华社的地方分社有许多是与当地报社合在一起的，在组织上是报社的采访部门。这是在长期战争的条件下形成的。在革命战争即将取得全国性胜利、中央人民政府即将成立之际，这种体制和形式已不能适应新华社任务的加重和事业的发展。进城后，报与社的关系问题凸显出来，如何处理，许多分社感到困惑，要求总社给予提示。

1949年8月9日，总社在答复晋绥总分社的来电中，明确解答了这一问题，提出了社、报分开的原则和方针，并转发各总分社、分社照此处理。电报指出：

（1）新华社与报社原则上应分别组织，因工作任务各有不同，合在一起往往顾此失彼，今后通讯社将成为国家政府机构的一部分（但领导实质不变），报纸一般为党报，更不宜完全合在一起。

（2）社、报分立后，可经过设立宣传工作委员会或政府新闻事业机构等形式，实现政治上的统一领导，行政上仍分别隶属。

（3）社、报分立后如何分工并互相配合，因尚无足够经验，暂时不作统一规定。一般说，新华社的工作任务，对当地报纸来说是发布政府公告性的及地方范围重大事件的新闻，印发抄收新华社电讯；对总社来说是采编当地动态性的重要新闻，和某一地区（或城市和工厂）、某一时期或某一问题的综合性的报道，这一工作除依靠当地报纸发表的材料、报纸通讯员来稿和党政机关资料外，可能时还应配备少数较为得力的记者进行综合性的采访。

（4）华北总分社与人民日报尚未分开，现华北总分社实是人民日报的通讯网，但北平市则已成立独立的分社，该分社之任务除按市委与总社指示采访发布少数重要的政策性新闻（一般新闻仍由本市各报自行采访）外，并负责交换各报社所采访的其他重要新闻，使各报能同时刊出，以利各报与通讯社之分工合作，避免包办或无政府式的竞争。在同时有几家报纸存在的大城市中，此种办法经数月经验证明是有必要的。

这一文件，阐明了社、报分开的原则、任务和作用，指导和促进了新华社各地分支机构的独立和发展。

四、新民主主义革命思想的宣传

全国解放战争时期是中国新民主主义革命取得全国性胜利的重要历史阶段。中国共产党领导中国人民推翻了国民党蒋介石为代表的帝国主义、封建主义和官僚资本主义的反动统治，实现了中国共产党七大确定的"解放全国人民，建立一个新民主主义的中国"的奋斗目标。

早在抗日战争时期，毛泽东在延安集中全党的集体智慧，对中国革命的经验进行系统总结，在党内首次创造性地提出新民主主义的科学概念。"所谓新民主主义的革命，就是在无产阶级领导之下的人民大众的反帝反封建的革命。"新民主主义革命的目标是建立新民主主义的社会制度。为了向全党和全国人民说明新民主主义社会就是走向社会主义的过渡阶段，毛泽东于1939年底1940年初，先后发表了《〈共产党人〉发刊词》《中国革命和中国共产党》和《新民主主义论》等重要著作，使广大党员和人民群众清楚地看到了中国革命的发展规律和前景，有力地指导和促进了抗日战争和中国革命的胜利发展。

新华社在抗日战争和解放战争这两个重要历史阶段的宣传报道中，始终贯彻和体现了新民主主义革命的思想和精神。新华社的新闻报道，宣传了中国共产党根据革命发展进程提出的为建立新中国而斗争的基本政治纲领和各个发展阶段的动员口号，从"和平、民主、团结"到"武装自卫"，从"打倒蒋介石，解放全中国"到"将革命进行到底"，团结了全国人民，指明了斗争方向。新华社宣传了中国共产党关于农村工作、城市工作、国民党统治区和国民党军队工作等的一系列方针、政策，同时在宣传中兼顾到各阶层的利益，从而为中国共产党广泛地动员和组织人民群众特别是农民群众的力量，建立广泛的人民民主统一战线作出了重要贡献。

# 第三章
解放战争时期的大发展

人民群众是解放战争取得胜利的力量源泉。新华社集中报道了中国共产党坚持实行保护人民利益的各项方针、政策，特别是广大解放区深入进行的土地改革，农民在政治、经济上翻了身，又以巨大的人力、物力支援解放战争的动人事迹，热情报道了国民党统治区内广泛开展的第二条战线的爱国民主运动。新华社的军事报道，不仅宣传了中共中央和中央军委的英明的战略决策和卓越的指挥艺术，还充分报道了人民解放军英勇善战、不怕流血牺牲的英雄事迹以及董存瑞、刘胡兰为代表的一大批英雄人物。

为普及新民主主义革命的宣传，新华社1948年4月播发了毛泽东的《在晋绥干部会议上的讲话》，明确告诉全党，中国的新民主主义革命的总路线和总政策是"无产阶级领导的，人民大众的，反对帝国主义、封建主义和官僚资本主义的革命"。新民主主义革命的统一战线是十分广大的："这里包括了工人、农民、独立劳动者、自由职业者、知识分子、自由资产阶级以及从地主阶级分裂出来的一部分开明绅士，这就是我们所说的人民大众。"

农村问题，是当时中国革命的战事外最为重要的问题。如何引导广大农民比较深刻地认识新民主主义革命，新华社在宣传上做了大量工作。5月21日，新华社发表毛泽东著作中关于对领导群众生产的指示摘录中提到，我们的经济是新民主主义的，我们的合作社是建立在个体经济基础上（私有财产基础上）的集体劳动。并提出，我们的每个同志，包括军队的同志，都要好好去研究我们党的根本路线和根本政策。6月30日，新华社播发关于纪念"七一"和"七七"的通知说，历史证明，中国共产党主张和实行的新民主主义革命是完全正确的。"全党今天的任务，就是坚决地、正确地、毫无保留地执行我党中央的全部路线和政策"。

同时，新华社还注意加强中国共产党自身建设的宣传，加强党的思想建设、组织建设和作风建设的宣传，如加强党的集中统一领导，加强组织性纪律性，认真执行民主集中制，建立请示报告制度等。新华社大力报道土改运动和整党工作，通过开展三查（查阶级、查思想、查作风)三整(整顿组织、整顿思想、整顿作风),克服党内的非无产阶级思想影响和官僚主义作风,牢固树立全心全意为人民服务的思想,保持和发扬理论联系实际、密切联系群众和开展批评与自我批评的优良作风,不断增强党的创造力、凝聚力和战斗力。

1949年3月5日到13日,中国共产党在西柏坡召开了第七届中央委员会第二次全体会议。新华社播发了全会召开的新闻,向全党、全国人民报道全会着重讨论了党的工作重心的战略转移,即工作重心由乡村转移到城市的问题。全会指出:我党必须用极大的努力去学会领导城市人民进行胜利的斗争,学会管理城市和建设城市。在领导城市人民的斗争时,党必须依靠工人阶级,团结其他劳动群众,争取知识分子,争取尽可能多地能够和共产党合作的小资产阶级、自由资产阶级及其代表人物站在一条战线上,以便向帝国主义者、国民党反动派和官僚资产阶级作坚决的斗争,一步一步地去战胜这些敌人。还指出:中国的革命是伟大的,但是夺取全国革命的胜利只是工作的第一步,革命以后的路程更长,工作更伟大,更艰苦。号召全党同志应继续保持谦虚、谨慎、不骄、不躁和艰苦奋斗的作风。

新华社热情宣传了全会的重要思想和精神,宣传了七届二中全会重大的历史意义。这次会议的重要精神表明,虽然党已经考虑到中国"由新民主主义社会发展达到将来的社会主义社会"的问题,但党所确定的是在革命胜利后建设新民主主义社会的蓝图。会议作出的各项政策规定,对迎接全国革命的胜利和新中国的建设事业都具有巨大的指导作用。

随着人民解放战争的胜利进展,中国共产党领导下的人民民主统一战线有了很大的发展。许多民主党派的领导人物和著名的民主人士先后从国民党的统治区来到解放区,共商建国大计。新华社积极地宣传了党的统一战线政策,特别在新政治协商会议前后,充分反映了人民民主统一战线的壮大,反映了除反动的地主阶级和官僚资产阶级之外，国内各民族、各阶级和各阶层人民团结在中国共产党的周围，为建立一个独立、富强、繁荣的新中国而努力。

在解放战争的历史时期，新华社宣传了新民主主义革命的理论和实践，宣传了人民革命战争的伟大胜利，发挥了团结和教育人民，打击和消灭敌人的作用，成为党的强大的舆论武器。新华社在这个时期能够出色完成宣传任务，得益于中共中央负责同志的直接领导和言传身教，同时，也是与新华社广大干部的努力学习，艰苦奋斗分不开的。他们经过战争环境的锻炼和考验，政治和业务素质得到提高，学会了如何深刻领会和正确地宣传党中央的方针政策。

五、新的政治协商会议和开国大典的报道

1949年，随着革命战争在全国的胜利，建立新中国的条件已经成熟。中国共产党召开新的政治协商会议，积极进行开国大典筹备工作。新华社的报道任务紧张而繁重。

3月至9月，一系列全国性的重大会议在北平相继召开，新华社迅速、及时地作了报道。3月初，中华全国学生第十四届代表大会举行，正式组成中华全国学生联合会。3月至4月，全国妇女代表大会第一次大会举行，成立中华全国民主妇女联合会，蔡畅当选为主席。4月，中国新民主主义青年团第一届全国代表大会召开，任弼时被推选为名誉主席，冯文彬当选为团中央书记。5月，全国青年代表大会第一次会议举行，成立中华全国民主青年联合总会。7月，中国文学艺术工作者第一次全国代表大会召开。全国自然科学工作者、社会科学工作者、教育工作者、新闻工作者的代表也纷纷举行会议，分别成立全国性组织的筹备委员会。7月至8月，中华全国总工会召开全国工会工作会议，确定在一年左右的时间，把全国工人阶级首先是产业工人组织起来。这些全国性群众团体的组成和全国性会议的召开，为新的政治协商会议的举行作了重要的准备。6月和9月中旬，新政协筹备会先后召开了两次会议，为新政协的召开及中央人民政府成立进行各项准备工作。

6月30日，新华社播发了毛泽东写的《论人民民主专政》。文章阐明了将要诞生的人民共和国的性质、国内各阶级的地位和相互关系、对外政策及国家的前途等基本问题。

1949年7月5日，毛泽东、朱德等与新政治协商会议筹备会常务委员在北平中南海合影。新华社发

8月间，美国政府发表《美国与中国的关系》白皮书，以及国务卿艾奇逊写给总统杜鲁门的信。白皮书叙述了从1844年美国强迫中国签订《望厦条约》以来100余年间的中美关系，特别是详细地叙述了抗日战争胜利后美国实行扶蒋反共政策的经过。白皮书掩盖美国侵华政策的实质，继续坚持与中国人民为敌的政策。从8月12日起，新华社编辑部连续发表了6篇评论，除第一篇《无可奈何的供状》是胡乔木写的外，其余5篇都是毛泽东写的，后来收入《毛泽东选集》第四卷时，题目改为《丢掉幻想，准备斗争》（8月14日）、《别了，司徒雷登》（8月18日）、《为什么要讨论白皮书？》（8月28日）、《"友谊"，还是侵略？》（8月30日）、《唯心历史观的破产》（9月16日）。这些评论，揭露了美国政府对华政策的侵略

第三章
解放战争时期的大发展

本质及其对中国人民的仇视,批评了国内一部分人中间存在的对于帝国主义的幻想,对中国革命的发生和胜利作了理论上的说明。新华社还积极报道了中国工人、学生、政府工作人员和各民主党派、人民团体讨论与谴责白皮书的热潮,以及游行示威与抗议等活动。这些宣传报道,提高了中国人民对于帝国主义侵略本质和中国革命的认识,增强了对于即将成立的新中国的热爱和民族凝聚力。

9月21日至30日,中国人民政治协商会议第一届全体会议在北平召开。新中国即将诞生。这是中国人民政治生活中的一件大事。新华总社对此极其重视,积极组织和进行了充分的报道。9月14日,总社就向全国各总分社、分社并各大城市报纸、各省会报纸发出"钧鉴":"为使中华人民共和国开国立业的大事,在全国人民中造成深刻的印象,在中国人民政治协商会议开会前后,全国各地报纸、通讯社、广播电台均应以这个会议作为宣传中心,进行系统的有力的宣传。因此,全国各大城市(包括大连在内)各省会的报纸均应派遣记者到北平采访中国人民政治协商会议的新闻通讯,寄发各该报纸发表。如来不及派出记者或已有人员在平者,可指定在平人员代理。各报指派的记者可径到北平新的政治协商会议筹备会新闻处宦乡先生处报到。"

为了加强宣传报道工作,政协筹备会设立了新闻处,处长宦乡。新华社记者韦明参加了新闻处的负责工作,记者李普、李千峰全程参加了会议报道工作。各地分社也有不少记者作为地方报纸的特派记者参加会议报道,写出新闻通讯,寄回当地的报纸发表。

9月23日,总社又向各总分社和分社转发了华东总分社关于人民政协会议和新中国诞生的报道要点提示。提示指出:中国人民政治协商会议已经开幕了,民主联合政府即将诞生,独立的、民主的、统一的中华人民共和国即将出现于全世界。中国的历史,从此进入了一个新的时代。这是全中国和全世界最重要、最伟大的事件。提示要求集中力量报道和宣传这件大事。在报道中,要体现这是中国人民的大团结,大胜利,中华各民族的大团结,大胜利;要宣传这是马列主义毛泽东思想的伟大胜利，也是世界和平民主阵营的伟大胜利。指出：报道可分三个步骤：第一，人民政协开幕时，各地（特别是京、沪、杭、闽）分社要迅速报道各地报纸的祝贺社论，评论，文章，各界代表性人物的谈话，各人民团体贺电等等，要综合压缩，尽早发出，愈快愈好。第二，人民政协会议过程中，将要讨论和通过中央人民政府组织法、共同政治纲领、宣言等。要报道各地的反应，各地重大的庆祝活动（如开庆祝会）等等。第三，中央人民政府成立以后，要报道中央人民政府如何领导全国人民，肃清残敌，进行新中国的伟大建设工程。提示要求，要作连续报道的打算（可能继续一个多月）。

9月21日晚，新华社播发了人民政协开幕的消息。导语写道："中国人民所渴望的中华人民共和国开国盛典——中国人民政治协商会议，已于今日下午7时在北平开幕"。第二天，全国许多报纸都根据这个导语，以《中华人民共和国开国盛典中国人民政治协商会议开幕》为标题，在最显著的版面刊登了这则新闻。21日至30日，新华社发出大量新闻。除了报道会议议程，各地、各界贺电，外电反应，新华社重点报道了会议讨论通过的人民政协共同纲领，人民政协组织法，中央人民政府组织法，以及中华人民共和国国都、纪年、国歌、国旗；选举毛泽东为中央人民政府主席、选出毛泽东为主席的由180人组成的中国人民政治协商会议第一届全国委员会等消息。9月27日，政协会议通过6项重要议案，包括国都定于北平，改北平为北京。从这天起，新华社播发新闻的电头把"北平"改为"北京"。

10月1日，是新中国诞生的日子。下午2时，中央人民政府委员会举行第一次会议，宣布中华人民共和国中央人民政府成立，接受《共同纲领》为中央人民政府的施政方针，选举林伯渠为中央人民政府委员会秘书长，任命周恩来为中央人民政府政务院总理兼外长、毛泽东为中央人民政府人民革命军事委员会主席、朱德为人民解放军总司令、沈钧儒为最高人民法院院长、罗荣桓为最高人民

1949年10月1日，毛泽东主席在天安门城楼上庄严宣告中华人民共和国成立。侯波摄

检察署检察长等。

下午3时，首都30万军民在天安门广场集会，隆重举行庆祝中华人民共和国中央人民政府成立典礼。毛泽东主席宣读中央人民政府公告，向全世界庄严宣告：中华人民共和国中央人民政府成立了。会场举行了盛大的阅兵式，朱德总司令检阅陆海空军，宣读人民解放军总部命令。阅兵式完毕后开始群众游行。入夜，天安门广场燃放礼花，灯火辉煌，群众载歌载舞。新华社工作人员参加了开国大典，队伍位置在天安门前金水桥西侧华表处，见证了这一伟大的历史时刻。

这一天，在天安门广场主席台上采访的新华社记者是李普和陈龙。他们分别采写中文和英文的开国大典消息。新华社国际部编辑瞿独伊用俄语向全世界播出毛主席讲话。当天参加庆典活动摄影报道的有陈正青、侯波、石少华、吴群、林扬、杨振亚、孟昭瑞、朱汉等。当晚，新华社向全中国和全世界报道了新中国诞生这一举世瞩目的、具有划时代历史意义的新闻，并发表社论《中华人民共和国万岁!》。从此，人民共和国的历史开始了新的纪元，新华社的历史也揭开了新的一页。

附录：

新华社大事记

(1931年11月7日——1949年10月1日)

1931年

11月7日　新华社的前身——红色中华通讯社（简称红中社）在江西瑞金成立，以"CSR"呼号播发中华苏维埃第一次全国代表大会召开的消息。同时编印参考刊物《无线电材料》。

12月11日　《红色中华》报创刊。它与红中社是一个机构，一套人马。周以栗任主笔。后王观澜主持工作。

12月14日　国民党第二十六路军在江西宁都起义加入红军。二十六路军的中共地下组织此前通过电台抄收红中社新闻，推动了这次起义。起义成功后，毛泽东陪同起义将领参观红中社。

1932年

4月　梁柏台任《红色中华》报代理主笔。
4月　《红色中华》报发行科改组为中央出版局总发行部。
10月　李一氓负责红中社工作。

1933年

1月27日　中共苏区中央局、少共苏区中央局、苏维埃临时中央政府、全总苏区执行局联合发布通知，宣布改《红色中华》报为党团政府与工会合办的中央机关报。并公布在政府机关、党团、工会、红军部队中建立通讯网与发行网的办法。

1月　《无线电材料》改名《无线电日讯》。

1月　杨尚昆负责红中社工作。

4月1日　红中社成立编委会，沙可夫为主任。

5月2日　《红色中华》报发表红中社《告通讯员同志》信。

5月　红中社建立专用的红色中华新闻台，抄收国民党中央社电讯。

本年　红中社创办业务刊物《工农通讯员》。

1934 年

1月　毛泽东在第二次全国苏维埃代表大会报告中说，《红色中华》报发行量已从初期的 3000 份增加到 4 万份。

2月5日　瞿秋白兼任红中社社长。

3月　红中社创办面向工农大众的通俗报纸《工农报》。

4月28日　红中社播发《毛泽东同志关于日本声明书的谈话》。

10月　中央红军开始长征。红中社停止播发新闻，部分人员参加长征，瞿秋白、韩进、贺坚等留在中央苏区坚持出版《红色中华》报。

1935 年

2月24日　瞿秋白在福建长汀被捕。6月英勇就义。

11月25日　红中社在陕北瓦窑堡恢复播发新闻，《红色中华》

报复刊，抄收新闻、出版参考刊物的工作也相继恢复。任质斌担任红中社负责人。

1936 年

春　向仲华负责红中社工作。

7 月初　红中社随中共中央、苏维埃中央政府由瓦窑堡迁往保安县。

12 月 8 日　《红色中华》报改用毛泽东题写的报头。

12 月 19 日　新华社历史上的第一个分社——红中社西安分社成立。

1937 年

1 月 13 日　红中社随中共中央机关由保安迁至延安。

1 月　根据中共中央决定，红中社改名为新华社，《红色中华》报改名为《新中华报》。博古任新华社社长。

2 月 4 日　中共中央发出毛泽东起草的《通知收听新华社广播党的政治方针》的指示，指出"新华社广播我们的政治方针，各首长均应指导电台按时接收。"

3 月　廖承志主持新华社工作。10 月后先后由李初梨、沙可夫接替。

7 月 7 日　卢沟桥事变发生，新华社迅速向中共中央、毛泽东报告事变情况。次日播发《中国共产党为日寇进攻卢沟桥通电》。

7 月　《今日新闻》（即原《无线电日讯》）扩版，改名《参考消息》。

1938 年

3月　新华社从延安城内迁到清凉山。

4月10日　沙可夫调离,向仲华负责新华社工作。

1939 年

2月　中共中央决定,新华社与《新中华报》分开,分别成为独立的新闻机构。

同月　新华社从清凉山迁到杨家岭。

同月　边区开展了大生产运动。新华社的工作人员白天除值班者外,全部上山开荒种地。

6月　新华社进一步调整组织机构并增加人力,设编辑科、通讯科、译电科和新闻科。《参考消息》改名《今日新闻》。

10月19日　新华社华北分社在晋东南成立。至1942年,相继建立晋察冀、晋西北、山东、华中等分社。

12月1日　新华社业务刊物《通讯》创刊,毛泽东题写刊名。

1940 年

12月30日　延安新华广播电台建成并开始播音。

12月底　毛泽东在新华社一年工作总结上批示:通讯社工作很重要,一定要把它办好。现在的规模还很小,但是它将随着中国革命事业的发展而发展。

1941 年

1月初　皖南事变发生。新华社播发中共中央声明,并连续播发报道,揭露国民党顽固派消极抗战积极反共的阴谋。

5月15日　中共中央书记处通知,将《新中华报》《今日新闻》合并,出版《解放日报》。"新华通讯社事业亦加改进,统归一个委员会管理。一切党的政策,将经过《解放日报》与新华社向全国宣达。"

5月16日　延安《解放日报》创刊。《参考消息》随后恢复出版。新华社由杨家岭迁至清凉山,与《解放日报》同驻一处,由博古为首的编委会统一领导。

5月25日　中共中央书记处发出关于统一各根据地对外宣传的指示。要求各根据地报纸附属通讯社一律改为新华社某地分社;各地应经常接收延安新华社的广播。

6月　苏德战争爆发,新华社加强电台抄报和翻译力量,扩大抄收外电范围,增加编发世界反法西斯战争新闻。

11月30日　新华社山东分社、大众日报社部分同志在向鲁中蒙山转移途中遭敌袭击,20多人牺牲。

11月　向仲华调离新华社,《解放日报》社长博古兼任新华社社长。吴文焘任副社长,主持日常工作。

12月3日　延安新华广播电台首次进行日语广播。

1942 年

4月1日　《解放日报》改版,发表社论《致读者》,介绍改版宗旨和主要措施。

4月16日　中宣部发出通知，布置整风学习。解放日报社和新华社的工作人员按此要求开展整风。

5月下旬—6月5日　在反"扫荡"斗争中，《新华日报》华北版和新华社华北总分社40多人牺牲。抗日战争期间，新华社共有110多人牺牲。

12月1日　由新华社、解放日报社合编的《参考消息》由油印改铅印出版。

1943年

1月　新华社确定1943年工作概要，决定文字广播按对象不同分成三类：一是对敌后抗日根据地广播；二是对边区广播；三是对重庆等地大后方广播。

3月　由于技术上的原因，延安新华广播电台停播。

6月　新华社成立电务科，下辖新闻台和通报台。

9月4日　周恩来到清凉山看望新华社、解放日报社的同志，并在新华社篮球场上发表关于坚持抗战的讲话。

1944年

9月1日　新华社英文文字广播正式开播。

10月4日　毛泽东到清凉山看望解放日报社和新华社工作人员，勉励大家把新华社和《解放日报》办好。

12月中旬　解放日报社和新华社选出吴冷西、曹发荣、李光绳、丁拓、曾美若参加中央直属机关劳动英雄和模范工作者会议。会上，吴冷西、李光绳、丁拓、曹发荣又被选为出席陕甘宁边区劳动英雄和模范工作者会议的代表。

1945 年

3月4日　新华社发出《关于通讯社工作致各地分社与党委电》，提出加强分社建设的具体意见。

8月10日　新华社抄收到外电关于日本投降的急电，迅速报告中共中央和毛泽东。当晚，受权向全国发布了朱德总司令签署的第一号命令。

8月31日　陈克寒任新华社第一副社长。

9月11日　新华社口语广播台（延安新华广播电台）恢复广播。

10月8日　新华社组建口语广播组，每天编播国内国际新闻、解放区新闻和记录新闻，每天上、下午播音2小时。

11月初　毛泽东、刘少奇、任弼时视察延安新华广播电台，听取关于广播电台情况的汇报。

1946 年

2月1日　新华社重庆分社成立。至4月下旬，在国统区又先后建立北平分社和南京分社。在解放区已有东北、冀热辽、晋察冀、晋绥、晋冀鲁豫、山东、华中、中原总分社。

4月8日　新华社社长博古和王若飞、叶挺、邓发等从重庆返回延安途中，飞机失事，在山西兴县黑茶山遇难。

5月28日　中央书记处、毛泽东批准《新华社、解放日报暂行管理规则》，明确"新华通讯社及解放日报为中央之机关通讯社与机关报"。余光生任代理社长兼总编辑；艾思奇为副总编辑兼报社编辑室主任；陈克寒为副总编辑，分管新华社工作；徐健生为秘书长。随后解放日报社和新华社机构、人员进行调整，重点加强新华社。

7月　廖承志任新华社社长。在此前后，范长江、钱俊瑞、石西民、梅益、徐迈进任副总编辑。

9月　新华社开办英语口语广播。

11月　周恩来主持召开战备会议，要求新华社文字广播及口语广播任何情况下都不能中断。

1947 年

1月　新华社华东野战军前线分社成立。在此前后，各地前线分社陆续建立。

3月14日　新华社和解放日报社大部分人员在廖承志率领下撤离延安。先到陕北子长县的瓦窑堡战备点，然后东渡黄河，辗转到太行山区的涉县。

3月15日　《解放日报》在瓦窑堡恢复出版。瓦窑堡战备点的电台19日接替延安全部广播业务。从21日起，新华社播发新闻的电头由"延安"改为"陕北"。延安新华广播电台改名为陕北新华广播电台继续播音。

3月中旬　中共晋冀鲁豫中央局调集人员，在太行山区涉县筹建临时总社，以接替转移中的新华总社的工作。

3月25日　周恩来、朱德到子长县好坪沟村视察陕北新华广播电台，鼓励大家做好工作，保证广播不中断。

3月27日　《解放日报》在子长县出版最后一期后停刊。

3月31日　范长江率领新华社部分人员组成工作队，代号"四大队"，跟随党中央转战陕北。

4月1日　设在太行山涉县西戌村的临时总社，正式接替转移行军中的总社所有文字及口语广播。新华社的文字和口语广播及收讯业务，一天也没有中断。

5月1日　新华社香港分社成立。5月15日开始发行新华社新闻稿。

6月10日　新华社伦敦分社成立。主要任务是在伦敦出版发行英文《新华社新闻稿》，寄发欧美各国。

7月初　吴文焘奉派随中国青年代表团赴布拉格采访。之后以新华社记者名义留驻布拉格工作。次年建立新华社布拉格分社。

7月上旬　总社大队人马到达太行涉县西戌村，与临时总社会合。

1948 年

1月6日　总社编印的《新华社电讯稿》创刊。

4月2日　毛泽东在山西兴县蔡家崖村接见《晋绥日报》和新华社晋绥总分社记者与编辑人员，发表《对晋绥日报编辑人员的谈话》，阐述了党报的任务、方针和作用。

4月23日　范长江率领的"四大队"随同中央机关到达河北平山县西柏坡附近的新驻地，和太行涉县西戌总社派出的先遣队会合。

5月22日　太行总社的工作正式结束。23日，以范长江为首的总社搬迁委员会在平山县接替太行总社的各种广播。

6月　胡乔木兼任新华社总编辑。总社主要业务干部陆续搬到西柏坡，在胡乔木领导下的总编室工作。

9月12日　辽沈战役开始。新华社组织各地军队和地方分社的记者，深入辽沈战役以及之后的淮海战役、平津战役各主要战场，进行了声势浩大的三大战役报道。

10月2日　刘少奇在西柏坡接见华北记者团，就新闻工作问题发表讲话，阐明新华社和报纸对党的事业的重大作用。

1949 年

1月31日 范长江、徐迈进率领新华社先遣队和北平分社及其他新闻干部，进入北平接管国民党宣传机关。

2月2日，北平新华广播电台开始播音。

3月5日 新华社各野战军前线分社扩建为一、二、三、四野战军总分社。各兵团设分社。各军（纵队）设支社。

3月25日 中共中央由西柏坡迁往北平。新华社总社工作人员分批向北平西郊香山转移。陕北新华广播电台迁入北平后改名北平新华广播电台，当晚开始播音。原北平新华广播电台改名北平人民广播电台（即北平市台），新华社发稿电头由"陕北"改为"北平"。

4月21日 人民解放军百万雄师横渡长江。新华社二野和三野总分社及所属分社、支社的记者随军渡江，进行战地报道。

4月22日 新华社英文《每日电讯》出版，创刊号刊登了毛泽东主席和朱德总司令发布的向全国进军的命令。

6月5日 中共中央发出《关于扩建中央广播事业管理处的通知》，决定将原新华总社的口语广播部，扩充为中央广播事业处，廖承志任处长。

6月24日 毛泽东、周恩来批准改组扩大后的新华社社务委员会名单：社长胡乔木，副社长范长江、陈克寒（兼总编辑），秘书长徐健生，副总编辑吴冷西、朱穆之。

8月初 新华社总社编辑部从香山迁入北平城内司法部街新华社驻北平办事处。9月26日迁入国会街26号（即现在的宣武门西大街57号）。

9月21日 新华社平壤分社成立。

9月27日 新华社播发新闻的电头地点由"北平"改为"北

京"。

10月1日　新华社播发了开国大典新闻,向全世界报道了新中国的诞生。

后　记

　　《新华通讯社史》编写工作从 2002 年开始，到今年第一卷 (1931—1949) 出版，已经八年。

　　《新华通讯社史》（第一卷）编写一直在新华社党组的领导下进行，新华社两届领导班子的各位领导都给予它很多关心，不少同志参加过讨论，给予具体的指导。

　　《新华通讯社史》（第一卷）凝聚了几代新华人和关心新华社工作的人们的心血，汇集了诸多同志的劳动。特别是许多参与战争年代艰苦创业、亲历了新华社这段历史的前辈的指导和帮助，多年保存和积累的珍贵史料、许多同志的回忆文章和研究文章，为社史编写提供了基础。

　　2002 年 5 月，新华社党组决定成立社史编写工作领导小组，负责社史工作的组织协调，日常管理由新闻研究所负责，由研究所人员和在全社聘请的人员组成编写组班子。2003 年 10 月，几经讨论修改，社史编写初步框架计划形成并获批准，社史编写工作全面展开。

　　在《新华通讯社史》（第一卷）的编写过程中，编写组反复进行了史料的汇集整理、补充征集、访谈、考察、研究以及学术交流等工作。曾经访问许多亲历者及他们的亲属，包括部分书中记叙的人物，并前往瑞金、延安、西柏坡以及各个历史时期的革命根据地等实地调研。编写组反复学习《中国共产党的七十年》、中共六届七中全会《关于若干历史问题的决议》和十一届六中全会《关于建国以来党的若干历史问题的决议》等文献，用历史唯物主义的观点对史料进行梳理和提炼。通过调查研究和学习，史料逐渐丰富，编写计划逐渐完善，对一些重要历史事实的认识也逐渐清晰。

八年来，《新华通讯社史》（第一卷）先后编写修改了完整的四稿，局部修改的次数无法计算。

第一稿的三章由编写组人员分工执笔，2005年夏先后交稿。当年8月，印制200多份，分送总社、国内分社以及曾在新华社工作的社外老同志征求意见，收集到500多条意见和建议。2006年2月，召开了社史第一卷老同志座谈会，进一步征求、收集了意见建议。

在消化吸收意见建议的基础上，经过编写组多次集体讨论，由原作者对第一稿进行了较大规模的史料增补和文字修改。2007年3月形成第二稿。随即，邀请八位老领导老专家组成审读组，对社史第一卷进行审读，提出进一步修改的意见。

根据审读意见，编写组对第一卷的一、二、三章进行再次修改，重新考证、核实了一些史料，增补了部分内容，调整了部分结构，文字上又做了增删和润色。接着又进行了全书的统稿，2009年初完成第三稿。2009年3月以后，根据社领导要求，编写组有针对性地对社史中的一些重要问题组织了专题调研，对某些问题组织了论证，并在此基础上进行了第二次统稿。之后，再次印制分送100多位有关领导和老同志征求了意见。经过消化、综合大家意见，再次认真修改、润色，最终完成书稿。

《新华通讯社史》（第一卷）的主要执笔者是：第一章郑德金、李爱平，第二章万京华、赵竹修，第三章卫元理、韩晓峰，第一遍统稿卫元理，第二遍统稿卓培荣。李志高等同志参加了部分调研和编校工作。担负《新华通讯社史》（第一卷）审读的同志是：朱穆之、冯健、彭迪、沈定一、杨翊、闵凡路、高向明、钱嗣杰。

新华社各部门、国内外各分社为《新华通讯社史》（第一卷）编写工作提供了支持，特别是新华社文书档案室、图书馆和离退休干部工作局等，给予了许多具体的帮助。许多同志提供了珍贵的史料，参加了与编写有关的工作，对不同阶段的书稿提出过修改和补充意见。他们中主要有（按姓氏笔划为序）：丁曼、丁世义、于绍良、卫广益、万武义、王殊、王书芳、王天瑞、王礼贶、王沂汶、王泉林、王文杰、王海征、王唯真、马胜荣、马明、尹文亮、方实、方徨、方小翔、孔迈、文有仁、尤淇、石坚、左毅、卢仲云、田学祥、叶周、冯诚、成一、吕金铃、吕元福、曲建崇、庄重、关云秋、孙振、孙书明、孙宝传、孙银河、刘江、刘伟、刘政初、刘欣欣、华敏、许必华、朱承修、李久泽、李元溥、朱荫枝、李普、李峰、李玉厚、李年贵、李红旗、李耐因、李翼振、李晓建、苏玲、吴文焘、吴劲秋、何东君、陆骏、陆小华、宋禾、宋政厚、余孝忠、陈大斌、陈昌谦、陈建玉、陈修禔、林田、林枫、林耀、房方、季音、张结、张加祥、张辛民、张晓军、张碨、杨凤山、杨步胜、杨继刚、杨廷建、孟自成、周保华、周德元、居伯民、胡孝汉、赵兴泰、赵棣生、宣奉华、宫策、侯严峰、高戈、高长富、高秋福、高欣、高殿民、袁苓、袁光强、袁克忠、姚云、徐熊、徐人仲、徐长银、徐祖根、徐金鹏、徐耀林、俱孟军、郭修生、钱行、阎德清、黄远传、费新春、章海兰、章蟾华、康国志、谢珂、谢胜和、姬斌、解力夫、解国记、曾建徽、彭毛仲、彭志义、普金、熊小立、翟树耀、黎辛、黎枫、穆欣、穆广仁、戴煌。还有许多同志以各种形式对《新华通讯社史》（第一卷）编写做出贡献，难以一一列举。

本书编写得到了中央党史研究室、中央文献研究室、中央档案馆、国家图书馆、中国人民解放军总参通信部陈列馆等单位的支持，江西、福建、湖南、湖北、四川、陕西、河北、山西、河南等省及一些地、市的党委宣传部、党史办、档案馆和展览馆，一些革命纪念地和革命遗址的管理部门为《新华通讯社史》（第一卷）编写提供了帮助。《新华通讯社史》编写过程参考了历年出版的有关书籍，吸纳了中国人民大学、中国传媒大学等高校和研究机构中共党史、中国革命史和中国新闻史研究的成果，一并致谢。

由于我们的能力和水平所限，本书一定还有不少遗漏和欠缺。我们期待出版以后有机会接受更多的意见，更期待本书出版成为新华社历史研究和编写的一个新阶段的开始。

新华通讯社史编写组
2010 年 8 月

再版后记

《新华通讯社史》（第一卷）是研究新华社早期历史的珍贵史料，同时也是研究中共党史和中国近代新闻史的重要参考文献。本书于 2010 年 11 月由新华出版社出版，并受到广泛社会关注和好评。

随着《新华通讯社史》（第一卷）的出版，新华社早期历史中所包含的那些感人至深的历史故事、鲜为人知的史料档案、新闻史上的名篇佳作，以及老一辈无产阶级革命家与新闻工作、知名新闻工作者的思想和实践等诸多丰富内容，第一次比较全面、系统、深入地展现在广大读者面前，这些光彩华章与辉煌历程，不仅是新华社的宝贵财富，同时也大大丰富了中国新闻史研究中关于党的新闻工作和通讯社发展的历史。

《新华通讯社史》（第一卷）出版后，获得有关专家学者高度认可和肯定。中国人民大学方汉奇教授表示："新华社历史是中国新闻史的重要组成部分，这部书的出版是对新闻史学研究的重要贡献。"复旦大学丁淦林教授表示："这部书是编写组八年辛勤劳作的成果，是新华社集体智慧的结晶，也是中国新闻史研究的一部重要著作，值得热烈祝贺它面世。"2011 年 1 月 26 日，新华社组织召开了《新华通讯社史》（第一卷）出版座谈会，来自中华全国新闻工作者协会、人民日报社、中国国际广播电台、中国社会科学院、中国人民大学、中国传媒大学、河北大学的有关专家近 30 人应邀参会，大家对《新华通讯社史》（第一卷）给予了高度评价，赵玉明、顾勇华、郑保卫、陈敏毅、刘大保、李磊、乔云霞、闵大洪等有关专家和学者先后发言并提出了宝贵意见。

《新华通讯社史》（第一卷）出版至今已逾十年。其间，我们陆续收到一些反馈意见，随着新华社历史研究工作的深入开展，又有一些新的发现和成果有待编入。2021年，是中国共产党成立100周年和新华社成立90周年，从中共党史和中国近代新闻史研究的角度而言，本书的修订再版具有尤为重要的意义。

由于能力所限，书中可能仍有遗漏和欠缺。期待再版后能得到各界读者的批评与指正。

新华通讯社史编写组
2021年10月